40일 완성,
3단계 학습 프로젝트

日本語 한자
암기마스터

40일 완성,
3단계 학습 프로젝트

日本語 한자 암기 마스터

지은이 원진우 **감수** 오자키 다쓰지
펴낸이 정규도
펴낸곳 (주)다락원

초판 1쇄 발행 2017년 8월 1일
　　　7쇄 발행 2025년 2월 10일

편집 정선영, 김아윤, 임유리
디자인 박보희, 최영란
일러스트 윤혜영

다락원 경기도 파주시 문발로 211
내용문의 (02) 736-2031 내선 273
구입문의 (02) 736-2031 내선 250~252 / Fax (02) 732-2037
출판등록 1977년 9월 16일 제406-2008-000007호

Copyright ⓒ 2017, 원진우

저자 및 출판사의 허락 없이 이 책의 일부 또는 전부를 무단 복제·전재·발췌할 수 없습니다. 구입 후 철회는 회사 내규에 부합하는 경우에 가능하므로 구입문의처에 문의하시기 바랍니다. 분실·파손 등에 따른 소비자 피해에 대해서는 공정거래위원회에서 고시한 소비자 분쟁 해결 기준에 따라 보상 가능합니다. 잘못된 책은 바꿔 드립니다.

ISBN 978-89-277-4654-6 13730

http://www.darakwon.co.kr

다락원 홈페이지를 통해 인터넷 주문을 하시면 자세한 정보와 함께 다양한 혜택을 받으실 수 있습니다.

40일 완성,
3단계 학습 프로젝트

日本語 한자
암기마스터

원진우 지음 오자키 다쓰지 감수

다락원

머리말

히라가나, 가타카나, 문법에 회화까지 익혔는데 일본어가 늘지 않나요?

일본어는 한자 학습으로 완성된다고 해도 과언이 아니죠.

한자는 원래 획수가 많고 글자마다 뜻을 가지고 있어 공부하기가 여간 까다로운 것이 아닙니다. 게다가 일본에서 쓰는 한자는 한 글자에도 읽는 방법이 여러 가지이니 정말 복잡하죠. 어떤 한자는 읽는 방법이 무려 열 두 가지나 되니까요. 이렇게 복잡한 일본어 한자는 일본어를 공부하는 많은 학습자가 중급 단계로 도약하기 어렵게 만드는 이유가 되기도 합니다.

이처럼 일본어 한자 공부를 어려워하는 학습자들을 위해 본 책에서는 일본어 상용한자 2,136자(字)를 40일로 나누어 익히기 쉽게 하였습니다.

こんにちは。

먼저, 〈관계〉, 〈인공〉, 〈자연〉, 〈상태〉, 〈행위〉 다섯 개의 큰 주제 안에서 모양이 비슷한 한자를 함께 제시하여 복잡한 한자를 쉽고 효율적으로 익힐 수 있도록 하였습니다. 또, 한자마다 자원을 활용하여 하나의 이야기처럼 한자의 형태와 의미를 익히고, 엄선된 예시 단어와 예문으로 더욱 완벽한 학습이 가능하게 하였습니다. 이 모든 과정은 QR코드 형태로 제공되는 MP3 음원을 청취하며, 원어민의 정확한 발음과 함께할 수 있으니 놓치지 마세요.

40일 동안 이 책과 함께 차근차근 공부하다 보면, 막연하고 어렵기만 했던 일본어 한자도 금세 마스터하게 될 것 같지 않나요? 아마도 40일 이후에는 2,136자 외의 한자들을 만나도 가벼운 마음으로 대할 수 있을 것입니다.

마지막으로, 좋은 책을 위해 많은 지원을 해 주신 다락원 출판사 관계자분들과 완성도 있는 책을 만들어 주신 오자키 다쓰지 교수님, 오랫동안 많은 도움을 준 시온이네 식구들, 아빠를 끝까지 응원해 준 사랑하는 가족에게 감사의 말씀을 전합니다.

저자 **원진우**

일러두기

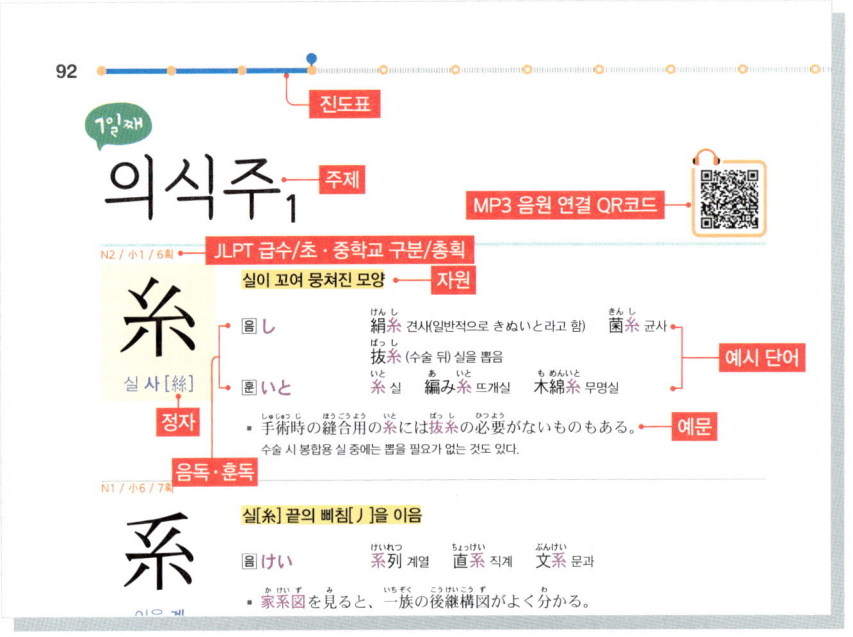

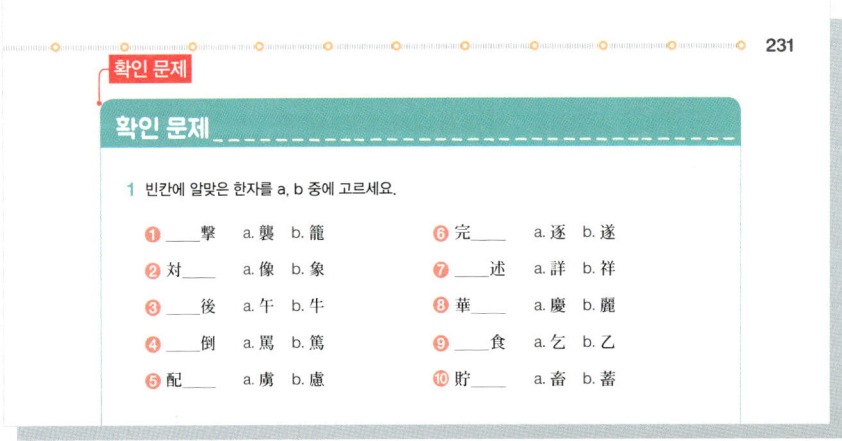

Point.1 상용한자 2,136자를 〈관계〉, 〈인공〉, 〈자연〉, 〈상태〉, 〈행위〉 5개의 큰 주제와 40개의 세부 주제로 나누어 제시하였다.
★ 상용한자는 2010년 개정된 일본 문부과학성의 상용한자표에 따르며, 허용되는 字体 등에 관해서는 2016년 2월에 제시된 「상용한자표 자체·자형에 관한 지침」을 참고하기 바란다.

Point.2 표제어를 기준으로, 의미와 형태가 비슷한 한자를 함께 익힐 수 있도록 하였다.

Point.3 각 한자의 난이도와 학습 수준을 한눈에 알 수 있도록, [JLPT 급수/초·중학교 구분/총획]을 제시하였다.

Point.4 우리나라에서 사용되는 정자(혹은 더 많이 통용되는 속자)를 함께 표기하여 비교하며 학습할 수 있도록 하였다.

Point.5 제시된 음훈과 달리 특별하게 읽는 경우 ★로 표기하였다. 특히, 동훈이의(同訓異意)에 해당되는 단어는 비교 로 표기하였다.

Point.6 음독과 훈독의 예시 단어를 하나의 예문 안에 넣어 효과적인 학습이 가능하도록 하였다.

Point.7 MP3 음원과 연결되는 QR코드를 통해, 원어민의 생생한 발음을 들으며 학습할 수 있도록 하였다.

Point.8 학습 마지막은 확인 문제를 통해 그날의 내용을 복습할 수 있도록 하였다.

차례

머리말		4
일러두기		6

1부 관계

❶ 일째	백성1		12
❷ 일째	백성2		26
❸ 일째	인륜1		40
❹ 일째	인륜2		52

2부 인공

❺ 일째	국가1		66
❻ 일째	국가2		78
❼ 일째	의식주1		92
❽ 일째	의식주2		104
❾ 일째	의식주3		116
❿ 일째	의식주4		128
⓫ 일째	학문1		140
⓬ 일째	학문2		152

3부 자연

⓭ 일째	대자연1		168
⓮ 일째	대자연2		182
⓯ 일째	대자연3		194
⓰ 일째	대자연4		208
⓱ 일째	동물1		220
⓲ 일째	동물2 & 신체1		232
⓳ 일째	신체2		246
⓴ 일째	식물		258

4부 상태

21 일째	위치	272
22 일째	오감	286
23 일째	시간	298
24 일째	물상$_1$	312
25 일째	물상$_2$	324
26 일째	물상$_3$	338
27 일째	가치$_1$	352
28 일째	가치$_2$	366

5부 행위

29 일째	동작$_1$	380
30 일째	동작$_2$	392
31 일째	동작$_3$	404
32 일째	동작$_4$	418
33 일째	동작$_5$	432
34 일째	동작$_6$	446
35 일째	동작$_7$	460
36 일째	지각	474
37 일째	태도$_1$	486
38 일째	태도$_2$	498
39 일째	태도$_3$	510
40 일째	태도$_4$	524

확인 문제 정답 ········ 536
찾아보기 ········ 540

1부
관계

 帝 民  女 丈

백성 인륜

倫 人 各 相

백성₁

N1 / 中 / 9획

임금 제

나무로 엮어 만든 제단을 본떠 만듦. 그 권한을 가진 임금

- 음 てい　　帝国 제국　　帝王 제왕　　皇帝 황제
- 帝国とは、皇帝が統治する国家を指す。
  제국이란, 황제가 통치하는 국가를 가리킨다.

外 / 中 / 16획

살필 체

임금[帝]이란 백성의 말[言]을 살피는 지위

- 음 てい　　諦観 체관(본질을 밝힘 / 체념함, 단념함)　　諦念 체념
- 훈 あきらめる　　諦める 포기하다, 체념하다, 단념하다
- 諦観には、本質を見きわめるという意味と、諦めるという意味とがある。
  체관에는 본질을 캐낸다는 뜻과 포기한다는 뜻이 있다.

N1 / 中 / 15획

맺을 체

임금[帝]이 맺을[糸] 정도의 굳건하고 단단한 맺음

- 음 てい　　締結 체결
- 훈 しまる　　締まる 단단히 죄이다 / 긴장하다 / 알뜰하다
  　　　　　　비교 閉まる p.118　絞まる p.493
- 　　しめる　　締める 죄다 / 잠그다　비교 閉める p.118　絞める p.493
  　　　　　　締め切る 마감하다　引き締め 긴축 / 조임
- 契約締結の手続きの締め切りは1週間後です。
  계약 체결의 수속 마감은 1주일 후입니다.

N2 / 小1 / 4획

임금 왕

고대 중국의 지배 계층의 상징인 큰 도끼의 모양

- 음 おう　　王様 왕, 임금님　　王子 왕자　　王位 왕위　★親王 왕자, 왕손
- 王様は天・地・人の三要素を結び合わせて治める人である。
  왕은 하늘·땅·사람이라는 3요소를 하나로 묶어 다스리는 사람이다.

狂 _{미칠 광}
N1 / 中 / 7획

개[犭]처럼 미쳐 날뛰는 왕[王]의 모습

- 음: きょう — 狂気 광기 / 狂言 쿄겐(일본 전통 예능) / 熱狂 열광
- 훈: くるう — 狂う 미치다 / 미친 듯이 ~하다
- くるおしい — 狂おしい 미칠 것 같다 / 미친 듯하다

■ オタクは観点により、熱狂的な人にも見えるし、狂った人にも見える。
오타쿠는 관점에 따라 열광적인 사람으로도 볼 수 있고, 미친 사람으로도 볼 수 있다.

旺 _{왕성할 왕}
外 / 中 / 8획

빛[日]이 찬란하게 또한 왕[王]을 비추고 있어 왕성함을 나타냄

- 음: おう — 旺盛 왕성

■ 青少年期は、好奇心も食欲も旺盛な時期である。
청소년기는 호기심도 식욕도 왕성한 시기이다.

弄 _{희롱할 롱}
外 / 中 / 7획

양손[廾] 위에 구슬[玉→王]을 올려 놓고 가지고 노는 모습

- 음: ろう — 愚弄 우롱 / 玩弄 완롱, 우롱 / 嘲弄 조롱
- 훈: もてあそぶ — 弄ぶ 가지고 놀다 / 여가로 즐기다 / 농락하다

■ 相手を馬鹿にして弄ぶことを愚弄という。
상대방을 어리석게 보고 가지고 노는 것을 우롱이라고 한다.

皇 _{임금 황}
N1 / 小6 / 9획

흰[白] 깃털이 달린 화려한 왕관을 쓴 왕[王]의 모습

- 음: こう — 皇帝 황제 / 皇位 황위 / 皇后 황후
- おう — 法皇 불교계로 들어간 상황 / ★天皇 천황

■ 皇室とは、天皇を中心とする一つの家族である。
황실이란, 천황을 중심으로 한 하나의 가족이다.

玉 _{구슬 옥}
N2 / 小1 / 5획

왕[王]이 몸에 장신구(옥)[·]를 하고 있는 모습

- 음: ぎょく — 玉座 옥좌 / 玉石 옥석
- 훈: たま — 玉 옥 / 보석 비교 弾 p.319 球 p.389 / 玉石 알돌, 호박돌 / 目玉 안구 / 관심 사건

■ 玉と石のことを玉石といい、石垣や庭などに使われる丸い石のことを玉石という。
옥과 돌을 옥석이라고 하고, 돌담이나 정원 등에 사용되는 둥근 돌을 알돌이라고 한다.

N5 / 小2 / 8획

나라 **국** [國]

국경[口] 안에 옥[玉]을 차고 있는 왕이 있는 곳은 나라(국가)

- 음 こく　　国際 국제　　国家 국가　　外国 외국
- 훈 くに　　国 나라　　島国 섬나라

- 韓国は外国との貿易依存度が高い国である。
  한국은 외국과의 무역 의존도가 높은 나라이다.

N2 / 小3 / 7획

임금 **군**

말씀[口]으로써 다스리는[尹] 자가 임금

- 음 くん　　君主 군주　　君臨 군림　　諸君 제군
- 훈 きみ　　君 자네(주로 남성이 동년배나 손아랫사람을 부르는 호칭)

- 校長はいつも「諸君！未来は君たちのものだ」といっている。
  교장은 언제나 '제군! 미래는 자네들의 것이다'라고 말한다.

N1 / 小4 / 10획

고을 **군**

임금[君]이 다스리는 고을[邑→阝], 즉 행정 구역 중 하나

- 음 ぐん　　郡 군　　郡民 군민

- 「郡」は昔から中国・韓国・日本で使われている行政区画である。
  '郡(군)'은 옛날부터 중국·한국·일본에서 사용된 행정 구획이다.

N2 / 小4 / 13획

무리 **군**

임금[君]을 호위하는 양[羊]떼처럼 많은 군사의 무리

- 음 ぐん　　群集 군집　　群居 군거(떼지어 생활함)　　抜群 발군
- 훈 むれる　　群れる 군집하다　　群れ 떼, 무리
  　むら　　群 떼, 무리　　群がる 군집하다

- この群れの中ではあのサルが抜群に利口だ。
  이 무리 중 저 원숭이가 월등히 똑똑하다.

N1 / 中 / 9획

제후 **후**

과녁[그]을 놓고 화살[矢] 실력이 가장 좋은 사람[亻]이 제후가 됨

- 음 こう　　諸侯 제후　　王侯 왕후

- 大名というのは、諸侯のことである。
  다이묘란, 제후를 뜻한다.

N4 / 小4 / 10획

기후 후

제후[侯]가 항상 살펴야 하는 것은 기후·상황·징후

- 음 こう　　候補 후보　　気候 기후　　症候群 증후군
- 훈 そうろう　居候 더부살이, 얹혀 삶

■ 彼は暖かい気候の国から来たので、北国での適応がなかなか難しいようだ。
　그는 따뜻한 기후의 나라에서 와서, 북쪽 나라에서의 적응이 좀처럼 쉽지 않은 것 같다.

外 / 中 / 12획

목구멍 후

제후[侯]의 단호한 명령이 입[口]을 통해 하달될 때, 그 성대의 모양

- 음 こう　　喉頭 후두　　咽喉 인후
- 훈 のど　　喉 목

■ 喉が痛いときは耳鼻咽喉科に行く。
　목이 아플 때는 이비인후과에 간다.

N2 / 小4 / 7획

신하 신

눈을 크게 뜨고 아래를 보고 있는 신하의 눈

- 음 しん　　臣下 신하　　君臣 군신
- 　 じん　　大臣 대신(장관)

■ 天皇と総理大臣は象徴的な君臣関係である。
　천황과 총리대신은 상징적인 군신 관계이다.

N1 / 中 / 10획

아가씨 희 [姬]

신하[臣] 옆에 서 있는 여인[女]. 즉, 귀인(貴人)의 딸(아가씨)

- 훈 ひめ　　姫 공주 / 귀인의 따님　　乙姫 선녀 / 젊은 공주
- 　　　　　歌姫 여성 가수

■ 『もののけ姫』は構想16年、制作に3年をかけた大作である。
　『원령공주』는 구상 16년, 제작에 3년이 걸린 대작이다.

N1 / 小6 / 18획

임할 림

장사꾼[イ→宀]이 눈을 크게 뜨고[臣] 살피기 위해 물건[品] 앞에 임함

- 음 りん　　臨時 임시　　臨床 임상　　君臨 군림
- 훈 のぞむ　臨む 임하다 / 면(面)하다 / 당면하다　비교 望む p.401

■ 死に臨む患者のために、医学界は臨床研究に力を尽くしている。
　죽음에 직면한 환자를 위해 의학계는 임상 연구에 최선을 다하고 있다.

N1 / 中 / 11획

벼슬 위

시체[尸]의 잘려진 마디[寸]를 보는[示] 것이 일상인 사람은 장교(벼슬)

- 음 い
  - 尉官 위관(대위·중위·소위로 나뉜 군인 계급)
  - 大尉 대위
- 韓国の軍隊は尉官から将校の階級が始まる。
  한국의 군대는 위관부터 장교의 계급이 시작된다.

N1 / 中 / 15획

위로할 위

전장에서 장교(벼슬)[尉]가 병사들의 노고를 마음[心]을 다해 위로함

- 음 い
  - 慰霊 위령
  - 慰労 위로
  - 慰謝料 위자료
- 훈 なぐさめる
  - 慰める 위로하다, 달래다
- なぐさむ
  - 慰む 위안이 되다 / (여성을) 농락하다
- アイドルの慰問公演はいつも軍人たちを慰めてくれる。
  아이돌의 위문 공연은 언제나 군인들을 위로해 준다.

N2 / 小4 / 8획

벼슬 관

제사용 고기[㠯]가 놓인 집(관청)[宀]에서 일하는 벼슬아치

- 음 かん
  - 官庁 관청
  - 官僚 관료
  - 長官 장관
- 彼が新たな国防長官に就任した。
  그가 새로운 국방 장관으로 취임했다.

N1 / 中 / 12획

널 관

벼슬아치[官] 정도 되어야 나무[木]로 짠 널(관)에 시신을 모셨다고 함

- 음 かん
  - 棺おけ 관
  - 石棺 석관
  - 納棺 납관, 입관
- 納棺の儀式には遺族全員が参加する。
  입관 의식에는 유족 전원이 참가한다.

N3 / 小3 / 16획

집 관 [館]

벼슬아치[官]들이 머무르며 식사[食]하던 집

- 음 かん
  - 館内 관내
  - 旅館 여관
  - 図書館 도서관
- 훈 やかた
  - 館 저택, 집
- 図書館で昔の館の写真を展示している。
  도서관에서 옛 저택 사진을 전시하고 있다.

N2 / 小4 / 14획

대롱/관리 관

대[竹→⺮]로 만든 대롱 피리를 부는 관원[官]이 궁중 악단의 총 관리자

- 음 かん　　管理 관리　　管弦楽 관현악　　配管 배관
- 훈 くだ　　管 관 / 대롱　　手管 수법, 농간

■ 管楽器の中にはオカリナのように管の形をしていないものもある。
　관악기 중에는 오카리나처럼 관의 형태가 아닌 것도 있다.

N2 / 小5 / 18획

직분 직

창[戈]소리[音](전쟁)의 소식을 듣는[耳] 사람은 고위직

- 음 しょく　　職業 직업　　職務 직무　　就職 취직

■ この就職難を早急に解決する必要がある。
　이 취직난을 조속히 해결할 필요가 있다.

N1 / 小5 / 18획

짤 직

창[戈]소리[音](전쟁)에서 전열을 잘 짜는[糸] 것이 승패의 관건

- 음 しょく　　織機 직기, 베틀　　織女 직녀　　紡織 방직
- 　 しき　　　組織 조직
- 훈 おる　　　織る (직물 따위를) 짜다　　織物 직물

■ 織物工業の変化に合わせ、紡織会社も組織を改編した。
　직물 공업의 변화에 맞추어 방직 회사도 조직을 개편했다.

N2 / 小5 / 19획

알 식

창[戈] 소리[音] (전쟁)의 상황을 알고 말[言]로 알림

- 음 しき　　知識 지식　　意識 의식　　常識 상식

■ 知っていると役に立つ簡単な常識を豆知識という。
　알고 있으면 도움이 되는 간단한 상식을 토막 지식이라고 한다.

N3 / 小4 / 5획

백성 민

한쪽 눈이 먼 모양. 일반 백성을 눈이 먼 사람들(무지한 자)로 여김

- 음 みん　　民族 민족　　民営 민영　　国民 국민
- 훈 たみ　　民 백성

■ 民の声に耳を傾けるのが民主主義の始まりである。
　백성의 소리에 귀 기울이는 것이 민주주의의 시작이다.

N2 / 中 / 10획

眠 잘 면

눈[目]을 멀게[民] 하여(=눈을 감고) 잠을 청함

- 음 みん　　睡眠 수면　不眠 불면　休眠 휴면
- 훈 ねむる　眠る 자다 / 활용되지 않다 / 죽다
- 　　ねむい　眠い 졸리다(=眠たい)　眠気 졸음

- 睡眠不足なので眠い。 수면 부족으로 졸리다.

N1 / 小5 / 3획

士 선비 사

도끼[士] 모양의 무기를 든 사람이 선비

- 음 し　　士官 사관　武士 무사　紳士 신사　★博士 박사

- イギリスから始まったテニスは紳士のスポーツと言われている。
  영국에서 시작된 테니스는 신사의 스포츠로 불리워진다.

N3 / 小3 / 5획

仕 섬길 사

벼슬에 나아가 사람[亻]들에게 섬김을 받는 선비[士]

- 음 し　　仕事 일　仕上げ 마무리, 완성　奉仕 봉사
- 　 じ　　給仕 급사(잔심부름을 하는 사람, 사환)
- 훈 つかえる　仕える 섬기다, 시중들다, 봉사하다

- 国民に仕えるのが政治家の仕事である。
  국민을 섬기는 것이 정치가의 일이다.

N1 / 小5 / 7획

志 뜻 지

선비[士]가 올바른 길을 가기 위해 마음[心]에 세운 뜻

- 음 し　　志望 지망　志願 지원　寸志 촌지(작은 선물)
- 훈 こころざす　志す 뜻을 두다, 뜻하다
- 　 こころざし　志 뜻 / 성의

- 彼は教育に志して、師範大学を志望した。
  그는 교육에 뜻을 두어 사범 대학을 지망했다.

N2 / 小6 / 14획

誌 기록할 지

품은 뜻[志]을 말[言]로써 기록함

- 음 し　　誌面 지면(기사면)　雑誌 잡지　日誌 일지

- 日本には猫に関する雑誌が多い。
  일본에는 고양이와 관련된 잡지가 많다.

N3 / 小2 / 7획

소리 성 [聲]

석경이 틀에 걸린 모습에서 유래. 士는 석경을 잡고 있는 틀의 모습

- 음 せい　　声楽 성악　　名声 명성　　音声 음성
　　しょう　　大音声 우렁찬 목소리
- 훈 こえ　　声 소리　　呼び声 부르는 소리　　歌声 노랫소리
　　こわ　　声色 목소리, 음색

■ 声楽は声の出し方が大事な芸術である。
　성악은 소리의 발성법이 중요한 예술이다.

N3 / 小3 / 5획

주인 주

촛대[王] 위의 불꽃[ヽ]처럼 어떤 사물의 중심, 혹은 주인

- 음 しゅ　　主人 주인　　主将 (팀의) 주장　　主張 주장
　　す　　坊主 중
- 훈 ぬし　　主 주인　　持ち主 소유주　　地主 지주
　　おも　　主な 주된

■ 地主たちの主な主張は土地税の引き下げだった。
　지주들의 주된 주장은 토지세의 인하였다.

N3 / 小3 / 7획

살 주

사람[イ]이 중심[主]이 되어 삶

- 음 じゅう　　住所 주소　　安住 안주　　衣食住 의식주
- 훈 すむ　　住む 살다, 거처하다
　　すまう　　住まう 살다, 거처하다

■ 実際に住まない住所に住民登録を移すと法律的な問題が生じます。
　실제로 살지 않는 주소로 주민 등록을 옮기면 법률적인 문제가 생깁니다.

N3 / 小3 / 8획

부을 주

물[氵]을 끌어와 논의 중심[主]에 부음

- 음 ちゅう　　注入 주입　　注意 주의　　注文 주문
- 훈 そそぐ　　注ぐ 따르다 / 집중하다

■ 熱した油を容器に注ぐときは、ご注意ください。
　가열된 기름을 용기에 부을 때는, 주의하시기 바랍니다.

N1 / 小5 / 8획

往 갈 왕

앞으로 가는 것이란 변방에서 중심[主]으로 걸어[彳] 나아가는 것

- 음 おう　　往復 왕복　　往来 왕래　　既往症 기왕증(전에 앓은 병)

■ 片道料金が往復料金の半分でないのは、なぜでしょうか。
　편도 요금이 왕복 요금의 절반이 아닌 것은 왜일까요?

N2 / 小3 / 9획

柱 기둥 주

나무[木]의 중심[主]이 되어 가지와 잎을 떠받치는 기둥

- 음 ちゅう　　支柱 지주　　電柱 전(신)주　　円柱 원기둥
- 훈 はしら　　柱 기둥

■ 地震で電柱が倒れ、神社の柱を壊した。
　지진으로 전신주가 넘어져, 신사의 기둥을 무너뜨렸다.

N2 / 中 / 15획

駐 머무를 주

중심[主]에 말[馬]을 대고 머무름

- 음 ちゅう　　駐車 주차　　駐在 주재　　駐屯 주둔

■ 観光バスの路上駐車が問題になっている。
　관광 버스의 노상 주차가 문제가 되고 있다.

N1 / 中 / 5획

奴 종 노

여자[女]처럼 손[又]을 부지런히 움직이며 일하는 남자 종

- 음 ど　　奴隷 노예　　守銭奴 수전노, 구두쇠

■ 守銭奴というのは、お金に異常な執着を持っている人のことをいう。
　수전노란, 돈에 비정상적인 집착을 가지고 있는 사람을 말한다.

N2 / 中 / 9획

怒 성낼 노

사연 많은 남종[奴]의 마음[心] 속엔 분함(성냄)이 자리 잡고 있음

- 음 ど　　怒気 노기　　怒号 노호(성내어 소리침)　　激怒 격노
  　　　　怒鳴る 고함치다
- 훈 いかる　　怒る 화내다, 성내다 / 거세어지다
  　おこる　　怒る 화내다, 성내다 / 꾸짖다

■ 怒ると怒鳴るのも精神障害の症状の一つですか。
　화나면 소리치는 것도 정신 장애 증상 중 하나인가요?

N2 / 小4 / 7획

努
힘쓸 노

남종[奴]이 힘[力]써 열심히 일함

- 음 ど　　　　　努力 노력
- 훈 つとめる　　努める 노력하다, 힘쓰다, 애쓰다
　　　　　　　　비교 務めるp.81 勤めるp.356

- 努める者は夢を語り、怠る者は不満を語る。
  노력하는 자는 꿈을 말하고, 게으른 자는 불만을 말한다.

N5 / 小1 / 7획

男
사내 남

밭[田]에서 힘[力]써 열심히 일하는 사내

- 음 だん　　男子 남자　　男女 남녀　　男性 남성
　　 なん　　長男 장남　　次男 차남　　美男 미남
- 훈 おとこ　男 남자

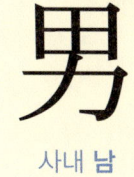

- 長男は、男子高校は男ばかりだから嫌だと言っている。
  장남은 남자 고교는 남자 투성이라서 싫다고 한다.

N4 / 小4 / 9획

勇
날랠 용

전쟁터에서 머리에 장식을 꽂은 날랜 남자[男]들을 전사라고 함

- 음 ゆう　　　　勇気 용기　　勇敢 용감　　勇猛 용맹
- 훈 いさむ　　　勇む 용기(기운)가 솟다
　　 いさましい　勇ましい 용감하다 / 씩씩하다 / 시원시원하다

- 勇ましいことを言う人が勇気のある人とは限らない。
  용감함을 말하는 사람이 반드시 용기 있는 사람이라고는 말할 수 없다.

外 / 中 / 12획

湧
물 솟을 용

날램[勇]이 물[氵]속에서 솟구침

- 음 ゆう　　湧出 용출　　湧水 용수　　湧泉 용천
- 훈 わく　　湧く 솟다, 샘솟다 / 들끓다　비교 沸くp.42
　　　　　　湧き水 샘물

- 湧き水を難しい言葉で湧泉ともいう。
  샘물을 어려운 말로 용천이라고도 한다.

父

N4 / 小2 / 4획

아비 부

가족을 위해 연장을 들고 농사를 짓거나 사냥을 하시는 아버지

- 음 ふ
- 훈 ちち

父母 부모　義父 계부 / 장인 / 시아버지　祖父 조부
父 아버지　父親 부친
★叔父 숙부　伯父 백부　お父さん 아버지

- 祖父の父親は当時、有名な学者だった。
  할아버지의 부친은 당시 유명한 학자였다.

釜

外 / 中 / 10획

가마 부

아버지[父]가 사냥으로 얻은 고기를 손질해서 쇠[金]로 된 가마에 넣음

- 훈 かま

釜 가마

- 釜のことを韓国で「カマ」というのは本当に面白いね？
  가마를 한국에서 '가마'라고 하는 것은 정말 재미있지?

母

N5 / 小2 / 5획

어미 모

어머니가 아이에게 젖을 물리는 모습

- 음 ぼ
- 훈 はは

母性 모성　父母 부모　祖母 조모
母 어머니　母親 모친
★乳母 유모　叔母 숙모　母屋 안채　お母さん 어머니

- 母親になって始めて母性というものを理解した。
  어머니가 되어서야 비로소 모성이라는 것을 이해했다.

毎

N5 / 小2 / 6획

매양 매 [毎]

매일 머리[~]를 매만지는 어머니[母]의 모습처럼 매번, 매양의 의미

- 음 まい

毎日 매일　毎度 매번　毎朝 매일 아침

- 健康のために、毎日運動をしている。
  건강을 위해 매일 아침 운동을 하고 있다.

侮

N1 / 中 / 8획

업신여길 모 [侮]

매번[毎] 보는 가까운 사람[亻]을 소홀히 하거나 업신여김

- 음 ぶ
- 훈 あなどる

侮辱 모욕
侮る 깔보다, 얕보다, 경시하다

- 彼は相手を侮っていたら、かえって侮辱された経験がある。
  그는 상대를 무시했다가 오히려 모욕당한 경험이 있다.

N1 / 中 / 9획

뉘우칠 회 [悔]

잘못한 행동을 마음으로[忄] 매번[毎] 뉘우침

- 음 かい　　悔恨 회한　　悔悟 회개　　後悔 후회
- 훈 くいる　　悔いる 뉘우치다, 후회하다
  - くやむ　　悔やむ 뉘우치다, 후회하다 / 애도하다
  - くやしい　悔しい 분하다

■ 悔しい思いはしても、後悔することはないようにしよう。
　분한 생각은 들지라도 후회하는 일은 없도록 하자.

N3 / 小2 / 9획

바다 해 [海]

항상 매양[毎] 물[氵]이 넘쳐나는 곳은 바다

- 음 かい　　海岸 해안　　海水浴 해수욕　　航海 항해
- 훈 うみ　　海 바다　　海鳴り 해명(태풍·해일의 전조)
  - ★海女 해녀　　海原 넓은 바다

■ 海岸から海鳴りが聞こえている。
　해안 쪽에서 해명이 들린다.

N1 / 小4 / 10획

매화 매 [梅]

매번[毎] 큰 탈 없이 열매를 맺는 나무[木]는 매화

- 음 ばい　　梅雨 장마(つゆ라고도 읽음)　　梅園 매화나무 밭　　紅梅 홍매
- 훈 うめ　　梅 매실　　梅干 매실 장아찌

■ 梅の実が熟すときに降り続く雨を梅雨という。
　매실이 익어 갈 때 계속 내리는 비를 '梅雨'라고 한다.

N1 / 中 / 10획

민첩할 민 [敏]

매번[毎], 즉 자주 자신을 채찍질[攵]하면 민첩해짐

- 음 びん　　敏感 민감　　鋭敏 예민　　機敏 기민

■ 彼はその意見に敏感な反応を示した。
　그는 그 의견에 민감한 반응을 나타냈다.

N1 / 中 / 16획

번성할 **번** [繁]

비단을 민첩하게[敏] 짜면[糸] 번성해짐

음 はん　　繁栄 번영　　繁盛 번성　　繁殖 번식

- 歌舞伎町は新宿の代表的な繁華街である。
  가부키쵸는 신주쿠의 대표적인 변화가이다.

N2 / 小5 / 8획

아내 **처**

비녀[一]를 손[ㅋ]으로 잡아 머리에 꽂은[丨] 여자[女]는 혼인한 아내

음 さい　　妻子 처자식　　愛妻 애처　　良妻 좋은 아내

훈 つま　　妻 아내　　人妻 유부녀

- よい妻で賢い母のことを、良妻賢母という。
  좋은 아내이자 현명한 어머니를 가리켜 현모양처라고 한다.

外 / 中 / 10획

쓸쓸할 **처**

멀리 전쟁터로 간 남편을 언[冫] 땅 위에서 쓸쓸히 기다리는 아내[妻]

음 せい　　凄惨 처참　　凄絶 처절

- 従軍記者は戦場で凄惨な光景の目撃者になる。
  종군 기자는 전장에서 처참한 광경의 목격자가 된다.

확인 문제

1 빈칸에 알맞은 한자를 a, b 중에 고르세요.

① ___ 結　　a. 諦　b. 締　　⑥ ___ 力　　a. 怒　b. 努
② 抜 ___ 　　a. 群　b. 郡　　⑦ ___ 気　　a. 湧　b. 勇
③ 長 ___ 　　a. 官　b. 管　　⑧ ___ 辱　　a. 侮　b. 悔
④ 就 ___ 　　a. 職　b. 織　　⑨ ___ 感　　a. 敏　b. 梅
⑤ 雑 ___ 　　a. 志　b. 誌　　⑩ 良 ___ 　　a. 妻　b. 凄

2 밑줄 친 부분에 해당되는 한자를 a, b, c 중에 고르세요.

① もてあそぶ　　a. 弄　b. 旺　c. 狂
② つかえる　　　a. 士　b. 仕　c. 志
③ そそぐ　　　　a. 往　b. 注　c. 住
④ つとめる　　　a. 奴　b. 怒　c. 努
⑤ くやしい　　　a. 悔　b. 侮　c. 敏

3 다음을 일본어 한자와 히라가나로 써 보세요.

① 후보 ➡ _____ / _____

② 임시 ➡ _____ / _____

③ 여관 ➡ _____ / _____

④ 상식 ➡ _____ / _____

⑤ 수면 ➡ _____ / _____

백성₂

N5 / 小1 / 3획

계집 녀

두 손을 앞으로 모으고 다소곳이 앉은 여자의 모습

- 음 じょ   女子 여자   少女 소녀   彼女 그녀
-    にょ   女人 여인   老若男女 남녀노소
-    にょう 女房 아내 / (옛) 궁녀
- 훈 おんな 女 여자   女心 여자의 마음
-    め   女神 여신   女々しい 연약하다 / 계집애 같다
-    ★乙女 소녀

- 彼女はあまり女らしくない。
  그녀는 그다지 여자답지 않다.

N4 / 小3 / 6획

편안 안

과거에는 집[宀]에서 여자[女]가 내조해야 가정이 편안하다고 생각했음

- 음 あん   安全 안전   安価 염가   不安 불안
- 훈 やすい 安い 싸다 / 편하다
-    やすらか 安らかだ 평온하다

- 物価の安さと安全が最近の海外旅行の選択基準である。
  싼 물가와 안전이 최근의 해외 여행의 선택 기준이다.

N3 / 小4 / 6획

좋을 호

여자[女](부인)가 자식[子]을 품고 있으니 더할 나위 없이 좋음

- 음 こう   好意 호의   好況 호황   良好 양호
- 훈 すく   好く 좋아하다   好きだ 좋아하다
-    このむ   好む 좋아하다, 즐기다 / 바라다
-    このましい 好ましい 마음에 들다, 호감이 가다 / 바람직하다

- 彼はお好み焼きの好きな彼女に好意を抱いている。
  그는 오코노미야키를 좋아하는 그녀에게 호의를 품고 있다.

N1 / 小4 / 10획

案
책상 안

편안[安]히 앉아서 서책을 보는 나무[木]로 만든 틀이 책상

- 음 あん　案内 안내　案の定 아니나 다를까　提案 제안
- 大学入学試験は案外やさしかった。
  대학 입학 시험은 의외로 쉬웠다.

N1 / 中 / 7획

妥
온당할 타

여자[女]에게 있어 손톱[爫]은 온당하고 마땅하게 미를 뽐내는 부분

- 음 だ　妥当 타당　妥協 타협　妥結 타결
- 今年は平均10％の賃金引き上げで労使交渉が妥結した。
  올해는 평균 10%의 임금 인상으로 노사 교섭이 타결되었다.

N1 / 中 / 6획

如
같을 여

옛날에는 여자[女]의 입[口]에서 한결같이 수긍하는 답변이 나왔음

- 음 じょ　欠如 결여　突如 갑자기
  にょ　如実 여실　如来 여래(부처의 존칭)　不如意 여의치 않음
- 今回の事件で市民の人権意識の欠如が如実に表れた。
  이번 사건에서 시민의 인권 의식의 결여가 여실히 드러났다.

N2 / 小4 / 6획

老
늙을 로

노인[耂]이 지팡이[匕]를 짚고 있는 모습

- 음 ろう　老人 노인　老練 노련　長老 장로
  ★老舗 전통 있는 점포
- 훈 おいる　老いる 늙다, 나이먹다 / 노쇠하다
  ふける　老ける 늙다, 나이먹다
- あの老人は老舗の社長だ。
  저 노인은 오래된 가게의 사장이다.

N3 / 小2 / 6획

考
생각할 고

노인[耂]이 조각칼[ㄎ]을 들고 어떻게 새길지 생각함

- 음 こう　考察 고찰　参考 참고　思考 사고
- 훈 かんがえる　考える 생각하다, 고안하다
- 思考力が鈍っているときに考えたことは、たいてい役に立たない。
  사고력이 무뎌졌을 때 생각한 것은 대부분 쓸모가 없다.

N1 / 中 / 9획

칠 고

좋은 생각[考]이 갑자기 떠오르면 자신도 모르게 손[扌]으로 무언가를 침

- 음 ごう　　　拷問 고문

■ 博物館で戦争中に使われた拷問器具を見た。
　박물관에서 전쟁 중에 사용된 고문 기구를 봤다.

N1 / 小6 / 7획

효도 효

노인[耂]이 된 부모를 자식[子]이 업고 있는 모습

- 음 こう　　　孝行 효행　　孝心 효심　　不孝 불효

■ 孝行のしたい時分に親はなし。
　효도를 하고 싶을 때 쯤 부모님은 이미 안 계신다.

N3 / 小2 / 11획

가르칠 교 [教]

부모님[孝]이 매[攵]를 들고 자식을 가르침

- 음 きょう　　教育 교육　　教師 교사　　教会 교회
- 훈 おしえる　教える 가르치다 / 훈계하다
  おそわる　教わる 배우다, 가르침을 받다

■ あの数学教師は教え方が優れている。
　저 수학 교사는 가르치는 법이 남다르다.

N1 / 中 / 14획

삭힐 효

술[酉]을 잘 삭혀(발효)서 부모님[孝]께 올림

- 음 こう　　　酵素 효소　　酵母 효모　　発酵 발효

■ お酒を作るとき、酵母はどんな役割をするのですか。
　술을 빚을 때, 효모는 어떤 역할을 하나요?

N2 / 小3 / 12획

아이 동

마을[里] 어귀에 서서[立] 놀고 있는 아이들

- 음 どう　　　童謡 동요　　童心 동심　　児童 아동
- 훈 わらべ　　童 아이　　童歌 동요

■ 子どもたちに歌い継がれてきた童謡を童歌といいます。
　아이들을 통해 전해져 내려온 동요를 '童歌'라고 합니다.

外 / 中 / 15획

동경할 **동**

누구나 마음[忄]속에 아이[童] 시절을 동경함

- 음 **しょう** 憧憬 동경(どうけい라고도 읽음)
- 훈 **あこがれる** 憧れる 동경하다, 그리워하다

- 彼は田舎での暮らしに憧れている。
  그는 시골 생활을 동경하고 있다.

外 / 中 / 17획

눈동자 **동**

눈[目] 안에 아이[童]처럼 작고 둥글게 자리 잡은 부분

- 음 **どう** 瞳孔 동공
- 훈 **ひとみ** 瞳 눈동자

- 彼女の清い瞳に僕の濁った瞳孔が映っていた。
  그녀의 맑은 눈동자에 나의 탁한 동공이 비치고 있었다.

N1 / 中 / 20획

쇠북 **종**

아이[童]와 같이 맑은 소리가 나는 쇠[金]로 만든 북

- 음 **しょう** 半鐘 반종, 경종　警鐘 경종
- 훈 **かね** 鐘 종

- 半鐘は火災や洪水、盗賊などの非常時に鳴らす鐘の一種である。
  반종(경종)은 화재나 홍수, 도적 등의 비상시에 울리는 종의 일종이다.

N5 / 小1 / 3획

아들 **자**

갓난 아기가 포대기에 싸여 양팔을 벌리고 있는 모습

- 음 **し** 子孫 자손　女子 여자　帽子 모자
  す 様子 모양　扇子 접부채　金子 화폐
- 훈 **こ** 子 아이　親子 부모자식　子供 아이　★迷子 미아

- 帽子をかぶって扇子を持っている女の子が玲子さんです。
  모자를 쓰고 부채를 들고 있는 여자 아이가 레이코입니다.

N3 / 小1 / 6획

글자 **자**

집[宀]에서 자식[子]에게 가르쳐야 하는 것. 즉, 글자

- 음 **じ** 文字 문자　活字 활자　漢字 한자
- 훈 **あざ** 字 일본의 소규모 행정 구역

- あの子はまだ小学生なのに漢字をよく知っている。
  저 아이는 아직 초등학생인데 한자를 잘 안다.

N5 / 小1 / 8획

배울 학 [學]

글자[字]를 깨치면 비로소[…] 시작되는 배움의 길

- 음 がく　　学習 학습　　大学 대학　　科学 과학
- 훈 まなぶ　　学ぶ 배우다

■ 大学で学んだことを仕事に生かしたい。
　대학에서 배운 것을 업무에 살리고 싶다.

N4 / 小5 / 9획

두터울 후

언덕[厂]에 사는 어린[子] 순들이 해[日]의 빛을 쬐어 날로 날로 두터워짐

- 음 こう　　厚生 후생　　厚情 후정(두터운 정)　　濃厚 농후
- 훈 あつい　　厚い 두껍다　비교 暑い p.60　熱い p.175
　　　　　　手厚い 극진하다

■ 大手企業は手厚い福利厚生制度があるので就活生に人気がある。
　대기업은 극진한 복리 후생 제도가 있어 구직자에게 인기가 있다.

N2 / 小3 / 4획

미리 예 [豫]

물건을 주고받기 위해 미리 내민 손의 모습

- 음 よ　　予定 예정　　予備 예비　　猶予 유예

■ 飛行機の遅延で、予定が狂ってしまった。
　비행기가 지연되어 예정이 틀어졌다.

N1 / 小5 / 7획

차례 서

집[广]안일은 미리[予] 서둘러 하지 말고 차례에 따라 차근차근 해야 함

- 음 じょ　　序幕 서막　　順序 순서　　秩序 질서

■ 日本人の秩序意識は他人に対する配慮から始まる。
　일본인의 질서 의식은 타인에 대한 배려에서 시작된다.

N2 / 小6 / 13획

맡길 예

중요한[頁] 일에 쓰기 위해 미리[予] 맡겨 놓음

- 음 よ　　預金 예금　　預託 예탁
- 훈 あずける　　預ける 맡기다, 위임하다
　　あずかる　　預かる 맡다, 보관하다

■ 定期預金の金利が高いので、お金は銀行に預けた方がいい。
　정기 예금 금리가 높으니까 돈은 은행에 맡기는 편이 낫다.

N1 / 中 / 11획

猛
사나울 **맹**

짐승[犭] 중에서 맏이[孟]는 덩치가 크고 용맹하며 사나움

- 음 **もう**　猛烈 맹렬　猛獣 맹수　勇猛 용맹　★猛者 수완가 / 달인
- 動物園の中で最も大きい猛獣は虎ですか？
  동물원에서 가장 큰 맹수는 호랑이입니까?

N2 / 小4 / 10획

孫
손자 **손**

대를 이어 맬[系] 자손[子]이 손자

- 음 **そん**　子孫 자손　皇孫 황손　王孫 왕손
- 훈 **まご**　孫 손자　孫娘 손녀딸
- 吉村さんの孫は、この映画で皇孫の役を演じているそうだ。
  요시무라 씨의 손자는 이 영화에서 황손 역할을 연기했다고 한다.

外 / 中 / 14획

遜
겸손할 **손**

손자[孫]처럼 따르는[辶] 자는 겸손함

- 음 **そん**　遜色 손색　謙遜 겸손　不遜 불손
- 훈 **へりくだる**　遜る 겸양하다, 자신을 낮추다
- 君は私と比べても遜色ない実力なのだから、そんなに遜る必要はない。
  자네는 나하고 비교해도 손색없는 실력이니까 그렇게 자신을 낮출 필요는 없어.

N3 / 小2 / 5획

兄
형 **형**

형은 입[口]으로 조언하는 어진 사람[儿]

- 음 **きょう**　兄弟 형제(けいてい라고도 읽음)
  けい　父兄 학부모　義兄 형부 / 매형
- 훈 **あに**　兄 형, 오빠　★お兄さん 형, 형님, 오빠
- 会う度に義兄は「血は水より濃い」と私たち兄弟に言っていた。
  만날 때마다 매형은 '피는 물보다 진하다'고 우리 형제에게 말했다.

N2 / 小4 / 9획

祝
빌 축 [祝]

형[兄]이 제단[ネ] 앞에서 신에게 가정의 평화를 빎(기원함)

- 음 **しゅく**　祝賀 축하　祝日 국경일　慶祝 경축
  しゅう　祝儀 축하 의식 / 혼례　祝言 축사 / 혼례
- 훈 **いわう**　祝う 축하하다
- 結婚のお祝いにあげるお金を御祝儀という。
  결혼을 축하하며 주는 돈을 축의금이라고 한다.

外 / 中 / 8획

빌 주

형[兄]이 입[口]으로 가정의 평화를 빎(기원함)

음 じゅ　　呪文 주문　呪術 주술　呪符 부적
훈 のろう　　呪う 저주하다

- その老人は呪いを解く呪文を唱えた。
  그 노인은 저주를 푸는 주문을 외웠다.

N2 / 中 / 8획

상황 황

형[兄]은 물[氵]의 상황, 즉 농사와 관련된 강수량을 늘 살핌

음 きょう　　状況 상황　不況 불황　実況 실황

- 緊急時には、それぞれの状況によって対処方法が異なります。
  긴급 시에는 각각의 상황에 대한 대처 방법이 다릅니다.

N1 / 中 / 7획

이길 극

형[兄]이 무기[十]를 들고 나가 전쟁에서 이김

음 こく　　克服 극복　克己 극기　相克 상극

- 克服された困難は、後によい機会となる。
  극복된 어려움은 나중에 좋은 기회가 된다.

N1 / 中 / 8획

아저씨 숙

콩[朩]을 손[又]으로 따면 나란히 놓인 모습에서 아버지의 형제를 비유함

음 しゅく　　叔父 숙부(おじ라고도 읽음)　叔母 숙모(おば라고도 읽음)

- 日本では叔父も伯父も両方「おじ」と呼ぶ。
  일본에서는 숙부도 백부도 모두 '오지'라고 부른다.

N1 / 中 / 11획

맑을 숙

삼촌[叔]은 언제나 맑은 계곡물[氵]을 알고 계심

음 しゅく　　淑女 숙녀　貞淑 정숙(여자로서 마음이 맑음)

- 少女と淑女とを分ける年齢は何歳ぐらいでしょう？
  소녀와 숙녀를 구분하는 연령은 몇 살쯤입니까?

N1 / 中 / 11획

고요할 적

삼촌[叔]이 집[宀]에 오시면 아버지와 심각한 대화를 나누시니 고요함

- 음 じゃく　静寂 정적
  　　せき　　寂然 적연, 적막(じゃくねん이라고도 읽음)　寂寞 적막
- 훈 さび　　寂 은근한 정취
  　　さびしい　寂しい 쓸쓸하다 / 한적하다 / 허전하다 / 섭섭하다
  　　さびれる　寂れる 쇠퇴하다 / 쓸쓸해지다

- 静寂の中にたたずんでいると寂しい気分になってくる。
  정적 속에 서 있노라면 쓸쓸한 기분이 든다.

N1 / 中 / 13획

감독할 독

조카가 놀다 다칠까 염려되어 삼촌[叔]이 눈[目]을 크게 뜨고 감독함

- 음 とく　督促 독촉　督励 독려　監督 감독

- 中村さんは15年間の選手生活を辞めて高校野球の監督になった。
  나카무라 씨는 15년간의 선수 생활을 그만두고 고교 야구 감독이 되었다.

N1 / 中 / 3획

어른 장

긴 지팡이를 손에 쥔 어른의 모습

- 음 じょう　丈夫だ 건강하다 / 튼튼하다　大丈夫だ 괜찮다
- 훈 たけ　　丈 길이 / 키 / 기장

- 丈の長さは大丈夫ですか。
  기장의 길이는 괜찮습니까?

N1 / 中 / 6획

관리 리

관리는 백성의 입[口]이 되어 주는 어른[丈]

- 음 り　　吏読 이두　官吏 (옛) 관리　税吏 (옛) 세리, 세무 관리

- 日本の万葉仮名と韓国の吏読はよく似ている。
  일본의 만요가나와 한국의 이두는 많이 비슷하다.

N3 / 小3 / 8획

하여금 사

왕이 관리[吏]로 하여금 백성[イ]의 말을 들음

- 음 し　　使役 사역　使用 사용　酷使 혹사
- 훈 つかう　使う 사용하다, 쓰다　비교 遣う p.355

- 日本語は使役の表現を使うときが難しい。
  일본어는 사역 표현을 사용할 때가 어렵다.

N2 / 小5 / 5획

사기 **사**

역사는 중심[中]을 지키며 치우치지 않고 서술하는 것

- 음 し　　　史学 사학　　歴史 역사　　国史 국사

▪ 歴史は繰り返す。
역사는 반복된다.

N3 / 小3 / 2획

고무래/장정 **정**

못·고무래의 모양을 나타내며, 고무래질을 하는 장정의 뜻도 포함

- 음 ちょう　　二丁目 2번지　　包丁 부엌칼　　落丁 낙장
- 　　てい　　丁寧 정중함　　甲乙丙丁 갑을병정

▪ この店の料理人は包丁さばきが丁寧だ。
이 집의 요리사는 칼 드는 솜씨가 정성스럽다.

N2 / 小3 / 5획

칠 **타**

손[扌]에 망치를 들고 못[丁]을 때려 침

- 음 だ　　　打撃 타격　　打破 타파　　乱打 난타
- 훈 うつ　　打つ 치다　[비교] 討つ p.261　撃つ p.514
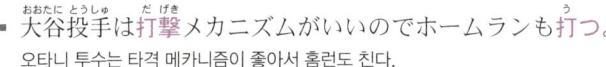
　　　　　　打ち合わせ 협의

▪ 大谷投手は打撃メカニズムがいいのでホームランも打つ。
오타니 투수는 타격 메카니즘이 좋아서 홈런도 친다.

N2 / 小4 / 6획

등불 **등** [燈]

등잔대[丁]와 불[火]을 나타냄

- 음 とう　　灯火 등화　　電灯 전등　　点灯 점등
- 훈 ひ　　　灯 등불　[비교] 火 p.213

▪ 電灯をつけることを点灯するという。
전등을 켜는 것을 점등한다고 한다.

N3 / 小1 / 7획

밭두둑 **정**

밭[田]에서 고무래[丁]질이 필요한 곳은 밭두둑

- 음 ちょう　　町内会 자치회　　市·町·村 일본의 행정 구역
- 훈 まち　　　町 읍내　[비교] 街 p.353　　町角 모퉁이길　　港町 항구 마을

▪ 「町内会」は、町の住民などによる自治会である。
'쵸나이카이'는 마을의 주민 등으로 이루어진 자치회이다.

N1 / 中 / 9획

바로잡을 정

말[言]로 표현된 것을 못질[丁]하여 곧게 바로잡음

- 음 てい　　訂正 정정　　改訂 개정　　修訂 수정
- 私は今、辞書の改訂版を作っている。
  나는 지금 사전의 개정판을 만들고 있다.

N2 / 小6 / 11획

정수리 정

고무래[丁]의 머리[頁]가 달린 곳은 맨 끝, 정수리

- 음 ちょう　　頂上 정상　　頂点 정점　　絶頂 절정
- 훈 いただく　　頂く 받다 / もらう(받다)의 겸사말
  　　いただき　　頂 정상, 꼭대기
- お預け頂いた投資金は、利益の頂点で３倍にお返しします。
  받은 투자금은 이익의 정점에서 3배로 돌려드립니다.

N2 / 小6 / 5획

관청 청 [廳]

관청은 농번기에 부족한 농기구[丁]를 빌릴 수 있는 집[广]

- 음 ちょう　　庁舎 청사　　官庁 관청　　県庁 현청
- 東京都庁から千葉県庁まで電車で行くとどのくらいかかりますか。
  도쿄도청에서 치비현청까지 전철로 가면 어느 정도 걸립니까?

N2 / 小5 / 12획

쌓을 저

물건[丁]을 놓는 집[宀], 즉 창고에 재물[貝]을 쌓음

- 음 ちょ　　貯蓄 저축　　貯金 저금　　貯水池 저수지
- 最近の調査では、貯蓄のない家庭が約３割を占めているそうだ。
  최근 조사로는, 저축이 없는 가정이 3할 정도를 점하고 있다고 한다.

N1 / 中 / 14획

편안할 녕 [寧]

집[宀]에 농기구[丁]와 추수해서 담을 그릇[皿]이 있으니 마음[心]이 편안함

- 음 ねい　　安寧 안녕　　丁寧 정중함
- 丁寧語と尊敬語は何が違いますか。
  정중어와 존경어는 무엇이 다릅니까?

N2 / 中 / 2획

마칠 **료**

장정들이 밭일을 마치면 두 팔을 내리고 쉼

- 음 りょう　了解 양해(이해)　了承 승낙　終了 종료
- 結婚の了承を得るために、彼女の両親に挨拶に行きました。
  결혼 승낙을 얻기 위해 여자 친구의 부모님께 인사를 드리러 갔습니다.

N1 / 中 / 7획

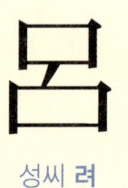

성씨 **려**

척추가 가지런히 놓인 모양. 옛날에 척추가 곧아 키가 컸던 려 씨

- 음 ろ　風呂 목욕 / 욕조
- 運動のあとでお風呂に入るときが、いちばん幸せです。
  운동 후 목욕할 때가 가장 행복합니다.

外 / 中 / 9획

짝 **려**

곧은 등[呂]을 서로 맞대고 살아가는 사람[亻]을 짝이라 함

- 음 りょ　伴侶 반려　僧侶 승려
- 昔、「伴侶」は夫に従う妻を指したそうだ。
  옛날, '반려'는 남편을 따르는 아내를 가리켰다고 한다.

N1 / 小3 / 10획

집 **궁**

척추[呂]를 편안히 쉬게 하는 집[宀]

- 음 きゅう　宮殿 궁전　宮廷 궁정　王宮 왕궁
  ぐう　宮司 신사의 우두머리 신관(교역자)　神宮 신궁
  く　宮内庁 궁내청(왕실 담당 관청)
- 훈 みや　宮 궁 / 신사　お宮参り 신사 참배
- 宮は、王宮の意味以外に、「神宮」など神社の意味も持っている。
  궁은 왕궁의 의미 이외에 '신궁' 등 신사의 의미도 갖고 있다.

N2 / 小5 / 12획

경영할 **영** [營]

집[宮]에 활기[炊→灬]를 불어넣은 모습

- 음 えい　営業 영업　経営 경영　陣営 진영
- 훈 いとなむ　営む 경영하다
- あの会社の経営者は営業出身で、攻撃的に販路を広げていった。
  저 회사의 경영자는 영업부 출신이어서 공격적으로 판로를 넓혀 갔다.

氏

N1 / 小4 / 4획

성씨 씨

한 집안의 가계도가 얽혀 있는 나무뿌리처럼 그려진 모양

- 음 し　　氏名 성명　　姓氏 성씨　　彼氏 남자 친구
- 훈 うじ　　氏 (옛말) 씨, 성씨　　氏神 씨족 신

- 彼氏と氏神様に参拝してきた。
  남자 친구와 마을의 수호신께 참배하고 왔다.

紙

N2 / 小2 / 10획

종이 지

실[糸]을 나무뿌리[氏]처럼 얽어서 종이를 만듦

- 음 し　　紙面 지면　　用紙 용지　　新聞紙 신문지
- 훈 かみ　　紙 종이　　紙くず 휴지　　折り紙 종이접기

- この本にはA４用紙でも作れる折り紙が多く収録されている。
  이 책에는 A4용지로도 만들 수 있는 종이접기가 많이 수록되어 있다.

低

N3 / 小4 / 7획

낮을 저

밑[氐]에 있는 사람[亻]은 신분이 낮음

- 음 てい　　低下 저하　　低級 저급　　高低 고저
- 훈 ひくい　　低い 낮다
  ひくめる　　低める 낮추다
  ひくまる　　低まる 낮아지다

- 金利は今でも十分低いが、成長率低下防止のためにはもっと低める必要がある。
  금리는 지금도 충분히 낮지만, 성장률 저하 방지를 위해 더 낮출 필요가 있다.

底

N2 / 小4 / 8획

밑 저

집[广] 안 아주 깊은 밑[氐]

- 음 てい　　徹底 철저　　到底 도저히　　海底 해저
- 훈 そこ　　底 바닥 / 끝　　奥底 깊은 곳 / 속마음

- 人が海の底まで潜ることは、到底できない。
  사람이 바다 밑바닥까지 잠수하는 것은 도저히 불가능하다.

外 / 中 / 8획

막을 저

손[扌]으로 깊은 속[氐]까지 막아 냄

음 てい　　抵抗 저항　　抵当 저당, 담보물　　大抵 대강, 대게

- 体の抵抗力を高めるためジョギングを始めた。
  몸의 저항력을 높이기 위해 조깅을 시작했다.

N1 / 中 / 8획

집 저

고을[阝] 속[氐]에 집이 모여 있음

음 てい　　邸宅 저택　　官邸 관저　　別邸 별장

- 総理官邸で記者会見が行われた。
  총리 관저에서 기자 회견이 행해졌다.

확인 문제

1 빈칸에 알맞은 한자를 a, b 중에 고르세요.

① 提___　　a. 安　b. 案
② ___育　　a. 教　b. 孝
③ ___孔　　a. 瞳　b. 憧
④ 秩___　　a. 字　b. 序
⑤ 謙___　　a. 遜　b. 孫

⑥ ___父　　a. 淑　b. 叔
⑦ ___用　　a. 吏　b. 使
⑧ 改___　　a. 頂　b. 訂
⑨ 経___　　a. 宮　b. 営
⑩ 徹___　　a. 底　b. 低

2 밑줄 친 부분에 해당되는 한자를 a, b, c 중에 고르세요.

① <u>かんが</u>える　　a. 考　b. 拷　c. 老
② <u>いわ</u>う　　　　a. 祝　b. 呪　c. 況
③ <u>さび</u>しい　　　a. 叔　b. 督　c. 寂
④ <u>う</u>つ　　　　　a. 町　b. 打　c. 灯
⑤ <u>ひく</u>める　　　a. 抵　b. 低　c. 邸

3 다음을 일본어 한자와 히라가나로 써 보세요.

① 타협 ➡ _____ / _____
② 예탁 ➡ _____ / _____
③ 극복 ➡ _____ / _____
④ 역사 ➡ _____ / _____
⑤ 저축 ➡ _____ / _____

인륜₁

N1 / 中 / 10획

倫 인륜 륜

사람[亻]이 인륜을 지키며 둥글게[侖] 살아감

- 음 **りん**　倫理 윤리　人倫 인륜　不倫 불륜
- 人倫とは、君臣・父子・夫婦・長幼、朋友の間で守るべき倫理を指す。
  인륜이란, 군신·부자·부부·장유·붕우 간에 지켜야 할 윤리를 가리킨다.

N2 / 小6 / 15획

論 논할 론

둥글게[侖] 모여 앉아 말씀[言]을 논함

- 음 **ろん**　論理 논리　論証 논증　論文 논문
- 人の論文を剽窃してはいけない。
  남의 논문을 표절해서는 안 된다.

N2 / 小4 / 15획

輪 바퀴 륜

수레[車]에 둥글게[侖] 달린 바퀴

- 음 **りん**　輪番 윤번, 순번　輪郭 윤곽　車輪 차륜
- 훈 **わ**　輪 원형, 고리　指輪 반지　首輪 목걸이

- 陳列された指輪を見て、今年流行するデザインの輪郭をつかんだ。
  진열된 반지를 보고 올해 유행할 디자인의 윤곽을 잡았다.

N1 / 小4 / 14획

德 덕 덕 [徳]

덕이란 곧은[直→㥁] 마음[心]으로 가는[彳] 것

- 음 **とく**　徳用 덕용(값싸고 좋음)　徳義 도덕상의 의무　道徳 도덕
- 児童が道徳性を身につけることは重要である。
  아동이 도덕성을 몸에 익히는 것은 중요하다.

N1 / 中 / 17획

聽 들을 청 [聴]

덕[德→恧]은 귀[耳]로 듣는 것부터 시작됨

- 음 **ちょう**　聴覚 청각　聴衆 청중　傍聴 방청
- 훈 **きく**　聴く 듣다　[비교] 聞く p.119
- 傍聴者は、番組観覧時の注意事項を聴かなければなりません。
  방청자는 프로그램 관람시 주의 사항을 듣지 않으면 안 됩니다.

善
착할 선
N1 / 小6 / 12획

양[羊]처럼 온순하고 착하게 말[口]함

- 음 ぜん　　善悪 선악　　慈善 자선　　最善 최선
- 훈 よい　　善い 좋다　비교 良い p.358

■ 彼は、最善を尽くして体に善い食品を開発した。
　그는 최선을 다해서 몸에 좋은 식품을 개발했다.

繕
기울 선
外 / 中 / 18획

과소비하지 않고 기워서 다시 입는 것은 실[糸]로 선[善]을 행하는 것

- 음 ぜん　　修繕 수선　　営繕 영선(건축물의 신축과 수리)
- 훈 つくろう　　繕う 수선하다, 고치다, 깁다 / 체면을 세우다

■ 大型スーパーの中の修繕屋で着物を繕ってもらった。
　대형 슈퍼 안에 있는 수선집에서 기모노를 수선했다.

膳
선물/반찬 선
外 / 中 / 16획

옛날에는 고기[月] 반찬을 내는 것이 선[善]을 행하는 것이라 여김

- 음 ぜん　　膳 밥상　　配膳 배식

■ 「膳」というのは、一人前の食器や食べ物を載せる台のことを指す。
　'젠'이란, 1인분의 식기와 음식을 놓는 상을 가리킨다.

仏
부처 불 [佛]
N2 / 小5 / 4획

부처의 가르침은 사람[亻]이 나 자신[ム]을 깨닫는 것

- 음 ぶつ　　仏教 불교　　仏壇 불단　　念仏 염불
- 훈 ほとけ　　仏 부처　　仏様 부처님

■ 仏教は仏の慈悲を学び、煩悩を解脱して悟りを得る宗教である。
　불교는 부처의 자비를 배우고 번뇌를 해탈하여 깨달음을 얻는 종교이다.

払
떨칠 불 [拂]
N2 / 中 / 5획

자신[ム]을 수행할 때 졸음을 떨쳐내 주기 위해 죽비를 들고[扌] 내리침

- 음 ふつ　　払拭 불식　　払底 심각하게 부족함
- 훈 はらう　　払う 지불하다　　酔っ払う 취하다

■ どのような政策を示しても国民の不信を払拭することはできなかった。
　어떤 정책을 내놓아도 국민의 불신을 불식시킬 수 없었다.

N2 / 中 / 8획

끓을 비

끓는 것은 물[氵]이 아니고[弗] 수증기로 되는 현상

- 음 ふつ　　沸騰 비등(끓어오름)　　沸点 비점(끓는점)　　煮沸 자비(펄펄 끓임)
- 훈 わく　　沸く 끓다　비교 湧く p.21
- 　　わかす　沸かす 끓이다, 데우다 / 열광시키다

• アルコールは78度で沸くので、水との沸点の差を利用して蒸留酒が作れる。 알코올은 78도에서 끓기 때문에 물과의 비점의 차를 이용해서 증류주를 만들 수 있다.

N2 / 小5 / 12획

쓸 비

돈[貝]은 쓰고 나면 내 것이 아님[弗]

- 음 ひ　　費用 비용　　消費 소비　　旅費 여비
- 훈 ついやす　費やす 쓰다 / 낭비하다, 허비하다
- 　　ついえる　費える 줄다 / 허비하다

• 合理的な消費者は値段と品質を考慮してお金を使う人である。 합리적 소비자는 가격과 품질을 고려해서 돈을 쓰는 사람이다.

N1 / 小2 / 4획

공평할 공

사사로운 것[厶]을 나누니[八] 공평해짐

- 음 こう　　公平 공평　　公園 공원　　公立 공립
- 훈 おおやけ　公 공공 / 정부

• 公園・図書館・水道などは、公益のため作られた公の施設である。 공원·도서관·수도 등은 공익을 위해 만들어진 공공의 시설이다.

N1 / 小4 / 8획

소나무 송

소나무는 누구나 감상할 수 있는 공공의[公] 나무[木]

- 음 しょう　　松竹梅 송죽매(세한삼우 / 경사의 상징 / 상품·성적 등의 3등급)
- 훈 まつ　　松 소나무　　門松 새해 문 앞에 장식하는 소나무

• すしは松竹梅のコースに分けられているが、松がいちばん高いコースだ。 스시는 송죽매 코스로 나뉘어져 있는데, 소나무가 가장 비싼 코스다.

N2 / 小5 / 14획

다 총 [總]

비단의 등급을 매길 때 공평한[公] 마음[心]으로 모든 실[糸]을 꺼내어 봄

- 음 そう　　総合 종합　　総括 총괄　　総理 총리

• 総合的に考えて判断をする必要がある。 종합적으로 생각해서 판단을 내릴 필요가 있다.

訟

N1 / 中 / 11획

송사할 송

억울함을 말해[言] 공적인[公] 판결을 구하는 것을 송사라고 함

- 음 しょう　　訴訟 소송

■ 市民団体は政府に対して訴訟を起こした。
  시민 단체는 정부를 상대로 소송을 제기했다.

私

N3 / 小6 / 7획

사사로울 사

나[ム]의 벼[禾]는 사사로운 것, 즉 사유 재산

- 음 し　　私立 사립　　私服 사복　　公私 공사
- 훈 わたくし　　私 나, 저
  わたし　　私 나, 저

■ 私は私立高校で日本語を教えている。
  나는 사립 고등학교에서 일본어를 가르치고 있다.

和

N2 / 小3 / 8획

화할 화

벼[禾]를 수확하여 모두의 입[口]에 나누니 화합됨

- 음 わ　　和室 일본식 방, 다다미방　　和解 화해　　平和 평화
  お　　和尚 스님　　★日和 날씨　　大和 일본의 옛 이름
- 훈 なごむ　　和む 온화해지다, 누그러지다
  なごやか　　和やかだ 온화하다, 부드럽다
  やわらぐ　　和らぐ 완화되다, 누그러지다
  やわらげる　　和らげる 완화하다, 누그러뜨리다

■ 和尚さんの和やかな笑顔を見ていると気持ちが和らいでくる。
  스님의 온화한 미소를 보고 있으면 마음이 누그러진다.

季

N2 / 小4 / 8획

계절 계

계절은 벼[禾]의 색깔과 상태, 그 옆에서 노는 아이[子]의 모습으로 알 수 있음

- 음 き　　季節 계절　　四季 사계　　雨季 우기

■ 東南アジアの季節は雨季と乾季とに分かれている。
  동남아시아의 계절은 우기와 건기로 나뉘어져 있다.

N2 / 小4 / 9획

향기 향

농부는 햇살[日]을 머금고 익어 가는 벼[禾] 냄새가 향기로움

- 음 こう　　香水 향수　　香料 향료　　線香 선향(모기향)
- 훈 か　　　香 향기　　色香 빛깔과 향기 / 미색　　移り香 잔향
- かおり　香り 향기　비교 薫り p.339
- かおる　香る 향기가 나다　비교 薫る p.339

■ この香水は香りはいいけれど移り香が強いので、職場に行くときは使えない。 이 향수는 향은 좋지만 잔향이 진해서 회사에 갈 때는 못 뿌린다.

N1 / 中 / 11획

버섯 균 [菌]

벼[禾]를 두는 곳간[口]처럼 지붕 모양이 있는 식물[艹]

- 음 きん　　細菌 세균　　殺菌 살균　　保菌者 보균자

■ 感染症は、保菌者を隔離するなどの初期対応が重要だ。
전염병은 보균자를 격리하는 등의 초기 대응이 중요하다.

N1 / 小5 / 12획

무리 속 [屬]

전쟁터에는 썩은 시체[尸]에 붙은 벌레[禹]의 무리가 많음

- 음 ぞく　　属性 속성　　付属 부속　　金属 금속

■ 彼は会社で営業部に所属しています。
그는 회사에서 영업부에 소속되어 있습니다.

N1 / 中 / 15획

부탁할 촉 [囑]

권세가에게 붙은 무리[属]가 입[口]으로 부탁함

- 음 しょく　嘱託 촉탁　　委嘱 위촉

■ 嘱託社員とは、特定の業務に携わることを依頼された非正規の社員である。 촉탁 사원은 특정한 업무에 종사할 것을 의뢰받은 비정규 사원이다.

外 / 中 / 11획

무리 조

왕의 양 옆에 일[一]렬로 서서 허리를 굽히고[曲] 아뢰는[日] 무리

- 음 そう　　法曹界 법조계

■ 今回の選挙の結果、法曹界の大物たちが政治家になった。
이번 선거의 결과, 법조계의 거물들이 정치가가 되었다.

N1 / 中 / 14획

만날 조

대신 무리[曹]가 궁궐을 다니다가[辶] 서로 만남

- 음 そう　　遭遇 조우　遭難 조난
- 훈 あう　　遭う 만나다　비교 合う p.465　会う p.471

- 山で事故に遭った時はホイッスルまたは電灯で遭難信号を発信する。
  산에서 사고를 당했을 때는 호각 또는 전등으로 조난 신호를 발신한다.

N1 / 中 / 15획

구유 조

소나 말의 무리[曹]가 먹기 좋게 나무[木]로 짠 통을 구유라고 함

- 음 そう　　浴槽 욕조　水槽 수조

- 一般的に韓国ではトイレと浴槽が同じ空間にある。
  일반적으로 한국에서는 화장실과 욕조가 같은 공간에 있다.

N1 / 小4 / 12획

떼 대 [隊]

언덕[阝] 위의 돼지[豕]를 잡으러 가는[行→丿] 사냥꾼의 무리

- 음 たい　　隊列 대열　軍隊 군대　海兵隊 해병대

- 海兵隊は上陸作戦のために編成された特殊部隊である。
  해병대는 상륙 작전을 위해 편성된 특수 부대이다.

N1 / 中 / 15획

떨어질 추 [墜]

언덕에 있던 돼지 떼[隊]가 땅[土] 아래로 떨어짐

- 음 つい　　墜落 추락　墜死 추락사　撃墜 격추

- 戦闘機が撃墜されて海に落ちた。
  전투기가 격추당해서 바다에 떨어졌다.

N1 / 中 / 12획

떨어질 타 [堕]

언덕[阝] 위에 있는[有] 것이 땅[土] 아래로 떨어짐

- 음 だ　　堕落 타락

- 彼は金持ちになってから堕落した生活を送っている。
  그는 부자가 된 뒤 타락한 생활을 하고 있다.

N1 / 中 / 12획

따를 수 [随]

언덕[阝] 위의 존재[有]를 따라서 감[辶]

음 ずい　　随筆 수필　　随伴 수반　　随時 수시
ずいひつ　　ずいはん　　ずいじ

- 随筆は筆に任せて自由な形式で書いた文章である。
  ずいひつ　ふで　まか　　　じゆう　けいしき　か　　ぶんしょう
  수필은 마음 내키는 대로 자유로운 형식으로 쓴 문장이다.

N1 / 中 / 19획

뼛골 수 [髓]

뼈[骨] 속 영양분[有]이 가는[辶] 곳을 골수라고 함

음 ずい　　骨髄 골수　　真髄 진수　　脳髄 뇌수
こつずい　　しんずい　　のうずい

- 外科医の田中教授は、骨髄移植分野の泰斗である。
  げかい　た なかきょうじゅ　こつずいいしょくぶんや　たいと
  외과 의사인 다나카 교수는 골수 이식 분야의 권위자이다.

N1 / 中 / 12획

惰

게으를 타

아랫자리[左]에서 마음[忄] 가는 대로 고기[月]나 뜯고 있을 만큼 게으름

음 だ　　惰性 타성　　惰気 게으르고 긴장이 풀린 마음　　怠惰 나태
だせい　　だき　　　　　　　　　　　　　　　　たいだ

- 惰性に流されて生きていては成長できない。
  だせい　なが　　　い　　　　　　せいちょう
  타성에 빠져 살아서는 성장할 수 없게 된다.

N1 / 中 / 11획

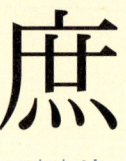

여러 서

집[广] 안에서 여러 가지 음식을 만들 때, 가마솥[廿]에 불[灬]을 땜

음 しょ　　庶民 서민　　庶務 서무　　庶子 서자
しょみん　　しょむ　　しょし

- この小説は当時の庶民の生活をいきいきと描いている。
  しょうせつ　とうじ　しょみん　せいかつ　　　　　　　えが
  이 소설은 당시 서민의 생활을 생생하게 묘사하고 있다.

N1 / 中 / 14획

막을 차

여러[庶] 사람이 길에 다니면[辶] 풍경을 가림

음 しゃ　　遮断 차단　　遮光 차광
しゃだん　　しゃこう

훈 さえぎる　　遮る 차단하다
さえぎ

- この遮光フィルムは紫外線だけを遮る。
  しゃこう　　　　　　しがいせん　　　さえぎ
  이 차광 필름은 자외선만 차단한다.

N2 / 小4 / 6획

함께 공

물건[廾]을 두 손[八]으로 떠받들고[一] 있는 모습

- 음 きょう　共同 공동　共通 공통　公共 공공
- 훈 とも　共に 함께　共々 모두 함께　共働き 맞벌이

- 彼と私の共通点は、共働き夫婦だということだ。
  그와 나의 공통점은 맞벌이 부부라는 것이다.

N2 / 小6 / 8획

이바지할 공

사람[亻]들이 함께[共] 사회에 이바지하며 살아감

- 음 きょう　供給 공급　提供 제공　自供 자백
- 　く　　供養 공양　供物 공물
- 훈 とも　供 수행(원)　子供 아이
- 　そなえる　供える 바치다 / 올리다　[비교] 備える p.251

- 我が社の製品が市場に十分供給できることを願い、お地蔵様にお供物をお供えした。
  우리 회사 제품이 시장에 충분히 공급될 수 있기를 기원하며, 지장 보살에게 공물을 바쳤다.

N1 / 中 / 9획

넓을 홍

함께[共]하면 물[氵]과 같이 넓은 세상을 이룸

- 음 こう　洪水 홍수　洪積層 홍적층

- 今年は台風や洪水の被害が少なかったようだ。
  올해는 태풍과 홍수의 피해가 적었던 것 같다.

N2 / 小3 / 12획

항구 항

항구는 물[氵]가에 사람[己]과 배가 함께[共]하는 곳

- 음 こう　港湾 항만　空港 공항　漁港 어항
- 훈 みなと　港 항구

- 羽田空港から港町駅までは京急線を使った方がいいよ。
  하네다 공항에서 미나토쵸역까지는 게이큐선을 이용하는 편이 좋아요.

N1 / 中 / 10획

공손할 공

함께[共]하는 마음[小]은 곧 예의를 다하는 공손한 마음

- 음 **きょう**   恭賀 공하(공경하여 축하함)   恭順 공순(고분고분함)
- 훈 **うやうやしい**   恭しい 공손하다 / 정중하다

- 中から支配人が出てきて恭しく挨拶をした。
  안에서 지배인이 나와 공손하게 인사를 했다.

N1 / 小6 / 11획

다를 이

밭[田]을 함께[共] 경작해도 토질에 따라 수확물은 각기 다름

- 음 **い**   異論 이론   異性 이성   奇異 기이
- 훈 **ことなる**   異なる 다르다

- 人それぞれ好きな異性のタイプが異なるのは幸いだ。
  사람들이 각각 좋아하는 이성의 타입이 다른 것은 다행이다.

N2 / 小4 / 15획

고를 선 [選]

가장 좋은 것을 고르기 위해 개개[己己]인이 함께[共] 투표장에 감[辶]

- 음 **せん**   選択 선택   選挙 선거   当選 당선
- 훈 **えらぶ**   選ぶ 고르다, 택하다

- 今回の選挙で私が選んだ人が当選した。
  이번 선거에서 내가 뽑은 사람이 당선되었다.

N2 / 中 / 9획

모두 개

흰[白] 옷을 입은 선비들이 과거 시험장에 모두 모여 실력을 견줌[比]

- 음 **かい**   皆勤 개근   皆無 전무(전혀 없음)
- 훈 **みな**   皆 모두   皆さん 여러분

- 皆さんは全員皆勤ですね。おめでとうございます。
  여러분은 전원 개근이군요. 축하합니다.

N2 / 小3 / 12획

섬돌 계

섬돌은 언덕[阝]처럼 여러[皆] 개의 돌을 쌓아 만든 돌층계

- 음 **かい**   階段 계단   階級 계급   地階 건물의 지하층

- テニスは初級の段階で無理な技術を身につけてはいけない。
  테니스는 초급 단계에서 무리한 기술을 몸에 익혀서는 안 된다.

N1 / 小6 / 10획

대궐섬돌 폐

궁궐 높은 곳[阝]의 땅[土] 위에서 의견을 견주는[比] 신하들을 바라봄

[음] へい　　陛下 폐하

- 陛下(へいか)というのは、皇帝(こうてい)や国王(こくおう)に対(たい)する敬称(けいしょう)である。
  폐하란, 황제나 국왕에 대한 경칭이다.

外 / 中 / 16획

화할 해

모두[皆] 모여 말씀[言]을 나누면 갈등 없이 화함

[음] かい　　俳諧 하이카이(일본의 고전 문학)

- 俳諧(はいかい)から独立(どくりつ)して新(あたら)しく名(な)づけたものが俳句(はいく)である。
  하이카이로부터 독립하여 새로이 명명한 것이 하이쿠다.

外 / 中 / 13획

본보기 해

모두[皆]가 볼 수 있게 나무[木] 판에 본보기를 새겨 알림

[음] かい　　楷書 해서(체)

- 漢字(かんじ)の書体(しょたい)には、隷書(れいしょ)・行書(ぎょうしょ)・楷書(かいしょ)・草書(そうしょ)などがある。
  한자의 서체에는 예서·행서·해서·초서 등이 있다.

N5 / 小1 / 2획

사람 인

등을 서로 맞대고 의지하고 있는 사람의 모습

[음] じん　　人生(じんせい) 인생　　人道的(じんどうてき) 인도적　　成人(せいじん) 성인
　　にん　　人間(にんげん) 인간　　人形(にんぎょう) 인형　　人気(にんき) 인기
[훈] ひと　　人(ひと) 사람　　人手(ひとで) 남의 손 / 남의 도움　　人柄(ひとがら) 인품
　　　　　★大人(おとな) 성인　　素人(しろうと) 초보자　　玄人(くろうと) 숙련자　　仲人(なこうど) 중개인　　若人(わこうど) 젊은이

- 子(こ)どもの時(とき)の夢(ゆめ)を失(うしな)い、大人(おとな)になって他人(たにん)の人生(じんせい)を生(い)きている人(ひと)が多(おお)い。
  아이 때의 꿈을 잃어버리고 어른이 되어 타인의 인생을 살고 있는 사람이 많다.

N4 / 小1 / 2획

들 입

건물 입구의 모양

[음] にゅう　　入場(にゅうじょう) 입장　　入学(にゅうがく) 입학　　侵入(しんにゅう) 침입
[훈] いる　　入(い)る 들다　[비교] 要る p.153　　入(い)り口(ぐち) 입구　　気(き)に入(い)る 마음에 들다
　　いれる　　入(い)れる 넣다　　入(い)れ物(もの) 용기, 그릇
　　はいる　　入(はい)る 들어가다

- 入場(にゅうじょう)するときは、入(い)り口(ぐち)でコインを箱(はこ)に入(い)れてください。
  입장 할 때는 입구에서 코인을 상자에 넣어 주세요.

N4 / 小1 / 2획

여덟 팔

네 손가락씩 두 손을 편 모양

- 음 はち　　　八 팔　　八月 8월
- 훈 や　　　八重 여러 겹　★八百屋 채소·과일 가게　八百長 짜고 하는 승부
  - やつ　　八つ 여덟
  - やっつ　八つ 여덟, 여덟 살
  - よう　　八日 (달력의) 8일

- 近所の八百屋の子は八月八日で八つになりました。
  근처에 있는 채소 가게 아이가 8월 8일에 여덟 살이 되었습니다.

N1 / 小6 / 5획

구멍 혈

구멍이 뚫린 집. 즉, 동굴의 모습

- 음 けつ　　墓穴 무덤 구덩이　虎穴 호랑이 굴
- 훈 あな　　穴 구멍　毛穴 모공　洞穴 동굴

- 虎穴に入らずんば虎児を得ずというから、勇気を出して洞穴に入ってみた。
  호랑이 굴에 들어가야 호랑이 새끼를 얻는다고 하니, 용기를 내어 동굴에 들어가 보았다.

N1 / 中 / 12획

우산 산

왕이 행차할 때 사람들이 큰 우산대를 지고 우산을 편 모양

- 음 さん　　傘下 산하(관할 아래)　落下傘 낙하산
- 훈 かさ　　傘 우산　日傘 양산

- 創立記念式でもらった傘に、傘下機関のマークが名入れされていた。
  창립 기념식에서 받은 우산에 산하 기관의 마크가 새겨져 있었다.

확인 문제

1 빈칸에 알맞은 한자를 a, b 중에 고르세요.

① ___理　a. 倫　b. 輪　　⑥ ___難　a. 曹　b. 遭

② 道___　a. 德　b. 聴　　⑦ ___落　a. 隊　b. 墜

③ ___教　a. 仏　b. 払　　⑧ ___断　a. 庶　b. 遮

④ 平___　a. 和　b. 私　　⑨ 提___　a. 共　b. 供

⑤ 付___　a. 嘱　b. 属　　⑩ ___段　a. 階　b. 陛

2 밑줄 친 부분에 해당되는 한자를 a, b, c 중에 고르세요.

① <u>つく</u>ろう　　a. 繕　b. 善　c. 膳

② <u>つい</u>やす　　a. 費　b. 沸　c. 払

③ <u>なご</u>やかだ　a. 和　b. 季　c. 香

④ <u>こと</u>なる　　a. 洪　b. 恭　c. 異

⑤ <u>えら</u>ぶ　　　a. 供　b. 選　c. 港

3 다음을 일본어 한자와 히라가나로 써 보세요.

① 논리 ➡ _____ / _____

② 소송 ➡ _____ / _____

③ 수필 ➡ _____ / _____

④ 서민 ➡ _____ / _____

⑤ 침입 ➡ _____ / _____

인륜₂

N2 / 小4 / 6획

各
각각 **각**

사람들은 각각의 말[口]을 하고, 각각의 길을 감[夂]

- 음 かく　　各自 각자　　各種 각종　　各位 여러분
- 훈 おのおの　各々 각각(= 各)

* 各々研究のため全力を尽した会員各位に感謝しています。
  각각 연구를 위해 전력을 다한 회원 여러분께 감사드립니다.

N2 / 小5 / 10획

格
격식 **격**

제각각[各]인 제사법을 통일시켜 나무[木]판에 고하여 격식을 갖춤

- 음 かく　　格式 격식　　資格 자격　　性格 성격
- 　　こう　　格子 격자

* 税理士の資格を取って銀行に就職した。
  세무사 자격을 따고 은행에 취직했다.

N2 / 小5 / 11획

略
간략할 **략**

권력층의 수탈이 심할 때, 백성 각각[各]의 땅[田]을 줄여 빼앗음

- 음 りゃく　　略称 약칭　　侵略 침략　　省略 생략

* 音楽大学の略称は音大である。
  음악 대학의 약칭은 음대이다.

N2 / 小3 / 13획

路
길 **로**

각각[各]의 발[足]로 걸어가는 길

- 음 ろ　　路線図 노선도　　道路 도로　　進路 진로
- 훈 じ　　家路 귀갓길　　旅路 여행길　　山路 산길

* 家路につくために、改札口の前で鉄道路線図を眺めていた。
  집에 돌아가기 위해 개찰구 앞에서 철도 노선도를 바라보고 있었다.

 이을 락

N2 / 中 / 12획

각각[各]을 실[糸]로 엮듯이 이음

- 음 らく 連絡 연락　脈絡 맥락
- 훈 からむ 絡む 얽히다
  - からまる 絡まる 얽히다
  - からめる 絡める 얽다 / 묻히다

■ この事件の脈絡から見ると、ヤクザが絡んでいるようだ。
이 사건의 맥락에서 보면 야쿠자가 관여하고 있는 것 같다.

 뇌물 뢰

外 / 中 / 13획

권력층의 수탈이 심할 때, 뇌물은 각자[各] 재물[貝]을 내놓듯 당연시 됨

- 음 ろ 賂賂 뇌물

■ 賄賂は、贈っても受け取ってもいけません。
뇌물은 주어서도 받아서도 안 됩니다.

 쇠젖 락

N1 / 中 / 13획

쇠젖을 발효시켜 만든 술[酉]의 맛이 각각[各]의 집마다 달랐음

- 음 らく 酪農 낙농

■ 彼は北海道で酪農を営んでいる。
그는 홋카이도에서 낙농을 하고 있다.

 떨어질 락 [落]

N2 / 小3 / 12획

늦가을, 마른 풀[艹]이 물방울[氵]처럼 사방으로 제각각[各] 떨어짐

- 음 らく 落下 낙하　下落 하락　暴落 폭락
- 훈 おちる 落ちる 떨어지다　落ち着く 안정되다
  - おとす 落とす 떨어뜨리다

■ 株価がどんどん下落しているので気持ちが落ち着かない。
주가가 계속 하락하고 있어서 마음이 진정되지 않는다.

 손 객

N2 / 小3 / 9획

각각[各]의 사정에 의해 집[宀]으로 찾아온 손님

- 음 きゃく 客観 객관　お客様 손님　乗客 승객
  - かく 主客 주객　旅客 여객

■ 乗客の安全を考えて旅客船の設計を変更した。
승객의 안전을 생각해서 여객선의 설계를 변경했다.

N2 / 小5 / 18획

이마 **액**

손님[客]의 머리[頁]에서 가장 먼저 보이는 부분이 이마

- 음 がく　額面 액면　額縁 액자　金額 금액
- 훈 ひたい　額 이마

■ 額縁に額をぶつけた。
　액자에 이마를 부딪혔다.

N1 / 小6 / 7획

나 **아**

나, 우리를 지키기 위해 손[手]으로 창[戈]을 잡고 있음

- 음 が　我慢 참음, 인내 / 용서함　自我 자아　彼我 피아(상대와 우리)
- 훈 われ　我 우리 / 나　我々 우리
- わ　我が国 우리나라

■ 子供の健康な自我形成のため我々は体育を重視しております。
　아이들의 건강한 자아 형성을 위해 우리는 체육을 중시하고 있습니다.

N1 / 中 / 15획

주릴 **아 [餓]**

식량[食]을 탐해 손[手]으로 창[戈]을 잡고 싸우면 누군가는 굶주림

- 음 が　餓死 아사　飢餓 기아

■ 飢餓に苦しんでいる子供たちのために、毎月２万ウォンを寄付している。
　기아로 고통 받는 아이들을 위해, 매월 2만 원을 기부하고 있다.

N1 / 小6 / 3획

몸 **기**

몸의 근간을 이루는 등뼈의 모양

- 음 こ　自己 자기　利己 이기
- き　克己 극기　知己 벗, 친구
- 훈 おのれ　己 자기 자신

■ 克己とは、己の利己心や欲望に勝つことである。
　'극기'란 자신의 이기심이나 욕망을 이겨내는 것이다.

N1 / 中 / 6획

왕비 **비**

왕이 자신[己]의 여자[女]를 칭해 왕비[妃]로 정함

- 음 ひ　王妃 왕비　皇太子妃 황태자비

■ 昭和34年、正田美智子さんが皇太子妃になりました。
　쇼와 34년, 쇼다 미치코 씨가 황태자비가 되었습니다.

N1 / 小5 / 9획

紀
벼리 기

그물의 몸통[己]을 죄었다 풀었다 할 수 있는 굵은 줄[糸]이 벼리

- 음 き　　紀行 기행　風紀 풍기　世紀 세기

- あの結婚式は、「世紀のロイヤルウェディング」と呼ばれる。
  그 결혼식은 '세기의 로얄 웨딩'으로 불린다.

N2 / 小2 / 10획

記
기록할 기

좋은 말씀[言]을 자신[己]의 것으로 취하기 위해 기록함

- 음 き　　記録 기록　記念日 기념일　日記 일기
- 훈 しるす　記す 기록하다

- 毎年正月に、博子は家族の記念日をカレンダーに記している。
  매년 설날에 히로코는 가족의 기념일을 달력에 기록하고 있다.

N3 / 小3 / 10획

起
일어날 기

세상살이 바쁘게 달리기[走] 위해 몸[己]을 일으킴

- 음 き　　起床 기상　起源 기원　奮起 분기
- 훈 おきる　起きる 일어나다
  　おこる　起こる 일어나다, 발생하다　비교 興る p.320
  　おこす　起こす 일으키다, 깨우다　비교 興す p.320

- 人類の暴力性は、絶えず戦争を起こすことにその起源を求めることができる。
  인류의 폭력성은 끊임없이 전쟁을 일으키는 것으로부터 그 기원을 찾을 수 있다.

N2 / 小3 / 10획

配
짝/나눌 배

나[己]와 술[酉] 한잔 나눌 짝

- 음 はい　配慮 배려　宅配 택배　心配 걱정 / 근심
- 훈 くばる　配る 나누어 주다

- 宅配の仕事は、品目分類のパートと荷物を配るパートとに分かれている。
  택배 일은 품목 분류 파트와 짐을 분배하는 파트로 나뉘어져 있다.

N1 / 中 / 7획

忌 꺼릴 기

마음[心] 가는 대로 자신[己]을 맡기면 모두가 꺼리는 일을 행함

- 음 き　　忌避 기피　　忌中 기중, 상중　　禁忌 금기
- 훈 いむ　　忌む 꺼리다　　忌み言葉 금기어
　　いまわしい　　忌まわしい 꺼림칙하다

▪ よく忌避される代表的な忌み言葉に、数字「四」がある。これは、「死」と発音が同じためである。
자주 기피되는 대표적인 금기어로 숫자 '四(사)'가 있다. 이는 '死(사)'와 발음이 같기 때문이다.

N5 / 小2 / 4획

友 벗 우

친구끼리 손[ナ]과 손[又]을 맞잡은 모습

- 음 ゆう　　友情 우정　　友好 우호　　友人 친구
- 훈 とも　　友 벗　　友達 친구

▪ 日本語で、友達と友人と親友は、どう違いますか。
일본어로 도모다치, 유우진, 신유우는 어떻게 다릅니까?

N2 / 中 / 7획

拔 뽑을 발 [抜]

어릴 적, 벗[友]과 함께 목검을 손[扌]으로 뽑아 들고 놂

- 음 ばつ　　抜群 발군　　選抜 선발
- 훈 ぬく　　抜く 뽑다　　栓抜き 병따개
　　ぬかす　　抜かす 빠뜨리다
　　ぬかる　　抜かる 방심하여 실수하다

▪ 今度は五輪代表選抜戦だから、抜かりのないよう気を付けてほしい。
이번에는 올림픽 대표 선발전이므로 실수가 없도록 정신 차려 주기 바란다.

N2 / 中 / 14획

髪 터럭 발 [髮]

말을 타고 달리는 친구[友]의 긴[長] 머리털[彡]을 나타냄

- 음 はつ　　頭髪 두발　　長髪 장발　　白髪 백발(しらが라고도 읽음)
- 훈 かみ　　髪 머리카락　　前髪 앞머리

▪ 長髪にする時は前髪をどうするかずっと悩んでいた。
장발일 때는 앞머리를 어떻게 할지 줄곧 고민했다.

N1 / 中 / 14획

僚
동료 료

횃불[尞]을 밝혀 놓고 함께 일하는 사람[亻]

음 りょう　同僚 동료　官僚 관료　閣僚 각료

- 親しい同僚の不正に全然気付きませんでした。
  친한 동료의 부정을 전혀 알지 못했습니다.

N1 / 中 / 15획

寮
동관 료

불[尞]을 밝혀 놓아 밤에도 밝은 집[宀]

음 りょう　寮 기숙사　寮生 기숙생　独身寮 독신 기숙사

- 彼は入学してすぐ寮での生活を始めた。
  그는 입학하자마자 기숙사에서 생활을 시작했다.

N2 / 中 / 17획

療
병 고칠 료

병들어[疒] 어두운 낯빛을 치료하여 불 밝히듯[尞] 훤하게 함

음 りょう　治療 치료　診療 진료　医療 의료

- 医療技術は目覚しく発達している。
  의료 기술은 눈부시게 발달하고 있다.

外 / 中 / 17획

瞭
밝을 료

횃불[尞]을 눈[目] 앞에서 바라보면 엄청 밝음

음 りょう　明瞭 명료　一目瞭然 일목요연

- 数字を代入すれば一目瞭然となる。
  숫자를 대입하면 일목요연해진다.

N2 / 中 / 11획

偶
짝 우

사람[亻]과 원숭이[禺]처럼 서로 닮아 이룬 짝

음 ぐう　偶然 우연　偶数 짝수　配偶者 배우자

- 偶数が3回連続で出たら、次に奇数が出る確率は何％ですか。
  짝수가 3회 연속으로 나오면 다음에 홀수가 나올 확률은 몇 %입니까?

隅
구석 우 — N2 / 中 / 12획

언덕[阝] 위 모퉁이에 몸을 숨기고 있는 원숭이[禺]

- 음 ぐう　　一隅(いちぐう) 한구석
- 훈 すみ　　隅(すみ) 구석　　隅々(すみずみ) 구석구석　　片隅(かたすみ) 한구석

■ このWIFI(ワイファイ)は、電波(でんぱ)が弱(よわ)くて家(いえ)の隅(すみ)まで届(とど)かない。
이 와이파이는 전파가 약해서 집의 구석까지 닿지 않는다.

遇
만날 우 — N1 / 中 / 12획

원숭이[禺]가 여기저기 다니면서[辶] 서로 만남

- 음 ぐう　　遭遇(そうぐう) 조우(우연히 만남)　　境遇(きょうぐう) 경우, 처지, 환경　　待遇(たいぐう) 대우

■ 国賓待遇(こくひんたいぐう)は、外国(がいこく)の国家元首(こっかげんしゅ)に限(かぎ)られる。
국빈 대우는 외국 국가 원수에 한정된다.

愚
어리석을 우 — N1 / 中 / 13획

간사한 원숭이[禺]처럼 마음[心]을 쓰는 자는 어리석음

- 음 ぐ　　愚鈍(ぐどん) 우둔　　愚直(ぐちょく) 우직　　愚問(ぐもん) 우문
- 훈 おろか　　愚(おろ)かだ 어리석다

■ 愚鈍(ぐどん)な人間(にんげん)は、自分(じぶん)の愚(おろ)かさに気付(きづ)かない。
우둔한 사람은 자신의 어리석음을 깨닫지 못한다.

互
서로 호 — N2 / 中 / 4획

새끼줄이 꼬여 있는 모습처럼 관계를 이루고 있는 서로를 의미함

- 음 ご　　互選(ごせん) 호선(서로 투표로 뽑음)　　相互(そうご) 상호　　互角(ごかく) 호각(우열 없는 실력)
- 훈 たがい　　互(たが)い 서로　　お互(たが)いに 서로

■ 対立候補(たいりつこうほ)とは互角(ごかく)に競(せ)り合(あ)っているが、クリーンな選挙(せんきょ)のためお互(たが)いに協力(きょうりょく)を約束(やくそく)した。
대립 후보와는 대등하게 경쟁하고 있지만, 깨끗한 선거를 위해 서로 협력을 약속했다.

瓦
기와 와 — 外 / 中 / 5획

지붕을 일 때, 기와가 서로 겹쳐진 모양

- 음 が　　瓦解(がかい) 와해　　煉瓦(れんが) 연와, 벽돌
- 훈 かわら　　瓦(かわら) 기와　　瓦屋根(かわらやね) 기와 지붕

■ 当社(とうしゃ)では、瓦(かわら)・タイル・煉瓦(れんが)などを取(と)り扱(あつか)っております。
저희 회사에서는 기와·타일·벽돌 등을 취급하고 있습니다.

N2 / 小3 / 9획

좋은 나무[木]를 눈[目]으로 살피듯 서로가 잘 살핌

- 음 そう　相当 상당히/해당　相談 상담　真相 진상
  しょう　首相 수상　宰相 재상　★相撲 스모
- 훈 あい　相手 상대　相変わらず 변함없이, 여전히

■ 引退した元首相は相変わらず相当な影響力を持っているようだ。
　은퇴 전 수상은 여전히 상당한 영향력을 갖고 있는 듯하다.

서로 상

N2 / 小3 / 15획

대나무[竹→⺮]를 서로[相] 엮어 만든 상자

- 훈 はこ　箱 상자　筆箱 필통　ごみ箱 쓰레기통

■ 次男は今日も筆箱を忘れて登校した。
　둘째 아들은 오늘도 필통을 두고 등교했다.

상자 상

N2 / 小3 / 13획

서로[相] 마음[心] 속으로 생각함

- 음 そう　想像 상상　予想 예상　愛想 붙임성(あいそ라고도 읽음)

■ 日本のアニメを見ると日本人の世界観と想像力が分かる。
　일본 애니메이션을 보면 일본인의 세계관과 상상력을 알 수 있다.

생각 상

N3 / 小3 / 8획

노인[耂]의 말[日]에 귀 기울여야 사람

- 음 しゃ　医者 의사　第三者 제3자　患者 환자　★猛者 수완가
- 훈 もの　者 사람　若者 젊은이

■ このインフルエンザの患者は若者に多いという特徴がある。
　이 인플루엔자의 환자는 젊은 사람이 많다는 특징이 있다.

사람 자 [者]

N2 / 中 / 14획

사람[者]이 엉킨 실[糸]을 풀기 위해 실마리(실의 끝)를 잡음

- 음 しょ　端緒 단서　内緒 비밀
  ちょ　情緒 정서(じょうしょ라고도 읽음)
- 훈 お　緒 줄, 끈　鼻緒 조리나 게다의 끈

■ 下町情緒あふれる街で、きれいな鼻緒を買った。
　서민의 정취가 가득한 거리에서 예쁜 하나오를 샀다.

실마리 서 [緒]

N2 / 小6 / 15획

모두 제 [諸]

각자[者]의 의견을 말하기[言] 위해 모두 모임

- 음 しょ　　諸君 제군　　諸国 제국(여러 나라)　　諸般 제반
- 今年は諸般の事情により国際交流が中断した。
  올해는 제반 사정에 의해 국제 교류가 중단되었다.

外 / 中 / 16획

내기 도

내기는 사람들[者]이 모여 앉아 돈[貝]을 걸고[丶] 하는 것

- 음 と　　賭する 내기하다　　賭博 도박　　賭場 도박장
- 훈 かける　　賭ける 걸다, 내기하다　[비교] 懸ける p.73　掛ける p.353　架ける p.380
- 友人と食事代を賭けても賭博罪が成立するのでしょうか。
  친구와 식사 내기를 해도 도박죄가 성립되는 것인지요?

N3 / 小3 / 11획

도읍 도 [都]

임금과 함께 사람들[者]이 많이 모여 사는 고을[阝]이 도읍

- 음 と　　都市 도시　　都会 도회　　首都 수도
- 　つ　　都合 사정　　都度 매번
- 훈 みやこ　　都 수도　　都落ち 낙향
- 都会の生活は息苦しいので都合がつけば田舎で暮らしたい。
  도시 생활은 숨 막혀서 사정이 된다면 시골에서 살고 싶다.

N2 / 小6 / 11획

나타날 저 [著]

풀[艹]숲에서 사람[者]이 나타남

- 음 ちょ　　著名 저명　　著作 저작　　顕著 현저
- 훈 あらわす　　著す 저술하다　[비교] 表す p.283　現す p.475
- 　いちじるしい　　著しい 현저하다, 명백하다
- あの会社は著しい著作権侵害で訴えられた。
  저 회사는 현저한 저작권 침해로 피소되었다.

N3 / 小3 / 12획

더울 서 [暑]

사람들[者] 바로 위로 해[日]가 떠 있는 무더운 한여름 정오의 모습

- 음 しょ　　暑気 더위　　避暑 피서　　残暑 늦더위
- 훈 あつい　　暑い 덥다　[비교] 厚い p.30　熱い p.175
- 内陸はとても暑いので、海辺で避暑した。　내륙은 매우 더워서 해변에서 피서했다.

N2 / 小6 / 13획

관청 서 [署]

관청은 사람들[者]이 일을 처리하는 조직[皿]

- 음 しょ　　署名 서명　　署長 서장　　警察署 경찰서
- 新たに赴任した署長は、市民の安全を最優先にしている。
  새로 부임한 서장은 시민의 안전을 최우선으로 하고 있다.

外 / 中 / 15획

젓가락 저

예전부터 사람들[者]은 젓가락의 재료로 대나무[竹→⺮]를 사용함

- 훈 はし　　箸 젓가락　　箸置き 젓가락 받침　　割り箸 나무젓가락
- 夏休みの工作課題は割り箸で作ってみようか。
  여름 방학의 공작 과제는 나무젓가락으로 만들어 볼까?

外 / 中 / 12획

삶을 자 [煮]

음식을 삶기 위해 가마솥의 불[灬]을 지피는 사람[者]을 나타냄

- 음 しゃ　　煮沸 자비(펄펄 끓임)
- 훈 にる　　煮る 삶다　　煮物 조림　　雑煮 떡국
- 　にえる　　煮える 삶아지다
- 　にやす　　煮やす 삶다 / 끓이다
- 肉じゃがは簡単にできる基本的な煮物である。
  니쿠쟈가(고기감자조림)는 간단하게 만들 수 있는 기본적인 조림이다.

N3 / 小3 / 10획

나그네 려 [旅]

나그네는 사방팔방[方]을 돌아다니는 사람들[人氏→𣎆]

- 음 りょ　　旅行 여행　　旅館 여관　　旅券 여권
- 훈 たび　　旅 여행　　旅先 여행지　　船旅 배 여행
- 旅先で旅券を紛失した場合、大使館に届け出てください。
  여행지에서 여권을 분실했을 경우, 대사관에 신고해 주세요.

N1 / 中 / 9획

베풀 시

어느 곳[方]의 사람[人→⺅]이든 베풀면 관계가 이어짐[也]

- 음 し　　施設 시설　　施行 시행　　実施 실시
- 　せ　　施主 시주 / 상주 / 건축 시공주　　布施 시주, 보시
- 훈 ほどこす　　施す 베풀다 / 계획을 세우다
- その法律を施行する前に、医療自体に改善を施す必要がある。
  그 법률을 시행하기 전에 자체적으로 의료 개선 계획을 세울 필요가 있다.

N1 / 中 / 11획

旋 돌 선

어느 곳[方]의 사람[人→𠂉]이든 발[疋]길 닿으면 돌고 돌아 만남

[음] せん　　旋回 선회　　旋律 선율　　旋風 선풍

- 今回開発したゲームが、旋風的な人気を呼んでいる。
이번에 개발한 게임이 선풍적인 인기를 끌고 있다.

N3 / 小3 / 11획

族 겨레 족

어느 곳[方]의 사람[人→𠂉]이든 화살[矢]을 들고 함께 싸우면 겨레

[음] ぞく　　家族 가족　　民族 민족　　同族 동족

- キム・グ先生は、我が民族の師である。
김 구 선생님은 우리 민족의 스승이다.

N2 / 小3 / 12획

遊 놀 유

어느 곳[方]의 사람[人→𠂉]이든 아이들은[子] 돌아다니며[辶] 잘 놂

[음] ゆう　　遊園地 유원지　　遊戯 유희　　遊覧 유람
　　ゆ　　遊山 유람, 관광

[훈] あそぶ　　遊ぶ 놀다

- 昨日、遊園地へ遊びに行きました。
어제 유원지에 놀러 갔습니다.

확인 문제

1 빈칸에 알맞은 한자를 a, b 중에 고르세요.

① 連___ a. 絡 b. 賂
② ___慢 a. 我 b. 餓
③ ___録 a. 紀 b. 記
④ ___群 a. 髪 b. 抜
⑤ 同___ a. 寮 b. 僚

⑥ ___然 a. 遇 b. 偶
⑦ 相___ a. 瓦 b. 互
⑧ 筆___ a. 箱 b. 相
⑨ ___作 a. 著 b. 箸
⑩ 家___ a. 族 b. 旋

2 밑줄 친 부분에 해당되는 한자를 a, b, c 중에 고르세요.

① <u>お</u>ちる   a. 略   b. 落   c. 酪
② <u>お</u>きる   a. 配   b. 妃   c. 起
③ <u>ぬ</u>く   a. 友   b. 抜   c. 髪
④ <u>に</u>る   a. 署   b. 暑   c. 煮
⑤ <u>ほどこ</u>す   a. 旋   b. 施   c. 旅

3 다음을 일본어 한자와 히라가나로 써 보세요.

① 금액 ➡ _____ / _____

② 배려 ➡ _____ / _____

③ 상상 ➡ _____ / _____

④ 도박 ➡ _____ / _____

⑤ 유람 ➡ _____ / _____

2부
인공

京　工　糸　門

국가   의식주   학문

斤 🧑‍🍳 正 文 🟫 🧍 世

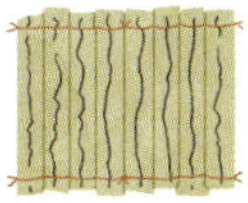

국가₁

N1 / 中 / 10획

당나라 **당**

집[广]에서 손[肀]에 절구공이를 들고 절구[口]에 찧는 모습. 나중에 당나라를 의미함

- 음 **とう**　　唐突 당돌　　唐辛子 고추
　　　　　　遣唐使 견당사(당나라에 보낸 사신)
- 훈 **から**　　唐揚げ 가라아게(일본식 튀김)

■ 四川風唐揚げは、唐辛子が使われていてとても辛いです。
　사천풍의 가라아게는 고추를 사용하여 매우 맵습니다.

N1 / 小6 / 16획

엿 **당**

쌀[米]을 절구[唐]질하여 달콤한 엿을 만듦

- 음 **とう**　　糖尿病 당뇨병　　糖類 당류　　砂糖 설탕

■ 糖尿病はストレスと肥満が主な原因になっている。
　당뇨병은 스트레스와 비만이 주된 원인이 되고 있다.

N3 / 小3 / 13획

한나라 **한** [漢]

한나라는 진흙[堇→𦰩]이 많은 물[氵]인 한수(漢水) 유역에 세움

- 음 **かん**　　漢字 한자　　漢方薬 한방약
　　　　　　暴漢 폭한(함부로 난폭한 행동을 하는 사람)

■ 韓国と日本と中国は、漢字文化圏の国である。
　한국과 일본과 중국은 한자 문화권의 나라이다.

N1 / 中 / 13획

탄식할 **탄** [嘆]

홍수로 진흙[堇→𦰩] 밭이 되어 농부의 입[口]에서 탄식이 나옴

- 음 **たん**　　嘆声 탄성　　感嘆 감탄　　悲嘆 비탄
- 훈 **なげく**　　嘆く 한탄하다, 슬퍼하다 / 개탄하다
　　なげかわしい　　嘆かわしい 한탄스럽다, 한심스럽다

■ 善を行った人が悲嘆に暮れなければならないとは、嘆かわしいことだ。
　선을 행한 사람이 비탄에 잠겨 살아야 하다니 한탄스러운 일이다.

N2 / 小6 / 18획

어려울 난 [難]

진흙[堇→莫]탕에 빠진 새[隹]는 빠져나오기 어려움

- 음 **なん** 　避難 피난　苦難 고난　困難 곤란
- 훈 **かたい** 　難い 어렵다, 힘들다
- **むずかしい** 　難しい 어렵다

■ 今回の調査では、住民の22％が避難は難しいと答えた。
　이번 조사에서는 주민의 22%가 피난은 어렵다고 대답했다.

N1 / 中 / 7획

나라 이름 오 [呉]

오나라 군사가 승전보를 울리며 큰소리치는 모습

- 음 **ご** 　呉服 기모노, 또는 기모노용 옷감　呉越同舟 오월동주

■ 仲の悪い者同士が協力しあうとき、「呉越同舟」という。
　사이가 좋지 않은 자들이 협력할 때, '오월동주'라고 한다.

N1 / 中 / 10획

즐길 오 [娯]

오나라[呉]에서 여자[女]와 웃고 떠들며 즐김

- 음 **ご** 　娯楽 오락

■ 歌舞伎は江戸時代の庶民の娯楽だった。
　가부키는 에도 시대 서민의 오락이었다.

N2 / 小6 / 14획

그르칠 오 [誤]

사투리인 오나라[呉]의 말[言]을 잘못 전함

- 음 **ご** 　誤解 오해　誤算 오산　錯誤 착오
- 훈 **あやまる** 　誤る 실수하다, 잘못하다　비교 謝る p.238

■ 小さな誤りに目くじらを立てていると、誰も試行錯誤を重ねようとしなくなってしまう。
　작은 실수를 흠잡다가는 아무도 시행착오를 거듭하려고 하지 않게 된다.

N1 / 中 / 13획

염려할 우 [虞]

산에서 호랑이[虎→虍]가 큰소리[吳]를 내어 울면 두렵고 염려됨

- 음 **ぐ** 　虞犯 우범　虞美人草 양귀비꽃
- 훈 **おそれ** 　虞 염려, 우려

■ この辺りは虞犯地帯だから、夜遅くに一人で歩くのはとても危ない。
　이 근방은 우범 지대이므로, 밤 늦게 혼자 돌아다니는 것은 매우 위험하다.

N1 / 中 / 7획

邦 — 나라 방

풀이 무성하게[丰] 자란 숲처럼 고을[阝]이 모여 형성된 것이 나라

- 음 ほう　　邦語(ほうご) 국어, 나랏말　　連邦(れんぽう) 연방　　異邦(いほう) 이방

■ 『異邦人(いほうじん)』は、人間社会(にんげんしゃかい)の不条理(ふじょうり)を主題(しゅだい)にしたカミュの代表作(だいひょうさく)である。
「이방인」은 인간 사회의 부조리를 주제로 한 카뮈의 대표작이다.

N1 / 中 / 7획

那 — 어찌 나

침범당한[冄] 고을[阝]을 어찌할까

- 음 な　　旦那(だんな) 남편　　刹那(せつな) 찰나　　支那(しな) 지나(중국의 옛이름)

■ 清美(きよみ)さんの旦那(だんな)さんは、やさしい人(ひと)です。
기요미 씨의 남편은 상냥한 사람입니다.

N2 / 小3 / 11획

祭 — 제사 제

고기[月]를 제단[示]에 올려놓고 손[又]으로 빌며 제사를 지냄

- 음 さい　　祭日(さいじつ) 공휴일　　学園祭(がくえんさい) 학원제　　祝祭(しゅくさい) 축제
- 훈 まつる　　祭(まつ)る 제사 지내다
- 　　まつり　　祭(まつ)り 축제

■ 札幌雪祭(さっぽろゆきまつ)りは毎年(まいとし)2月上旬(がつじょうじゅん)に開催(かいさい)される世界的(せかいてき)な祭典(さいてん)である。
삿포로 눈축제는 매년 2월 초순에 개최되는 세계적인 축제이다.

N2 / 小5 / 14획

際 — 사이/즈음 제

언덕[阝]은 제사[祭]로서 신과 인간 사이를 연결하는 곳

- 음 さい　　国際(こくさい) 국제　　交際(こうさい) 교제　　実際(じっさい) 실제
- 훈 きわ　　際(きわ) 가장자리, 옆　　窓際(まどぎわ) 창가　　水際(みずぎわ) 물가

■ 交際(こうさい)がスクープされた二人(ふたり)を、ロビーの窓際(まどぎわ)から目撃(もくげき)した。
교제가 발각된 두 사람을 로비의 창가에서 목격했다.

N2 / 小4 / 14획

察 — 살필 찰

집[宀]에서 올리는 제사[祭] 음식을 시어머니가 잘 살핌

- 음 さつ　　警察(けいさつ) 경찰　　診察(しんさつ) 진찰　　考察(こうさつ) 고찰

■ 日本(にほん)の警察(けいさつ)は、捜査権(そうさけん)と逮捕権(たいほけん)を持(も)っている。
일본의 경찰은 수사권과 체포권을 갖고 있다.

N1 / 中 / 17획

문지를 **찰**

잘 살피려고[察] 손[扌]으로 이리저리 문질러 봄

- 음 さつ　　擦過傷 찰과상　　摩擦 마찰
- 훈 する　　擦る 문지르다, 갈다　비교 刷る p.426
  　すれる　擦れる 닳다 / 스치다

■ サイズが合わない靴を履いたら、足が靴に擦れて擦過傷になった。
사이즈가 맞지 않는 구두를 신었더니 발이 구두에 스쳐 찰과상이 생겼다.

N2 / 小5 / 9획

정사 **정**

나라를 바로 하기[正] 위해 회초리로 쳐서[攵] 다스리는 것이 정사(정치)

- 음 せい　　政治 정치　　財政 재정　　行政 행정
  　しょう　摂政 섭정
- 훈 まつりごと　政 다스림

■ 君主に代わって政治を行うことを摂政という。
군주를 대신해 정치를 행하는 것을 섭정이라고 한다.

N2 / 小4 / 7획

고칠 **개**

자기[己]의 잘못을 채찍질[攵]하여 고침

- 음 かい　　改革 개혁　　改札口 개찰구　　改憲 개헌
- 훈 あらたまる　改まる 고쳐지다, 달라지다 / 개선되다
  　あらためる　改める 고치다, 바꾸다 / 개선하다

■ 改憲について改めて考えてみる必要がある。
개헌에 관해 다시 생각해 볼 필요가 있다.

N1 / 小4 / 8획

칠 **목**

소[牛]를 회초리로 쳐서[攵] 몰고 다니며 기름

- 음 ぼく　　牧師 목사　　牧場 목장　　放牧 방목
- 훈 まき　　牧場 목장

■ キング牧師は、1964年にノーベル平和賞を受賞した。
킹 목사는 1964년에 노벨평화상을 수상했다.

N2 / 小6 / 8획

낱 매

나무[木]를 쳐서[攵] 만든 조각을 세는 단위

- 음 まい　　枚数 여러 장　　何枚 몇 장　　大枚 거금

■ 新幹線の回数券は何枚つづりですか。
　신칸센의 회수권은 몇 장 묶음입니까?

N2 / 小4 / 11획

패할 패

상대가 나의 재물[貝]을 몽둥이로 쳐서[攵] 깨뜨리면 나의 패배

- 음 はい　　敗北 패배　　失敗 실패　　勝敗 승패
- 훈 やぶれる　　敗れる 지다, 패배하다　　비교 破れる p.253

■ 決勝戦で主将がPKに失敗して惜しくも敗れた。
　결승전에서 주장이 페널티킥을 실패해서 아깝게도 졌다.

N1 / 中 / 11획

용서할 사

죄수의 발에 채워져 있던 붉은[赤] 표찰을 쳐서[攵] 없애고 용서함

- 음 しゃ　　赦免 사면　　容赦 용서　　特赦 특사

■ 彼は懲役7年の判決を受けたが、特別赦免で釈放された。
　그는 징역 7년의 판결을 받았지만, 특별 사면으로 석방되었다.

N1 / 中 / 11획

열 계

문[戶]을 손으로 치면[攵] 입구[口]가 활짝 열림

- 음 けい　　啓蒙 계몽　　啓示 계시　　拝啓 배계(삼가 아룀)

■ 彼は神の啓示を受けた。
　그는 신의 계시를 받았다.

N1 / 小5 / 10획

닦을 수

물에 머리[彡]를 감고 몸을 닦음[攸]

- 음 しゅう　　修正 수정　　修士 석사　　修了 수료
  　しゅ　　修行 수행
- 훈 おさめる　　修める 학문을 닦다 / 수양하다　　비교 治める p.113
  　おさまる　　修まる 닦아지다 / 품행이 좋아지다　　비교 治まる p.113

■ 本校の修士過程は、指定科目を修めれば論文は必修としていない。
　본교의 석사 과정은 지정 과목을 공부하면 논문은 필수로 하지 않는다.

N1 / 中 / 11획

멀 유

몸을 닦으며[攸] 답답한 마음[心]을 흘려 보내니 근심이 멀어짐

- 음 ゆう　　悠久 유구　　悠然 유연　　悠々 유유(한가롭고 느긋함)

- テストの時間までには悠々と間に合います。
  테스트 때까지는 시간이 여유롭습니다.

N1 / 中 / 7획

조정 정

궁궐 내 신하들이 북쪽[壬]으로 걸어가[廴] 임금과 만나 정사를 논하던 장소

- 음 てい　　朝廷 조정　　法廷 법정　　開廷 개정(법정을 엶)

- 大和朝廷は、3世紀に始まる日本最初の王権国家である。
  야마토 조정은 3세기에 시작된 일본 최초의 왕권 국가이다.

N2 / 小3 / 10획

뜰 정

집[广] 안에 궁궐의 조정[廷]처럼 넓게 꾸민 뜰

- 음 てい　　庭園 정원　　家庭 가정　　前庭 전정, 앞뜰
- 훈 にわ　　庭 뜰, 정원　　庭石 정원석

- テニスは日本に紹介されたとき、芝生の庭で行っていたので庭球と訳された。
  테니스는 일본에 소개되었을 때, 잔디 정원에서 하고 있었기 때문에 정구로 번역되었다.

N1 / 中 / 13획

배 정

궁궐의 조정[廷]만한 크기의 비교적 작은 배[舟]

- 음 てい　　競艇 경정, 조정　　艦艇 함정

- 川の向こうに競艇競技場がある。
  강 건너에 경정(조정) 경기장이 있다.

N2 / 小6 / 8획

늘일 연

가다[丿] 서기[止]를 반복하여 걸어가니[廴] 시간이 늘어남(지체됨)

- 음 えん　　延期 연기　　延着 연착　　延滞 연체
- 훈 のびる　　延びる 길어지다, 연장되다　　비교 伸びる p.506
  　のべる　　延べる 펴다 / 늘이다 / 연기하다　　비교 伸べる p.506
  　のばす　　延ばす 연장시키다 / 연기하다　　비교 伸ばす p.506

- 線を延ばして反対側の仮想の延長線に交われば、面積が測れます。
  선을 늘려서 반대편의 가상의 연장선과 접하면 면적을 구할 수 있습니다.

N1 / 小6 / 15획

낳을/거짓 탄

사건을 길게 늘여서[延] 거짓으로 말[言]함. 나중에 태어남을 의미함

- 음 たん　　誕生(たんじょう) 탄생　　誕辰(たんしん) 탄신, 생일

- 私(わたし)の誕生日(たんじょうび)は12月(がつ)23日(にち)である。
  내 생일은 12월 23일이다.

N3 / 小2 / 8획

서울 경

적을 살피기 위해 높이 지은 망루의 모양

- 음 きょう　　京都(きょうと) 교토　　東京(とうきょう) 동경　　帰京(ききょう) 귀경
- 훈 けい　　京阪神(けいはんしん) 교토·오사카·고베 지역　　京浜(けいひん) 도쿄·요코하마 지역
  　きん　　南京豆(なんきんまめ) 땅콩　　北京(ペキン) 북경

- 京阪神(けいはんしん)とは、京都(きょうと)・大阪(おおさか)・神戸(こうべ)と、その間(あいだ)を結(むす)ぶ地域(ちいき)のことをいう。
  케이한신이란, 교토·오사카·고베와 그 사이를 연결하는 지역을 말한다.

N2 / 中 / 11획

서늘할 량

물가[氵]에 있는 망루[京]는 바람이 불어 서늘함

- 음 りょう　　涼風(りょうふう) 시원한 바람　　清涼(せいりょう) 청량　　納涼(のうりょう) 납량
- 훈 すずしい　　涼(すず)しい 시원하다, 서늘하다
  　すずむ　　涼(すず)む 시원한 바람을 쐬다

- 涼(すず)しくなると清涼(せいりょう)飲料水(いんりょうすい)の販売率(はんばいりつ)も下(さ)がっていく。
  서늘해지면 청량 음료의 판매율도 내려간다.

N1 / 中 / 19획

고래 경

고래를 본 어부들의 허언이 증폭되어 서울[京] 만한 물고기[魚]가 됨

- 음 げい　　鯨肉(げいにく) 고래 고기　　鯨油(げいゆ) 고래 기름　　捕鯨(ほげい) 포경
- 훈 くじら　　鯨(くじら) 고래

- 鯨(くじら)とイルカを保護(ほご)するために、国際(こくさい)捕鯨(ほげい)委員会(いいんかい)が発足(ほっそく)された。
  고래와 돌고래를 보호하기 위해 국제 포경 위원회가 발족되었다.

N2 / 小4 / 12획

볕 경

도읍[京] 하늘 위에 뜬 해·볕[日]을 나타냄

- 음 けい　　景気(けいき) 경기　　光景(こうけい) 광경　　風景(ふうけい) 풍경　　★景色(けしき) 경치

- 印象派(いんしょうは)の画家(がか)たちは、風景画(ふうけいが)をよく描(えが)いた。
  인상파 화가들은 풍경화를 자주 그렸다.

外 / 中 / 15획

憬
깨달을/동경할 **경**

이미 볕[景]이 뜬 사실을 마음[忄] 깊이 깨닫고 지난 밤의 영화를 동경함

- 음 **けい** ／ 憧憬 동경
- パリは世界中の女性から憧憬の的となっている。
  파리는 전 세계의 여성들로부터 동경 받는 관광지이다.

N1 / 中 / 15획

影
그림자 **영**

볕[景]을 받으면 늘어뜨린 머리칼처럼 드리워지는 그림자의 모습[彡]

- 음 **えい** ／ 影響 영향　撮影 촬영　陰影 음영
- 훈 **かげ** ／ 影 그림자 / 형체 [비교] 陰 p.302
  　　　　　日影 햇빛　面影 모습
- 光と影と色をどのように表現するかが、撮影テクニックの基礎である。
  빛과 그림자와 색을 어떻게 표현하는가가 촬영 테크닉의 기초이다.

N3 / 小3 / 9획

県
고을 현 [縣]

고을 입구에 죄수의 머리[首→目]를 거꾸로 매단 모습

- 음 **けん** ／ 県 현　県庁 현청　都道府県 도도부현(일본 행정 구역)
- 日本は1都1道2府43県の行政区域に分けられている。
  일본은 1도1도2부43현의 행정 구역으로 나뉘어져 있다.

N1 / 中 / 20획

懸
매달 **현**

죄수의 머리를 매어[県] 달아[系] 백성에게 경각심[心]을 일깨움

- 음 **けん** ／ 懸賞 현상　一所懸命 일을 열심히 함
- 　**け** ／ 懸念 걱정, 염려
- 훈 **かける** ／ 懸ける 걸다, 달다 [비교] 賭ける p.60　掛ける p.353　架ける p.380
- 　**かかる** ／ 懸かる 걸리다, 매달리다 [비교] 掛かる p.353　架かる p.380
- 「一所懸命」とは、もともとは命を懸けて領地を守るという意味だったそうだ。
  '一所懸命'는 원래는 목숨을 걸고 영지를 지킨다는 의미였다고 한다.

N2 / 小3 / 6획

州
고을 **주**

강[川]에 흙[巛]이 쌓여 이룬 땅에 형성된 고을의 모습

- 음 **しゅう** ／ 州政府 주정부　九州 규슈　欧州 유럽
- 　**す** ／ 三角州 삼각주
- 福岡は九州の中心都市である。 후쿠오카는 규슈의 중심 도시이다.

外 / 中 / 13획

갚을 수

한 고을[州] 사람들끼리는 탁주[酉] 한 사발로 은혜를 갚음

- 음 しゅう　　報酬 보수　　応酬 응수　　献酬 헌수(술잔을 주고받음)
- 裁判に勝って弁護士に成功報酬を支払った。
  재판에서 이겨서 변호사에게 성공 보수를 지불했다.

N2 / 小6 / 5획

곳 처 [處]

지나가다가[夂] 몸을 기대고 앉아[几] 쉴 곳을 정함

- 음 しょ　　処理 처리　　対処 대처　　善処 선처
- 高速道路における事故発生時の対処方法を教えてください。
  고속 도로에서의 사고 발생시, 대처 방법을 가르쳐 주세요.

N1 / 中 / 8획

근거 거 [據]

손[扌]으로 사건의 근거가 되는 장소[処]를 표시해 둠

- 음 きょ　　拠点 거점　　根拠 근거　　占拠 점거
  　こ　　　証拠 증거
- 最近の犯罪事件は、科学捜査の発展により証拠確保率が高い。
  최근의 범죄 사건은 과학 수사의 발전으로 인해 증거 확보율이 높다.

N5 / 小2 / 12획

길 도

길거리에 사람들의 머리[首]가 다니는[辶] 모습

- 음 どう　　道路 도로　　柔道 유도　　水道 수도
  　とう　　神道 신도
- 훈 みち　　道 길　　近道 지름길
- この区間は高速道路がいつも混んでいるので国道が近道である。
  이 구간은 고속 도로가 항상 막히기 때문에 국도가 지름길이다.

N2 / 小5 / 15획

인도할 도

길[道]을 손[寸]으로 가리켜 이끌며 인도함

- 음 どう　　指導 지도　　半導体 반도체　　善導 선도
- 훈 みちびく　導く 이끌다, 인도하다

- その会社は半導体産業の拡大をリードしている。
  그 회사는 반도체 산업의 확대를 이끌고 있다.

N2 / 小5 / 14획

지경/경계 경

땅[土]이 마침내[竟] 끝나는 경계

- **[음] きょう** 境界 경계　環境 환경　心境 심경
- **けい** 境内 (신사·사찰의) 경내
- **[훈] さかい** 境 경계　境目 경계(선), 갈림길　県境 현계

- 軍事境界線は南と北を分割する境目である。
  군사 분계선은 남과 북을 분할하는 경계이다.

N1 / 小4 / 19획

거울 경

옛날에는 쇠[金]를 갈고 갈은 끝에 마침내[竟] 거울을 만듦

- **[음] きょう** 鏡台 경대　顕微鏡 현미경　反射鏡 반사경
- **[훈] かがみ** 鏡 거울　鏡越し 거울 너머
- ★ 眼鏡 안경

- 博士が眼鏡をかけて顕微鏡を覗きこんでいる姿を鏡越しに見た。
  박사님이 안경을 쓰고 현미경을 들여다보는 모습을 거울 너머로 봤다.

N2 / 小4 / 20획

다툴 경

음악[音→音]을 하는 사람[儿] 둘이 경쟁함

- **[음] けい** 競馬 경마　競輪 경륜
- **きょう** 競争 경쟁　競売 경매　競技 경기
- **[훈] きそう** 競う 다투다, 경쟁하다
- **せる** 競る 다투다, 경쟁하다

- 競売は、購入条件を競わせて売却する方法で、競りともいう。
  경매는 구입 조건을 경쟁시켜 매각하는 방법으로 '세리'라고도 한다.

N2 / 小6 / 11획

지경 역

의심[或]을 품고 지켜야 할 땅[土]이 지경(경계)

- **[음] いき** 地域 지역　領域 영역　海域 해역

- 地域によって石油の値段が違う。
  지역에 따라 석유 가격이 다르다.

N1 / 中 / 12획

미혹할 혹

혹시[或]나 하는 마음[心]을 품게 하는 것이 미혹

- 음 わく　　迷惑 폐 / 성가심　　疑惑 의혹　　誘惑 유혹
- 훈 まどう　　惑う 망설이다 / 혹하다　　戸惑う 당황하다

- 社長は贈収賄の疑惑の記事を読んで、かなり戸惑った様子だった。
  사장은 뇌물 수수 의혹 기사를 읽고는 꽤 당황한 모습이었다.

N2 / 小3 / 13획

느낄 감

심장[心]은 온몸의 변화를 다[咸] 느낌

- 음 かん　　感動 감동　　感じる 느끼다　　感謝 감사

- テストの前はいつもいい予感がするのだが、結果は残念ながらいつもよくない。
  시험 전에는 항상 좋은 예감이 들지만, 결과는 아쉽게도 항상 좋지 않다.

N1 / 中 / 16획

섭섭할 감

마음을 많이 쓰면[忄][心] 모든[咸] 일이 섭섭하게 느껴짐

- 음 かん　　遺憾 유감

- 遺憾の表明は謝罪とどう違うのですか。
  유감의 표명은 사죄와 어떻게 다릅니까?

N2 / 小5 / 12획

덜 감

물[氵]은 조금씩 덜어 다[咸] 함께 마시는 것

- 음 げん　　減少 감소　　増減 증감　　いい加減 적당함
- 훈 へる　　減る 줄다
　　へらす　　減らす 줄이다

- 増減グラフを見ると、下半期の売り上げが減っているのがわかる。
  증감 그래프를 보면 하반기의 매상이 감소한 것을 알 수 있다.

확인 문제

1 빈칸에 알맞은 한자를 a, b 중에 고르세요.

① 錯____   a. 誤   b. 呉   ⑥ 撮____   a. 影   b. 憬
② 旦____   a. 邦   b. 那   ⑦ 根____   a. 拠   b. 処
③ 警____   a. 擦   b. 察   ⑧ 指____   a. 導   b. 道
④ ____免   a. 悠   b. 赦   ⑨ 環____   a. 鏡   b. 境
⑤ ____期   a. 延   b. 庭   ⑩ 迷____   a. 域   b. 惑

2 밑줄 친 부분에 해당되는 한자를 a, b, c 중에 고르세요.

① なげく   a. 漢   b. 難   c. 嘆
② あやまる   a. 娯   b. 誤   c. 虞
③ する   a. 擦   b. 際   c. 祭
④ あらためる   a. 政   b. 敗   c. 改
⑤ へらす   a. 感   b. 減   c. 憾

3 다음을 일본어 한자와 히라가나로 써 보세요.

① 설탕 ➡ _____ / _____

② 연방 ➡ _____ / _____

③ 수료 ➡ _____ / _____

④ 법정 ➡ _____ / _____

⑤ 경쟁 ➡ _____ / _____

국가₂

N3 / 小2 / 3획

工 장인 공

물건을 만드는 장인이 사용하던 도구의 모양

- 음 こう　　工場 공장　工事 공사　加工 가공
- 　　く　　工夫 궁리　細工 세공

■ 効率的な工事のために革新的な設計方法を工夫する必要がある。
효율적인 공사를 위해 혁신적인 설계 방법을 궁리할 필요가 있다.

N1 / 中 / 6획

江 강 강

장인의 도구[工]처럼 굽이굽이 크게 흐르는 물[氵]이 강

- 음 こう　　江湖 강호　長江 장강
- 훈 え　　江戸 에도

■ 江戸は東京の昔の地名である。
에도는 도쿄의 옛 지명이다.

N1 / 中 / 7획

攻 칠 공

군인의 도구[工]인 무기로 상대를 침[攵]

- 음 こう　　攻撃 공격　専攻 전공　難攻 난공
- 훈 せめる　　攻める 공격하다　[비교]責める p.148

■ 難攻不落の安市城は、唐の三十万大軍に攻められても落ちなかった。
난공불락의 안시성은 당의 30만 대군의 공격을 받아도 함락되지 않았다.

N1 / 小4 / 5획

功 공 공

도구[工]로 힘써[力] 일하면 업적이나 공이 쌓임

- 음 こう　　功績 공적　成功 성공　勲功 훈공
- 　　く　　功徳 공덕

■ 成功の反対は、失敗ではなく何もしないことである。
성공의 반대는 실패가 아니라 아무 것도 하지 않는 것이다.

N2 / 小6 / 9획

紅 붉을 홍

중국에서는 실[糸]과 관련된 장인[工]의 공예는 붉은 색이 기본

- 음 こう　紅葉 홍엽(もみじ라고도 읽음)　紅一点 홍일점　紅茶 홍차
  く　真紅 진홍
- 훈 べに　紅 홍화/연지　口紅 연지/립스틱
  くれない　紅 다홍, 주홍

- 紅茶のカップに真紅の口紅がついている。
  홍차 잔에 진홍 립스틱이 묻어 있다.

N1 / 小2 / 2획

刀 칼 도

칼의 모양을 본뜸

- 음 とう　日本刀 일본도　木刀 목도　執刀 집도
- 훈 かたな　刀 칼　小刀 작은 칼　★竹刀 죽도　太刀 허리에 차는 칼

- 日本刀とは、日本固有の製法によって作られた刀の総称である。
  일본도란, 일본 고유의 제법에 따라 만들어진 칼의 총칭이다.

N2 / 小4 / 5획

辺 가 변 [邊]

지나다니는[辶] 길을 칼[刀]로 자른 듯 끊으면 맞닿는 곳이 가장자리

- 음 へん　周辺 주변　底辺 저변　この辺 이 근처/이 정도
- 훈 あたり　辺り 근처, 부근
  べ　海辺 바닷가　窓辺 창가

- このホテルは、窓辺から駅の周辺を見渡すことができる。
  이 호텔은 창가에서 역 주변을 한눈에 내려다 볼 수 있다.

N2 / 小4 / 7획

初 처음 초

옷[衤]을 만들기 위해 칼[刀]로 마름질하는 것이 처음에 할 일

- 음 しょ　初級 초급　初心者 초심자, 초보자　最初 최초
- 훈 はじめ　初め 처음　비교 始め p.114　初めて 처음으로
  はつ　初恋 첫사랑　初雪 첫눈　初耳 처음 들음
  うい　初産 초산　初々しい 순진하다
  そめる　書初め 신춘 휘호

- 転職した初日に初恋の人と偶然再会した。
  일자리를 옮긴 첫 날 첫사랑과 우연히 재회했다.

N1 / 中 / 8획

후릴 괴 [拐]

칼[刂] 든 손[扌]을 뒤로 감추고 어린아이를 입[口]으로 꾀어내는 것이 유괴

- 음 **かい**　　誘拐 유괴
- 各自治体では誘拐防止の教育を行っている。
  각 지자체에서는 유괴 방지 교육을 하고 있다.

N1 / 中 / 3획

칼날 인 [刃]

예리하게 반짝이는 칼날의 모양

- 음 **じん**　　自刃 자살
- 훈 **は**　　刃 칼날　　刃物 날붙이, 칼
- 自刃は文字通り刃物で自分の命を絶つという意味である。
  자인은 문자 그대로 칼로 자신의 목숨을 끊는다는 의미이다.

N1 / 中 / 7획

참을 인 [忍]

참는 것은 칼날[刃]을 마음속[心]에 숨기는 것

- 음 **にん**　　忍者 닌자　　忍耐 인내　　残忍 잔인
- 훈 **しのぶ**　　忍ぶ 숨다 / 참다
- 　**しのばせる**　　忍ばせる 숨기다 / 몰래 품다
- 王妃は刀を忍ばせてきた怪漢によって残忍にも殺された。
  왕비는 몰래 칼을 숨겨 들어 온 괴한에게 잔인하게 죽임을 당했다.

N2 / 小6 / 14획

알 인 [認]

남의 말[言]을 잘 참고[忍] 들으면 내용을 알게 됨

- 음 **にん**　　認証 인증　　認定 인정　　確認 확인
- 훈 **みとめる**　　認める 인정하다 / 인지하다
- 現段階では、容疑者が罪を認めたことが確認されている。
  현 단계에서는 용의자가 죄를 인정한 사실이 확인되고 있다.

N1 / 中 / 5획

창 모

끝이 날카로운 창의 모양

- 음 **む**　　矛盾 모순
- 훈 **ほこ**　　矛先 창끝 / 비난·공격의 방향(화살)
- 民衆の非難の矛先は、矛盾に満ちた政権へと向けられた。
  민중의 비난의 화살은 모순이 가득한 정권으로 향했다.

N2 / 中 / 9획

부드러울 유

창[矛]을 이용해 나무[木]에 꽂는 창술은 부드러운 동작으로 구성됨

- 음 じゅう　柔道 유도　柔軟 유연　外柔内剛 외유내강
　　にゅう　柔和 유화　柔弱 유약
- 훈 やわらか　柔らかだ 부드럽다 / 푹신하다　비교 軟らか p.348
　　やわらかい　柔らかい 부드럽다 / 푹신하다　비교 軟らかい p.348

■ 柔道選手が体の動きを柔らかくするためにストレッチをしている。
　유도 선수가 몸의 움직임을 부드럽게 하기 위해 스트레칭을 하고 있다.

N2 / 小5 / 11획

힘쓸 무

창[矛]과 몽둥이[攵]를 들고 적과 싸우기 위해 힘[力]을 씀

- 음 む　義務 의무　業務 업무　公務員 공무원
- 훈 つとめる　務める 역할을 맡다 / 임무를 다하다
　　　　　　비교 努める p.21　勤める p.356
　　つとまる　務まる 임무를 수행해내다　비교 勤まる p.356

■ 韓国の男性は一般に義務として兵役を務めることになっている。
　한국 남성은 일반적으로 의무로서 병역의 임무를 다하게 되어 있다.

N1 / 小5 / 3획

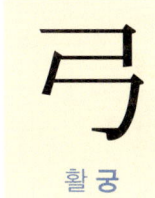
활 궁

활의 모양

- 음 きゅう　弓道 궁도　洋弓 양궁
　　　　　　胡弓 호궁(해금과 비슷한 일본의 찰현악기)
- 훈 ゆみ　弓矢 활과 화살

■ 洋弓の弓と弓道の弓とでは、どちらの方が重いですか。
　양궁의 활과 궁도의 활 중에서 어느 쪽이 무겁습니까?

N3 / 小2 / 4획

끌 인

활[弓]에 화살[丨]을 걸고 끌어 당김

- 음 いん　引退 은퇴　引率 인솔　索引 색인
- 훈 ひく　引く 끌다, 당기다　비교 弾く p.319
　　　　　引き分け 비김　割引 할인
　　ひける　引ける 일이 파하다 / 기가 죽다

■ 生徒たちは30%割引で、引率教員は無料です。
　학생들은 30% 할인이고, 인솔 교원은 무료입니다.

強

N3 / 小2 / 11획

강할 강

등껍질이 넓고 큰[弘] 벌레[虫]는 강함

- 음 きょう　強制 강제　強化 강화　勉強 공부
- 　　ごう　　強引 강인　強盗 강도
- 훈 つよい　強い 강하다
- 　　つよまる　強まる 강해지다
- 　　つよめる　強める 강하게 하다
- 　　しいる　強いる 강요하다　強いて 굳이

- テレビで紹介された勉強法のおかげで、数学に強くなりました。
  TV에서 소개된 공부법 덕분에 수학이 강해졌습니다.

弔

N1 / 中 / 4획

조상할 조

활[弓]을 걸어[丨] 놓고 전사자를 위로함

- 음 ちょう　弔問 조문　弔意 조의　慶弔 경조
- 훈 とむらう　弔う 조문하다

- 弔問客たちは遺族に弔いの言葉を伸べた。
  조문객들은 유가족에게 조의를 표했다.

弟

N3 / 小2 / 7획

아우 제

활을 갖고 노는 아우의 모습

- 음 てい　師弟 사제　義弟 의제(의형제 중 아우)
- 　　だい　兄弟 형제
- 　　で　　弟子 제자
- 훈 おとうと　弟 남동생

- うちは二人兄弟で、弟が一人いる。
  우리집은 형제가 둘로, 남동생이 하나 있다.

第

N1 / 小3 / 11획

차례 제

대나무[竹→⺮] 담 건너에 살고 있는 아우[弟]는 순서·차례를 나타냄

- 음 だい　第一 제일　第一歩 첫걸음　次第 순서 / ~하는 대로

- 会社に戻り次第こちらから連絡するように伝えておきます。
  회사에 돌아오는 대로 연락드리라고 전해 두겠습니다.

N1 / 小2 / 5획

矢 화살 시

화살촉과 깃의 모양

- 음 し 　一矢を報いる 반격하다 　嚆矢 효시 / 사물의 시초
- 훈 や 　矢印 화살표 　矢面 진두 　弓矢 활과 화살

■ 矢印マークの服を着たチームの選手が9回裏のヒットで一矢を報いた。
화살표 마크의 옷을 입은 팀의 선수가 9회말 안타로 반격했다.

N3 / 小3 / 7획

医 의원 의 [醫]

의원은 화살[矢]처럼 뾰족한 침을 상자[匚]에 담아 다니면서 치료함

- 음 い 　医者 의사 　医療 의료 　名医 명의

■ この病気は医者に診てもらった方がいい。
이 병은 의사의 진찰을 받는 것이 좋다.

N1 / 中 / 10획

疾 병 질

화살[矢]을 맞아 병상[疒]에 누운 사람의 상태

- 음 しつ 　疾患 질환 　疾走 질주 　悪疾 악질, 고질

■ 最近、ストレスによる精神疾患が増えつつある。
최근, 스트레스로 인한 정신 질환이 늘고 있다.

外 / 中 / 13획

嫉 미워할 질

남성 중심 사회에서 바라본 여성[女]의 시기와 질투는 병[疾]적이었음

- 음 しつ 　嫉妬 질투 　嫉視 질시(시기하여 봄)
- 훈 ねたむ 　嫉む 질투하다
  　ねたましい 　嫉ましい 샘이 나다

■ 同僚の出世を嫉む男性の方が嫉妬深い女性より怖いときもある。
동료의 출세를 시기하는 남성이 질투심 많은 여성보다 무서울 때도 있다.

N2 / 小4 / 5획

失 잃을 실

화살[矢]의 예리한 촉이 살을 뚫고 나가는 모습. 생명을 잃음

- 음 しつ 　失敗 실패 　失礼 실례 　失業 실업
- 훈 うしなう 　失う 빼앗기다

■ 不景気に創業すると、失敗してたくさんのものを失うおそれがある。
불경기에 창업하면 실패해서 많은 것을 잃을 우려가 있다.

迭
번갈아들 질 — N1 / 中 / 8획

어떤 지위에 가고[辶] 그 지위를 잃는[失] 것이 번갈아 이루어짐

- 음 てつ　　更迭(こうてつ) 경질
- 市長は事故の責任者を更迭した。
  시장은 사고의 책임자를 경질했다.

秩
차례 질 — N1 / 中 / 10획

추수한 벼[禾]를 잃지[失] 않도록 차례로 쌓음

- 음 ちつ　　秩序(ちつじょ) 질서
- どんな社会にもそれなりの秩序がある。
  어떤 사회든 그 나름대로의 질서가 있다.

鉄
쇠 철 [鐵] — N2 / 小3 / 13획

금[金]이 누런 빛을 잃으면[失] 그냥 철에 불과함

- 음 てつ　　鉄道(てつどう) 철도　鉄砲(てっぽう) 총　地下鉄(ちかてつ) 지하철
- 地下鉄に乗って学校へ行った。
  지하철을 타고 학교에 갔다.

知
알 지 — N3 / 小2 / 8획

안다는 것은 화살[矢]처럼 빠르게 말할 수[口] 있는 것

- 음 ち　　知識(ちしき) 지식　県知事(けんちじ) 현지사　承知(しょうち) 알아들음 / 승낙
- 훈 しる　　知(し)る 알다　知(し)り合(あ)い 지인
- 叔父の知り合いが今度の県知事選挙に出るそうだ。
  숙부의 지인이 이번 현지사 선거에 나간다고 한다.

痴
어리석을 치 [癡] — N1 / 中 / 13획

어리석음이란 알고[知] 있다고 착각하는 일종의 병[疒]

- 음 ち　　痴漢(ちかん) 치한　白痴(はくち) 백치　愚痴(ぐち) 불평
- 音痴(おんち)の中では、音(おと)よりリズムに問題(もんだい)のある方(ほう)が多(おお)い。
  음치 중에는 음보다 리듬에 문제가 있는 쪽이 많다.

N2 / 小6 / 3획

干 방패 간

방패의 모양

- 음 かん　干渉 간섭　干拓 간척　欄干 난간
- 훈 ほす　干す 말리다 / 비우다
  ひる　干物 건어물　干菓子 말린 과자　干潟 개펄

■ 干潮のときに、干潟の夕陽を眺めながらビールをグイと飲み干した。
　썰물 때에 개펄의 석양을 바라보면서 맥주를 꿀꺽 비웠다.

N2 / 中 / 6획

汗 땀 한

땀은 방패[干]를 들고 있는 병사가 흘리는 물[氵]

- 음 かん　汗腺 땀샘　発汗 발한　多汗症 다한증
- 훈 あせ　汗 땀　冷や汗 식은땀

■ 汗は汗腺と呼ばれる器官から分泌される。
　땀은 땀샘이라고 불리는 기관에서 분비된다.

N2 / 中 / 6획

汚 더러울 오

흐르지 않고 막힌[亐] 물[氵]은 더러워짐

- 음 お　汚染 오염　汚点 오점　汚物 오물
- 훈 けがす　汚す 더럽히다 / 모독하다
  けがれる　汚れる 더러워지다 / 몸이 부정해지다
  けがらわしい　汚らわしい 불결하다
  よごす　汚す 더럽히다
  よごれる　汚れる 더러워지다
  きたない　汚い 더럽다

■ 工場から垂れ流される汚染物質で川が汚れた。
　공장에서 방류되는 오염 물질로 강이 더러워졌다.

N1 / 中 / 5획

汁 즙 즙

즙을 내기 위한 틀[十]과 거기서 나오는 물[氵]의 모습

- 음 じゅう　果汁 과즙　墨汁 묵즙, 먹물　肉汁 육즙
- 훈 しる　汁 국물 / 즙　味噌汁 된장국

■ 味噌汁にレモンの果汁を少し入れると、さらにおいしくなります。
　된장국에 레몬 과즙을 조금 넣으면 더 맛있어집니다.

N1 / 中 / 7획

간 간

간은 우리 몸[月]의 방패[干] 역할(해독 작용)을 하는 곳

- 음 かん　　肝臓 간장　　肝心 가장 중요함(=肝腎)
　　　　　　肝胆 간담(간과 쓸개)
- 훈 きも　　肝 간　　肝試し 담력 시험

■ 何をするにしても、肝心な点を疎かにしないよう肝に銘じる必要がある。
　어떤 일을 하든 중요한 점을 소홀히 하지 않도록 명심할 필요가 있다.

N2 / 中 / 10획

집 헌

집 대문에서 수레[車]가 함부로 들어오지 못하게 막음[干]

- 음 けん　　軒 집을 세는 단위, 채, 동　　一軒 한 채
- 훈 のき　　軒 처마　　軒先 처마 끝, 처마 밑　　軒下 처마 밑

■ 歩いている途中で雨が降ってきたので、一軒の農家の軒下で雨宿りした。
　걸어 가는 도중에 비가 오기 시작해서, 한 농가의 처마 밑에서 비를 피했다.

N2 / 小5 / 5획

새길 간

칼[刂]을 방패[干]로 막으면 칼자국이 새겨짐

- 음 かん　　刊行 간행　　朝刊 조간　　創刊 창간

■ 日本の5大紙は全部朝刊新聞である。
　일본의 5대지는 전부 조간 신문이다.

N2 / 小3 / 8획

언덕 안

산[山]기슭[厂]에 방패[干]처럼 깎아지른 언덕

- 음 がん　　岸壁 물가의 벼랑　　海岸 해안　　沿岸 연안
- 훈 きし　　岸 벼랑　　岸辺 물가, 강가, 바닷가

■ 海岸線に乗ってハーバーランド駅で乗り換えて岸辺駅まで行きなさい。
　해안선을 타고 하버랜드역에서 환승해서 기시베역까지 가세요.

N1 / 小5 / 13획

줄기 간

햇살[倝]을 받으며 방패[干]처럼 단단하게 버티고 있는 줄기

- 음 かん　　幹部 간부　　新幹線 신칸센　　根幹 근간
- 훈 みき　　幹 줄기

■ 木の幹に幹部の名前が刻まれていた。
　나무 줄기에 간부의 이름이 새겨져 있었다.

N2 / 小6 / 6획

집 우

우주는 만물을 덮고[宀] 여기까지[于]가 끝임을 알려 주는 곳

- 음 う 　宇宙 우주
- アメリカ軍では高度約百キロメートル以上を「宇宙」と定めている。
  미군에서는 고도 약 백 킬로미터 이상을 '우주'로 정하고 있다.

N1 / 中 / 6획

토란 우 [芋]

풀[艹] 밑에 작물이 여기까지[于] 자람. 뿌리 작물(고구마, 감자 등)을 나타냄

- 훈 いも 　芋 토란 さつま芋 고구마 じゃが芋 감자
- 北海道はじゃが芋の主な産地である。
  홋카이도는 감자의 주산지이다.

N1 / 中 / 9획

방패 순

눈[目] 위에까지 방패를 올린 모습

- 음 じゅん 　矛盾 모순
- 훈 たて 　盾 방패 後ろ盾 후원자
- 彼は社会の矛盾と戦う我々の始終変わらぬ後ろ盾となってくれた。
  그는 사회의 모순과 싸우는 우리의 시종 변하지 않는 후원자가 되어 주었다.

N1 / 中 / 12획

돌 순

병사가 방패[盾]를 들고 성곽을 돌면서 걸어 다님[彳]

- 음 じゅん 　循環 순환
- 血液の循環をよくするために運動を始めた。
  혈액 순환을 좋게 하기 위해 운동을 시작했다.

N1 / 中 / 5획

갑옷 갑

밭[田]에 내린, 갑옷처럼 단단한 뿌리

- 음 こう 　甲乙 갑을 甲殻 갑각 足の甲 발등
-    かん 　甲板 갑판
- 海軍の軍人だった彼は、甲板訓練のときに足の甲を怪我したことがある。
  해군이었던 그는 갑판 훈련 때 발등을 다친 적이 있다.

N2 / 中 / 8획

누를 **압**

손[扌]으로 껍질[甲]을 무겁게 누름

- 음 **おう**　　押印 날인, 도장을 찍음　　押収 압수　　押送 압송
- 훈 **おす**　　押す 밀다 / 누르다　비교 推す p.452
- **おさえる**　　押さえる 억누르다　비교 抑える p.507

■ 押印の際は、印鑑を軽く押してください。
　날인 시에는 인감을 가볍게 찍어 주세요.

N1 / 中 / 10획

꽂을 **삽** [插]

손[扌]으로 삽[千]을 밭[田]에 꽂음

- 음 **そう**　　挿入 삽입　　挿図 삽도, 삽화　　挿話 일화, 에피소드
- 훈 **さす**　　挿す 꽂다　비교 指す p.142　刺す p.484　差す p.530

■ カートリッジを挿入するときは、カチッと音がするまで挿し込んでください。
　카트리지를 삽입할 때는 딸각 소리가 날 때까지 꽂아 주세요.

外 / 中 / 8획

곶 **갑**

곶은 산[山]이 갑옷[甲]처럼 둘러져 바다쪽으로 뻗은 땅

- 훈 **みさき**　　岬 갑, 곶

■ ホミゴッは日の出で有名な岬である。
　호미곶은 일출이 유명한 갑(곶)이다.

N3 / 小3 / 10획

인원 **원**

식구[口]를 위해 돈[貝]을 버는 사람

- 음 **いん**　　役員 임원　　店員 점원　　公務員 공무원

■ 公立教員は教育公務員なので、公務員年金に加入することになっている。
　공립 교원은 교육 공무원이기 때문에 공무원 연금에 가입하게 되어 있다.

N2 / 小5 / 13획

덜 **손**

사람들[員]이 각각 손[扌]을 내어 일의 양을 덜어 냄

- 음 **そん**　　損失 손실　　損害 손해　　損する 손해 보다
- 훈 **そこなう**　　損なう 손상하다, 부수다
- **そこねる**　　損ねる 손상하다, 부수다

■ 社長は、社員の健康が損なわれることは会社の損失であると思っている。
　사장은 사원의 건강을 해치는 것은 회사의 손실이라고 생각하고 있다.

N1 / 中 / 19획

韻 운 운

운이란 사람들[員]이 모여 앉아 읊는 소리[音]

- 음 いん　　韻律 운율　　韻文 운문　　音韻 음운

- ラップは行の終わりごとに韻を踏みながら歌う。
  랩은 행의 끝마다 운을 맞추면서 노래한다.

N1 / 小6 / 13획

絹 비단 견

비단은 작은 벌레[肙]에서 뽑은 실[糸]

- 음 けん　　絹糸 견사(きぬいとと라고도 읽음)　　絹布 비단, 견직물
- 훈 きぬ　　絹 비단　　絹織物 견직물

- 絹糸の精錬度と工程の手間によって絹織物の値段が決められる。
  견사의 정련도와 공정에 따라 견직물의 값이 매겨진다.

N1 / 小6 / 10획

班 나눌 반

천자가 제후에게 쌍옥[玨]의 가운데를 칼[刂]로 나누어서 증표로 줌

- 음 はん　　班長 (모둠의) 조장　　班員 모둠원

- 班長と副班長を男女から一人ずつ選んでください。
  조장과 부조장을 남녀 한 명씩 골라 주세요.

外 / 中 / 12획

斑 얼룩 반

쌍옥[玨]의 가운데에 글귀[文]를 넣어 얼룩처럼 보임

- 음 はん　　斑点 반점　　蒙古斑 몽고반점

- 韓国と日本には蒙古斑のある赤ちゃんが多い。
  한국과 일본에는 몽고반점이 있는 아기가 많다.

N1 / 中 / 15획

賦 부세 부

군사[武]의 유지를 위해 백성에게 재물[貝]을 부과함

- 음 ふ　　賦役 부역　　月賦 월부　　天賦 천부, 하늘이 줌, 타고남

- 月賦というのは、代金を月毎に分割して支払う方法である。
  월부란, 대금을 달마다 분할해서 지불하는 방법이다.

N1 / 中 / 13획

도둑 적

무기[戎]를 들고 재물[貝]을 빼앗는 무리

음 ぞく　　賊 도적　　盜賊 도적　　海賊 해적
★烏賊 오징어

- 逮捕された海賊の中には少年もいた。
  체포된 해적 중에는 소년도 있었다.

확인 문제

1 빈칸에 알맞은 한자를 a, b 중에 고르세요.

① 成___　a. 功　b. 攻
② 確___　a. 認　b. 忍
③ 兄___　a. 弟　b. 第
④ ___道　a. 鉄　b. 秩
⑤ 果___　a. 汁　b. 汗

⑥ ___環　a. 盾　b. 循
⑦ ___入　a. 押　b. 挿
⑧ 役___　a. 損　b. 員
⑨ ___長　a. 斑　b. 班
⑩ 月___　a. 賊　b. 賦

2 밑줄 친 부분에 해당되는 한자를 a, b, c 중에 고르세요.

① <u>せ</u>める　　a. 功　b. 攻　c. 工
② <u>みと</u>める　a. 刃　b. 認　c. 忍
③ <u>ひ</u>く　　　a. 弔　b. 引　c. 強
④ <u>うしな</u>う　a. 矢　b. 失　c. 迭
⑤ <u>よご</u>れる　a. 汁　b. 汗　c. 汚

3 다음을 일본어 한자와 히라가나로 써 보세요.

① 최초 ➡ _____ / _____

② 의무 ➡ _____ / _____

③ 의료 ➡ _____ / _____

④ 간섭 ➡ _____ / _____

⑤ 음운 ➡ _____ / _____

의식주 1

N2 / 小1 / 6획

실 사 [絲]

실이 꼬여 뭉쳐진 모양

- 음 し
  - 絹糸 (けんし) 견사(일반적으로 きぬいと라고 함)　菌糸 (きんし) 균사
  - 抜糸 (ばっし) (수술 뒤) 실을 뽑음
- 훈 いと
  - 糸 (いと) 실　編み糸 (あみいと) 뜨개실　木綿糸 (もめんいと) 무명실

- 手術時(しゅじゅつじ)の縫合用(ほうごうよう)の糸(いと)には抜糸(ばっし)の必要(ひつよう)がないものもある。
  수술 시 봉합용 실 중에는 뽑을 필요가 없는 것도 있다.

N1 / 小6 / 7획

系

이을 계

실[糸] 끝의 삐침[丿]을 이음

- 음 けい
  - 系列 (けいれつ) 계열　直系 (ちょっけい) 직계　文系 (ぶんけい) 문과

- 家系図(かけいず)を見(み)ると、一族(いちぞく)の後継構図(こうけいこうず)がよく分(わ)かる。
  가계도를 보면 집안의 후계 구도를 잘 알 수 있다.

N2 / 小3 / 9획

맬 계

사람[亻]이 관계를 이음[系]

- 음 けい
  - 関係 (かんけい) 관계　連係 (れんけい) 연계
- 훈 かかる
  - 係る (かかる) 관계되다, 관련되다
  - かかり
  - 係り (かかり) 계, 담당　係員 (かかりいん) 계원

- 地震発生(じしんはっせい)の際(さい)は係員(かかりいん)の指示(しじ)に従(したが)って避難(ひなん)してください。
  지진 발생시에는 담당 직원의 지시에 따라 대피해 주세요.

N1 / 中 / 12획

자줏빛 자

자줏빛 실[糸]은 눈에 띄어 이것[此]이라고 가리킬 수 있음

- 음 し
  - 紫外線 (しがいせん) 자외선
- 훈 むらさき
  - 紫 (むらさき) 보랏빛　紫色 (むらさきいろ) 자색, 보랏빛

- 紫(むらさき)より波長(はちょう)が短(みじか)い光(ひかり)を紫外線(しがいせん)という。
  보라보다 파장이 짧은 빛을 자외선이라고 한다.

N1 / 中 / 13획

이을 계 [繼]

실[糸]을 뽑아 생계[米]를 이어감[乚]

- 음 けい　継続 계속　継母 계모(ままはは라고도함)　継承 계승
- 훈 つぐ　継ぐ 잇다　[비교] 次ぐ p.347　接ぐ p.400　後継ぎ 후계자

- 息子を後継ぎにするとき、事業承継に関して専門家と相談した。
  아들을 후계자로 할 때, 사업 승계와 관련하여 전문가와 상담했다.

N2 / 小5 / 5획

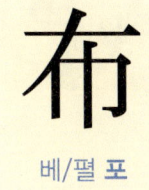

베/펼 포

수건을 줄에 펴서 널어 놓은 모습

- 음 ふ　布団 이불　分布 분포　財布 지갑
- 훈 ぬの　布 천, 포목

- 夏用の布団は麻の布で作ってあるので快適に眠れる。
  여름용 이불은 삼베로 만들어 쾌적하게 잠들 수 있다.

N2 / 小4 / 7획

바랄 희

모두[十]가 펴고자[布] 하는 바람

- 음 き　希望 희망　希少 희소　古希 고희(70세의 다른 이름)

- 高い山に登ると空気が希薄になる。
  높은 산에 오르면 공기가 희박해진다.

N2 / 中 / 8획

두려워할 포

두려움은 전쟁시에 항상 마음속[忄]에 펼쳐져[布] 있는 마음

- 음 ふ　恐怖 공포　畏怖 두려워함
- 훈 こわい　怖い 무섭다　★怖気 공포심

- 高所恐怖症でなくても高い所が怖いと思うことはある。
  고소공포증이 아니더라도 높은 곳이 무섭다고 느낄 수는 있다.

N1 / 中 / 13획

꾸밀 식 [飾]

식[食]후에 사람[人→𠆢]이 밥상을 천[巾]으로 닦으며 깨끗이 꾸밈

- 음 しょく　装飾 장식　修飾 수식　粉飾 분식(내용 없이 거죽만을 좋게 꾸밈)
- 훈 かざる　飾る 장식하다, 꾸미다, 치장하다　飾り 장식

- 子供が幼稚園で作った装飾品でクリスマスツリーを飾った。
  아이가 유치원에서 만든 장식품으로 크리스마스트리를 꾸몄다.

外 / 中 / 3획

수건 건

수건이 걸이에 걸린 모습

- 음 きん　布巾 ふきん 행주　頭巾 ずきん 두건　雑巾 ぞうきん 걸레

- 床が汚れていたので雑巾がけをした。
  바닥이 더러워서 걸레질을 했다.

N1 / 中 / 9획

장수 수

언덕[阜→self] 위에 깃발[巾]을 세우고 병사를 거느린 장수

- 음 すい　総帥 そうすい 총수　将帥 しょうすい 장수　元帥 げんすい 원수

- グループの総帥が球団の監督を任命した。
  그룹의 총수가 구단의 감독을 임명했다.

N2 / 小5 / 10획

스승 사

장수[帥] 중의 으뜸[一]은 모두에게 스승이 됨

- 음 し　師匠 ししょう 스승　教師 きょうし 교사　医師 いし 의사

- 私立学校では教師の人事権を理事長が持っている。
  사립 학교에서는 교사의 인사권을 이사장이 갖고 있다.

N2 / 小4 / 6획

옷 의

윗옷을 입고 있는 모습

- 음 い　衣服 いふく 의복　衣類 いるい 의류　衣装 いしょう 의상
- 훈 ころも　衣 ころも 승복 / 튀김옷　衣替え ころもがえ (철에 따라) 옷을 갈아입음
  ★浴衣 ゆかた 유카타

- 浴衣を衣装箪笥から取り出して着てみた。
  유카타를 장롱에서 꺼내 입어 보았다.

N2 / 中 / 8획

의지할 의

사람[亻]은 옷[衣]에 따라 구별되며, 그에 따라 의지됨

- 음 い　依頼 いらい 의뢰　依然 いぜん 의연　依拠 いきょ 의거
- え　帰依 きえ (종교로) 귀의

- 詐欺事件の被害者たちは警察に捜査を依頼した。
  사기 사건의 피해자들은 경찰에게 수사를 의뢰했다.

슬플 애 / N1 / 中 / 9획

상복[衣]을 입고 입[口]으로 소리내어 슬피 욺

- 음 あい   哀悼 애도   哀願 애원   哀愁 애수
- 훈 あわれ   哀れ 불쌍함, 가련함
  あわれむ   哀れむ 불쌍히 여기다

■ カンニングした学生は、哀れにも退学だけは免じてくださいと哀願した。
부정 행위를 한 학생은 불쌍하게도 퇴학만은 면하게 해 달라고 애원했다.

쇠할 쇠 / N1 / 中 / 10획

슬픔[哀]이 계속되면[一] 몸이 쇠해짐

- 음 すい   衰弱 쇠약   衰退 쇠퇴   盛衰 성쇠
- 훈 おとろえる   衰える 쇠약하다, 쇠퇴하다

■ 身体が衰えると、神経衰弱にかかる可能性が高くなる。
몸이 퇴화되면 신경 쇠약에 걸릴 가능성이 높아진다.

기릴 포 / N1 / 中 / 9획

의복[衣]의 색깔(관직)을 지켜[保] 주어 공을 기림

- 음 ほう   褒賞 포상   褒美 보상   毀誉褒貶 훼예포폄(세상의 다양한 평판)
- 훈 ほめる   褒める 칭찬하다

■ あの人は毀誉褒貶の多い人だから、手放しで功績を褒めるわけにもいかない。
그 사람은 다양한 평판이 있는 사람이라 무조건 공적을 칭찬할 수도 없다.

속마음 충 / N1 / 中 / 9획

옷[衣]의 안쪽[中]에 자리잡은 속마음

- 음 ちゅう   衷心 충심(진정 우러나는 마음)   折衷 절충

■ 衷心より感謝申し上げます。
마음속 깊이 감사드립니다.

잃을 상 / N1 / 中 / 12획

가족을 잃게 되어 입을 모아[口][口] 울며 눈물을 옷깃[衣]에 훔침

- 음 そう   喪失 상실
- 훈 も   喪服 상복   喪主 상주   喪中 상중

■ 喪主の表情にはいいようのない喪失感が滲み出ていた。
상주의 표정에는 형언하기 힘든 상실감이 나타나 있었다.

N3 / 小3 / 8획

옷 **복**

손[又]을 구부려[冂] 집어넣어 몸[月]에 입는 옷

- 음 **ふく**　　服装 복장　　制服 제복　　着服 착복, 횡령
- 日本の伝統的な服を和服と呼びます。
  일본의 전통적인 옷을 '와후쿠'라고 부릅니다.

N2 / 小6 / 13획

배 **복**

배는 몸[月]에서 영양이 거듭되어 살이 많은[复] 곳

- 음 **ふく**　　腹痛 복통　　満腹 배가 부름　　中腹 (산) 중턱
- 훈 **はら**　　腹 배
- 空腹のまま一日中働かせられたので腹が立った。
  배고픈 채로 하루 종일 일해서 화가 났다.

N2 / 小5 / 14획

겹칠 **복**

옷[衤] 위에 거듭[复] 옷을 입음

- 음 **ふく**　　複雑 복잡　　複合 복합　　複数 복수
- 複雑な数学の公式がどうしても覚えられない。
  복잡한 수학 공식이 아무리 해도 안 외워진다.

N2 / 小5 / 12획

회복할 **복** / 다시 **부**

갔던[彳] 길을 겹쳐서[复] 돌아오니 회복을 의미함

- 음 **ふく**　　復習 복습　　復活 부활　　往復 왕복
- 一日も早くご回復されることをお祈りいたします。
  하루라도 빨리 회복하시기를 기원합니다.

N1 / 中 / 18획

뒤집힐 **복** / 덮을 **부**

덮개[覀]를 다시[復] 들어 뒤집음

- 음 **ふく**　　覆面 복면　　転覆 전복
- 훈 **おおう**　　覆う 덮다
- **くつがえす**　　覆す 뒤집다
- **くつがえる**　　覆る 뒤집히다
- 雪で覆われた道で車がスピンして転覆した。
  눈으로 덮힌 길에서 차가 미끄러져서 뒤집혔다.

N2 / 小4 / 10획

띠 대 [帶]

지위가 높은 사람의 허리에 두른 장식의 띠

- 음 たい　　地帯 지대　携帯 휴대　包帯 붕대
- 훈 おびる　　帯びる (성향을) 띠다 / 머금다
-    おび　　帯 띠

- あの火山地帯には磁気を帯びた鉱物が多い。
  그 화산 지대에는 자기를 띤 광물이 많다.

N1 / 中 / 13획

막힐 체 [滯]

물길[氵]의 흐름이 막히게 되어 중간에 띠[帶]가 형성됨

- 음 たい　　滞在 체류　渋滞 정체　延滞 연체
- 훈 とどこおる　滞る 밀리다 / 막히다, 정체되다

- 所得税の支払いが滞ると滞在期間の延長ができなくなることもあります。
  소득세 납부가 밀리면 체류 기간 연장을 못하게 될 수도 있습니다.

N1 / 小6 / 4획

자 척

발 부분에 표를 한 모습. 그 정도의 길이

- 음 しゃく　　尺度 척도　縮尺 축척　三尺 삼척

- プロタゴラスは「人間は万物の尺度である」と言った。
  프로타고라스는 '인간은 만물의 척도이다'라고 말했다.

N1 / 中 / 7획

가릴 택 [擇]

손[扌]으로 재[尺]를 댄 듯이 정확히 가림

- 음 たく　　択一 택일　選択 선택　採択 채택

- どうせ選ぶなら自分で選択した方がいい。
  어차피 고르는 거라면 자신이 선택하는 편이 좋다.

N1 / 中 / 7획

못 택 [澤]

못은 재[尺]로 잴 수 있을 만큼 비교적 작은 물[氵]웅덩이

- 음 たく　　沢山 많이　光沢 광택　潤沢 윤택
- 훈 さわ　　沢 시내 / 개울

- 沢では小魚が沢山泳いでいた。
  개울에서는 작은 물고기가 많이 헤엄치고 있었다.

N4 / 小3 / 14획

역 역 [驛]

역은 말[馬]을 치수별[尺]로 나누어 쓰임에 맞게 이용하게 한 곳

- 음 えき　　駅 역　　駅員 역무원　　乗換駅 환승역

- 乗り換え路線がいちばん多い駅は新宿駅である。
  환승 노선이 가장 많은 역은 신주쿠역이다.

N1 / 小6 / 11획

번역할 역 [譯]

번역은 말[言]을 계산[尺]에 의해 바꾸는 작업

- 음 やく　　訳す 번역하다　　翻訳 번역　　通訳 통역
- 훈 わけ　　訳 뜻 / 이유　　言い訳 변명

- このように訳した訳が分からない。
  이렇게 번역한 이유를 모르겠다.

N1 / 中 / 11획

풀 석 [釋]

풀이란 사물을 분별[釆]하고 계산[尺]하는 것

- 음 しゃく　　釈放 석방　　解釈 해석　　注釈 주석
  ★釈迦 석가

- 彼の言葉をどう解釈したらいいのかわからなかった。
  그의 말을 어떻게 해석하면 좋을지 몰랐다.

N2 / 小3 / 8획

갖출 구 [具]

두 손[八]으로 재물[貝]을 받치고[一] 있는 모습에서 갖춤을 의미함

- 음 ぐ　　具合 형편, 몸 상태　　具体的 구체적　　具備 구비

- 雨の日は体の具合が悪くなる。
  비 오는 날은 몸 상태가 안 좋아진다.

外 / 中 / 11획

두려워할 구 [懼]

재물을 갖추면[具] 잃게 될까 마음속[忄]에 두려움이 생김

- 음 ぐ　　危惧 위구(걱정과 두려움)

- 彼の発言に強い危惧の念を抱いた。
  그의 발언에 강한 위구심을 품었다.

N2 / 小3 / 6획

법 **식**

도구[工]를 이용하여 주살[弋]을 만드는 방법

- 음 **しき**　　式典 식전, 의식　　公式 공식　　形式 형식

- 久保田さんは、私の結婚式のためにわざわざ日本から来てくださった。
  구보타 씨는 나의 결혼식을 위해 일부러 일본에서 와 주셨다.

N1 / 小4 / 13획

시험 **시**

시험은 말[言]을 일정한 형식[式]에 맞게 기술하는 것

- 음 **し**　　試験 시험　　試合 시합　　試飲 시음
- 훈 **ためす**　　試す 시험하다
  こころみる　　試みる 시험해 보다, 시도하다

- 試合の前に、自分の実力を試すため兄と対戦してみた。
  시합 전에 자신의 실력을 시험하기 위해 형과 대전해 보았다.

外 / 中 / 9획

씻을 **식**

제사상을 손[扌]으로 닦아 내어 형식[式]을 갖춤

- 음 **しょく**　　払拭 불식
- 훈 **ふく**　　拭く 닦다
  ぬぐう　　拭う 닦다

- 不安や心配を払拭させようと思って仏壇をきれいに拭いた。
  불안과 걱정을 불식시키고자 불단을 깨끗이 닦았다.

N1 / 小4 / 11획

표 **표**

표는 내용[示]을 확인할 수 있게 덮어놓은[覀] 종이

- 음 **ひょう**　　票決 표결　　伝票 전표　　投票 투표

- 放送局は投票時間が終わるとすぐに開票実況の中継を始める。
  방송국은 투표 시간이 끝나면 개표 실황을 중계한다.

N1 / 中 / 14획

떠다닐 **표**

물[氵] 위에 떠다니는 표식[票]의 모습

- 음 **ひょう**　　漂白 표백　　漂流 표류　　漂着 표착
- 훈 **ただよう**　　漂う 떠돌다 / 표류하다 / 감돌다

- プールの更衣室に入ると漂白剤のような匂いが漂っていた。
  수영장의 탈의실에 들어가니 표백제 같은 냄새가 감돌고 있었다.

N1 / 小4 / 15획

표할 **표**

자신의 뜻을 나무[木]로 만든 표[票]에 적어 표함

음 **ひょう**　　標準 표준　　目標 목표　　商標 상표

- 目標を決めて挑戦しよう。
  목표를 정해서 도전하자.

外 / 中 / 13획

떨릴 **률**

산에서 밤송이[栗]를 맞을 수 있다는 생각을 품으면[↑] 두렵고 떨림

음 **りつ**　　慄然 겁이 나서 소름이 남　　戦慄 전율

- その事件に戦慄を覚えた。
  그 사건에 전율을 느꼈다.

N1 / 中 / 4획

말 **두**

곡식 알갱이가 됫박에 담긴 모습

음 **と**　　斗酒 말술　　北斗七星 북두칠성　　泰斗 태두(태산과 북두)

- 田舎の夜空で明るく輝く北斗七星を見た。
  시골 밤하늘에서 밝게 빛나는 북두칠성을 보았다.

N2 / 小2 / 9획

과목 **과**

과목은 벼[禾]를 등급에 따라 한 말[斗]씩 분류하듯 나눈 것

음 **か**　　科目 과목　　科学 과학　　医科 의과

- 兄は、医科大学に入るために一所懸命勉強しています。
  형은 의과 대학에 들어가기 위해 열심히 공부하고 있습니다.

N3 / 小4 / 10획

헤아릴 **료**

쌀[米]을 한 말[斗]씩 담아 헤아림

음 **りょう**　　料理 요리　　料金 요금　　燃料 연료

- 材料の新鮮度によって料理の味が異なります。
  재료의 신선도에 따라 요리의 맛이 달라집니다.

N1 / 中 / 4획

되 **승**

물건을 헤아려 저울 위에 올린 모습

- 음 しょう　一升 한 되
- 훈 ます　　升 되　升酒 됫술

- お正月に升酒を飲んだのですが、あの量がちょうど一升ですよね。
  설날에 됫술을 마셨는데, 그 양이 정확히 한 되 맞죠?

N2 / 中 / 8획

오를 **승**

해가 떠오르는 모습

- 음 しょう　昇進 승진　昇華 승화　上昇 상승
- 훈 のぼる　昇る 오르다　비교 上る p.276　登る p.395

- 日が昇ると間もなく気温が上昇してきた。
  태양이 오르니 이윽고 기온이 상승하기 시작했다.

N2 / 小4 / 9획

날 **비**

새가 양 날개를 펴고 날아가는 모습

- 음 ひ　　飛行 비행　飛距離 비거리　飛躍 비약
- 훈 とぶ　飛ぶ 날다　비교 跳ぶ p.161
  　とばす　飛ばす 날리다

- 飛行機は高く飛べば飛ぶほど空気抵抗が少なくなるそうだ。
  비행기는 높이 날면 날수록 공기 저항이 적어진다고 한다.

N1 / 小5 / 5획

말씀 **변**
[辯·辨·瓣]

나[厶]를 받들게[廾] 하기 위해서는 말을 잘 해야 함

- 음 べん　弁護士 변호사　弁当 도시락　関西弁 관서 사투리

- 妹は大阪に留学したので、流暢な関西弁が話せる。
  여동생은 오사카에서 유학했기 때문에 관서 사투리를 유창하게 쓴다.

N1 / 中 / 11획

이랑/잠깐 **경**

이랑은 밭에서 머리[頁]가 기울게[匕] 되는 곳

- 훈 ころ　頃 경　頃合 적당한 시기, 기회　日頃 평소, 늘상

- 女性の年頃って何歳くらいでしょうか。
  여성의 결혼 적령기라는 건 몇 살 정도일까요?

N2 / 中 / 13획

傾 기울 경

사람[亻]이 이랑[頃]에서 기우뚱 기울어짐

- 음 けい　　傾向 경향　　傾斜 경사
- 훈 かたむく　　傾く 기울다 / 쏠리다
- 　 かたむける　傾ける 기울이다 / 집중하다 / 불안정하게 하다

- 彼は彼女の意見に耳を傾けない傾向がある。
  그는 그녀의 의견에 귀를 기울이지 않는 경향이 있다.

N4 / 小2 / 9획

食 먹을 식

그릇에 밥이 담겨 뚜껑이 덮인 모습

- 음 しょく　　食事 식사　　食品 식품　　朝食 조식
- 　 じき　　　断食 단식
- 훈 たべる　　食べる 먹다　　食べ物 음식, 먹을 것
- 　 くう　　　食う 먹다
- 　 くらう　　食らう 먹다 / 당하다

- 医者に断食を命じられて朝食のとき何も食べられなかった。
  의사에게 단식을 통보받아 조식 시간에 아무 것도 못 먹었다.

N1 / 小4 / 15획

養 기를 양

양[羊]처럼 잘 먹여[食] 살찌도록 기름

- 음 よう　　　養成 양성　　栄養 영양　　教養 교양
- 훈 やしなう　養う 기르다 / 양육하다

- 体力を養うには、栄養のバランスが最も大事である。
  체력을 기르는 데에는 영양의 밸런스가 가장 중요하다.

N3 / 小4 / 12획

飯 밥 반 [飯]

죽을 때까지 계속 되풀이되어[反] 먹는[食] 밥

- 음 はん　　ご飯 밥　　夕飯 저녁밥
- 훈 めし　　飯 밥　　麦飯 보리밥

- 夕飯は何にしようか。
  저녁은 뭘로 할까?

확인 문제

1 빈칸에 알맞은 한자를 a, b 중에 고르세요.

① 関____   a. 係   b. 系   ⑥ 携____   a. 滞   b. 帯

② ____望   a. 希   b. 布   ⑦ 選____   a. 沢   b. 択

③ 教____   a. 帥   b. 師   ⑧ 目____   a. 標   b. 票

④ ____悼   a. 衰   b. 哀   ⑨ ____当   a. 弁   b. 升

⑤ 制____   a. 服   b. 腹   ⑩ ____向   a. 頃   b. 傾

2 밑줄 친 부분에 해당되는 한자를 a, b, c 중에 고르세요.

① <u>かざ</u>る   a. 怖   b. 帥   c. 飾

② <u>ほ</u>める   a. 褒   b. 衷   c. 衰

③ <u>くつがえ</u>る   a. 複   b. 復   c. 覆

④ <u>ただよ</u>う   a. 漂   b. 標   c. 慄

⑤ <u>やしな</u>う   a. 食   b. 飯   c. 養

3 다음을 일본어 한자와 히라가나로 써 보세요.

① 계속 ➡ _____ / _____

② 의뢰 ➡ _____ / _____

③ 상실 ➡ _____ / _____

④ 해석 ➡ _____ / _____

⑤ 승진 ➡ _____ / _____

의식주₂

苗 모 묘 [苗]
N1 / 中 / 8획

싹[⧾⧾]이 조금 올라와 밭[田]에 옮겨 심은 모의 모습

- 음 びょう   育苗 육묘   種苗 종묘
-     みょう   苗字 성
- 훈 なえ   苗 모   苗木 묘목
-     なわ   苗代 못자리

- 育苗は、苗を人工的に育成させてから水田に移植する方法である。
  육묘는 모를 인공적으로 육성시킨 후 논밭에 이식하는 방법이다.

描 그릴 묘 [描]
N1 / 中 / 11획

손[扌]으로 모[苗]처럼 가늘게 선을 만들어 그림

- 음 びょう   描写 묘사   素描 소묘   点描 점묘
- 훈 えがく   描く 그리다 / 묘사하다 / 마음속에 떠올리다
-     かく   描く 그리다 비교 書く p.151

- 細密描写は写真のように描く美術技法である。
  정밀 묘사는 사진처럼 그리는 미술 기법이다.

猫 고양이 묘 [猫]
N2 / 中 / 11획

고양이는 옮겨 심을 모[苗]를 망치게 하곤 했던 동물[犭]

- 음 びょう   愛猫 애묘
- 훈 ねこ   猫 고양이   子猫 새끼 고양이
              猫舌 뜨거운 음식을 잘 먹지 못하는 사람

- 彼は愛猫家で、家には十匹も猫がいる。
  그는 애묘가이며, 집에는 10마리나 고양이가 있다.

宴 잔치 연
N1 / 中 / 10획

잔치는 편안한[安] 시절에 치르고 밤에도 빛[日]을 비추는 것

- 음 えん   宴会 연회   宴席 연회석   酒宴 주연

- 結婚式のとき行われる宴会を結婚披露宴と呼ぶ。
  결혼식 때 행해지는 연회를 결혼 피로연이라고 부른다.

外 / 中 / 10획

어두울 명

해[日]가 가두어진[冖] 어둠 아래 육신[六]이 있는 곳은 저승

- 음 めい　　冥福 명복　　冥土 저승
　　　みょう　　冥利 신불의 은혜　　冥加 신불의 가호

- ご冥福をお祈り申し上げます。
　명복을 기원합니다.

N2 / 小5 / 14획

펼 연

오랜 옛날 연극의 소재는 물[氵]과 호랑이[寅]가 많았음

- 음 えん　　演技 연기　　演じる 연기하다　　講演 강연

- 国村準さんは演技がうまい俳優である。
　구니무라 준 씨는 연기력이 좋은 배우이다.

N2 / 中 / 6획

두레박/질그릇 관

두레박의 모양

- 음 かん　　缶 캔　　缶詰め 통조림　　空き缶 빈 캔

- 空き缶は大切な資源となっている。
　빈 캔은 소중한 자원이 된다.

N1 / 中 / 11획

질그릇 도

언덕[阝] 위에 흙으로 싸인[勹] 가마 안의 질그릇[缶]

- 음 とう　　陶磁器 도자기　　陶酔 도취　　陶冶 도야

- そこは陶磁器で有名な町である。
　그곳은 도자기로 유명한 마을이다.

外 / 中 / 29획

막힐 울

숲속[林] 나무뿌리[匕][彡]에 질그릇[缶]이 뒤엉켜[凶] 답답한[冖] 모양

- 음 うつ　　鬱病 우울증　　憂鬱 우울　　暗鬱 암울

- ストレスがたまると鬱病になりやすい。
　스트레스가 쌓이면 우울증이 되기 쉽다.

N2 / 小3 / 5획

그릇의 모양

- 훈 さら　　皿 그릇　　皿洗い 접시닦이　　灰皿 재털이
- 新幹線の喫煙席には灰皿が付いている。
  신칸센의 흡연석에는 재털이가 붙어 있다.

그릇 명

N2 / 小3 / 6획

제단에서 동물의 피를 그릇[皿]에 받고 있는 모습

- 음 けつ　　血液 혈액　　血圧 혈압　　血統 혈통
- 훈 ち　　血 피　　鼻血 코피
- 高血圧になると、鼻血が出やすくなります。
  고혈압이 되면 코피가 나기 쉬워집니다.

피 혈

N1 / 小6 / 12획

전장에서 피[血]를 흘리며 싸우고 있는 무리[乑]

- 음 しゅう　　衆議院 중의원　　民衆 민중　　大衆 대중
- 　しゅ　　衆生 중생
- この絵は『民衆を導く自由の女神』という作品である。
  이 그림은 「민중을 이끄는 자유의 여신」이라는 작품이다.

무리 중

N2 / 小3 / 12획

목욕을 위해 햇살[日]처럼 따뜻한 물[氵]을 욕조[皿]에 받아 놓음

- 음 おん　　温度 온도　　温泉 온천　　温暖 온난
- 훈 あたたか　　温かだ 따뜻하다　비교 暖かだ p.434
- 　あたたかい　　温かい 따뜻하다　비교 暖かい p.434
- 　あたたまる　　温まる 따뜻해지다　비교 暖まる p.434
- 　あたためる　　温める 따뜻하게 하다　비교 暖める p.434
- 温泉のお湯は、家のお風呂より体がよく温まります。
  온천물은 집의 욕조보다 몸이 쉽게 따뜻해집니다.

따뜻할 온 [温]

N1 / 小6 / 13획

그릇[皿] 위에 자신의 다짐을 밝히며[明] 맹세함

- 음 めい　　盟友 맹우, 동지　　同盟 동맹　　連盟 연맹
- 韓国は161番目の国連加盟国である。
  한국은 161번째 유엔 가맹국이다.

맹세 맹

N1 / 小4 / 10획

곳집 **창**

곳간의 지붕과 문짝, 입구의 모양

- **음** そう　倉庫 창고　穀倉 곡창　弾倉 탄창
- **훈** くら　倉 창고 [비교] 蔵 p.522　鎌倉 가마쿠라

• 鎌倉で大仏を見てから横浜へ行き、赤レンガ倉庫を見た。
가마쿠라에서 대불을 보고 나서 요코하마에 가서 적벽돌 창고를 봤다.

N1 / 小6 / 12획

비롯할 **창**

사업은 창고[倉]의 나무 벽에 칼[刂]로 물품의 수량을 새김에서 비롯됨

- **음** そう　創造 창조　創業 창업　独創 독창
- **훈** つくる　創る 창조하다, 창시하다 [비교] 作る p.262　造る p.385

• 大学で独創的な考え方を学んだ。
대학에서 독창적인 사고 방식을 배웠다.

N2 / 小5 / 9획

법칙 **칙**

재물[貝]에 관해서는 칼[刂]같이 정확한 법칙이 필요함

- **음** そく　規則 규칙　原則 원칙　法則 법칙

• 健康のために規則正しい生活をしている。
건강을 위해 규칙적인 생활을 하고 있다.

N2 / 小4 / 11획

곁 **측**

사람[亻]이란 법칙[則] 앞에서 인정을 따라 치우치게 됨

- **음** そく　側面 측면　側近 측근　側室 측실, 귀인의 첩
- **훈** がわ　両側 양측　右側 우측　★側 곁

• 会長の両側に側近と見られる人たちが並んでいた。
회장의 양쪽에 측근으로 보이는 사람들이 늘어서 있었다.

N2 / 小5 / 12획

헤아릴 **측**

물[氵]의 양을 일정한 법칙[則]에 따라 헤아림

- **음** そく　測量 측량　推測 추측　予測 예측
- **훈** はかる　測る (무게・길이・넓이 등을) 재다
  [비교] 計る p.159　図る p.162　諮る p.350　謀る p.360　量る p.396

• 実際に測った重さは推測したより2倍重かった。
실제로 측정한 무게는 추측한 것보다 2배 무거웠다.

N3 / 小2 / 10획

집 가

예로부터 돼지[豕]는 집[宀]에서 기름

- 음 か　　家庭 가정　国家 국가　作家 작가
　　　け　　本家 본가　分家 분가
- 훈 いえ　家 집
　　　や　　家主 가장 / 집주인　家賃 집세

- 東京の会社に就職し、家族と離れて家賃の高い家に一人で暮らし始めた。
  도쿄의 회사에 취직해서 가족과 떨어져 집세가 비싼 집에서 자취를 시작했다.

N1 / 中 / 13획

시집갈 가

시집가는 것은 여자[女]가 남자의 집[家]으로 가는 것

- 음 か　　転嫁 전가　再嫁 재가
- 훈 よめ　お嫁さん 며느리　花嫁 신부
　　　とつぐ　嫁ぐ 시집가다

- 彼女は家運が傾いてきたのを嫁の責任に転嫁した。
  그녀는 가세가 기운 것을 며느리 책임으로 전가하였다.

N1 / 中 / 15획

심을 가

집[家]안 식구들과 벼[禾]를 심음

- 음 か　　稼動 가동　稼業 가업
- 훈 かせぐ　稼ぐ 돈을 벌다　荒稼ぎ 수단을 가리지 않고 돈을 벎

- 電力不足で機械が稼働しなくなったらお金が稼げなくなってしまう。
  전력 부족으로 기계가 가동하지 않게 되면 돈을 벌 수 없게 된다.

N1 / 中 / 12획

무덤 총 [塚]

자연장을 치루던 옛날, 죽은 가축[豕]을 땅[土]에 묻는 것[冖]에서 무덤이 비롯됨

- 훈 つか　塚 무덤　貝塚 조개무지　一里塚 이정표

- 貝塚からは大昔の遺物がたくさん出てくる。
  조개무지에서는 옛 유물들이 많이 나온다.

N2 / 小1 / 4획

집 호

한쪽 문짝이 달린 서민의 작은 집

- 음 こ　　戸籍 호적　　一戸建て 단독주택　　門戸 문호
- 훈 と　　戸締まり 문단속　　雨戸 비바람을 막는 덧문　　井戸 우물

■ 一戸建ての生活は初めてで、戸締まりのしかたが分かりません。
　단독 주택 생활은 처음이라 문단속을 어떻게 하는지 모르겠습니다.

N2 / 中 / 7획

어그러질 려 [戾]

사람[大]이 작은 문[戶] 밑으로 몸을 어그러뜨려 드나듦

- 음 れい　　返戻 반려
- 훈 もどす　　戻す 되돌리다　　取り戻す 되찾다, 회복하다, 만회하다
- 　もどる　　戻る 되돌아가다

■ 保険の解約返戻金が少ししか戻ってこなかった。
　보험 해약 환급금이 조금밖에 돌아오지 않았다.

N2 / 中 / 10획

눈물 루 [淚]

눈물은 슬퍼서 얼굴이 어그러지면[戾] 나오는 물[氵]

- 음 るい　　涙腺 눈물샘　　催涙 최루　　血涙 피눈물
- 훈 なみだ　　涙 눈물　　うれし涙 기쁨의 눈물　　涙ぐむ 눈물을 머금다

■ 涙はまぶたの上にある涙腺で作られます。
　눈물은 눈꺼풀 위에 있는 눈물샘에서 만들어집니다.

N2 / 中 / 8획

어깨 견

어깨는 문짝[戶]처럼 양옆으로 우뚝한 신체[月]

- 음 けん　　肩章 견장　　肩甲骨 견갑골　　比肩 비견
- 훈 かた　　肩 어깨　　肩こり 어깨 결림　　肩書き 직함

■ 肩甲骨の周りのストレッチングだけで肩こりが解消できる。
　견갑골 주변 스트레칭 만으로 어깨 결림을 해소할 수 있다.

N1 / 中 / 8획

방 방

방은 집[戶] 안의 네모진[方] 공간

- 음 ぼう　　暖房 난방　　女房 아내　　工房 공방
- 훈 ふさ　　房 송이　　花房 꽃송이

■ 韓国は冬がとても寒いので、家に床暖房が設置されている。
　한국은 겨울이 매우 춥기 때문에 집에 바닥 난방이 설치되어 있다.

N1 / 中 / 10획

부채 선 [扇]

부채는 문짝[戶]처럼 생긴 뼈대에 날개[羽]를 달아 바람을 잘 일으킴

- 음 **せん**   扇子 접부채   扇風機 선풍기   扇状 부채꼴
- 훈 **おうぎ**   扇 접부채   ★団扇 (둥근) 부채

• 扇の舞には団扇でなく扇子を用います。
부채춤에는 둥근 부채가 아니라 접부채를 사용합니다.

N1 / 中 / 5획

꽁무니 고

엉덩이는 엎드려[九] 있는 몸[尸]에서 가장 눈에 띄는 부분

- 훈 **しり**   お尻 엉덩이   尻込み 꽁무니를 뺌 / 후퇴   目尻 눈꼬리

• 猿のお尻はなぜ赤いのですか。
원숭이의 엉덩이는 왜 빨갛습니까?

N1 / 中 / 5획

여승 니

옛날 여승들은 비수[匕]가 꽃힌 육신[尸]에서 해탈하고자 출가하는 경우가 많음

- 음 **に**   尼僧 비구니, 여승   修道尼 여승
- 훈 **あま**   尼 비구니, 여승   尼寺 여승방

• 尼僧が住むお寺を尼寺という。
여승들이 사는 절을 여승방이라고 한다.

N2 / 中 / 8획

진흙 니

여승[尼]이 출가 전 진흙과 같은 속세를 생각하며 눈물[氵]을 흘림

- 음 **でい**   泥酔 만취   汚泥 진흙   雲泥の差 천양지차, 큰 차이
- 훈 **どろ**   泥 진흙   泥棒 도둑

• 居酒屋に侵入した泥棒が泥酔して警察に捕まった。
술집에 침입했던 도둑이 만취해서 경찰에 붙잡혔다.

N1 / 中 / 7획

오줌 뇨

오줌은 몸[尸]에서 나오는 물[水]

- 음 **にょう**   尿 오줌   夜尿症 야뇨증   排尿 배뇨

• コーヒーには利尿作用があります。
커피에는 이뇨 작용이 있습니다.

N1 / 中 / 7획

꼬리 미

꼬리는 동물의 꽁무니[尻→尸] 쪽에 털[毛]이 많이 난 부분

- 음 び　　尾行 미행　　語尾 어미　　末尾 말미
- 훈 お　　尾 꼬리　　尾根 산등성이　　★尻尾 꼬리

- 山で道に迷ったが、首尾よく尾根道に出ることができた。
  산에서 길을 잃었지만 성공적으로 능선 길로 나올 수 있었다.

N1 / 中 / 15획

밟을 리

시체[尸]를 땅에 묻고 밟고 다시[復] 밟음

- 음 り　　履歴 이력　　履修 이수　　草履 조리, (일본) 짚신, 샌들
- 훈 はく　　履く 신다

- 田中さんに草履の履き方を教えてもらった。
  다나카 씨에게 조리 신는 방법을 배웠다.

N1 / 中 / 6획

다할 진 [盡]

몸[尸]이 땀[丶]을 흘리며 전력질주하는 모습

- 음 じん　　尽力 최선을 다함　　一網打尽 일망타진　　理不尽 불합리
- 훈 つくす　　尽す 다하다 / 힘을 다해 쏟아
- 　　つきる　　尽きる 다하다 / 끝나다
- 　　つかす　　尽かす 소진하다

- 最善を尽くしたのに懲戒処分だなんて理不尽だ。
  최선을 다했는데 징계 처분이라니 말도 안 된다.

N3 / 小2 / 9획

낮 주 [晝]

해 뜬[旦] 대낮에 열심히[尽→尺] 일하는 사람들

- 음 ちゅう　　昼食 중식　　昼夜 주야　　白昼 백주, 대낮
- 훈 ひる　　昼 낮　　昼寝 낮잠

- 中国では、昼食後に昼寝をする習慣があります。
  중국에서는 중식 후에 낮잠을 자는 관습이 있습니다.

N2 / 小3 / 7획

판 국

몸[尸] 앞에 바둑판을 놓고 있는 모습

- 음 きょく　　薬局 약국　　放送局 방송국　　結局 결국

- 従兄弟が郵便局で働いています。
  사촌이 우체국에서 일하고 있습니다.

N1 / 小6 / 10획

展 펼 전

몸[尸] 앞에 쌓여 있는 옷[衣→炠]을 하나씩 펼침

- 음 てん　　展示 전시　　展開 전개　　発展 발전
- 週末、彼女といっしょにモナリザ展を見に行った。
  주말에 여자 친구와 함께 모나리자전을 보러 갔다.

外 / 中 / 14획

漏 샐 루

물[氵]이 지붕[尸] 아래로 비[雨]처럼 샘

- 음 ろう　　漏水 누수　　漏電 누전　　脱漏 탈루
- 훈 もる　　漏る 새다　　雨漏り 비가 샘
  　　もれる　　漏れる 새다 / 누락되다
  　　もらす　　漏らす 새게 하다 / 흘러 나오게 하다
- 雨漏りは漏電や火災を引き起こすおそれがあります。
  비가 새면 누전이나 화재를 일으키게 될 우려가 있습니다.

N1 / 小5 / 8획

舎 집 사 [舍]

집의 지붕과 뼈대, 입구의 모습

- 음 しゃ　　舎監 사감　　寄宿舎 기숙사　　駅舎 역사
  　　★田舎 시골, 지방, 전원
- 友人が駅舎の中のコンビニを経営している。
  친구가 역사 안의 편의점을 경영하고 있다.

N2 / 小6 / 11획

捨 버릴 사 [捨]

집[舍] 주변 환경을 위해 쓸데없는 것들을 손[扌]으로 주워 버림

- 음 しゃ　　捨身 불교에서의 자기 희생　　取捨 취사
  　　四捨五入 사사오입, 반올림
- 훈 すてる　　捨てる 버리다
- 四捨五入は四以下を切り捨て、五以上を切り上げることである。
  사사오입은 4 이하를 버리고 5 이상을 올리는 것이다.

N2 / 小6 / 6획

宅 집 택

집은 지붕 아래[宀] 몸을 맡기고 의지[乇]하는 곳

- 음 たく　　宅地 택지　　住宅 주택　　自宅 자택
- ご自宅の住所を伺ってもよろしいでしょうか。
  자택 주소를 여쭤봐도 괜찮은지요?

N1 / 中 / 10획

부탁할 **탁**

말[言]로 부탁[乇]함

음 たく　　委託 위탁　　信託 신탁　　請託 청탁

- 中古車は委託販売するという方法もあります。
  중고차는 위탁 판매하는 방법도 있습니다.

N3 / 小2 / 5획

대 **대** [臺]

제사를 지내던 주위보다 높은 장소의 모양

음 だい　　台所 부엌　　灯台 등대　　踏み台 발판
　 たい　　台風 태풍　　舞台 무대

- 台湾では、猛烈な台風により灯台消失など多数の被害があった。
  대만에서는 맹렬한 태풍으로 인해 등대 소실 등 다수의 피해가 있었다.

外 / 中 / 7획

쇠 불릴 **야**

풀무질을 위해 만든 대[台]에 바람[冫]을 넣는 모습

음 や　　冶金 야금(광석에서 금속을 추출)　　陶冶 도야
　　　　★鍛冶 대장일, 대장장이

- 教育によって人格を陶冶することができる。
  교육에 의해 인격을 도야할 수 있다.

N2 / 小4 / 8획

다스릴 **치**

백성을 다스리기 위해 왕이 강우[冫]와 관련하여 제대[台]에서 제사를 관장함

음 じ　　主治医 주치의　　政治 정치
　 ち　　治療 치료　　自治体 자치체(자치단체의 준말)　　統治 통치

훈 おさめる　　治める 다스리다 / 통치하다 [비교] 修める p.70
　 おさまる　　治まる 다스려지다 / 평화로워지다 修まる p.70
　 なおす　　　治す 병을 고치다 [비교] 直す p.144
　 なおる　　　治る 병이 낫다 [비교] 直る p.144

- 住民自治は、地域住民が自らその地域を治める地方政治制度の一つである。
  주민 자치는 지역 주민이 스스로 그 지역을 다스리는 지방 정치 제도의 하나이다.

N3 / 小3 / 8획

비로소 시

무녀[女]가 제대[台]에서 기원하면서 비로소 제사가 시작됨

- 음 し　　始終 시종　　開始 개시　　原始 원시
- 훈 はじめる　始める 시작하다　始め 시작 비교 初め p.79
  はじまる　始まる 시작되다

- 農耕は原始時代から始まった。
  농경은 원시 시대부터 시작되었다.

N1 / 中 / 9획

게으를 태

게으름을 피우며 제사[台]에만 의지하는 마음[心]

- 음 たい　　怠慢 태만　　怠惰 나태　　怠業 태업
- 훈 おこたる　怠る 게으름 피우다 / 소홀히 하다
  なまける　怠ける 게으름 피우다

- 怠業は従業員の全体が怠けるようになる労働争議の手段である。
  태업은 종업원 전체가 나태해지는 노동 쟁의의 수단이다.

N1 / 中 / 9획

아이 밸 태

몸[月] 안에 아이가 머무르는 장소[台]

- 음 たい　　胎児 태아　　胎動 태동　　母胎 모태

- 夫婦は胎動を感じてたいへん喜んだ。
  부부는 태동을 느끼고 무척 기뻐하였다.

N2 / 小6 / 9획

층계 단

망치[殳]로 층계를 만들기 위해 나무판자를 엮는 모습

- 음 だん　　段階 단계　　段落 단락　　手段 수단

- 家を投資手段にすることで、バブル経済が形成された。
  집을 투자 수단으로 삼아서 거품 경제가 형성되었다.

N1 / 中 / 17획

쇠 불릴 단

망치[殳]로 무기를 만들기 위해 쇠붙이를 치는 모습

- 음 たん　　鍛錬 단련　　鍛造 단조
- 훈 きたえる　鍛える 쇠를 불리다 / 단련하다

- 鍛造とは、加熱した金属または常温の金属を叩いて鍛える方法である。
  단조란, 가열한 금속 또는 상온의 금속을 쳐서 단련하는 방법이다.

확인 문제

1 빈칸에 알맞은 한자를 a, b 중에 고르세요.

① ___写 a. 猫 b. 描
② ___会 a. 宴 b. 冥
③ ___造 a. 倉 b. 創
④ 転___ a. 稼 b. 嫁
⑤ 返___ a. 涙 b. 戻
⑥ ___棒 a. 尼 b. 泥
⑦ 取___ a. 捨 b. 舎
⑧ 信___ a. 宅 b. 託
⑨ 政___ a. 冶 b. 治
⑩ ___錬 a. 段 b. 鍛

2 밑줄 친 부분에 해당되는 한자를 a, b, c 중에 고르세요.

① はかる   a. 側 b. 測 c. 則
② かせぐ   a. 稼 b. 嫁 c. 塚
③ はく   a. 昼 b. 泥 c. 履
④ もれる   a. 尽 b. 漏 c. 展
⑤ おこたる a. 怠 b. 胎 c. 始

3 다음을 일본어 한자와 히라가나로 써 보세요.

① 강연 ➡ _____ / _____
② 약국 ➡ _____ / _____
③ 온난 ➡ _____ / _____
④ 주택 ➡ _____ / _____
⑤ 수단 ➡ _____ / _____

9일째 의식주 ₃

N2 / 小6 / 11획

창 창

벽을 뚫어[穴] 밖을 보고 싶은 나[厶]의 마음[心]

- 음 そう　　車窓 차창　同窓 동창
- 훈 まど　　窓 창　窓口 창구

- 大学の同窓生が銀行の窓口で働いている。
  대학 동창이 은행의 창구에서 일하고 있다.

N1 / 中 / 15획

기와 가마 요

양고기[羊]를 구워[灬] 먹던, 연기 구멍[穴]이 있는 진흙틀이 기와 가마

- 음 よう　　窯業 요업
- 훈 かま　　窯 가마　窯場 가마가 있는 공방

- この町は窯業が盛んで、いたるところに窯場がある。
  이 도시는 요업이 활발하여 곳곳에 가마가 있다.

N2 / 中 / 16획

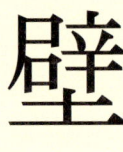
벽 벽

벽은 원래 적으로부터 임금[辟]을 보호하기 위해 흙[土]으로 쌓은 담

- 음 へき　　壁画 벽화　城壁 성벽　岸壁 물가의 벼랑
- 훈 かべ　　壁 벽

- ダ・ビンチの『最後の晩餐』は、修道院の食堂の壁に描かれた壁画である。
  레오나르도 다빈치의 「최후의 만찬」은 수도원의 식당 벽에 그려진 벽화이다.

外 / 中 / 18획

구슬 벽

구슬은 임금[辟]이 들고 있는 둥근 옥[玉]

- 음 へき　　完璧 완벽　双璧 쌍벽

- 木村さんは完璧主義者だ。
  기무라 씨는 완벽주의자이다.

N1 / 中 / 16획

피할 피

임금[辟]이 적의 침입을 피해 가는[辶] 상황을 나타냄

- 음 ひ　　　避難 피난　回避 회피　逃避 도피
- 훈 さける　　避ける 피하다, 꺼리다

■ 避難場所へ移動するとき、狭い道と川べりは避けてください。
　피난 장소로 이동할 때, 좁은 길과 강가는 피해 주세요.

N1 / 中 / 18획

버릇 벽

임금[辟]이 병적으로 [疒] 반복하던 행동

- 음 へき　　潔癖 결벽　盗癖 도벽
- 훈 くせ　　癖 버릇　口癖 입버릇

■ 子どもが潔癖症になる原因には、酒癖の悪い親も含まれる。
　자식이 결벽증이 되는 원인으로는 술버릇이 나쁜 부모도 포함되어 있다.

N3 / 小2 / 8획

문 문

대문의 모양

- 음 もん　　門外漢 문외한　専門 전문　名門 명문
- 훈 かど　　門松 새해에 문 앞에 세우는 소나무 장식
　　　　　　門出 집을 떠남 / 출발　門口 집의 출입구

■ 名門大学を卒業した彼は、社会への新しい門出に胸を膨らませた。
　명문 대학을 졸업한 그는 사회로의 새로운 출발에 가슴이 부풀었다.

N3 / 小3 / 11획

물을 문

대문[門] 앞에서 출입이 가능한지를 입[口]으로 물음

- 음 もん　　問題 문제　疑問 의문　訪問 방문
- 훈 とう　　問う 묻다 / 문제 삼다　問い合わせ 문의
　　とん　　問屋 도매상(といや라고도 읽음)

■ 投資の相談は、AT投資顧問会社へお問い合わせください。
　투자 상담은 AT투자 고문 회사로 문의해 주세요.

N1 / 中 / 12획

한가할 한

문[門]을 나무[木]로 막아버리니 출입이 한가해짐

- 음 かん　　閑散 한산　閑職 한직　閑寂 한적

■ 彼は権力争いに敗れ、閑職に追い遣られた。
　그는 권력 투쟁에서 져서 한직으로 좌천당했다.

N2 / 小6 / 11획

닫을 폐

대문[門]에 빗장[才]을 건 모습

- 음 へい 閉鎖 폐쇄   閉店 폐점   閉会 폐회
- 훈 しまる 閉まる 닫히다 [비교] 締まる p.12 絞まる p.493
-    しめる 閉める 닫다 [비교] 締める p.12 絞める p.493
-    とじる 閉じる 닫히다 / 닫다
-    とざす 閉ざす 닫다, 잠그다 / 막다

■ 開閉式ドームなのに、騒音の問題で屋根が閉めたままになっている。
개폐식 돔인데 소음 문제로 지붕을 닫아둔 채로 두고 있다.

N5 / 小2 / 12획

사이 간

대문[門] 틈 사이로 볕[日]이 들어오는 모습

- 음 かん 空間 공간   民間 민간   時間 시간
-    けん 世間 세간, 세상   人間 인간
- 훈 あいだ 間 사이   間柄 관계
-    ま   間に合う 제 시간에 맞다   間違う 잘못되다 / 틀리다
-           客間 응접실

■ 長い間役人をしていると世間知らずになるから、民間企業での研修が必要だ。
오랫동안 공무원을 하고 있으면 세상 물정을 모르므로 민간 기업 연수가 필요하다.

N2 / 小6 / 18획

대쪽/간략 간

대나무[竹→⺮] 사이[間]를 쪼갠 대쪽. 거기에 간략히 문자를 기록하기도 함

- 음 かん 簡単 간단   簡略 간략   簡易 간이

■ この本には簡単でおいしい夕食のレシピがたくさん載っている。
이 책에는 간단하고 맛있는 저녁 식사 레시피가 많이 들어 있다.

N1 / 小6 / 14획

집 각

대문[門] 안으로 각각[各]의 발자국을 남기며 드나드는 집

- 음 かく 閣僚 각료   閣議 각의(내각 회의)   内閣 내각

■ 日本とイギリスは議員内閣制を採用している。
일본과 영국은 의원 내각제를 채택하고 있다.

N3 / 小3 / 12획

열 개

빗장을 열어야[开] 닫힌 대문[門]이 열림

- 음 かい 開発 개발   開始 개시   展開 전개
- 훈 ひらく 開く 열다 / 열리다
  ひらける 開ける 열리다
  あく 開く 열리다 [비교] 明く p.186 空く p.316
  あける 開ける 열다 [비교] 明ける p.186 空ける p.316

- ナロ号は、韓国の宇宙開発の歴史を切り開いた。
  나로호는 한국의 우주 개발의 역사를 열었다.

N5 / 小2 / 14획

들을 문

귀[耳]는 우리 몸에 소리가 들어오는 문[門]

- 음 ぶん 新聞 신문   見聞 견문   風聞 풍문
  もん 聴聞会 청문회
- 훈 きく 聞く 듣다 [비교] 聴く p.40
  きこえる 聞こえる 들리다

- 見聞を広めるために、旅行をしたり、いろいろな分野の人から話を聞いたりしている。
  견문을 넓히기 위해 여행하기도 하고 여러 분야의 사람들로부터 이야기를 듣기도 한다.

N2 / 小4 / 14획

빗장 관 [關]

대문[門]을 빗장[关]으로 걸어 놓은 모습

- 음 かん 関係 관계   関節 관절   関する 관계하다
- 훈 せき 関所 관문
  かかわる 関わる 관계되다, 관계가 있다 / 상관하다

- この事件には医療関係の人物が関わっている。
  이 사건에는 의료 관계 인사가 연관되어 있다.

外 / 中 / 17획

숨을 암

대문[門] 너머에서 소리[音]만 내고 형체를 숨김

- 훈 やみ 闇 어둠   闇市 야시장   暗闇 어둠

- 就活時代は暗闇のトンネルの中を歩いている気分だった。
  취업 준비생 시절에는 어둠의 터널 속을 걷고 있는 기분이었다.

閥
N1 / 中 / 14획
문벌 **벌**

대문[門] 앞에 무기[戈]를 찬 사람들[亻]이 모여 있음

- 음 **ばつ**　派閥 파벌　門閥 문벌　財閥 재벌
- たまにスポーツ界で起こる派閥争いが報道される。
  가끔씩 스포츠계에서 벌어지는 파벌 싸움이 보도된다.

闘
N1 / 中 / 18획
싸울 **투** [鬪]

문[門] 앞에서 제사상[豆]의 크기, 위치[寸]에 관해 서로 다툼

- 음 **とう**　闘争 투쟁　戦闘 전투　暗闘 암투
- 훈 **たたかう**　闘う 싸우다, 전쟁하다, 투쟁하다　비교 戦う p.319
- この映画は差別と闘っている人たちとその闘争過程を描いた作品である。
  이 영화는 차별과 싸우고 있는 사람들과 그 투쟁 과정을 그린 작품이다.

欄
N1 / 中 / 20획
난간 **란** [欄]

다리나 마루의 가장자리에 나무[木]로 막음[闌]

- 음 **らん**　欄干 난간　空欄 공란
- 備考欄に連絡先を書いてください。
  비고란에 연락처를 써 주세요.

潤
N1 / 中 / 15획
윤택할 **윤**

윤달[閏]에 강우[氵] 계산을 잘해 농사가 잘 되고 윤택해짐

- 음 **じゅん**　潤沢 윤택　潤色 윤색(과장하거나 미화함)　湿潤 습윤
- 훈 **うるおう**　潤う 축축해지다 / 윤택해지다
  うるおす　潤す 적시다 / 윤택하게 하다
  うるむ　潤む 물기를 띠다
- 会社に利潤がなければ社員の生活を潤わせることができない。
  회사에 이윤이 없으면 사원의 생활을 윤택하게 할 수 없다.

席
N2 / 小4 / 10획
자리 **석**

여러[庶→产] 사람이 천[巾]을 대고 앉는 자리

- 음 **せき**　席 자리　席次 석차 / 자리 순서　出席 출석
- 日本では、結婚式の席次表で座席の位置が案内されます。
  일본에서는 결혼식 자리표로 좌석의 위치가 안내됩니다.

N3 / 小3 / 9획

법도 도

여러[庶→庐] 사람이 손[又]으로 법도를 갖추어 제사 지냄

음 ど 　今度 이번　　限度 한도　　一度 한번
　 と 　法度 법도
　 たく 　支度 준비
훈 たび 　度 때, 적 / ~번　　度々 번번이, 자주

- 熱帯魚は温度に敏感なので気温が変動する度に注意する必要があります。
  열대어는 온도에 민감하므로 기온이 바뀔 때마다 주의할 필요가 있습니다.

N2 / 中 / 12획

건널 도

물[氵]을 건너는 방법이 법도[度]에 맞지 않으면 배가 부딪힘

음 と 　渡航 도항　　渡河 도하　　譲渡 양도
훈 わたる 　渡る 건너다
　 わたす 　渡す 건네주다

- 渡来人の中には百済から渡ってきた貴族もいる。
  도래인 중에는 백제에서 건너 온 귀족도 있다.

N2 / 小6 / 10획

자리 좌

집[广] 안에 사람이 앉는[坐] 자리

음 ざ 　座席 좌석　　星座 성좌, 별자리　　上座 상좌
훈 すわる 　座る 앉다 / 자리 잡다　비교 据わる p.487

- 空いている座席へお座りください。 비어 있는 좌석에 앉아 주세요.

外 / 中 / 10획

꺾을 좌

앉을[坐] 때 손[扌]으로 무릎을 꺾어 다리를 오므림

음 ざ 　挫折 좌절　　挫傷 좌상, 타박상　　頓挫 좌절

- 最終的に成功すれば、挫折はひとつの過程に過ぎなくなる。
  마지막에 성공하면, 좌절은 하나의 과정에 지나지 않게 된다.

N1 / 中 / 8획

화로 로 [爐]

집[戶]에 불[火]이 있는 곳

음 ろ 　暖炉 난로　　原子炉 원자로

- 地震で原子炉が緊急停止した。
  지진으로 원자로가 긴급 정지했다.

N2 / 中 / 13획

연기 연 [煙]

불[火]을 땔 때 흙[土]으로 덮여 있는[覀] 굴뚝으로 연기가 나옴

- 음 えん　　煙突 굴뚝　　煙霧 연무(연기와 안개)　　喫煙 흡연
　　　　　★煙草 담배
- 훈 けむり　　煙 연기
　　けむる　　煙る 연기가 나다
　　けむい　　煙い 냅다(연기로 인해 매캐하다)
　　けむたい　煙たい 냅다(연기로 인해 매캐하다)

■ 工場の煙突は、煙草を吸う労働者のように白い煙を吐き出していた。
　공장의 굴뚝은 담배를 피우는 노동자처럼 하얀 연기를 내뱉고 있었다.

N1 / 小4 / 4획

우물 정

우물의 모양

- 음 せい　　市井 시정, 거리 / 서민 사회　　油井 유정
　　しょう　天井 천정
- 훈 い　　井戸 우물

■ 市井という言葉は、井戸がある所に人が集まって市をなしたことに由来している。
　시정이라는 말은 우물이 있는 곳에 사람이 모여 시장을 이룬 것으로부터 유래했다.

外 / 中 / 5획

丼

우물 정

우물의 모양

- 음 どん　　牛丼 쇠고기덮밥　　天丼 튀김덮밥　　鰻丼 장어덮밥
- 훈 どんぶり　丼 사발 / 덮밥　　丼飯 덮밥

■ 親子丼は卵と鶏肉で作る。
　오야코동은 계란과 닭고기로 만든다.

N2 / 小5 / 10획

밭 갈 경

우물[井] 옆에서 쟁기질[耒]하여 밭을 감

- 음 こう　　耕作 경작　　耕地 경작지　　農耕 농경
- 훈 たがやす　耕す 경작하다

■ 市役所の許可がないと、耕地ではない土地で耕すことはできない。
　시청의 허가가 없으면 경작지가 아닌 토지에서는 경작할 수 없다.

N1 / 中 / 9획

정자 **정**

높이[高→亠] 지은 집에서 장정[丁]이 쉼

- 음 **てい**　亭主 집주인 / 남편　料亭 요정
- 料亭は、日本の文化が味わえる高級飲食店である。
  요정은 일본 문화를 맛볼 수 있는 고급 음식점이다.

N2 / 小5 / 11획

머무를 **정**

사람[亻]이 정자[亭]에 머무르며 쉼

- 음 **てい**　停止 정지　停職 정직　バス停 버스 정류장
- 彼は停職6ヶ月の処分を受けた。
  그는 정직 6개월의 처분을 받았다.

N1 / 中 / 14획

호걸 **호**

용맹한 멧돼지[豕]가 높은[高→亠] 곳을 이리저리 휘저음

- 음 **ごう**　強豪 강호　酒豪 대주가 / 술고래
  　　　富豪 부호
- 彼は世界富豪ランキング2位である。
  그는 세계 부호 랭킹 2위이다.

N1 / 小6 / 11획

시골 **향** [鄕]

어릴 때[幺] 향기로운 음식[皀]을 먹고 자란 고을[阝]

- 음 **きょう**　郷愁 향수　故郷 고향(ふるさと라고도 읽음)　異郷 타향
  　　ごう　水郷 물가의 마을(すいきょう라고도 읽음)　近郷 가까운 마을
- 仕事を求めて故郷を離れていく若者が増えている。
  일을 찾아서 고향을 떠나고 있는 젊은이가 늘어간다.

N1 / 中 / 20획

울릴 **향** [響]

시골[鄕]에서는 막힌 곳이 없어 소리[音]가 사방으로 울림

- 음 **きょう**　影響 영향　音響 음향　反響 반향
- 훈 **ひびく**　響く 울리다 / 통하다 / 영향을 주다
- このカーステレオの最新音響システムは、体の底まで響く。
  이 카 스테레오의 최신 음향 시스템은 몸속 깊이까지 울린다.

里 마을 리
N1 / 小2 / 7획

농사 지을 밭[田]과 흙[土]이 있는 곳

- 음 り　　千里眼 천리안　十里 십리
- 훈 さと　　里 마을　里帰り 귀향 / 친정 나들이

▪ 妻は里帰り出産のため実家に帰った。
아내는 출산을 위해 친정으로 돌아갔다.

埋 묻을 매
N2 / 中 / 10획

사람이 죽으면 마을[里] 근처의 땅[土]에 묻음

- 음 まい　　埋設 매설　埋葬 매장
- 훈 うめる　埋める 묻다 / 메우다 / 채우다　埋め立て 매립
- うまる　埋まる 묻히다 / 메워지다
- うもれる　埋もれる 묻히다

▪ 遺体を土に埋めることを「埋葬」と言う。
시체를 흙에 묻는 것을 '매장'이라고 한다.

理 다스릴 리
N3 / 小2 / 11획

임금[王]이 백성의 마을[里]을 다스림

- 음 り　　理由 이유　無理 무리　整理 정리

▪ 平均寿命が延びている主な理由は何ですか。
평균 수명이 늘고 있는 주된 이유는 무엇입니까?

野 들 야
N3 / 小2 / 11획

마을[里] 옆 들판에서 일손을 주고[予]받음

- 음 や　　野菜 야채　野外 야외　平野 평야
- 훈 の　　野 들　大野 너른 들

▪ 広々とした野原の多い北海道は、野菜の産地でも有名である。
광대한 평원이 많은 홋카이도는 야채의 산지로도 유명하다.

厘 다스릴 리
N1 / 中 / 9획

마을[里]의 기슭[厂]까지 다스림. 마을의 미세한 부분이므로 1의 1/100을 나타냄

- 음 りん　　九分九厘 99%, 거의　一厘 0.001, 1리

▪ 彼女の合格は九分九厘間違いない。
그녀의 합격은 거의 틀림없다.

검을 흑 [黒]

N3 / 小2 / 11획

마을[里]에 화재[灬]가 나서 검게 탐

- 음 こく　黒人 흑인　黒板 흑판, 칠판　漆黒 칠흑
- 훈 くろ　黒 검정　白黒 흑백
-     くろい　黒い 검다

- 教授は企業の黒字倒産の理由を黒板に書き始めた。
  교수는 기업의 흑자 도산의 이유를 칠판에 쓰기 시작했다.

먹 묵 [墨]

N1 / 中 / 14획

먹을 검게[黒] 갈아서 흙[土]처럼 물에 개어 씀

- 음 ぼく　墨汁 먹물　水墨画 수묵화　白墨 분필
- 훈 すみ　墨 먹　入れ墨 문신

- 墨の濃淡の表現が水墨画の基本技法である。
  먹의 농담의 표현이 수묵화의 기본 기법이다.

속 리

N2 / 小6 / 13획

마을[里] 속에서는 옷[衣]을 갖춰 입어야 함

- 음 り　裏面 이면　表裏 표리　暗々裏 암암리
- 훈 うら　裏 뒤　裏口 뒷문 / 부정

- 契約書の裏面に書かれている約款を確かめてから、裏表紙に押印してください。 계약서 이면에 쓰여 있는 약관을 확인하고 나서 뒤표지에 날인해 주세요.

저자 시

N3 / 小2 / 5획

시장이 열린 것을 깃발을 걸어 알린 모습

- 음 し　市内 시내　市場 (거래가 이루어지는 공간인) 시장　都市 도시
- 훈 いち　市場 (재래)시장　魚市場 어시장

- 不況で内需市場が崩壊し、近所の市場に行ってもガラガラだ。
  불황으로 내수 시장이 붕괴되어 근처 시장에 가도 텅 비어 있다.

허파 폐

N1 / 小6 / 9획

몸[月]에서 시장[市]과 같이 바쁘게 들숨과 날숨이 교환되는 곳

- 음 はい　肺 폐　肺炎 폐렴　肺活量 폐활량

- 肺がんの主な原因は喫煙である。
  폐암의 주된 원인은 흡연이다.

N3 / 小2 / 8획

姉
손윗누이 자

다 자라서 시장[市]에서 장사를 돕는 누이[女]

- 음 し　　姉妹 자매
- 훈 あね　　姉 누나, 언니　★お姉さん 누나, 언니

■ 姉は修学旅行で日本の姉妹校に行った。
　누나는 수학여행으로 일본의 자매교에 갔다.

外 / 中 / 9획

柿
감나무 시

시장[市]에서 대표적으로 거래되던 과실수[木]

- 음 し　　熟柿 익은 감
- 훈 かき　　柿 감　　柿色 감색　　干し柿 곶감

■ 干し柿を作るとき、皮を剥かないと熟柿になってしまいます。
　곶감을 만들 때, 껍질을 벗기지 않으면 연시처럼 되어 버립니다.

N2 / 小3 / 5획

礼
예도 례 [禮]

제단[礻] 앞에서 예를 표하는 사람[L]의 모습

- 음 れい　　礼儀 예의　　失礼 실례　　無礼 무례
- 　らい　　礼賛 예찬

■ 征夫さんの長男は礼儀正しくて真面目な人ですね。
　이쿠오 씨의 장남은 예의 바르고 착실한 사람이죠.

N2 / 小4 / 5획

札
편지 찰

나무[木]판에 글씨를 적어 새[L]의 발에 묶어 보내던 것

- 음 さつ　　札束 돈다발　　お札 지폐　　改札口 개찰구
- 훈 ふだ　　札 표 / 팻말 / 패　　名札 명찰　　花札 화투

■ その駅員は名札をしないで改札口の前に立っていた。
　그 역무원은 명찰을 하지 않고 개찰구 앞에 서 있었다.

N1 / 中 / 4획

孔
구멍 공

새[L]의 새끼[子]가 알에서 작은 구멍을 뚫고 나옴

- 음 こう　　孔子 공자　　瞳孔 동공　　気孔 기공

■ 孔子は中国の代表的な思想家であり、哲学者である。
　공자는 중국의 대표적인 사상가이자 철학자이다.

확인 문제

1 빈칸에 알맞은 한자를 a, b 중에 고르세요.

① 完____　a. 壁　b. 璧　　⑥ ____職　a. 亭　b. 停

② ____寂　a. 閉　b. 閑　　⑦ 整____　a. 埋　b. 理

③ 戦____　a. 闘　b. 閥　　⑧ ____板　a. 黒　b. 墨

④ 限____　a. 度　b. 渡　　⑨ ____炎　a. 肺　b. 柿

⑤ ____折　a. 挫　b. 座　　⑩ 失____　a. 礼　b. 札

2 밑줄 친 부분에 해당되는 한자를 a, b, c 중에 고르세요.

① <u>さ</u>ける　　　　a. 避　b. 壁　c. 癖

② <u>し</u>まる　　　　a. 閉　b. 閣　c. 関

③ <u>うるお</u>う　　　a. 潤　b. 闘　c. 欄

④ <u>わた</u>る　　　　a. 席　b. 度　c. 渡

⑤ <u>う</u>める　　　　a. 里　b. 野　c. 埋

3 다음을 일본어 한자와 히라가나로 써 보세요.

① 창구 ➡ _____ / _____

② 간단 ➡ _____ / _____

③ 경작 ➡ _____ / _____

④ 영향 ➡ _____ / _____

⑤ 자매 ➡ _____ / _____

10일째 의식주 4

N2 / 小2 / 6획

절 사

땅[土]을 관리[寸]하던 관청에서 절로 의미가 바뀜

- 음 じ 　寺院 사원　　東大寺 도다이지(나라현 소재의 절)
    　　　社寺 신사와 절
- 훈 てら　お寺 절　　清水寺 기요미즈데라(교토 소재의 절)

■ 京都旅行では、清水寺と金閣寺とどっちがよかった？
교토 여행에서는 기요미즈데라하고 긴카쿠지 중에 뭐가 좋았어?

N1 / 中 / 8획

모실 시

관리[亻]는 관청[寺]에서 임무를 다하며 임금을 모심

- 음 じ　　侍従 시종　　侍医 어의　　侍衛 호위
- 훈 さむらい　侍 사무라이

■ 武士のことを侍ともいう。理由は武士が君主の侍衛をしていたからである。
무사를 사무라이라고도 한다. 이유는 무사가 군주의 호위를 했기 때문이다.

N3 / 小3 / 9획

기다릴 대

관청[寺]에는 민원이 많아 가서[亻] 차례를 기다림

- 음 たい　接待 접대　　期待 기대　　招待 초대
- 훈 まつ　待つ 기다리다　　待ち遠しい 몹시 기다려지다

■ 接待のとき、お客様を待たせてはいけない。
접대할 때, 손님을 기다리게 해서는 안 된다.

N3 / 小3 / 9획

가질 지

절[寺]에 시주할 물건을 손[扌]에 갖고 있음

- 음 じ　　持続 지속　　持参 지참　　維持 유지
- 훈 もつ　持つ 들다 / 소유하다 / 지속하다　　お金持ち 부자

■ お金持ちは車の維持費の心配なんかしない。
부자는 차 유지비 따위 걱정하지 않는다.

N1 / 小2 / 10획

때 시

날[日]을 정해 관청[寺]에서 행사를 치루는 때

- 음 じ　　時間 시간　時代 시대　十時 10시
  ★時雨 오고 그침이 반복되는 비
- 훈 とき　　時 시　時々 가끔, 때때로　★時計 시계

- 休みの日は、12時間ぐらい寝る時もあります。
  휴일에는 12시간 정도 잘 때도 있습니다.

N3 / 小4 / 10획

특별할 특

옛날 공양으로 바친 소[牛]는 절[寺]에서 특별하고 귀한 존재

- 음 とく　　特別 특별　特急 특급　特殊 특수

- 日本の電車は止まる駅によって特急、急行、快速、各駅停車などに分かれる。
  일본의 전철은 서는 역에 따라 특급, 급행, 쾌속, 각역 정차 등으로 나뉜다.

N1 / 小3 / 13획

시 시

말[言]의 내용을 불[寺]경처럼 운율에 맞춘 표현

- 음 し　　詩集 시집　詩人 시인　詩想 시상

- 沈んでいく太陽を見たら、詩想がわいてきた。
  지는 태양을 보니 시상이 떠올랐다.

N2 / 小3 / 12획

무리 등

관청[寺]에서 문서를 대나무[竹→⺮] 조각을 꽂아 무리 지어 분류함

- 음 とう　　等級 등급　一等席 일등석　平等 평등
- 훈 ひとしい　　等しい 같다, 동등하다

- 安全性検査では、3等級までは等しい点数となる。
  안전성 검사에서 3등급까지는 동등한 점수이다.

N2 / 小5 / 11획

얻을 득

가다개[彳] 재물[貝→旦]을 손[寸]으로 얻음

- 음 とく　　得意 능숙함　納得 납득　お得 이득
- 훈 える　　得る 얻다　[비교] 獲る p.469
-   うる　　得る 얻다

- 期末テストでは納得できる成績を得られなかった。
  기말고사에서는 납득할 수 있는 성적을 얻지 못했다.

N2 / 小3 / 16획

다리 교

나무[木]를 높게[喬] 세워서 강을 넘어 다닐 수 있도록 만든 것

- 음 きょう　　橋脚 교각　　鉄橋 철교　　歩道橋 육교
- 훈 はし　　橋 다리　　丸木橋 외나무다리　　つり橋 현수교

- つり橋には橋脚がない。
  현수교에는 교각이 없다.

N1 / 中 / 17획

바로잡을 교

화살[矢]을 높이[喬] 여러 번 쏘아 활을 교정함

- 음 きょう　　矯正 교정
- 훈 ためる　　矯める 바로잡다, 교정하다

- 「角を矯めて牛を殺す」というのは、無理に矯正してはいけないという意味を持っている。
  '쇠뿔 잡으려다 소 잡는다'는 무리하게 교정하지 말라는 의미를 가지고 있다.

N5 / 小1 / 7획

수레 차 / 수레 거

수레의 몸통과 축, 바퀴의 모양

- 음 しゃ　　車輪 차바퀴　　自動車 자동차　　電車 전철
  　　　　★山車 축제 때 끄는 장식한 수레
- 훈 くるま　　車 수레 / 자동차　　歯車 톱니바퀴

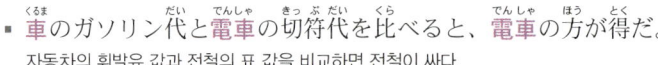

- 車のガソリン代と電車の切符代を比べると、電車の方が得だ。
  자동차의 휘발유 값과 전철의 표 값을 비교하면 전철이 싸다.

N2 / 小3 / 10획

곳집 고

집[广] 안에 수레[車]를 넣어 보관하던 곳

- 음 こ　　倉庫 창고　　冷蔵庫 냉장고　　文庫 문고
- 　く　　庫裏 사찰의 부엌

- 冷蔵庫に入れておいたプリンを妹が食べてしまった。
  냉장고에 넣어 둔 푸딩을 여동생이 먹어 버렸다.

N2 / 小4 / 10획

이을 련

수레[車]가 굴러가듯[辶] 계속 일이 이어짐

- 음 **れん**　連続 연속　連日 연일　一連 일련
- 훈 **つらなる**　連なる 늘어서 있다
- **つらねる**　連ねる 늘어 놓다
- **つれる**　連れる 데리고 가(오)다

■ 連休なので、崖が連なっている観光地へ行った。
연휴여서 절벽이 늘어서 있는 관광지에 갔다.

N2 / 小4 / 9획

군사 군

전차[車]에 군사 물자를 가득 싣고 덮개[冖]로 덮음

- 음 **ぐん**　軍隊 군대　軍人 군인　米軍 미군

■ 一般的に軍隊は陸軍・空軍・海軍の三つに分かれる。
일반적으로 군대는 육군·공군·해군으로 나뉜다.

N1 / 小6 / 12획

휘두를 휘

장수가 손[扌]을 휘두르며 군사[軍]를 지휘함

- 음 **き**　揮発 휘발　指揮者 지휘자　発揮 발휘

■ オーケストラの指揮者は木村先生です。
오케스트라의 지휘자는 기무라 선생님입니다.

N3 / 小3 / 12획

옮길 운

작전상 군사[軍]를 기동[辶]하게 하여 병력을 옮김

- 음 **うん**　運動 운동　運命 운명　運転 운전
- 훈 **はこぶ**　運ぶ 옮기다, 운반하다, 나르다

■ 最近、『幸運は、君が運んでくる』という本を読んでいる。
최근에 『행운은 당신이 가져온다』라는 책을 읽고 있다.

N1 / 中 / 15획

빛날 휘

군사[軍]들의 무기와 갑옷이 빛남[光]

- 음 **き**　輝石 휘석(광물의 종류)　輝度 휘도
- 훈 **かがやく**　輝く 빛나다

■ この高輝度赤色新星は、宇宙で赤いルビーのように輝いている。
이 고휘도 적색 신성은 우주에서 빨간 루비처럼 반짝이고 있다.

법 범

N1 / 中 / 15획

임금이 전차[軍]와 군사를 관할하라는 병부[㔾]를 대나무[竹→⺮]에 적음

- 음 はん　　範囲 범위　　師範大学 사범 대학　　模範 모범

• テストの範囲がとても広いので、昨日は一日中勉強ばかりしていた。
시험 범위가 너무 넓어서, 어제는 하루 종일 공부만 했다.

일 사

N3 / 小3 / 8획

관리[吏]가 손[ヨ]을 부지런히 움직이며 일함

- 음 じ　　事件 사건　　火事 화재　　無事 무사
- 　 ず　　好事家 호사가
- 훈 こと　　事 일 / 것　　仕事 일, 직업, 업무

• 大きな事件の解決は、特別捜査部の仕事である。
큰 사건의 해결은 특별 수사부의 업무이다.

일 업

N3 / 小3 / 13획

북이나 종 등을 매다는 나무틀을 만드는 일. 그 틀의 모양

- 음 ぎょう　　業務 업무　　業績 업적　　授業 수업
- 　 ごう　　自業自得 자업자득
- 훈 わざ　　業 직업 / 행위 비교 技 p.529　　仕業 소행, 짓　　早業 날랜 솜씨

• これは授業をサボった生徒たちの仕業に違いない。
이것은 수업에 빠진 학생들의 소행임에 틀림없다.

칠 박

N1 / 中 / 15획

일[業]을 게을리하는 자를 손[扌]으로 침

- 음 ぼく　　撲殺 박살　　撲滅 박멸　　打撲傷 타박상　　★相撲 스모

• ゴキブリの撲滅方法を教えてください。
바퀴벌레 박멸 방법을 가르쳐 주세요.

종 복

N1 / 中 / 14획

일[業]하는 사람[亻]

- 음 ぼく　　僕 나　　公僕 공무원(낮춤말)

• 僕は高校で日本語を教えている。
나는 고등학교에서 일본어를 가르치고 있다.

N1 / 中 / 4획

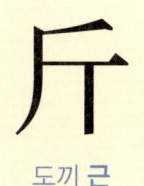
도끼 근

도끼의 모양

- [음] きん　　斤量 근량, 근수　　一斤 한 근　　何斤 몇 근

- 韓国でお肉の重さを量るとき、通常一斤は600グラムである。
  한국에서 고기의 무게를 잴 때, 통상 한 근은 600그램이다.

N1 / 中 / 8획

쪼갤 석

도끼[斤]로 나무[木]를 쪼갬

- [음] せき　　分析 분석　　解析 해석　　透析 투석

- これは新たに原因を分析しなおした資料である。
  이것은 새롭게 원인을 다시 분석한 자료이다.

N2 / 中 / 8획

빌 기 [祈]

제단[礻]에 도끼[斤]를 올려 놓고 승리를 기원함

- [음] き　　祈願 기원　　祈念 기원
- [훈] いのる　　祈る 빌다, 기원하다

- 合格祈願で有名なお寺で息子の合格を祈った。
  합격 기원으로 유명한 절에서 아들의 합격을 빌었다.

N3 / 小2 / 7획

가까울 근

먼 거리는 칼을, 가까운 거리는 도끼[斤]를 지니고 감[辶]

- [음] きん　　近所 근처　　接近 접근　　最近 최근
- [훈] ちかい　　近い 가깝다　　近道 지름길
  　　　　　　　近づく 접근하다, 가까이 가다 / 다가오다

- 最近、スマホの地図で近道を検索する人が増えた。
  최근, 스마트폰 지도로 지름길을 검색하는 사람이 늘었다.

N2 / 小5 / 11획

끊을 단 [断]

생계[米]가 도끼[斤]로 자른[乚] 듯 끊김

- [음] だん　　断定 단정　　判断 판단　　中断 중단
- [훈] たつ　　断つ 끊다　[비교] 絶つ p.199　裁つ p.437
  　　　ことわる　　断る 거절하다

- 労働組合の提案を断ったため、また作業が中断した。
  노동 조합의 제안을 거절하여 다시 작업이 중단되었다.

N3 / 小3 / 8획

바 소

도끼[斤]로 집[戶]을 지어 장소를 만듦

- 음 しょ　　場所 장소　　市役所 시청　　住所 주소
- 훈 ところ　　所 곳, 장소

■ 交通の便利な所に市役所が移転しました。
교통이 편리한 곳으로 시청이 이전하였습니다.

N1 / 中 / 6획

장인 장

재[匚]와 도끼[斤]는 목수·장인의 도구

- 음 しょう　　師匠 스승　　意匠 의장, 디자인　　巨匠 거장

■ 師匠と先生の違いは何ですか。
스승과 선생님의 차이는 무엇입니까?

N4 / 小6 / 6획

뒤/왕후 후

몸[尸]의 아래에 있는 항문[口]을 나타냄. 또는 임금 뒤에 있는 왕후

- 음 こう　　皇后 황후　　皇太后 황태후(선대의 황후)
- 훈 きさき　　后 황후

■ その映画で人気女優が皇后役を演じた。
그 영화에서 인기 여배우가 황후 역을 연기했다.

N4 / 小2 / 13획

새 신

도끼[斤]를 들고 나무[木] 앞에 서서[立] 작업을 새로이 하고자 함

- 음 しん　　新聞 신문　　新刊 신간　　革新 혁신
- 훈 あたらしい　　新しい 새롭다
- 　　あらた　　新ただ 새롭다
- 　　にい　　新妻 새댁

■ 進歩的な新聞社が新たに創立された。 진보적인 신문사가 새롭게 창립되었다.

N1 / 中 / 16획

섶 신 [薪]

새로이[新] 해 온 땔나무 위로 싹[艹]이 돋아남

- 음 しん　　薪炭 장작과 숯, 땔감
- 훈 たきぎ　　薪 장작

■ 別荘に古めかしい薪ストーブを設置した。
별장에 고풍스러운 장작 난로를 설치했다.

N1 / 中 / 5획

斥 물리칠 척

도끼[斤]의 예리한 날[丶]로 적을 물리침

- 음 **せき**　　斥候 척후, 정찰병　　排斥 배척

- 彼らは外国人や外国の文物を排斥した。
  그들은 외국인과 외국문물을 배척했다.

N1 / 中 / 12획

訴 호소할 소

억울함을 물리치기[斥] 위해 호소함[言]

- 음 **そ**　　訴訟 소송　　告訴 고소　　勝訴 승소
- 훈 **うったえる**　　訴える 고소하다 / 호소하다

- 加害者から訴えられたが、証人の助けで勝訴した。
  가해자에게 고소당했지만, 증인의 도움으로 승소했다.

N2 / 小4 / 12획

富 부유할 부

집[宀] 안에 재물이 가득[畐] 있음

- 음 **ふ**　　富強 부강　　豊富 풍부　　貧富 빈부
  　　ふう　　富貴 부귀
- 훈 **とむ**　　富む 부유하다
  　　とみ　　富 부

- 資源を効率的に開発すれば経済的に富んだ国になって、貧富の差も縮められる。
  자원을 효율적으로 개발하면 경제적으로 부유한 나라가 되어 빈부의 차도 줄일 수 있다.

N2 / 中 / 12획

幅 폭 폭

천[巾]의 너비를 가득[畐] 잰 길이

- 음 **ふく**　　増幅 증폭　　全幅 전폭　　振幅 진폭
- 훈 **はば**　　幅 폭　　歩幅 보폭　　大幅 대폭

- この電波増幅器で受信範囲を大幅に広げることができる。
  이 전파 증폭기로 수신 범위를 대폭 넓힐 수 있다.

N2 / 小3 / 13획

福 복 복

제단[ネ]에 음식을 가득[畐] 올려 복을 빎

- 음 **ふく**　　福祉 복지　　幸福 행복　　祝福 축복

- 今度の大統領は、福祉予算を大幅に増額した。
  이번 대통령은 복지 예산을 대폭 증액했다.

N2 / 小4 / 11획

버금 부

가득[畐] 찬 재물을 나눠[刂] 다음에 사용함

- 음 ふく　　副作用 부작용　副詞 부사　副産物 부산물
- 日本語の副詞は非常に難しい。
  일본어의 부사는 매우 어렵다.

N5 / 小1 / 6획

이름 명

저녁[夕]에는 어두워서 상대를 입[口]으로 부름

- 음 めい　　名誉 명예　人名 인명　有名 유명
- 　 みょう　名字 성　本名 본명　大名 다이묘(넓은 영지를 가진 무사)
- 훈 な　　　名前 이름　名札 명찰　あだ名 별명
- 人名辞典で名字と名前を探してみた。
  인명사전에서 성과 이름을 찾아봤다.

N1 / 中 / 14획

새길 명

이름[名]을 쇠[金]에 새김

- 음 めい　　感銘 감명　座右の銘 좌우명　肝に銘じる 명심하다
- 私の座右の銘は「一所懸命」です。
  제 좌우명은 '열심히'입니다.

N1 / 中 / 15획

무덤 분

흙[土]을 부풀어 오르게[賁] 쌓은 무덤

- 음 ふん　　墳墓 분묘, 묘지　古墳 고분
- 日本の古墳時代は、3世紀の中頃から7世紀までの時期である。
  일본의 고분 시대는 3세기 중반부터 7세기까지의 시기이다.

外 / 中 / 15획

분할 분

억울하게 죽은 자의 무덤[墳→賁] 앞에 서면 분한 마음[忄]이 생김

- 음 ふん　　憤慨 분개　鬱憤 울분　悲憤 비분
- 훈 いきどおる　憤る 분개하다
- ずっと憤っていた彼は、鬱憤を晴らすため、お酒を飲んだ。
  줄곧 화가 나 있던 그는 울분을 털어 내기 위해 술을 마셨다.

N1 / 中 / 15획

噴 뿜을 분

마음속의 분함[憤→賁]이 말[口]로 뿜어져 나옴

- 음: ふん — 噴水 분수, 噴火 분화, 噴出 분출
- 훈: ふく — 噴く 뿜다 [비교] 吹く p.347, 噴き出す 분출하다

- 火山の噴火口から溶岩が噴き出した。
  화산의 분화구에서 용암이 분출했다.

N2 / 小4 / 12획

焼 불사를 소 [燒]

불[火]이 높게[尭] 타는 모습

- 음: しょう — 焼却 소각, 焼酎 소주, 燃焼 연소
- 훈: やく — 焼く 굽다, 焼きそば 야키소바, 焼肉 고기구이
  やける — 焼ける 타다, 夕焼け 저녁노을

- 私にとって焼肉と焼酎は人生の同伴者である。
  나에게 있어서 고기구이와 소주는 인생의 동반자이다.

N1 / 中 / 12획

暁 새벽 효 [曉]

해[日]가 높이[尭] 올라가기 시작하는 때

- 음: ぎょう — 暁鐘 새벽종, 通暁 정통(환하게 앎)
- 훈: あかつき — 暁 새벽

- 暁鐘は暁を知らせるため鳴らした鐘である。
  효종은 새벽을 알리기 위해 울린 종이다.

N1 / 中 / 8획

奔 달릴 분

사람[大]이 여러 번[卉] 땅을 밟으며 뛰어감

- 음: ほん — 奔走 분주, 奔放 분방, 狂奔 광분

- 大学に入って、自由奔放な女性にほれてしまった。
  대학에 들어가서 자유분방한 여성에게 반해 버렸다.

N1 / 中 / 17획

環 고리 환

고리는 옥[王]을 놀란 눈[睘]처럼 둥글게 만든 것

- 음: かん — 環境 환경, 環状 환상, 고리 모양, 循環 순환

- 心臓が血液を循環させる。
  심장이 혈액을 순환시킨다.

N1 / 中 / 16획

돌아올 환

가던 길[辶]을 멈추고 놀란 눈[睘]을 하고 돌아옴

음 かん　　還元 환원　　返還 반환　　送還 송환

- 1997年 7 月 1 日に、イギリスは香港を中国に返還した。
1997년 7월 1일에, 영국은 홍콩을 중국에 반환했다.

N1 / 中 / 15획

옮길 천 [迁]

자리를 옮겨[䙴] 감[辶]

음 せん　　遷都 천도　　変遷 변천　　左遷 좌천

- 彼は左遷されて地方の営業部に転勤した。
그는 좌천되어 지방의 영업부로 전근했다.

확인 문제

1 빈칸에 알맞은 한자를 a, b 중에 고르세요.

① 招___　a. 待　b. 侍　　⑥ 分___　a. 祈　b. 析

② ___別　a. 持　b. 特　　⑦ 排___　a. 斥　b. 斥

③ ___転　a. 運　b. 連　　⑧ ___詞　a. 福　b. 副

④ 指___　a. 輝　b. 揮　　⑨ 燃___　a. 焼　b. 暁

⑤ ___滅　a. 僕　b. 撲　　⑩ 返___　a. 還　b. 遷

2 밑줄 친 부분에 해당되는 한자를 a, b, c 중에 고르세요.

① <u>つらなる</u>　　a. 軍　b. 運　c. 連

② <u>かがやく</u>　　a. 範　b. 揮　c. 輝

③ <u>いのる</u>　　　a. 祈　b. 析　c. 訴

④ <u>とむ</u>　　　　a. 幅　b. 富　c. 福

⑤ <u>いきどおる</u>　a. 墳　b. 噴　c. 憤

3 다음을 일본어 한자와 히라가나로 써 보세요.

① 교각 ➡ _____ / _____

② 범위 ➡ _____ / _____

③ 업적 ➡ _____ / _____

④ 명찰 ➡ _____ / _____

⑤ 변천 ➡ _____ / _____

학문 1

N3 / 小3 / 13획

뜻 의

마음속[心]에 담긴 소리[音]가 인간의 뜻

음 い　　　意図 의도　　意味 의미　　注意 주의

- 警察を騙った詐欺にご注意ください。
  경찰을 사칭한 사기에 주의 바랍니다.

N2 / 小4 / 15획

억 억

사람[亻]의 머리 속에는 헤아리기 어려울 정도로 많은 생각[意]이 있음

음 おく　　億兆 억조　　一億 일 억　　千億 천 억

- ハッブル望遠鏡は10億光年以内の星が観測できる。
  허블 망원경은 10억 광년 이내의 별을 관측할 수 있다.

N1 / 中 / 16획

생각할 억

마음속[忄]에 뜻[意]을 새겨 기억함

음 おく　　憶測 억측(臆測로도 씀)　　記憶 기억　　追憶 추억

- 特に記憶に残る講義はありましたか。
  특별히 기억에 남는 강의가 있었습니까?

外 / 中 / 17획

가슴 억

뜻[意]을 품고 있는 신체[月] 부위

음 おく　　臆病者 겁쟁이　　臆する 겁내다　　臆測 억측(憶測로도 씀)

- 臆病者には敵が常に大軍に見える。
  겁쟁이에게는 적이 항상 대군으로 보인다.

N1 / 小5 / 13획

옳을 의

내[我]가 양[羊]처럼 순하게 살아가는 것이 옳은 이치임

음 ぎ　　義務 의무　　主義 주의　　正義 정의

- 全ての国民は子供に教育を受けさせる義務がある。
  모든 국민은 아이에게 교육을 받게 할 의무가 있다.

儀
거동 의 — N1 / 中 / 15획

사람[イ]이 옳은[義] 태도로 행하는 것

- 음: ぎ
  - 儀式 의식
  - 葬儀 장의
  - 地球儀 지구의, 지구본
- 高齢化とともに葬儀業界も変化していく。
  고령화와 함께 장의업계도 변화해 간다.

犠
희생 희 [犧] — N1 / 中 / 17획

소[牛]는 자신을 희생하여 노동과 고기로써 의[義]를 행함

- 음: ぎ
  - 犠牲 희생
- 9回裏に犠牲フライで得点して勝ちました。
  9회말 희생 플라이로 득점해서 이겼습니다.

議
의논할 의 — N2 / 小4 / 20획

옳은[義] 결정을 위해 사람들이 모여 말함[言]

- 음: ぎ
  - 議員 의원
  - 会議 회의
  - 協議 협의
- 国会議員たちが会議場に集まって、案件について議論している。
  국회 의원들이 회의장에 모여, 안건에 대해 의논하고 있다.

正
바를 정 — N3 / 小1 / 5획

경계[一]를 넘지 않고 멈춤[止]

- 음: しょう
  - 正面 정면
  - 正直 정직
  - 正体 정체
- 음: せい
  - 正式 정식
  - 不正 부정
  - 公正 공정
- 훈: ただしい
  - 正しい 바르다, 정당하다
- ただす
  - 正す 바로잡다
- まさ
  - 正に 틀림없이 / 정말로
- 生徒の正しい倫理観を確立させるため、校訓を「正直・公正・誠実」に決めた。
  학생들의 올바른 윤리관 확립을 위해 교훈을 '정직·공정·성실'로 정했다.

征
칠 정 — N1 / 中 / 8획

바른[正] 뜻을 세우고자 가서[彳] 적을 침

- 음: せい
  - 征伐 정벌
  - 征服 정복
  - 遠征 원정
- 五輪代表が遠征試合で地滑り的勝利を収めた。
  올림픽 대표가 원정 시합에서 압도적인 승리를 거두었다.

N1 / 小5 / 12획

증거 증 [證]

진실을 바로잡는데[正] 필요한 말[言]

- 음 しょう　　証拠 증거　　証明 증명　　免許証 면허증

- 現場には何の証拠も残っていない。
  현장에는 어떤 증거도 남아 있지 않다.

N1 / 中 / 10획

증세 증

멀쩡한[正] 사람이 병[疒]을 뒤집어 쓴 모습

- 음 しょう　　症状 증상　　症候群 증후군　　炎症 염증

- 症候群の英語翻訳はシンドロームである。
  증후군의 영어 번역은 신드롬이다.

N2 / 小5 / 8획

호반 무

무기[弋]로 정의[正]를 실천함

- 음 ぶ　　武士 무사　　武器 무기　　武力 무력
- 　む　　武者 무사

- 涙は女の武器である。
  눈물은 여자의 무기이다.

N1 / 中 / 6획

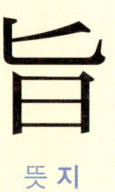

뜻 지

자신의 뜻은 비수[匕]처럼 확실하게 전하여 말함[曰]

- 음 し　　趣旨 취지　　要旨 요지　　論旨 논지
- 훈 むね　　旨 뜻

- 合併に反対する旨を伝えたのが、会長の話の要旨であった。
  합병에 반대하는 뜻을 전달했다는 게 회장님 말씀의 요지였다.

N2 / 小3 / 9획

가리킬 지

손[扌]으로 뜻[旨]을 전하기 위해 가리킴

- 음 し　　指示 지시　　指名 지명　　指導 지도
- 훈 ゆび　　指 손가락　　指輪 반지　　指先 손가락 끝
- 　さす　　指す 가리키다 / 향하다　비교 挿す p.88　刺す p.484　差す p.530

- 指示するというニュアンスがあるので、人に指を指す行為は失礼にあたる。
  지시한다는 뉘앙스가 있기 때문에 사람에게 손가락으로 가리키는 행위는 실례가 된다.

N2 / 中 / 10획

기름 지

지방은 몸[月]안에서 뜻[旨]을 이루는데(신진대사) 필요한 필수 요소

- 음 し　　脂肪 지방　　牛脂 우지(소의 기름)　　油脂 유지
- 훈 あぶら　脂 기름　[비교] 油 p.517

■ カモの脂は体の中で脂肪にならないので、ダイエットにいい。
오리의 기름은 몸 속에서 지방이 되지 않으므로 다이어트에 좋다.

外 / 中 / 13획

이를 예

말[言]로써 뜻[旨]을 이룸

- 음 けい　　参詣 참배　　造詣 조예
- 훈 もうでる　詣でる 참배하다　初詣 새해 첫 참배

■ 新年になって初めて神社やお寺に参詣することを、初詣と言う。
새해가 되어 처음으로 신사나 절에 참배하는 것을 하츠모우데라고 한다.

N3 / 小3 / 10획

참 진 [眞]

곧음[直→真]을 받드는[六] 것이 참된 것

- 음 しん　真実 진실　真理 진리　写真 사진
- 훈 ま　　真面目だ 착실하다　真夏 한여름　真っ赤 진한 빨강

■ 証明写真は真面目な表情で撮った方がいい。
증명 사진은 착실한 표정으로 찍는 편이 좋다.

N1 / 中 / 13획

삼갈 신 [愼]

마음속[忄]에 진심[真]을 담아 행동하며 삼감

- 음 しん　　慎重 신중　　謹慎 근신
- 훈 つつしむ　慎む 삼가다　[비교] 謹む p.356

■ 昔の刑罰のひとつだった「慎み」が、謹慎の元になっている。
옛날 형벌이었던 '츠츠시미'가 근신의 기원이 된다.

外 / 中 / 13획

메울 전

흙[土]이 진리[眞]이니 좋은 흙으로 메움

- 음 てん　補填 보전　充填 충전　装填 장전

■ LPガス充填所の前にタクシーが並んでいる。
LP가스 충전소 앞에 택시가 늘어서 있다.

鎮

N1 / 中 / 18획

진압할 진 [鎮]

쇠[金]로 진정시켜 참되게[真] 만듦

- 음 ちん　　鎮圧 진압　　鎮痛剤 진통제　　鎮火 진화
- 훈 しずめる　鎮める 가라앉히다 [비교] 沈める p.342　静める p.439
  しずまる　鎮まる 가라앉다 [비교] 静まる p.439

▪ この鎮痛剤は痛みをすぐ鎮めることができます。
　이 진통제는 진통을 금방 가라앉힙니다.

直

N2 / 小2 / 8획

곧을 직

여러 개[十]의 눈[目]으로 숨은 것[ㄴ]을 바르고 곧게 봄

- 음 ちょく　直通 직통　　直接 직접　　率直 솔직
  じき　　直訴 직접 상소함　　正直 정직
- 훈 ただちに　直ちに 곧바로
  なおす　　直す 고치다 [비교] 治す p.113
  なおる　　直る 고쳐지다 [비교] 治る p.113　仲直り 화해

▪ どうやったら、直接入力モードをローマ字入力モードに直せますか。
　어떻게 하면 직접 입력 모드를 로마자 입력 모드로 고칠 수 있나요?

値

N2 / 小6 / 10획

값 치

사람[イ]이 정직[直]하게 매긴 값

- 음 ち　　価値 가치　　数値 수치　　絶対値 절대치
- 훈 ね　　値段 가격　　値上げ 가격 인상
  あたい　値 가치 [비교] 価 p.152

▪ インフレの時期は、物の値段が上がるのでお金の価値は下がる。
　인플레이션일 때는 물건의 값이 오르기 때문에 돈의 가치는 떨어진다.

植

N2 / 小3 / 12획

심을 식

나무[木]를 하늘을 향해 곧게[直] 심음

- 음 しょく　植物 식물　　植民地 식민지　　移植 이식
- 훈 うえる　植える 심다　　植木 정원수
  うわる　植わる 심어지다

▪ この本には、庭に植えてはいけない植物が紹介されている。
　이 책에는 정원에 심어서는 안 되는 식물이 소개되어 있다.

置 둘 치
N2 / 小4 / 13획

그물[罒]이 엉키지 않게 곧게[直] 널어 둠

- 음 ち　　位置 위치　配置 배치　放置 방치
- 훈 おく　　置く 두다　物置 헛간

■ 物置をどのように配置すればいいのか分かりません。
헛간을 어떻게 배치하면 좋을지 잘 모르겠습니다.

殖 불릴 식
外 / 中 / 12획

죽음[歹]은 곧[直] 새로운 생명이 불어남을 의미함

- 음 しょく　　繁殖 번식　増殖 증식　生殖 생식
- 훈 ふえる　　殖える 늘다　[비교] 増える p.309
- 　 ふやす　　殖やす 늘리다　[비교] 増やす p.309

■ 無性生殖は、受精をしないで個体を殖やす方法である。
무성 생식은 수정을 하지 않고 개체를 늘리는 방법입니다.

章 글 장
N2 / 小3 / 11획

음악[音]의 한 묶음[十]인 악장. 후에 문장이 됨

- 음 しょう　　文章 문장　勲章 훈장　楽章 악장

■ 読み手の興味を引く文章が、いい文章である。
독자의 흥미를 끄는 문장이 좋은 문장이다.

障 막을 장
N1 / 小6 / 14획

글[章]의 단락처럼 솟아 있는 언덕[阝]이 평지를 막고 있음

- 음 しょう　　障害 장애　障子 (일본식 가옥의) 미닫이　故障 고장
- 훈 さわる　　障る 막다　[비교] 触る p.235
- 　　　　　　目障り 눈에 거슬림　差し障り 지장

■ 故障して道路に放置されている自転車は目障りだ。
고장나서 도로에 방치되어 있는 자전거는 눈에 거슬린다.

彰 드러날 창
N1 / 中 / 14획

문장[章]이 수려[彡]하여 드러남

- 음 しょう　　表彰 표창　顕彰 현창, 표창(공적을 밝히어 알림)

■ 彼は長官から表彰を受けたので、間違いなく昇進できるだろう。
그는 장관으로부터 표창을 받았기 때문에 틀림없이 승진할 수 있겠지.

N3 / 小1 / 4획

글월 **문**

죄인의 몸에 새긴 죄명을 나타냄. 후에 문장이 됨

- 음 **ぶん** 文化 문화　文学 문학　作文 작문
- **もん** 文句 문구/불평　天文学 천문학
- ★文字 문자(もんじ라고도 읽음)
- 훈 **ふみ** 文 글　恋文 연애편지

■ 普通の手紙や恋文が古典文学の素材となっている場合が多い。
보통 편지나 연애편지가 고전 문학의 소재가 되고 있는 경우가 많다.

N1 / 中 / 10획

무늬 **문**

실[糸]로 짜여진 직물에 문장[文]처럼 새겨진 무늬

- 음 **もん** 指紋 지문　波紋 파문

■ 警察が事件現場で指紋を採取した。
경찰이 사건 현장에서 지문을 채취했다.

N1 / 小5 / 5획

글귀 **구**

말[口]을 모아[勹] 놓은 글귀

- 음 **く** 俳句 하이쿠　節句 절구　文句 문구/불평

■ 彼氏はよく時間がないと文句をいう。
남자 친구는 자주 시간이 없다고 불평을 한다.

N1 / 中 / 8획

잡을 **구**

글[句]을 못 쓰게 손[扌]으로 잡음

- 음 **こう** 拘束 구속　拘留 구류　拘置 구치

■ 彼女は取調べが終わるまで警察署に拘置されていた。
그녀는 취조가 끝날 때까지 경찰서에 구치되어 있었다.

N1 / 中 / 15획

망아지 **구**

말[馬]이 고삐에 묶인[拘→句] 모습

- 훈 **こま** 駒 망아지/장기의 말　持ち駒 장기의 잡은 말

■ 持ち駒はいつでも自分のものに使える。
잡은 말은 언제든지 자신의 것으로 사용할 수 있다.

外 / 中 / 4획
굽을 구

몸[厶]을 구부려 싸고[勹] 있는 모양

- 음 こう　　勾配 구배, 경사도
- 急勾配の坂を自転車で息を切らせながら登った。
  경사진 언덕을 자전거로 숨을 헐떡이며 올랐다.

外 / 中 / 4획
향내 내

막힌 곳[勹]에서는 냄새가 코에 비수[匕]처럼 꽂힘

- 훈 におう　　匂う 냄새를 맡다　비교 臭う p.294
  　　　　　　匂い 냄새　비교 臭い p.294
- おいしい味のほとんどは匂いで決まる。
  맛있는 맛의 대부분은 냄새로 결정된다.

N1 / 中 / 6획
열흘 순

한 묶음으로 싸서[勹] 계산한 날[日]의 단위

- 음 じゅん　　下旬 하순　初旬 초순　中旬 중순
  　　しゅん　　旬 적기　旬の果物 제철 과일
- 今年は11月下旬に初雪が降るそうだ。
  올해는 11월 하순경에 첫눈이 온다고 한다.

N1 / 中 / 10획
따라 죽을 순

고대 중국에서 주인이 죽으면[死→歹] 노비가 열흘[旬] 안에 따라 죽음

- 음 じゅん　　殉職 순직　殉教 순교
- 警察官が殉職し、同僚が泣いていた。
  경찰관이 순직하여 동료가 울고 있었다.

N2 / 小6 / 5획
책 책

대나무 조각을 끈으로 연결한 모양

- 음 さつ　　一冊 한 권　何冊 몇 권　別冊 별책
  　　さく　　短冊 글씨를 쓰는 조붓한 종이

- 別冊には例文と用例が収録されています。
  별책에는 예문과 용례가 수록되어 있습니다.

外 / 中 / 9획

울타리 책

나무[木]로 책[冊]을 엮듯이 울타리를 침

[음] さく　　柵 울타리　　木柵 나무 울타리　　鉄柵 철책

- 私有地に人が入り込まないよう、柵を巡らした。
  사유지에 다른 사람이 들어오지 못하게 울타리를 쳤다.

N2 / 小5 / 11획

꾸짖을 책

돈[貝]을 만들어[生→龶] 내라고 빚쟁이가 꾸짖음

[음] せき　　責任 책임　　責務 책무　　職責 직책
[훈] せめる　　責める 꾸짖다　비교 攻める p.78

- 責任者は事故が起こったとき人々から責められるためにいるのですか。
  책임자는 사고가 나면 사람들로부터 비난받기 위해 있는 것입니까?

N1 / 中 / 13획

빚 채

빚쟁이[亻]가 독촉[責]하고 있는 모습

[음] さい　　債権 채권　　公債 공채　　負債 부채

- 不況のせいで、家計負債がどんどん増えている。
  불황 탓에 가계 부채가 점점 늘고 있다.

N1 / 中 / 14획

담글 지

채소를 소금물[氵]에 잘 절이는 것이 아녀자의 책임[責]

[훈] つける　　漬ける (절임류를) 담그다　　漬物 절임
　　つかる　　漬かる 절임이 맛이 들다

- 韓国を代表する漬物はキムチである。
  한국을 대표하는 절임은 김치이다.

N2 / 小4 / 16획

쌓을 적

벼[禾]를 쌓는 것은 농부의 책임[責]

[음] せき　　積雪 적설　　面積 면적　　蓄積 축적
[훈] つむ　　積む 쌓다　　下積み 다른 짐 밑의 짐 / 남 밑의 사람 / 밑바닥
　　つもる　　積もる 쌓이다　　見積もり 견적

- 普段より湿気の多い雪が積もると、屋根の積雪荷重が増加する。
  보통보다 습기가 많은 눈이 쌓이면 지붕의 적설 하중이 증가한다.

N2 / 小5 / 17획

길쌈할 **적**

실[糸]을 겹쳐 짜는 것은 여종의 책임[責]

- 음 **せき**　　成**績** 성적　　業**績** 업적　　紡**績** 방적

- 大手企業では記録的な業績があったが、景気回復の可能性は不透明だ。
  대기업에서는 기록적인 업적이 있었지만, 경기 회복의 가능성은 불투명하다.

N2 / 小6 / 8획

문서 **권** [券]

양손[关]으로 문서를 잡고 가운데를 칼[刀]로 잘라 보관함

- 음 **けん**　　乗車**券** 승차권　　定期**券** 정기권　　債**券** 채권

- 通学定期券の方が、通勤定期券より安い。
  통학 정기권이 통근 정기권보다 싸다.

外 / 中 / 10획

주먹 **권** [拳]

양손[关]으로 상대의 주먹[手]을 막고 있는 모습

- 음 **けん**　　**拳**銃 권총　　**拳**法 권법　　じゃん**拳** 가위바위보
- 훈 **こぶし**　　**拳** 주먹

- 縦拳は拳を縦にした状態で攻撃する拳法技術の一つである。
  다테켄은 주먹을 세로로 한 상태에서 공격하는 권법 기술의 하나이다.

N2 / 小6 / 9획

책 **권** [卷]

양손[关]으로 말려진[己] 책을 잡은 모습

- 음 **かん**　　**巻**頭 권두　　一**巻** 한 권 / 제1권　　圧**巻** 압권
- 훈 **まく**　　**巻**く 말다, 감다　　手**巻**き 손으로 말기 / 시계 태엽을 감음
- **まき**　　**巻** 두루마리

- 巻頭の写真に手巻き寿司の巻き方が紹介されている。
  권두의 사진에 데마키스시 마는 법이 소개되어 있다.

N1 / 中 / 12획

우리 **권** [圈]

책[巻]이 서가[口] 안에 있는 모습

- 음 **けん**　　**圏**外 권외　　首都**圏** 수도권　　成層**圏** 성층권

- 図書館内は携帯が圏外となり、通話ができません。
  도서관 내는 핸드폰이 권외가 되어 통화가 불가능합니다.

N2 / 小5 / 14획

지낼 력 [歷]

언덕[厂] 밑의 숲[林]이 세월의 흐름 속에서 자취[止]를 바꾸어 감

음 れき　　歴史 역사　　履歴 이력　　経歴 경력

- 履歴書をメールで送った。
  이력서를 메일로 보냈다.

N1 / 中 / 14획

책력 력 [曆]

언덕[厂] 밑의 숲[林]이 해[日]의 움직임에 의해 변화함

음 れき　　暦法 역법　　陰暦 음력　　陽暦 양력
훈 こよみ　暦 달력

- 日本の暦は新暦で記載されている。
  일본의 달력은 신력으로 기재되어 있다.

N2 / 小6 / 9획

법칙 률

인륜의 길[彳]을 붓[聿]으로 기록한 것

음 りつ　　規律 규율　　自律 자율　　法律 법률
　　りち　　律儀 의리가 두터움 / 착실함

- 彼は、どう考えてもおかしい規律を律儀に守っていた。
  그는 아무리 생각해도 이상한 규율을 착실히 지키고 있었다.

N1 / 中 / 9획

나루 진

마치 붓[聿]으로 그린 듯한 물결[氵]을 볼 수 있는 곳

음 しん　　興味津々 흥미진진
훈 つ　　　津波 해일　　津々浦々 방방곡곡

- 子供たちは、津波が起こる原因を解説しているDVDを、興味津々な表情で見ていた。
  아이들은 해일이 일어나는 원인을 해설하고 있는 DVD를 흥미진진한 표정으로 보고 있었다.

N2 / 小3 / 12획

붓 필

대나무[竹→⺮]로 만든 붓[聿]

음 ひつ　　筆順 필순　　筆記 필기　　鉛筆 연필
훈 ふで　　筆 붓　　筆箱 필통

- 筆箱に鉛筆と消しゴムを入れておいた。
  필통에 연필과 지우개를 넣어 두었다.

N5 / 小2 / 10획

글 서

붓[聿]으로 스승이나 성현의 말씀[曰]을 적은 것

[음] しょ　　　書面 서면　　図書館 도서관　　読書 독서
[훈] かく　　　書く 쓰다 비교 描く p.104

- 図書館の会員登録をする際は、ご住所とお名前をお書きください。
  도서관 회원 등록을 할 때는 주소와 이름을 써 주세요.

확인 문제

1 빈칸에 알맞은 한자를 a, b 중에 고르세요.

① 記___　a. 憶　b. 億　　　⑤ 成___　a. 積　b. 績

② ___式　a. 義　b. 儀　　　⑥ 債___　a. 券　b. 拳

③ ___段　a. 値　b. 直　　　⑦ 履___　a. 暦　b. 歴

④ 表___　a. 彰　b. 障　　　⑧ 法___　a. 律　b. 津

2 밑줄 친 부분에 해당되는 한자를 a, b, c 중에 고르세요.

① もうでる　　　a. 指　b. 詣　c. 脂

② しずまる　　　a. 慎　b. 鎮　c. 填

③ せめる　　　　a. 債　b. 責　c. 漬

3 다음을 일본어 한자와 히라가나로 써 보세요.

① 증거 ➡ _____ / _____

② 파문 ➡ _____ / _____

③ 구속 ➡ _____ / _____

학문 2

N1 / 中 / 12획

항목 **항**

머리[頁] 아래 工 모양의 목덜미. 나중에 항목을 의미함

- 음 **こう**　　項目 항목　　事項 사항　　条項 조항

■ 書類に書かれた注意事項をお確かめ下さい。
　서류에 써 있는 주의 사항을 확인해 주세요.

N1 / 中 / 13획

번거로울 **번**

생각이 번거로이 많아져 머릿속[頁]에 불[火]이 남

- 음 **はん**　　煩雑 번잡　　煩悶 번민　　煩瑣 번쇄(너무 잘고 번거로움)
- 　　**ぼん**　　煩悩 번뇌
- 훈 **わずらう**　　煩う 고민하다　[비교] 患う p.282
- 　　**わずらわす**　　煩わす 괴롭히다 / 수고를 끼치다
- 　　**わずらわしい**　　煩わしい 번거롭다

■ 煩雑な手続きが簡素化され、これからは何も煩うことがない。
　번잡한 수속이 간소화되어 앞으로는 아무 걱정할 것이 없다.

外 / 中 / 18획

턱 **악**

머리[頁]에서 광대뼈[口口] 밑에 입을 받치고 있는 부분[亏]

- 음 **がく**　　上顎 위턱
- 훈 **あご**　　顎 턱　　顎ひげ 턱수염

■ あそこの顎ひげをはやした男性が岡山先生です。
　저기 턱수염을 기른 남성이 오카야마 선생입니다.

N1 / 小5 / 8획

값 **가** [價]

사람[亻]이 덮어[襾] 둔 물건을 사기 위해 치르는 돈

- 음 **か**　　価値 가치　　価格 가격　　評価 평가
- 훈 **あたい**　　価 값 / 가치　[비교] 値 p.144

■ この式の価を求めることにどれほどの価値があるのだろうか。
　이 식의 값을 구하는 일에 얼마의 가치가 있는 것일까?

N2 / 小4 / 9획

요긴할 요

여자[女]가 허리를 잡고 있는 모습. 허리의 뜻에서 중요함을 의미함

- 음: よう　要求 요구　重要 중요　必要 필요
- 훈: いる　要る 필요하다　[비교] 入る p.49

- 最も重要なことは、成功に才能は要らないということだ。
  가장 중요한 것은 성공에 재능은 필요없다는 점이다.

N2 / 中 / 13획

허리 요

몸[月]에서 중요한[要] 곳은 허리

- 음: よう　腰痛 요통　腰椎 요추
- 훈: こし　腰 허리　物腰 말씨, 언행　腰だめ 어림짐작으로 일 처리 함

- 腰椎分離症は、運動時だけ腰が痛む場合もある。
  요추분리증은 운동 시에만 허리가 아픈 경우도 있다.

N1 / 中 / 15획

화폐 폐 [幣]

천[巾]을 찢어[㪻] 돈으로 사용함

- 음: へい　紙幣 지폐　貨幣 화폐

- イギリスの紙幣はプラスチックで作っているそうです。
  영국의 지폐는 플라스틱으로 만든다고 합니다.

N1 / 中 / 15획

폐단 폐 [弊]

찢어진[㪻] 옷을 깁지 않고 양손[廾]으로 가리고 다님

- 음: へい　弊害 폐해　弊社 저희 회사　語弊 어폐

- スマホによって生活の便利性が向上した反面、様々な弊害も出ている。
  스마트폰으로 인해 생활의 편리성이 향상된 반면, 다양한 폐해도 나오고 있다.

外 / 中 / 15획

덮을 폐 [蔽]

찢어진[敝] 옷을 풀더미[艹]로 가림

- 음: へい　隠蔽 은폐　遮蔽 차폐(가리고 덮음)

- 政府が事実を隠蔽しようとしている。
  정부가 사실을 은폐하려고 한다.

一 한 일
N5 / 小1 / 1획

선을 그어 1을 표기함

- 음 いち
  - 一度(いちど) 한번
  - 一番(いちばん) 첫째 / 가장
  - 第一(だいいち) 제일
  - いつ
  - 一般(いっぱん) 일반
  - 統一(とういつ) 통일
  - 同一(どういつ) 동일
- 훈 ひと
  - 一息(ひといき) 한숨
  - 一筋(ひとすじ) 한결같음
  - ★一人(ひとり) 한 사람
  - 一日(ついたち) 초하루
  - ひとつ
  - 一つ(ひと) 하나

■ 一度(いちど)は一人(ひとり)で海外旅行(かいがいりょこう)に行(い)きたい。
한번은 혼자서 해외여행을 가고 싶다.

二 두 이
N5 / 小1 / 2획

선을 두 개 그어 2를 표기함

- 음 に
  - 二回(にかい) 2회
  - 二番目(にばんめ) 두 번째
  - 二年(にねん) 2년
- 훈 ふた
  - 二重(ふたえ)まぶた 쌍꺼풀
  - ★二十歳(はたち) 스무 살
  - 二十日(はつか) 20일
  - 二人(ふたり) 두 사람
  - 二日(ふつか) 이틀
  - ふたつ
  - 二つ(ふた) 둘

■ 陽子(ようこ)ちゃんはあと二日(ふつか)で二十歳(はたち)になる。
요코는 이틀 뒤면 스무 살이 된다.

三 석 삼
N5 / 小1 / 3획

선을 세 개 그어 3을 표기함

- 음 さん
  - 三角(さんかく) 삼각
  - 三流(さんりゅう) 삼류
  - 三人(さんにん) 세 명
  - ★三味線(しゃみせん) 샤미센(일본의 전통 악기)
- 훈 み
  - 三(み) 셋
  - みつ
  - 三つ指(みつゆび) 공손히 절함
  - みっつ
  - 三つ(みっ) 셋
  - 三日(みっか) 사흘

■ 陣痛(じんつう)が始(はじ)まって三日目(みっかめ)に三男(さんなん)が生(う)まれた。
진통이 시작되고 사흘째에 셋째 아들이 태어났다.

仁 어질 인
N1 / 小6 / 4획

사람[イ]은 이기적이지만 모이면[二] 남을 생각해야 함

- 음 じん
  - 仁義(じんぎ) 인의(인류)
  - 仁術(じんじゅつ) 인술
  - 仁徳(じんとく) 인덕
- 훈 に
  - 仁王(におう) 인왕(사찰 정문 좌우에 있는 신)

■ 医療(いりょう)は仁徳(じんとく)を施(ほどこ)す心(こころ)で行(おこな)わなければならない。
의료는 인덕을 베푸는 마음으로 행하지 않으면 안 된다.

N1 / 中 / 7획

한 일 [壹]

一의 갖은자

- 음 いち　　壱 일
- 一万円札の表に「壱万円」と書かれている。
  일만 엔 지폐의 앞면에 '일만 엔'이라고 쓰여 있다.

N1 / 中 / 6획

두 이 [貳]

二의 갖은자

- 음 に　　弐 이
- 二千円札の表に「弐千円」と書かれている。
  이천 엔 지폐의 앞면에 '이천 엔'이라고 쓰여 있다.

N4 / 小1 / 4획

다섯 오

다섯을 X로 표기하다가 五에 이름

- 음 ご　　五人 다섯 명　五時 다섯 시　五月 5월
- 훈 いつ　　五日 닷새
  いつつ　　五つ 다섯
- 五月五日はこどもの日である。
  5월 5일은 어린이날이다.

N4 / 小2 / 14획

말씀 어

나[吾]의 생각을 말[言]로 전함

- 음 ご　　語彙 어휘　英語 영어　言語 언어
- 훈 かたる　　語る 말하다　物語 소설
  かたらう　　語らう 이야기를 주고받다
- 英語圏の読者のため、「源氏物語」が英訳された。
  영어권의 독자들을 위해 '겐지모노가타리'가 영어로 번역되었다.

N1 / 中 / 10획

깨달을 오

내[吾]가 마음속[忄]에서 알게 된 이치

- 음 ご　　悟性 오성, 지성　覚悟 각오
- 훈 さとる　　悟る 깨닫다, 눈치채다 / 득도하다
- 受験に失敗し、自分は覚悟が足りなかったことを悟った。
  수험에 실패하고 나 자신은 각오가 부족했다는 것을 깨달았다.

N5 / 小1 / 5획

넉 사

본디 획을 네 번 그어서 쓰다가 三과 혼동이 되어 四라고 씀

- 음 し
- 훈 よ
  よん
  よっ
  よっつ

四月(しがつ) 4월　　四季(しき) 사계　　四角(しかく) 사각
四人(よにん) 네 명　　四年(よねん) 4년　　四時(よじ) 네 시
四枚(よんまい) 네 장　　四回(よんかい) 4회　　四階(よんかい) 4층
四日(よっか) 나흘
四つ(よっ) 넷

■ 今年(ことし)は四月四日(しがつよっか)から新学期(しんがっき)が始(はじ)まります。 올해는 4월 4일부터 신학기가 시작됩니다.

N2 / 中 / 4획

짝 필

상자[匚]에 담은 두 필[八]의 옷감이 서로 짝임

- 음 ひつ
- 훈 ひき

匹敵(ひってき) 필적
一匹(いっぴき) 한 마리　　二匹(にひき) 두 마리　　何匹(なんびき) 몇 마리

■ アシェラ猫(ねこ)一匹(いっぴき)の値段(ねだん)は車(くるま)一台(いちだい)に匹敵(ひってき)する。
아세라 고양이 한 마리의 가격은 자동차 한 대와 맞먹는다.

N5 / 小1 / 4획

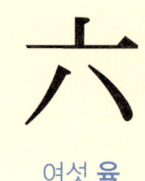

여섯 육

세 손가락씩 양손을 편 모습

- 음 ろく
- 훈 むつ
  むい
  むっつ

六人(ろくにん) 여섯 명　　六月(ろくがつ) 6월　　六本(ろっぽん) 여섯 자루
六つ切(むぎ)り 전체를 6등분하여 자르는 것
六日(むいか) 엿새
六つ(むっ) 여섯

■ 韓国(かんこく)では、六月六日(ろくがつむいか)は国(くに)のために命(いのち)を捧(ささ)げた人々(ひとびと)を弔(とむら)う日(ひ)である。
한국에서는 6월 6일은 나라를 위해 목숨을 바친 사람들을 추도하는 날이다.

N4 / 小1 / 3획

큰 대

온몸을 크게 벌린 모습

- 음 だい
  たい
- 훈 おお
  おおいに
  おおきい

大学(だいがく) 대학　　大丈夫(だいじょうぶ)だ 괜찮다　　大事(だいじ)だ 중요하다 / 소중하다
大会(たいかい) 대회　　大衆(たいしゅう) 대중　　大切(たいせつ)だ 중요하다 / 소중하다
大雨(おおあめ) 큰비　　大手企業(おおてきぎょう) 대기업　　★大人(おとな) 성인　　大和(やまと) 야마토
大(おお)いに 대단히
大(おお)きい 크다

■ 大手企業(おおてきぎょう)の中には大学(だいがく)での成績(せいせき)を重視(じゅうし)する企業(きぎょう)もあるそうだ。
대기업 중에는 대학 성적을 중시하는 기업도 있다고 한다.

N3 / 小2 / 4획

클 태

점[丶]을 찍어 대[大]보다 더 크다는 것을 의미함

- 음 たい　太陽 태양　太古 태고　太子 태자
- 　　 た　　丸太 통나무　★太刀 허리에 차는 칼
- 훈 ふとい　太い 굵다
- 　　 ふとる　太る 살찌다 / 재산이 늘다

- 太陽は植物を育み、植物は動物を太らせる。
  태양은 식물을 살찌우고, 식물은 동물을 살찌운다.

外 / 中 / 7획

일 태

물[氵]결을 크게[太] 일게 하여 걸러냄

- 음 た　　無沙汰 무소식　淘汰 도태

- ご無沙汰して申し訳ございません。
  오랫동안 연락드리지 못해 죄송합니다.

N1 / 中 / 14획

실을 태

큰[太] 짐을 말[馬]에 실음

- 음 だ　　駄菓子 막과자　駄作 졸작　無駄 쓸데없음
- 　　　　★下駄 게다, (왜)나막신

- 税金の無駄遣いが多いと言われている。
  세금 낭비가 많다고 한다.

N4 / 小1 / 2획

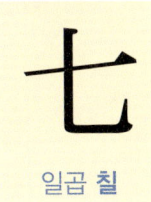

일곱 칠

한 손[一]은 다섯 손가락을 편 손날, 다른 한 손은 두 손가락[乚]을 핌

- 음 しち　七五三 시치고산(어린이의 성장을 축하하는 행사)
- 　　　　七時 일곱 시　七月 7월
- 훈 なな　七 일곱
- 　　 ななつ　七つ 일곱
- 　　 なの　七日 이레
- 　　　　★七夕 칠석

- 七月七日は七夕である。
  7월 7일은 칠석이다.

N3 / 小2 / 4획

切 끊을 절 / 모두 체

여러 방향[七]으로 칼[刀]로 끊음

- 음 せつ　　切断 절단　切実 절실　親切 친절
　　 さい　　一切 모두
- 훈 きる　　切る 끊다　[비교] 斬る p.451　切符 표
　　 きれる　切れる 끊기다

- 駅員が親切に切符を渡してくれた。
  역무원이 친절하게 표를 건네 주었다.

N5 / 小1 / 2획

九 아홉 구

열 개[十]에서 하나 모자라니 구부려 놓음

- 음 きゅう　九人 아홉 명　九階 9층　九百 구백
　　 く　　　九時 아홉 시　九月 9월　九分九厘 99%, 거의
- 훈 ここの　九日 아흐레
　　 ここのつ　九つ 아홉

- 九月九日にいよいよヨーロッパへ旅行に行くことになった。
  9월 9일, 드디어 유럽 여행을 가게 되었다.

N4 / 小2 / 3획

丸 둥글 환

몸을 둥글게 말은 모습

- 음 がん　　丸薬 환약　弾丸 탄환　砲丸 포환, 포탄
- 훈 まる　　丸 원　丸ごと 통째로　丸太 통나무
　　 まるい　丸い 둥글다 / 원만하다　[비교] 円い p.251
　　 まるめる　丸める 둥글게 하다 / 삭발하다

- もともと弾丸は丸かったが、貫通力を高めるため先を尖らせた。
  원래 탄환은 둥글었지만, 관통력을 높이기 위해 끝을 뾰족하게 했다.

N1 / 中 / 9획

軌 바퀴 자국 궤

수레[車]가 여러[九] 방향으로 다니며 낸 자국

- 음 き　　軌道 궤도　軌跡 궤적

- 新規事業が軌道に乗り始めた。
  신규 사업이 궤도에 오르기 시작했다.

N4 / 小1 / 2획

열 십

양손의 손날을 교차한 모습

음 じゅう　十人 열 명　十月 10월　十分 충분함
　 じっ　　十回 열 번(じゅっかい라고도 읽음)
　　　　　十分 10분(じゅっぷん이라고도 읽음)
훈 と　　　十 열　★二十歳 스무 살　二十日 스무 날
　 とお　　十 열　十日 열흘

- 十月十日は開校記念日なので学校は休みです。
  10월 10일은 개교기념일이라 학교에 가지 않습니다.

N5 / 小1 / 3획

일천 천

사람[亻]이 헤아릴 수 없이 많이 일렬[一]로 늘어섬

음 せん　千円 천 엔　千年 천 년　千差万別 천차만별
훈 ち　　千切る 잘게 찢다　千葉 치바　千代 영원

- ここから千葉までの電車賃は千円ぐらいだ。
  여기에서 치바까지의 전철 요금은 천 엔 정도이다.

N3 / 小2 / 9획

셀 계

말[言]로 열[十]을 셈

음 けい　計画 계획　合計 합계　体重計 체중계
훈 はかる　計る 헤아리다 / 의논하다
　　　　　비교 測るp.107 図るp.162 諮るp.350 謀るp.360 量るp.396
　 はからう　計らう 봐주다 / 상의하다

- 体重計のサイズを正確に計ってください。
  체중계 크기를 정확히 재 주세요.

N2 / 小6 / 10획

바늘 침

쇠[金]로 뾰족하게[十] 만든 것

음 しん　方針 방침　針葉樹 침엽수
훈 はり　針 침

- 固い物も楽に通る針を作るのが当社の方針です。
  딱딱한 물건도 쉽게 뚫는 바늘을 만드는 것이 당사의 방침입니다.

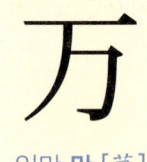

일만 만 [萬] N5 / 小2 / 3획

개구리밥(부평초)의 모양을 본떠 엄청 많은 수를 나타냄

- 음 **まん**　　万が一 만일　　万年筆 만년필　　一万円 만 엔
- 　**ばん**　　万歳 만세　　万全 만전　　万国 만국

■ 今回の運動会では万国旗の購入に一万円かかった。
이번 운동회에서는 만국기 구입에 만 엔 들었다.

힘쓸 려 [勵] N1 / 中 / 7획

가파른 언덕[厂]을 오르기 위해 만 번[万]이나 힘[力]을 씀

- 음 **れい**　　激励 격려　　奨励 장려　　督励 독려
- 훈 **はげむ**　　励む 힘쓰다
- 　**はげます**　　励ます 격려하다

■ アメリカは研究者が研究に励めるよう国家奨励金をたくさん支給している。
미국은 연구자가 연구에 힘쓸 수 있도록 국가 장려금을 많이 지급하고 있다.

상수리나무 회 外 / 小4 / 9획

언덕[厂]에 많이[万] 서식하는 나무[木]

- 훈 **とち**　　栃木県 도치기현

■ 栃木県といえば、日光が有名だ。
도치기현이라고 하면 닛코가 유명하다.

억조 조 N2 / 小4 / 6획

거북이 등딱지의 모양으로 징조를 점침

- 음 **ちょう**　　兆候 징후　　前兆 전조　　億兆 억조
- 훈 **きざす**　　兆す 싹트다 / 징조가 보이다

■ その企業は負債が1兆円を超え、倒産の兆しが見えている。
그 기업은 부채가 1조 엔을 넘어, 도산의 조짐이 보이고 있다.

돋울 도 N1 / 中 / 9획

사건의 조짐[兆]을 파악하고, 손[扌]을 써서 실현되도록 돋움

- 음 **ちょう**　　挑戦 도전　　挑発 도발
- 훈 **いどむ**　　挑む 도전하다 / 덤벼들다

■ 挑戦者たちが次々にチャンピオンに挑んだ。
도전자들이 잇달아 챔피언에게 도전했다.

N2 / 中 / 9획

도망할 도

조짐[兆]을 감지하고 도망감[辶]

- 음 とう　　逃亡 도망　　逃走 도주　　逃避 도피
- 훈 にげる　　逃げる 도망가다
- 　　にがす　　逃がす 놓치다
- 　　のがす　　逃す 놓아주다 / 놓치다
- 　　のがれる　逃れる 도망가다

- 逃げ回る泥棒を逃さないよう、支援を要請した。
  이리저리 도망 다니는 도둑을 놓치지 않기 위해 지원을 요청했다.

N1 / 中 / 10획

복숭아 도 [桃]

복숭아는 예로부터 조짐[兆]을 점치는 나무[木]

- 음 とう　　桃源郷 도원경, 무릉도원　　黄桃 황도　　白桃 백도
- 훈 もも　　桃 복숭아　　桃色 분홍색

- 市場でよく見られる桃は、白桃と黄桃である。
  시장에서 자주 볼 수 있는 복숭아는 백도와 황도이다.

N1 / 中 / 11획

바라볼 조

조짐[兆]을 눈[目]으로 바라보며 관찰함

- 음 ちょう　　眺望 조망
- 훈 ながめる　眺める 바라보다

- 海が眺望できる露天風呂で夕日を眺めた。
  바다 조망의 노천 온천에서 석양을 바라보았다.

N1 / 中 / 13획

뛸 도

위험한 징조[兆]를 감지하고 발[足]로 구르며 뜀

- 음 ちょう　　跳躍 도약　　跳馬 (체조의) 도마, 뜀틀 넘기
- 훈 はねる　　跳ねる 뛰다, 뛰어오르다
- 　　とぶ　　　跳ぶ 뛰다 / 도약하다　비교 飛ぶ p.101
- 　　　　　　　縄跳び 줄넘기

- 跳馬の選手たちはみな見事な跳び方を見せた。
  도마 선수들은 모두 훌륭한 도약을 보여줬다.

画
그림 화 / 그을 획 [畫]
N3 / 小2 / 8획

밭의 경계를 그린 모습

- 음 が　　映画 영화　　漫画 만화
- かく　　画期的 획기적　　計画 계획　　企画 기획

▪ 漫画美術館で特別企画展『クレヨンしんちゃん』が開かれた。
만화 미술관에서 특별 기획전 "짱구는 못말려"가 개최되었다.

両
두 량 [兩]
N2 / 小3 / 6획

저울대의 추가 양쪽에 달린 모양

- 음 りょう　　両替 환전　　両親 양친　　両立 양립

▪ 両替は、近くの銀行のほうが空港よりお得です。
환전은 가까운 은행이 공항보다 이득입니다.

満
찰 만 [滿]
N2 / 小4 / 12획

저울대 위에 물[氵]을 채워 맞춤

- 음 まん　　満足 만족　　充満 충만　　未満 미만
- 훈 みちる　　満ちる 차다 / 가득 차다 / 달이 둥글어지다
- 　みたす　　満たす 채우다 / 가득히 채우다 / 충족시키다

▪ 彼は合格点を満たすことができ、満足した表情だった。
그는 합격점을 채울 수 있어서 흐뭇한 표정이었다.

図
그림 도 [圖]
N3 / 小2 / 7획

자연 풍경을 그린 모양

- 음 ず　　図表 도표　　合図 신호　　地図 지도
- 　と　　図書館 도서관　　意図 의도
- 훈 はかる　　図る 생각하다 / 의도하다 / 노리다
  - 비교 測るp.107　計るp.159　諮るp.350　謀るp.360　量るp.396

▪ 彼らは設計図を盗む意図で研究所侵入を図った。
그들은 설계도를 훔칠 의도로 연구소 침입을 도모했다.

N2 / 小5 / 7획

에워쌀 **위** [圍]

우물을 에워싸고 있는 모양

- 음 い　　囲碁 바둑　　包囲 포위　　範囲 범위
- 훈 かこむ　　囲む 둘러싸다, 에워싸다
- 　　かこう　　囲う 둘러싸다 / 숨겨두다

■ 黄色い線で囲まれている部分が建築可能範囲である。
노란 선으로 둘러싸여 있는 부분이 건축 가능 범위이다.

N1 / 中 / 12획

바둑 **기**

나무[木]로 만든 바둑판[其]의 모양

- 음 き　　棋譜 기보　　棋士 기사　　将棋 장기

■ 日本の将棋は韓国の将棋と異なる。
일본의 장기는 한국의 장기와 다르다.

N1 / 中 / 13획

바둑 **기**

돌[石]로 만든 바둑판[其]의 모양

- 음 ご　　碁 바둑　　碁石 바둑돌　　囲碁 바둑

■ 父の趣味は碁を打つことです。
아버지의 취미는 바둑을 두는 것입니다.

N4 / 小3 / 12획

기약할 **기**

다시 그[其] 달[月]에 만나기를 기약함

- 음 き　　期待 기대　　期間 기간　　時期 시기
- 　　ご　　最期 임종　　この期に及んで 이제 와서

■ 秋も深まり、紅葉の美しい時期になりました。
가을도 깊어져 단풍이 아름다운 시기가 되었습니다.

N1 / 小4 / 14획

기 **기**

어느 곳[方]의 사람[人→⺁]이든 그[其]곳을 알아볼 수 있게 높게 날림

- 음 き　　旗手 기수　　国旗 국기
- 훈 はた　　旗 기　　手旗 수기

■ うちのチームの旗手が旗を持ち上げた。
우리 팀 기수가 깃발을 들어 올렸다.

N2 / 小5 / 11획

基 터 기

그[其]곳을 정하고 흙[土]을 다져 놓음

- 음 き
  - 基地 기지
  - 基準 기준
  - 基礎 기초
- 훈 もと
  - 基 처음, 시작 / 근본, 기초 [비교] 本 p.260 下 p.277 元 p.372
  - 基づく 기초하다
  - もとい
  - 基 기초 / 근본

- これは国民基礎調査の結果に基づいた資料である。
  이것은 국민 기초 조사의 결과에 근거한 자료이다.

N3 / 小3 / 5획

世 세상 세

삼십 년[十十十]을 한 세대로 살아감

- 음 せい
  - 世紀 세기
  - 近世 근세
  - 処世 처세
- せ
  - 世代 세대
  - 世間 세상
  - 出世 출세
- 훈 よ
  - 世の中 세상
  - 世論 여론(せろん이라고도 읽음)

- 世の中には、出世を目指さない人もいる。
  세상에는 출세를 목표로 하지 않는 사람도 있다.

N2 / 小3 / 12획

葉 잎 엽 [葉]

나무[木] 위에 세상[世]만사만큼 달린 풀[艹]

- 음 よう
  - 葉緑素 엽록소
  - 針葉樹 침엽수
  - 紅葉 단풍(もみじ라고도 읽음)
- 훈 は
  - 葉 잎
  - 葉書 엽서
  - 言葉 말

- 紅葉の写真が印刷された絵葉書を友達からもらった。
  단풍 사진이 인쇄된 그림 엽서를 친구에게 받았다.

N1 / 中 / 13획

棄 버릴 기

버려진 낙엽[葉→枽]처럼 쓰레받기[朩]에 담겨 짐

- 음 き
  - 棄却 기각
  - 棄権 기권
  - 廃棄 폐기

- 最高裁判所が上告を棄却した。
  최고 재판소가 상고를 기각했다.

확인 문제

1 빈칸에 알맞은 한자를 a, b 중에 고르세요.

① ___目　a. 煩　b. 項
② 重___　a. 腰　b. 要
③ 紙___　a. 弊　b. 幣
④ 無___　a. 汰　b. 駄
⑤ 弾___　a. 軌　b. 丸

⑥ ___画　a. 計　b. 針
⑦ ___戦　a. 挑　b. 逃
⑨ 企___　a. 両　b. 画
⑧ 時___　a. 期　b. 棋
⑩ 廃___　a. 棄　b. 葉

2 밑줄 친 부분에 해당되는 한자를 a, b, c 중에 고르세요.

① わずらわしい　　a. 項　b. 顎　c. 煩
② ふとる　　　　　a. 太　b. 大　c. 汰
③ はげむ　　　　　a. 万　b. 栃　c. 励
④ きざす　　　　　a. 兆　b. 挑　c. 眺
⑤ にげる　　　　　a. 跳　b. 桃　c. 逃

3 다음을 일본어 한자와 히라가나로 써 보세요.

① 각오 ➡ _____ / _____

② 친절 ➡ _____ / _____

③ 궤도 ➡ _____ / _____

④ 환전 ➡ _____ / _____

⑤ 기초 ➡ _____ / _____

3부
자연

東　旦　山　水

대자연   동물   식물

牛 馬 木 果

대자연 1

N2 / 小4 / 12획

然
그럴 연

옛날부터 사냥개[犬]로 잡은 고기[月]를 불[灬]에 구워 먹는 일이 당연한 일상임

- 음 ぜん　自然 자연　当然 당연　必然 필연
- ねん　天然 천연

■ 人工の栄養より天然の栄養の方が体にいいのは当然だ。
　인공의 영양보다 천연의 영양이 몸에 좋은 것은 당연하다.

N2 / 小5 / 16획

燃
탈 연

개[犬]고기[月] 구이[灬]에 불[火]이 더해져 고기를 태움

- 음 ねん　燃料 연료　燃焼 연소　可燃性 가연성
- 훈 もえる　燃える 타다 / (감정 등이) 불타오르다
- もやす　燃やす 태우다 / 연소시키다
- もす　燃す 태우다

■ 燃えるごみを燃料に加工できる技術開発に政府が投資した。
　타는 쓰레기를 연료로 가공할 수 있는 기술 개발에 정부가 투자했다.

N2 / 小2 / 8획

東
동녘 동

나무[木] 사이로 해[日]가 뜨는 곳은 동쪽

- 음 とう　東京 동경　東北 동북　関東 관동
- 훈 ひがし　東 동쪽　東口 동쪽 입구

■ 東京駅は、JR東日本とJR東海と東京メトロの駅である。
　도쿄역은 JR동일본, JR동해, 도쿄 메트로의 역이다.

N2 / 中 / 10획

凍
얼 동

중국 대륙을 기준으로 동쪽[東]이 추워 땅이 얼어[冫] 있음

- 음 とう　凍結 동결　凍死 동사　冷凍 냉동
- 훈 こおる　凍る 얼다
- こごえる　凍える 추위로 몸의 감각이 없어지다

■ 急速冷凍技術を利用して凍った魚が生き返った。
　급속 냉동 기술을 이용하여 언 물고기가 되살아났다.

外 / 中 / 11획

베풀 진

동쪽[東] 언덕[阝]에서 뜨는 해는 자연에 온갖 혜택을 베풂

음 ちん　　陳列 진열　　陳述 진술　　開陳 개진

- 目撃者の陳述により事件の真相が明らかになった。
  목격자의 진술로 인해 사건의 진상이 밝혀졌다.

N1 / 中 / 10획

진칠 진

언덕[阝]에 전차[車]를 배치하고 진을 침

음 じん　　陣地 진지　　陣痛 진통(분만시의 통증)　　陣営 진영

- 陣痛の際、鎮痛剤を服用するかどうかは専門医と相談した方がいい。
  진통이 있을 때, 진통제를 복용하는 것은 전문의와 상담하는 편이 좋다.

N1 / 中 / 12획

마룻대 동

마룻대는 남향집을 지을 때 지붕을 동서[東西→東]로 받치는 나무[木]보

음 とう　　棟梁 동량(마룻대와 들보)　　病棟 병동
훈 むね　　棟 용마루 / 동, 채(건물을 세는 단위)　　棟上げ 상량식
　　　　　別棟 별채
　　むな　　棟木 마룻대로 쓰는 목재

- 新病棟は棟上げから竣工まで1年以上かかった。
  신병동은 상량식으로부터 준공까지 1년 이상 걸렸다.

N2 / 小3 / 14획

익힐 련 [練]

동[東]이 틀 때까지 바느질[糸]을 연습함

음 れん　　練習 연습　　試練 시련　　熟練 숙련
훈 ねる　　練る 단련하다 / 반죽하다
　　　　　練り直す (앙금 따위를) 다시 개다 / 재검토하다

- 海上訓練の練り直しが命じられた。
  해상 훈련의 재검토가 명령되었다.

N1 / 中 / 16획

단련할 련 [鍊]

동[東]이 틀 때까지 쇠[金]를 단련함

음 れん　　錬金術 연금술　　鍛錬 단련　　精錬 정련

- 精錬は、純度の高い金属を取り出す過程である。
  정련은 순도가 높은 금속을 추출하는 과정이다.

西 — 서녘 서 (N5 / 小2 / 6획)

일과를 마친 새가 있는 둥지의 모양. 그때 해가 있는 방향

- 음: せい / さい
  - 西洋 (せいよう) 서양
  - 西部 (せいぶ) 서부
  - 西暦 (せいれき) 서력
  - 関西 (かんさい) 관서
  - 東西 (とうざい) 동서
- 훈: にし
  - 西 (にし) 서쪽
  - 西口 (にしぐち) 서쪽 입구
  - 西日 (にしび) 석양, 저녁 해

■ 東海地方(とうかいちほう)の西(にし)は関西地方(かんさいちほう)、東(ひがし)は関東地方(かんとうちほう)です。
도카이 지방의 서쪽은 간사이 지방, 동쪽은 간토 지방입니다.

酒 — 술 주 (N2 / 小3 / 10획)

지는 해[西]를 바라보며 마시는 물[氵]

- 음: しゅ
  - 酒宴 (しゅえん) 주연, 술잔치
  - 飲酒 (いんしゅ) 음주
  - 禁酒 (きんしゅ) 금주
- 훈: さけ / さか
  - お酒 (おさけ) 술
  - 甘酒 (あまざけ) 감주
  - ★お神酒 (おみき) 제사에 올리는 술
  - 居酒屋 (いざかや) 술집
  - 酒盛り (さかもり) 술잔치, 연회

■ あの居酒屋(いざかや)では、日本酒(にほんしゅ)以外(いがい)のお酒(さけ)は出(だ)さない。
저 술집에서는 니혼슈 이외의 술은 팔고 있지 않다.

猶 — 오히려 유 [猶] (N1 / 中 / 12획)

꾀가 많은 짐승[犭] 중 우두머리[酋]인 원숭이. 그 원숭이의 망설임을 나타냄

- 음: ゆう
  - 猶予 (ゆうよ) 유예

■ 元市長(もとしちょう)は、懲役(ちょうえき)2年(ねん)、執行猶予(しっこうゆうよ)4年(ねん)の判決(はんけつ)を受(う)けた。
전 시장은 징역 2년, 집행 유예 4년의 판결을 받았다.

尊 — 높을 존 [尊] (N2 / 小6 / 12획)

손[寸]에 술잔을 든 우두머리[酋]는 존경 받음

- 음: そん
  - 尊敬 (そんけい) 존경
  - 尊重 (そんちょう) 존중
  - 尊厳 (そんげん) 존엄
- 훈: とうとい / たっとい / とうとぶ / たっとぶ
  - 尊い (とうとい) 소중하다 / 고귀하다 비교 貴い p.354
  - 尊い (たっとい) 고귀하다 / 소중하다 비교 貴い p.354
  - 尊ぶ (とうとぶ) 공경하다 / 존중하다 비교 貴ぶ p.354
  - 尊ぶ (たっとぶ) 숭상하다 / 존중하다 / 공경하다 비교 貴ぶ p.354

■ お互(たが)いに尊重(そんちょう)するのが最(もっと)も尊(とうと)い価値(かち)である。
서로 존중하는 것이 가장 소중한 가치이다.

N1 / 中 / 15획

좇을 준 [遵]

존경[尊] 받는 인물을 따라 감[辶]

- 음 じゅん　　遵守 준수　　遵法 준법
- 契約者は次の事項を遵守してください。
  계약자는 다음 사항을 준수해 주세요.

N1 / 中 / 5획

남녘 병

북쪽을 향해 제사상에 불을 밝힌 모습을 남쪽에서 바라봄

- 음 へい　　甲乙丙丁 갑을병정
- 甲乙丙は契約書においてもよく使われる。
  갑을병은 계약서에도 자주 쓰인다.

N1 / 中 / 9획

자루 병

나무[木]로 만든 손잡이[丙]의 모양

- 음 へい　　横柄 건방짐　　権柄ずく 전횡
- 훈 がら　　柄 무늬　　人柄 인품　　家柄 가문
- 　え　　柄 손잡이
- 人柄のよかった課長が、急に横柄な態度を取る人間に変わった。
  인품 좋은 과장이 갑자기 건방진 태도를 취하는 인간으로 변했다.

N3 / 小3 / 10획

병 병

병상[疒]에서 밤에도 밝게[丙] 하고 간호함

- 음 びょう　　病気 병　　病院 병원　　看病 간병
- 　へい　　疾病 질병
- 훈 やむ　　病む 앓다
- 　やまい　　病 병 / 나쁜 버릇
- 精神的に病んでいる場合、どんな病院に行ったらいいですか。
  정신적으로 앓고 있을 경우, 어느 병원으로 가면 좋을까요?

南
남녘 남 — N5 / 小2 / 9획

울타리[冂]치고 양[羊]을 기르는 따뜻한 남쪽

- 음 **なん** 　南北 남북　南極 남극　東南 동남
  　な 　南無 나무(아미타불)
- 훈 **みなみ** 　南 남쪽　南口 남쪽 입구　南向き 남향

- タイは東南アジア、インドは南アジアの国家である。
  태국은 동남아시아, 인도는 남아시아의 국가이다.

献
드릴 헌 [獻] — N1 / 中 / 13획

따뜻한 곳[南]에서 자라 살찐 개[犬]를 제사상에 올림

- 음 **けん** 　献金 헌금　献身 헌신　貢献 공헌
  　こん 　献立 식단　一献 술 한잔

- 家族に献身しているお父さんのために、献立を考えてみよう。
  가족을 위해 헌신하고 있는 아버지를 위해 메뉴를 생각해 보자.

北
북녘 북 / 달아날 배 — N5 / 小2 / 5획

두 사람이 등지고 있는 모습, 따뜻한 쪽을 등지면 북쪽

- 음 **ほく** 　北海道 북해도　北極 북극　敗北 패배
- 훈 **きた** 　北 북쪽　北風 북풍　北半球 북반구

- 北海道の北にロシアがある。
  홋카이도의 북쪽에 러시아가 있다.

背
등 배 — N2 / 小6 / 9획

따뜻한 남쪽을 향할 때 북쪽[北]에 접하는 몸[月]의 부분

- 음 **はい** 　背後 배후　背景 배경　腹背 복배(배와 등), 앞뒤
- 훈 **せ** 　背キ 등　背中 등　背広 양복
  　せい 　背キ 등　背比べ 키재기
  　そむく 　背く 등지다 / 어기다
  　そむける 　背ける 외면하다

- 背広の売り上げが下がった背景には消費者の信頼に背いた経営があった。
  양복의 매상이 떨어진 배경에는 소비자의 신뢰를 외면한 경영이 있었다.

外 / 中 / 10획

등마루 **척**

등 갈비뼈가 보이는 몸의 모습

- 음 **せき**　　脊椎 척추　　脊髄 척수　　脊柱 척추

- スマホの普及が現代人の脊柱疾患を増加させた。
  스마트폰의 보급이 현대인의 척추 질환을 증가시켰다.

N2 / 小5 / 4획

견줄 **비**

두 사람이 나란히 서서 견주는 모습

- 음 **ひ**　　比例 비례　　比率 비율　　比較 비교
- 훈 **くらべる**　　比べる 비교하다 / 겨루다

- 看護婦の男女の比率は10年前と比べてだいぶ変わった。
  간호사의 남녀 비율은 10년 전과 비교하여 많이 바뀌었다.

N1 / 小6 / 7획

비평할 **비**

손[扌]으로 일일이 견주며[比] 분석하여 비평함

- 음 **ひ**　　批評 비평　　批判 비판　　批准 비준

- その授業で批判的に思考して表現する方法を学んだ。
  그 수업에서 비판적으로 사고하고 표현하는 방법을 배웠다.

N3 / 小2 / 10획

여름 **하**

너무 더워 머리[頁]를 들고 천천히 걸어야[夂] 하는 계절

- 음 **か**　　夏季 하계　　初夏 초여름　　盛夏 한여름
  　　げ　　夏至 하지
- 훈 **なつ**　　夏 여름　　夏服 하복, 여름 옷　　真夏 한여름

- 夏休みに夏季教員研修に参加した。
  여름 방학에 하계 교원 연수에 참가하였다.

N1 / 中 / 15획

근심 **우**

머리[頁] 안에 근심[心]을 가득 품고 천천히 걸음[夂]

- 음 **ゆう**　　憂愁 우수(근심과 걱정)　　憂慮 우려　　一喜一憂 일희일비
- 훈 **うれえる**　　憂える 근심하다, 우려하다　비교 愁える p.174
  　　うれい　　憂い 근심, 우려　비교 愁い p.174
  　　うい　　憂い 안타깝다

- 一喜一憂とは、喜んだり憂えたりして落ち着かないという意味である。
  일희일비란, 기뻐하기도 하고 슬퍼하기도 하며 안정되지 않는다는 의미이다.

優

N2 / 小6 / 17획

뛰어날 우

근심[憂]이 있는 사람[亻]은 발전하고 남보다 뛰어남

- 음 ゆう　優勝 우승　優越 우월　優秀 우수
- 훈 やさしい　優しい 상냥하다 / 우아하다 / 온순하다
-   すぐれる　優れる 우수하다, 훌륭하다 / 뛰어나다

- 昨年の優勝チームは、今回も予選から優れた実力を見せつけている。
  작년 우승팀은 이번에도 예선부터 훌륭한 실력을 뽐내고 있다.

秋

N3 / 小2 / 9획

가을 추

벼[禾]가 볕에 익어 가는[火] 계절

- 음 しゅう　秋季 추계　立秋 입추
  　　　　　晩秋 만추, 늦가을
- 훈 あき　秋 가을　秋雨 가을비

- 秋の節気は立秋から霜降までです。
  가을의 절기는 입추부터 상강까지입니다.

愁

N1 / 中 / 13획

근심 수

가을[秋]은 추수, 겨울나기 등의 근심[心]이 많은 계절

- 음 しゅう　愁傷 수상, 슬퍼함, 비탄　哀愁 애수　憂愁 우수(근심과 걱정)
- 훈 うれえる　愁える 한탄하다 / 근심하다 [비교] 憂える p.173
-   うれい　愁い 근심, 걱정 [비교] 憂い p.173

- ご愁傷様でございます。
  얼마나 애통하신지요.(조문할 때 상주에게 드리는 말)

冬

N3 / 小2 / 5획

겨울 동

길바닥에 얼음[冫]이 생겨 천천히 걸어야[夂] 하는 계절

- 음 とう　冬季 동계　冬至 동지　越冬 월동
- 훈 ふゆ　冬 겨울　真冬 한겨울

- 冬が来る前に越冬の準備をしておく必要がある。
  겨울이 오기 전에 월동 준비를 해 둘 필요가 있다.

N3 / 小3 / 11획

마칠 **종**

실[糸]을 매듭짓듯 겨울[冬]은 계절의 끝 매듭(마무리)

- 음 しゅう　　終日 종일　　終了 종료　　最終 최종
- 훈 おわる　　終わる 끝나다
- 　　おえる　　終える 끝내다

- ドラマのスタッフ全員は、最終回を終えたあとサイパンへ行った。
  드라마의 스탭 전원은 최종회를 끝내고 사이판에 갔다.

N3 / 小3 / 12획

찰 **한**

집[宀] 안에 볏집을 깔고 누워도[共] 얼음[冫]이 얼 정도로 추움

- 음 かん　　寒波 한파　　厳寒 혹한　　防寒 방한
- 훈 さむい　　寒い 춥다　　寒気 한기　　寒がる 추워하다

- 厳寒期には防寒服を着ても寒い。
  혹한기에는 방한복을 입어도 춥다.

外 / 中 / 13획

막을 **색** / 변방 **새**

변방은 흑벽[土]을 쌓아 적의 침입을 막아야 하며 몹시 추운[寒→寒] 곳

- 음 そく　　閉塞 폐색　　脳梗塞 뇌경색
- 　　さい　　要塞 요새　　塞翁が馬 새옹지마
- 훈 ふさぐ　　塞ぐ 막다 / 가리다
- 　　ふさがる　　塞がる 막히다

- 脳梗塞とは、何らかの原因で脳血管が塞がれて起こる疾患である。
  뇌경색이란, 어떤 원인으로 뇌혈관이 막혀서 일어나는 질환이다.

N2 / 小4 / 15획

더울 **열**

나무를 심기[埶] 전에 밭을 태우니[灬] 더움

- 음 ねつ　　熱湯 열탕　　情熱 정열　　断熱 단열
- 훈 あつい　　熱い 뜨겁다　　[비교] 厚い p.30　暑い p.60

- このフライパンは熱をよく保つ金属でできているので、火を止めても
  しばらくは熱いです。
  이 프라이팬은 열을 잘 유지하는 금속으로 되어 있어서, 불을 꺼도 한동안 뜨겁습니다.

N2 / 小5 / 13획

勢 형세 세

심은[埶] 나무가 힘차게[力] 자라나는 형세

- 음 せい　　勢力 세력　　優勢 우세　　情勢 정세
- 훈 いきおい　　勢い 기세

▪ 反対勢力がすごい勢いで警察を攻撃した。
반대 세력이 굉장한 기세로 경찰을 공격했다.

N5 / 小1 / 8획

雨 비 우

비가 떨어지는 모습

- 음 う　　雨季 우기　　雨量 우량
　　　　梅雨 장마(つゆ라고도 읽음)
- 훈 あめ　　雨 비　　大雨 폭우
　　★ 秋雨 가을비　　春雨 봄비　　小雨 가랑비　　霧雨 안개비
- あま　　雨戸 폭풍우 방지 덧문　　雨具 우비

▪ インドは雨季になると大雨による洪水被害がよく起こる。
인도는 우기가 되면 폭우로 인한 홍수 피해가 자주 일어난다.

N2 / 小2 / 11획

雪 눈 설

손[ヨ]에 담을 수 있게 얼어서 내리는 비[雨]

- 음 せつ　　雪辱 설욕　　積雪 적설　　除雪 제설
- 훈 ゆき　　雪 눈　　雪国 설국　　初雪 첫눈
　　★ 雪崩 눈사태　　吹雪 눈보라

▪ 北海道は雪がたくさん降るので、除雪費用がかかる。
홋카이도는 눈이 많이 내리기 때문에 제설 비용이 든다.

N2 / 小2 / 12획

雲 구름 운

비[雨]를 뿌리기 위해 하늘에 떠다니는 구름[云]

- 음 うん　　雲海 운해　　星雲 성운　　風雲 풍운
- 훈 くも　　雲 구름　　雨雲 비구름

▪ 星雲は、宇宙空間で雲のように漂うガスの塊である。
성운은 우주 공간에서 구름처럼 떠다니는 가스 덩어리이다.

N2 / 中 / 13획

떨어질 **령**

비[雨]가 명령[令]이 떨어지듯 하늘에서 떨어짐

- 음 れい   零度 0도   零細 영세   零落 영락, 몰락

• 水は摂氏零度で氷になります。
  물은 섭씨 영도에서 얼음이 됩니다

N1 / 中 / 12획

눈 날릴 **분**

비[雨]가 얼어서 바람의 방향에 따라 나뉘어져[分] 흩날림

- 음 ふん   雰囲気 분위기

• 花瓶一つで部屋の雰囲気が変わった。
  화병 하나로 방의 분위기가 바뀌었다.

N1 / 中 / 13획

우레 **뢰**

비[雨]가 올 때 들판[田]에 울리는 우레

- 음 らい   雷雨 뇌우   雷鳴 천둥 소리   魚雷 어뢰
- 훈 かみなり   雷 천둥

• 雷を伴った雨のことを雷雨という。
  천둥을 동반한 비를 뇌우라고 한다.

N5 / 小2 / 13획

번개 **전**

우레[雷→雨]에 동반되는 번개[电]

- 음 でん   電気 전기   電波 전파   充電 충전

• 電波は、放送・通信・医療分野など、様々な用途に使われている。
  전파는 방송·통신·의료 분야 등, 여러 가지 용도에 사용되고 있다.

N1 / 中 / 17획

서리 **상**

공기 중의 물방울[雨]이 서로[相] 엉켜 얼어붙음

- 음 そう   霜害 서리 피해
- 훈 しも   霜 서리   初霜 첫 서리

• 農作物の霜害を防ぐため、初霜の予測がとても重要です。
  농작물의 상해를 막기 위해, 첫 서리의 예측이 매우 중요합니다.

霧

안개 무
N1 / 中 / 19획

비[雨]가 되고자 힘쓴[務] 상태

- 음 む
  - 霧笛(むてき) (선박·등대 등의) 안개 주의음
  - 噴霧器(ふんむき) 분무기
  - 濃霧(のうむ) 농무
- 훈 きり
  - 霧(きり) 안개

■ 今日(きょう)は霧(きり)がひどくて遠(とお)い海(うみ)から霧笛(むてき)が鳴(な)り止(や)まなかった。
오늘은 안개가 심해서 먼 바다로부터 안개 주의음이 끊이지 않았다.

露

이슬 로
N1 / 中 / 21획

새벽 길가[路]에 빗방울[雨]처럼 맺혀 있는 물

- 음 ろ
  - 露店(ろてん) 노점
  - 露出(ろしゅつ) 노출
  - 暴露(ばくろ) 폭로
- ろう
  - 披露宴(ひろうえん) 피로연
- 훈 つゆ
  - 露(つゆ) 이슬

■ 披露宴(ひろうえん)で露出(ろしゅつ)の多(おお)いドレスを着(き)るのはマナー違反(いはん)だ。
피로연에서 노출이 많은 드레스를 입는 것은 매너 위반이다.

靈

신령 령 [霊]
N1 / 中 / 15획

비[雨]를 내려 달라고 제단 앞에 나란히[並] 엎드려 신령께 기원함

- 음 れい
  - 霊魂(れいこん) 영혼
  - 霊感(れいかん) 영감
  - 精霊(せいれい) 정령
- りょう
  - 悪霊(あくりょう) 악령
- 훈 たま
  - 霊(たま) 넋
  - 霊屋(たまや) 빈소 / 사당, 영묘
  - 木霊(こだま) 나무의 정령 / 메아리

■ 木霊(こだま)は樹木(じゅもく)に宿(やど)っている精霊(せいれい)である。
고다마는 나무에 깃들어 있는 정령이다.

曇

흐릴 담
N2 / 中 / 16획

잔뜩 낀 구름[雲]이 해[日]를 가려 흐림

- 음 どん
  - 曇天(どんてん) 흐린 하늘
- 훈 くもる
  - 曇(くも)る 흐리다
  - 曇(くも)り 흐림

■ 気象庁用語(きしょうちょうようご)で曇天(どんてん)は曇(くも)りを意味(いみ)する。
기상청 용어에서 담천은 흐림을 의미한다.

N3 / 小2 / 12획

아침 조

하늘[卓]에서 달[月]이 지려고 하는 때

- 음 **ちょう** 　朝刊 조간　朝食 아침 식사　早朝 조조
- 훈 **あさ** 　朝 아침　朝日 아침 해　朝寝坊 늦잠　★今朝 오늘 아침

▪ 今朝も朝寝坊しちゃって朝食を抜きました。
오늘 아침도 늦잠을 자 버려서 아침 식사를 걸렀습니다.

N1 / 小6 / 15획

조수 조

아침[朝]이 되어 드나드는 물[氵]이 조수

- 음 **ちょう** 　潮流 조류　満潮 만조　風潮 풍조
- 훈 **しお** 　潮 조수　潮風 바닷바람

▪ 潮風による塩害を避けるために植えるのが防潮林である。
바닷바람으로 인한 염해를 막기 위해 심은 것이 방조림이다.

外 / 中 / 15획

비웃을 조

아침[朝]이 되어 간밤의 술버릇에 입[口]에서 비웃음을 금치 못함

- 음 **ちょう** 　嘲笑 조소　嘲弄 조롱　自嘲 자조
- 훈 **あざける** 　嘲る 비웃다

▪ 自分で自分の欠点や言動などを軽蔑し、嘲ることを自嘲という。
스스로 자신의 결점이나 언동 등을 경멸하고 비웃는 것을 자조라고 한다.

N5 / 小1 / 3획

내 천

냇가의 물이 흐르는 모습

- 음 **せん** 　河川 하천
- 훈 **かわ** 　川 강　비교 河 p.354　小川 작은 시내
  　　　　　★川原 강가의 자갈밭

▪ 河川の生態系を保全する目的で、川と魚との関係を研究している。
하천 생태계를 보전할 목적으로 강과 물고기의 관계를 연구하고 있다.

N2 / 小4 / 12획

순할 순

냇가[川]의 물처럼 위에서 아래로 머리[頁]를 숙임

- 음 **じゅん** 　順調 순조, 순조로움　語順 어순　従順 순종, 온순함

▪ 韓国語と日本語は、語順がほとんど同じである。
한국어와 일본어는 어순이 거의 같다.

N2 / 小4 / 10획

가르칠 훈

냇가[川]의 물처럼 윗사람이 아랫사람을 가르침[言]

[음] くん　　訓練 훈련　　音訓 음훈　　教訓 교훈

- 学校で避難訓練が行われた。
  학교에서 피난 훈련이 행해졌다.

N1 / 中 / 14획

벌할 벌

죄인을 가두고[罒] 말[言]과 칼[刂]로 벌함

[음] ばつ　　罰する 벌하다, 처벌하다　　罰金 벌금　　処罰 처벌

　　ばち　　罰 벌　　罰当たり 천벌을 받음

- いくら法的には罰せられないといっても、あんな罰当たりなことをしてはいけない。
  아무리 법적으로는 처벌받지 않는다고 해도 그런 하늘 무서운 일을 하면 안 된다.

확인 문제

1 빈칸에 알맞은 한자를 a, b 중에 고르세요.

① 自____   a. 燃   b. 然
② ____述   a. 陣   b. 陳
③ ____習   a. 練   b. 棟
④ ____重   a. 遵   b. 尊
⑤ ____判   a. 批   b. 比
⑥ ____勝   a. 優   b. 憂
⑦ 厳____   a. 寒   b. 塞
⑧ ____細   a. 零   b. 零
⑨ ____気   a. 電   b. 雷
⑩ 風____   a. 潮   b. 嘲

2 밑줄 친 부분에 해당되는 한자를 a, b, c 중에 고르세요.

① <u>こお</u>る   a. 凍   b. 棟   c. 陣
② <u>とうと</u>ぶ   a. 猶   b. 尊   c. 遵
③ <u>そむ</u>く   a. 北   b. 脊   c. 背
④ <u>くも</u>る   a. 雲   b. 曇   c. 霊
⑤ <u>あざけ</u>る   a. 嘲   b. 朝   c. 潮

3 다음을 일본어 한자와 히라가나로 써 보세요.

① 공헌 ➡ _____ / _____

② 우려 ➡ _____ / _____

③ 종료 ➡ _____ / _____

④ 세력 ➡ _____ / _____

⑤ 처벌 ➡ _____ / _____

대자연₂

N1 / 中 / 5획

旦 아침 단

해[日]가 지평선[一] 위로 떠오르는 아침

- 음 たん　元旦 설날　一旦 일단
- 　　だん　旦那 남편

■ 一旦、旦那さんと相談した方がいいんじゃないですか？
　일단, 남편 분과 상담하는 편이 좋지 않을까요?

N1 / 中 / 7획

但 다만 단

아침[旦]은 다만 사람[亻] 만이 기다리는 때

- 훈 ただし　但し 단, 단지

■ 入場料は千円です。但し、子供は大人の半額です。
　입장료는 천 엔입니다. 단, 아이는 어른의 반값입니다.

N2 / 小6 / 8획

担 멜 담 [擔]

손[扌]으로 짐을 메고 또 고단한 하루의 아침[旦]을 시작함

- 음 たん　担当 담당　担任 담임　負担 부담
- 훈 かつぐ　担ぐ 메다 / 받들다 / 속이다
- 　　になう　担う 짊어지다 / 떠맡다

■ 彼らは、負担の多い役職を担う能力もない人間を会長に担ぎあげた。
　그들은 부담이 많은 직책을 떠맡을 능력도 없는 사람을 회장으로 받들어 앉혔다.

N1 / 中 / 9획

胆 쓸개 담 [膽]

간밤의 해독 물질이 아침[旦]이 되면 담기는 신체 기관[月]

- 음 たん　大胆 대담　落胆 낙담　魂胆 혼담, 넋 / 속셈 / 복잡한 사정

■ 落胆するより次の策を考えるべきだ。
　낙담할 바에야 다음 계책을 생각해라.

항상 항
N1 / 中 / 9획

사방에 뻗치는[亘] 해를 보고 항상 희망을 마음[忄]으로 다짐함

음 こう　　恒久 항구　　恒例 정기적 예시　　恒常 항상

- 恒常性とは、生物がその内部環境を一定に保とうとすることをいう。
  항상성이란, 생물이 그 내부 환경을 일정하게 유지하려고 하는 것을 말한다.

담 원
N1 / 中 / 9획

흙[土]담 위로 뜬 아침 해가 사방에 뻗침[亘]

훈 かき　　垣 울타리　　垣根 울타리　　石垣 돌담

- 垣根は普通、植木や竹で作られる。
  울타리는 보통, 정원수나 대나무로 만들어진다.

제단 단
N1 / 中 / 16획

흙[土]으로 만든 제단 위에 온갖 곡식들이 궤짝 안에 가득함[亶]

음 だん　　壇上 단상　　花壇 화단　　文壇 문단 / 문학계
　たん　　土壇場 막판, 막바지

- 土壇場で逆転して、授賞式の壇上に相手が上がった。
  막판에 역전되어 수상식의 단상에 상대가 올라갔다.

베풀 선
N1 / 小6 / 9획

대궐[宀] 안의 임금이 베푼 덕이 사방에 뻗침[亘]

음 せん　　宣言 선언　　宣伝 선전　　宣誓 선서

- 入学式で新入生宣誓が行われた。
  입학식에서 신입생 선서가 행해졌다.

또 차
N1 / 中 / 5획

제단에 바치는 고기가 쌓이고 또 쌓인 모습

훈 かつ　　且つ 게다가 / 한편

- その後の消息を聞き、且つ驚き、且つ喜んだ。
  그 후의 소식을 듣고 한편으론 놀라고 한편으론 기뻐했다.

N1 / 中 / 8획

마땅 의

마땅히 대궐[宀] 안에 고기가 쌓인 제단[且]이 있어야 함

- 음 ぎ   適宜(てきぎ) 적의, 적당함   便宜(べんぎ) 편의

- テストが終(お)ったら適宜(てきぎ)に解散(かいさん)します。
  테스트가 끝나면 적당히 해산하겠습니다.

N3 / 小1 / 3획

저녁 석

저녁에 달이 아직 선명하지 않은 모습

- 음 せき   一朝一夕(いっちょういっせき) 하루아침
- 훈 ゆう   夕方(ゆうがた) 저녁때   夕日(ゆうひ) 석양   夕(ゆう)べ 저녁때
  ★ 七夕(たなばた) 칠석

- 夕方(ゆうがた)に起(お)きるような生活(せいかつ)を正常(せいじょう)な生活(せいかつ)に戻(もど)すのは、一朝一夕(いっちょういっせき)にできることではない。
  저녁에 일어나는 생활을 정상적인 생활로 고치는 것은, 하루아침에 할 수 있는 일이 아니다.

N4 / 小2 / 5획

바깥 외

저녁[夕]에 치는 점[卜]은 규정에 어긋남

- 음 がい   外国(がいこく) 외국   海外(かいがい) 해외   除外(じょがい) 제외
     げ   外科(げか) 외과
- 훈 そと   外(そと) 밖   外回(そとまわ)り 외근
     ほか   外(ほか) 그 밖 [비교] 他 p.343   その外(ほか) 그밖에
     はずす 外(はず)す 제외하다 / 떼다 / 벗다
     はずれる 外(はず)れる 벗어나다 / 빠지다   的外(まとはず)れ 빗나감

- 世論調査(よろんちょうさ)は意外(いがい)と外(はず)れている場合(ばあい)が多(おお)い。
  여론 조사는 의외로 빗나가는 경우가 많다.

N2 / 小5 / 13획

꿈 몽 [夢]

저녁[夕]에 눈썹[卄]과 눈[罒] 밑으로 이불을 덮고[冖] 자며 꿈을 꿈

- 음 む   夢中(むちゅう) 몰두   悪夢(あくむ) 악몽   白昼夢(はくちゅうむ) 백일몽
- 훈 ゆめ   夢(ゆめ) 꿈   夢見(ゆめみ)る 꿈꾸다   初夢(はつゆめ) 첫 꿈, 정월 초하루 꿈

- 彼(かれ)は夢(ゆめ)の研究(けんきゅう)に夢中(むちゅう)になっている。
  그는 꿈에 관한 연구에 열중했다.

N4 / 小2 / 6획

많을 다

고기[月]가 켜켜이 쌓여 양이 많음

- 음 た
  - 多少 다소　多分 많음 / 아마
  - 雑多 잡다
- 훈 おおい
  - 多い 많다

- 多分、彼の勝利を予測した人は多くないでしょう。
  아마도 그의 승리를 예측한 사람은 많지 않겠지요.

N2 / 小5 / 11획

옮길 이

많이[多] 거두기 위해 벼[禾]를 옮겨 심음

- 음 い
  - 移民 이민　転移 전이　推移 추이
- 훈 うつる
  - 移る 바뀌다 / 옮기다 / 이동하다
- うつす
  - 移す 옮기다

- 大陸からの移民たちは、徐々に東方へと居住地を移している。
  대륙으로부터 온 이민자들은 서서히 동쪽으로 거주지를 옮기고 있다.

N3 / 小2 / 8획

밤 야

낮이 지나가고[夕] 또[亦→亻] 오는 시간

- 음 や
  - 夜景 야경　今夜 오늘 밤　昼夜 주야
- 훈 よ
  - 夜中 한밤중　夜明け 새벽　夜が更ける 밤이 깊어지다
- よる
  - 夜 밤

- 長崎のきれいな夜景を見るため、夜になるのをずっと待った。
  나가사키의 예쁜 야경을 보기 위해 밤이 되기를 줄곧 기다렸다.

N2 / 小5 / 11획

진 액

밤새[夜] 공기가 차가워 풀에 맺히는 물[氵]

- 음 えき
  - 液体 액체　液状 액상　血液 혈액

- 血液検査で身体の異常を調べることができる。
  혈액 검사로 신체의 이상을 조사할 수 있다.

N5 / 小1 / 4획

日
날 일

둥근 해의 모양

- 음 にち　　日時 일시　一日 하루　毎日 매일
    じつ　　平日 평일　休日 휴일　連日 연일
- 훈 ひ　　　日 해　朝日 아침 해　日曜日 일요일
    か　　　三日 3일, 사흘　十日 10일, 열흘
    　　　　★明日 내일　昨日 어제　今日 오늘　一日 초하루

- 平日は毎日、朝日が昇る前に出勤しています。
  평일에는 매일, 아침 해가 뜨기 전에 출근하고 있습니다.

N5 / 小1 / 4획

月
달 월

초승달의 모습

- 음 げつ　　月曜日 월요일　今月 이번 달　歳月 세월
    がつ　　1月 1월　生年月日 생년월일　お正月 설날
- 훈 つき　　月 달　月日 세월

- 1月の第2月曜日が成人の日である。
  1월의 두 번째 월요일이 성인의 날이다.

N3 / 小2 / 8획

明
밝을 명

해[日]와 달[月]이 모두 있으니 밝음

- 음 みょう　　明朝 내일 아침　明晩 내일 밤
    めい　　　明暗 명암　発明 발명　説明 설명
- 훈 あかり　　明かり 빛　★明日 내일
    あかるい　明るい 환하다 / 밝다, 명랑하다
    あかるむ　明るむ 밝아지다
    あからむ　明らむ 밝아지다, 환해지다
    あきらか　明らかだ 명백함, 분명함
    あくる　　明くる 다음의 (뒤에 날, 달 등이 옴)
    あく　　　明く (옷깃 등이) 풀어지다 / (입·눈이) 열리다 / (계약 등이) 끝나다
    　　　　　비교 開く p.119　空く p.316
    あける　　明ける 날이 밝다 / 새해가 되다　비교 開ける p.119　空ける p.316
    あかす　　明かす 밝히다　種明かし 마술의 트릭 공개 / 내막 공개

- エジソンは、電球を発明して人類の夜を明るく照らした。
  에디슨은 전구를 발명하여 인류의 밤을 밝게 비췄다.

N1 / 小4 / 11획

부를 창

힘차게[昌] 입[口]으로 노래 부름

음 しょう　　合唱 합창　　暗唱 암송　　提唱 제창(학설이나 뜻을 주장함)
훈 となえる　　唱える 외다 / 외치다 / 주장하다

- 彼は合唱団設立の必要性を唱え、団員を募った。
  그는 합창단 설립의 필요성을 주창하며 단원을 모집했다.

N1 / 中 / 12획

맑을 정

햇빛[日]이 수정에 비춰 맑게 반짝임

음 しょう　　水晶 수정　　結晶 결정

- 水に話しかけると結晶が変化する、という話があった。
  물에 말을 걸면 결정이 변화한다는 이야기가 있었다.

N2 / 小3 / 12획

볕 양

언덕[阝] 위에 햇살[昜]이 떠오름

음 よう　　陽光 양광, 햇빛　　太陽 태양　　陰陽 음양

- 『国境の南、太陽の西』は村上春樹の七作目の長編小説である。
  『국경의 남쪽, 태양의 서쪽』은 무라카미 하루키의 일곱 번째 장편 소설이다.

N3 / 小2 / 12획

마당 장

햇살[昜]이 비치는 땅[土]이 넓은 마당

음 じょう　　劇場 극장　　会場 회의장　　入場 입장
훈 ば　　場所 장소　　場合 경우　　広場 광장

- ラフな服装のお客様は、入場をお断りする場合もあります。
  가벼운 옷차림인 손님은 입장을 거절하는 경우도 있습니다.

N2 / 小3 / 12획

끓을 탕

물[氵]이 햇살[昜]을 받고 끓어 오름

음 とう　　湯治 온천 요양　　銭湯 대중탕　　熱湯 열탕
훈 ゆ　　湯水 더운물과 찬물 / 흔한 것　　お湯 더운물

- 銭湯のお湯は、毎日入れ替えます。
  목욕탕의 뜨거운 물은 매일 바꿉니다.

揚
날릴 양
N1 / 中 / 12획

손[扌]에 든 깃발을 햇살[昜] 비치는 하늘까지 높이 날림

- 음 よう　　意気揚々 의기양양　　抑揚 억양　　掲揚 게양
- 훈 あげる　　揚げる 높이 올리다 / 튀기다　[비교] 挙げるp.248　上げるp.276
- 　　あがる　　揚がる 높이 올라가다 / 유명해지다 / 튀겨지다
　　　　　　　[비교] 挙がるp.248　上がるp.276

- 関西風の抑揚で話す店長さんが大阪風の唐揚げを作っている。
  간사이 사투리의 억양으로 말하는 점장이 오사카풍의 튀김을 만들고 있다.

腸
창자 장
N1 / 小6 / 13획

몸[月] 속에 햇살[昜]처럼 뜨거운 장기

- 음 ちょう　　腸 장　　胃腸 위장　　大腸 대장

- 大腸は約1.5メートルで、腸全体の長さの5分の1だそうだ。
  대장은 약 1.5미터이고, 장 전체 길이의 5분의 1이라고 한다.

賜
줄 사
N1 / 中 / 15획

돈[貝]을 주면 물건으로 바꿔[昜] 줌

- 음 し　　賜暇 청원하여 휴가를 얻음　　恩賜 은사　　下賜 하사
- 훈 たまわる　　賜る '받다'의 겸사말

- 彼は国王から下賜金を賜った。
  그는 국왕에게 하사금을 받았다.

傷
다칠 상
N1 / 小6 / 13획

사람[亻]이 화살[⃪]을 맞아 다친 상처가 볕[昜]처럼 뜨겁고 붉음

- 음 しょう　　傷害 상해　　重傷 중상　　負傷 부상
- 훈 きず　　傷 상처, 흉터　　傷つく 상처를 입다 / 상하다
- 　　いたむ　　傷む 아프다 / 손상되다 / 상하다　[비교] 悼むp.283　痛むp.462
- 　　いためる　　傷める 아프게 하다 / 손상하다　[비교] 痛めるp.462

- 傷がついている果物は傷みやすい。
  상처가 생긴 과일은 손상되기 쉽다.

外 / 中 / 14획

헐 양

병상[疒]에 누운 환자의 상처가 헐어서 볕[昜]처럼 뜨겁고 붉음

- 음 よう　　腫瘍 종양　潰瘍 궤양

■ 内視鏡検査によって胃潰瘍の原因が明らかになった。
　내시경 검사에서 위궤양의 원인을 찾았다.

N5 / 小1 / 3획

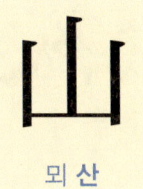
뫼 산

산의 세 봉우리를 그린 모양

- 음 さん　　山脈 산맥　登山 등산　富士山 후지산
　　　　★山車 축제 때 끄는 장식한 수레
- 훈 やま　　山 산　青山 청산(푸르른 산)　石山 돌산

■ 富士山は日本で最も高い山である。 후지산은 일본에서 가장 높은 산이다.

N1 / 中 / 5획

신선 선

산[山]에 사는 사람[亻]

- 음 せん　　仙人 신선　仙女 선녀　酒仙 주당

■ 富山県には仙人温泉があります。
　도야마현에는 신선 온천이 있습니다.

N5 / 小1 / 5획

날 출

싹이 돋아나는 모양

- 음 しゅつ　出席 출석　輸出 수출　提出 제출
　　すい　　出納 출납
- 훈 でる　　出る 나오다　遠出 멀리 나감
　　だす　　出す 내다

■ 総会に出て会社の出納記録を提出した。
　총회에 출석하여 회사의 출납 기록을 제출했다.

N1 / 中 / 8획

졸할 졸

손재주[扌]가 두드러지게[出] 모자람

- 음 せつ　　拙劣 졸렬　拙論 졸론　拙速 졸속
- 훈 つたない　拙い 서투르다

■ 拙い文章でつづられた彼の理論は、文字通り拙論であった。
　서투른 문장으로 가득한 그의 이론은 문자 그대로 졸론이었다.

N1 / 中 / 9획

그윽할 유

어둡고 그윽한 등잔불의 모양

- 음 **ゆう**　　幽霊 유령　　幽玄 유현(그윽한 정취)　　幽閉 유폐

- 幽玄は日本文化を代表する理念の一つである。
  유현은 일본 문화를 대표하는 이념 중의 하나이다.

N1 / 小4 / 8획

산등성이 강

산[山] 정상에서 그물[网→冂]처럼 경사져 내려오는 산등성이

- 훈 **おか**　　静岡県 시즈오카현　　福岡県 후쿠오카현

- プサンから福岡まで船で渡る旅行客も多い。
  부산에서 후쿠오카까지 배로 건너는 여행객도 많다.

N1 / 中 / 14획

벼리 강

벼리는 그물에서 산등성이처럼 가장 단단하게[岡] 꿰 놓은 줄[糸]

- 음 **こう**　　綱領 강령　　大綱 대강　　要綱 요강
- 훈 **つな**　　綱 밧줄　　綱引き 줄다리기
  　　　　　横綱 요코즈나(일본 씨름꾼 최고의 지위)

- 綱引き大会の参加者は大会要綱をご参照ください。
  줄다리기 대회 참가자는 대회 요강을 참조 바랍니다.

N1 / 小6 / 16획

강철 강

강철은 매우 단단한[岡] 금속[金]

- 음 **こう**　　鋼鉄 강철　　製鋼 제강　　鉄鋼 철강
- 훈 **はがね**　　鋼 강철

- 鋼は鉄鋼の一種で、加工性にも優れている。
  강철은 철강의 일종이며, 가공성이 뛰어나다.

N1 / 中 / 10획

굳셀 강

단단한[岡] 칼[刂]은 굳세고 강함

- 음 **ごう**　　剛力 강력　　金剛 금강　　外柔内剛 외유내강

- 金剛力士は仏教の守護神の一つである。
  금강력사는 불교의 수호신 중 하나이다.

外 / 小4 / 8획

阜 언덕 부

산의 측면 모양

- 음 ふ　　岐阜県 기후현

■ 岐阜市を横切って流れる長良川は、有名な観光地である。
　기후시를 가로질러 흐르는 나가라강은 유명한 관광지이다.

N2 / 小3 / 9획

追 쫓을 추

언덕[阜→𠂤]에 있는 적을 뒤따라[辶] 쫓음

- 음 つい　　追憶 추억　　追放 추방　　追跡 추적
- 훈 おう　　追う 따르다 / 뒤쫓아 가다

■ ドラマ『追跡者』は、娘が巻き込まれた事件の真実を追う刑事の物語である。
　드라마 「추적자」는 딸을 둘러싼 사건의 진실을 쫓는 형사의 이야기이다.

N1 / 中 / 5획

丘 언덕 구

비탈지고 높은 언덕의 모양

- 음 きゅう　　丘陵 구릉　　砂丘 사구
- 훈 おか　　丘 언덕

■ ここは、緑が多い丘陵地だったので「緑が丘」という地名になった。
　여기는 신록이 많은 구릉지여서 '미도리가오카'라는 지명이 되었다.

N2 / 小4 / 7획

兵 병사 병

무기[斤]를 양손에 들고[廾] 나라를 지키는 사람

- 음 へい　　兵器 병기, 무기　　兵法 병법　　海兵隊 해병대
　　ひょう　　兵糧 군량

■ 核兵器が存在する限り、世界平和は脅威にさらされている。
　핵무기가 존재하는 한, 세계 평화는 위협에 노출되어 있다.

N1 / 中 / 10획

浜 물가 빈 [濱]

병사[兵]가 물가에서 물[氵]을 마심

- 음 ひん　　海浜 해변　　京浜 도쿄와 요코하마
- 훈 はま　　浜 바닷가　　横浜 요코하마　　浜辺 해변

■ 彼は今日も横浜行きの京浜東北線に乗った。
　그는 오늘도 요코하마행 게이힌토호쿠선을 탔다.

岳

N1 / 中 / 8획

큰 산 악 [嶽]

산[山] 위에 또 언덕[丘]이 있는 큰 산

- 음 がく　　岳父 장인　　山岳 산악
- 훈 たけ　　岳 높은 산

■ 妻の父のことを岳父という。
아내의 아버지를 장인이라고 한다.

風

N3 / 小2 / 9획

바람 풍

무릇[凡] 태풍이 지나간 후에는 병충해[虫]를 입음

- 음 ふう　　風景 풍경　　風力 풍력　　強風 강풍
- 　 ふ　　　風呂 욕조 / 대중목욕탕　　風情 운치
- 훈 かぜ　　風 바람　　★風邪 감기
- 　 かざ　　風車 풍차

■ オランダといえば、風車のある風景が思い浮かぶ。
네덜란드라고 하면 풍차가 있는 풍경이 떠오른다.

嵐

N1 / 中 / 12획

남기 람

산[山]에 바람[風]처럼 서리는 찬 기운

- 훈 あらし　　嵐 폭풍우　　砂嵐 모래 폭풍

■ 嵐がおさまって、晴れの所が多くなるでしょう。
폭풍우가 잦아들어, 맑은 곳이 많겠습니다.

확인 문제

1 빈칸에 알맞은 한자를 a, b 중에 고르세요.

① 負____　　a. 但　b. 担　　　　⑥ 負____　　a. 瘍　b. 傷

② ____常　　a. 恒　b. 垣　　　　⑦ 要____　　a. 綱　b. 鋼

③ ____誓　　a. 宣　b. 宜　　　　⑧ ____跡　　a. 追　b. 阜

④ 結____　　a. 唱　b. 晶　　　　⑨ ____器　　a. 浜　b. 兵

⑤ 抑____　　a. 揚　b. 腸　　　　⑩ ____呂　　a. 風　b. 嵐

2 밑줄 친 부분에 해당되는 한자를 a, b, c 중에 고르세요.

① に<u>なう</u>　　　a. 但　b. 担　c. 胆

② <u>うつ</u>る　　　a. 夢　b. 移　c. 多

③ <u>となえ</u>る　　a. 唱　b. 明　c. 晶

④ <u>あげ</u>る　　　a. 賜　b. 揚　c. 傷

⑤ <u>つたない</u>　　a. 出　b. 幽　c. 拙

3 다음을 일본어 한자와 히라가나로 써 보세요.

① 몰두 ➡ _____ / _____

② 혈액 ➡ _____ / _____

③ 음양 ➡ _____ / _____

④ 졸렬 ➡ _____ / _____

⑤ 풍차 ➡ _____ / _____

대자연₃

N2 / 小6 / 9획

샘 천

흰[白] 암반에서 샘물[水]이 올라옴

- 음 **せん**　温泉 おんせん 온천　源泉 げんせん 원천　間欠泉 かんけつせん 간헐천
- 훈 **いずみ**　泉 いずみ 샘

- 仙台市泉区には有名な温泉街がある。
  센다이시 이즈미구에는 유명한 온천 마을이 있다.

N2 / 小2 / 15획

線

줄 선

실[糸]로 샘물[泉]처럼 끊임없이 이어지게 만든 줄

- 음 **せん**　線路 せんろ 선로　光線 こうせん 광선　点線 てんせん 점선

- 線路の幅は鉄道事業者と地域によって違う。
  선로의 폭은 철도 사업자와 지역에 따라 다르다.

N1 / 中 / 13획

腺

샘 선

몸[月]속에 샘물[泉]처럼 이어진 내분비 조직

- 음 **せん**　汗腺 かんせん 땀샘　涙腺 るいせん 눈물샘　扁桃腺 へんとうせん 편도선

- 汗腺は体温を調節する役割を果たしている。
  땀샘은 체온을 조절하는 역할을 맡고 있다.

N2 / 小5 / 14획

綿

솜 면

희고[白] 깨끗한 천[巾]을 짜기 위한 실[糸]을 뽑는데 필요한 솜

- 음 **めん**　綿布 めんぷ 면포, 무명　綿密 めんみつ 면밀　純綿 じゅんめん 순면
- 훈 **わた**　綿 わた 목화, 솜　綿菓子 わたがし 솜사탕

- 綿菓子売り場の配置場所を綿密に検討してください。
  솜사탕 판매소의 배치 장소를 면밀히 검토해 주세요.

비단 금

N1 / 中 / 16획

비단은 희고[白] 깨끗하며 금[金]처럼 빛나는 천[巾]

- 음 きん　　錦秋(きんしゅう) 금추(단풍이 비단결 같은 가을)
- 훈 にしき　錦(にしき) 비단　錦鯉(にしきごい) 비단잉어

■ 大(おお)きな錦鯉(にしきごい)が池(いけ)の中(なか)でゆっくり泳(およ)いでいる。
　큰 비단잉어가 연못 속에서 느긋하게 헤엄치고 있다.

시내 계 [渓]

N1 / 中 / 11획

지아비[夫]가 손[爫]으로 물[氵]을 모아 세수를 하던 개울

- 음 けい　　渓谷(けいこく) 계곡　渓流(けいりゅう) 시냇물

■ この渓谷(けいこく)は紅葉(こうよう)の名所(めいしょ)である。
　이 계곡은 단풍의 명소이다.

닭 계 [鶏]

N1 / 中 / 19획

지아비[夫]의 손[爫]으로 마당에서 기르던 새[鳥]

- 음 けい　　鶏卵(けいらん) 계란　鶏舎(けいしゃ) 닭장　養鶏(ようけい) 양계
- 훈 にわとり　鶏(にわとり) 닭

■ 最近(さいきん)、鶏(にわとり)を健康(けんこう)に育(そだ)てる自然養鶏(しぜんようけい)が注目(ちゅうもく)を集(あつ)めている。
　최근 닭을 건강하게 키우는 자연 양계가 주목을 모으고 있다.

골 곡

N2 / 小2 / 7획

산골짜기를 아래쪽 입구[口]에서 바라본 모양

- 음 こく　　渓谷(けいこく) 계곡　峡谷(きょうこく) 협곡
- 훈 たに　　谷(たに) 골짜기　谷間(たにま) 골짜기　谷川(たにがわ) 계류

■ 峡谷(きょうこく)は幅(はば)が狭(せま)くて両側(りょうがわ)に切(き)り立(た)った崖(がけ)があるV字谷(じだに)のことをいう。
　협곡은 폭이 좁고 양측에 깎아지른 벼랑이 있는 V자 골짜기를 말한다.

풍속 속

N1 / 中 / 9획

사람[亻]들이 모여 사는 골짜기[谷] 안에 풍속이 있음

- 음 ぞく　　俗語(ぞくご) 속어　民俗(みんぞく) 민속　低俗(ていぞく) 저속

■ 昨日(きのう)、民俗博物館(みんぞくはくぶつかん)へ遠足(えんそく)に行(い)った。
　어제, 민속 박물관에 소풍을 갔다.

N1 / 中 / 12획

넉넉할 **유**

옷[衤]의 품이 골짜기[谷]처럼 넉넉함

- 음 **ゆう**　　裕福 유복　　余裕 여유　　富裕 부유

- 心に余裕がある人は相手に明るい印象を与える。
  마음에 여유가 있는 사람은 상대에게 밝은 인상을 준다.

N2 / 小4 / 10획

목욕할 **욕**

물[氵] 맑은 골짜기[谷]에서 목욕함

- 음 **よく**　　浴場 욕장, 대중목욕탕　　浴室 욕실　　入浴 입욕
- 훈 **あびる**　　浴びる 끼얹다, 뒤집어 쓰다
  ★ 浴衣 유카타(목욕 후, 또는 여름에 입는 무명 홑옷)
  　あびせる　　浴びせる 끼얹다, 퍼붓다

- 私は入浴前にシャワーを浴びます。
  나는 입욕 전에 샤워를 합니다.

N2 / 小5 / 10획

얼굴 **용**

골짜기[谷]처럼 굴곡진 얼굴에 상투[宀]를 한 모습

- 음 **よう**　　容器 용기　　容易 용이　　形容詞 형용사

- 有害な産業廃棄物は、容器に入れて密封することになっている。
  해로운 산업 폐기물은 용기에 넣어 밀봉하게 되어 있다.

N2 / 中 / 13획

녹을 **용**

쇳물[氵]이 녹을 때 얼굴[容] 모양이 나타남

- 음 **よう**　　溶岩 용암　　溶液 용액　　溶解 용해
- 훈 **とける**　　溶ける 녹다　비교 解ける p.250
  　とかす　　溶かす 녹이다　비교 解かす p.250
  　とく　　溶く 풀다, 용해시키다　비교 解く p.250

- 岩石が熱せられてドロドロに溶けたものが溶岩である。
  암석이 뜨거워져 질척하게 녹은 것이 용암이다.

N2 / 小6 / 11획

하고자 할 욕

물이나 양식이 모자라면[欠] 골짜기[谷]에 가서 취하고자 함

[음] よく　　欲望 욕망　　意欲 의욕　　食欲 식욕
[훈] ほっする　　欲する 바라다, 원하다
　　ほしい　　欲しい 갖고 싶다, 탐나다　　欲しがる 갖고 싶어하다, 탐내다

- 暑い夏にも食欲が出る方法を教えて欲しい。
  더운 여름에도 식욕이 돋는 방법을 가르쳐 주기 바란다.

N1 / 中 / 9획

좁을 협 [狹]

짐승[犭] 옆에 큰 대[大]자 모양의 사람이 물건을 양쪽에 끼고[ㅛ] 있어 좁음

[음] きょう　　狭小 협소　　狭心症 협심증　　偏狭 편협
[훈] せまい　　狭い 좁다
　　せばめる　　狭める 좁히다
　　せばまる　　狭まる 좁아지다

- 狭心症は、動脈の異常により血管が狭められて起こる疾患である。
  협심증은 동맥 이상에 의해 혈관이 좁아져서 일어나는 질환이다.

N2 / 中 / 9획

낄 협 [挾]

큰 대[大]자 모양의 사람이 물건을 양쪽에 끼고[ㅛ] 손[扌]에 물건을 들고 있음

[음] きょう　　挟撃 협공
[훈] はさむ　　挟む 끼다
　　はさまる　　挟まる 끼이다

- 野球で挟撃は、塁間に挟まれている走者を殺す守備方法である。
  야구에서 협공은 루 사이에 끼어 있는 주자를 죽이는 수비 방법이다.

N1 / 中 / 9획

골짜기 협 [峽]

산[山]골짜기를 큰 대[大]자 모양의 사람이 물건을 양쪽에 끼고[ㅛ] 오름

[음] きょう　　峡谷 협곡　　海峡 해협

- 陸地と陸地に挟まれて海の幅が狭くなった所を海峡という。
  육지와 육지 사이에 끼여 바다의 폭이 좁아진 곳을 해협이라고 한다.

外 / 中 / 16획

빰 협

얼굴[頁] 양 턱에 끼어[夾] 있는 부위

| 훈 | ほお | 頬 뺨 |

- 思春期になると、頬にニキビができやすくなる。
  사춘기가 되면 뺨에 여드름이 자주 생긴다.

N1 / 小6 / 8획

물 따라갈 연

강물[氵]이 늪[合]과 만나는 가장자리

| 음 | えん | 沿岸 연안 | 沿革 연혁 | 沿海 연해 |
| 훈 | そう | 沿う 따르다, 쫓다 [비교] 添う p.479 | 意に沿う 요구에 따르다 |

- 政府は、漁師たちの意に沿い沿海漁業を再開した。
  정부는 어부들의 요구에 따라 연해(연안) 어업을 재개했다.

N2 / 小2 / 11획

배 선

물길 따라 가는[沿] 배[舟]

음	せん	船長 선장	船舶 선박	乗船 승선
훈	ふね	船 배 [비교] 舟 p.286	大船 큰 배
	ふな	船便 배편	船旅 배 여행	船賃 뱃삯

- 船長は船を捨てて先に逃げた。 선장은 배를 버리고 먼저 도망갔다.

N1 / 中 / 13획

납 연

늪[合]처럼 검은 색을 띠는 금속[金]

| 음 | えん | 鉛筆 연필 | 亜鉛 아연 | 黒鉛 흑연 |
| 훈 | なまり | 鉛 납 | 鉛色 납빛 |

- 黒鉛と亜鉛は鉛とは全く関係ありません。
  흑연과 아연은 납과는 전혀 관계 없습니다.

N3 / 小2 / 6획

빛 색

몸을 구부린[⺈] 사람[巴]의 낯빛을 나타냄

음	しょく	染色 염색	特色 특색	原色 원색
	しき	色彩 색채	色調 색조
훈	いろ	色 색	色づく 물들다 / 색을 띠다	桜色 연분홍색

- この布は色々な色彩に美しく染色されている。
  이 천은 여러 가지 색채로 아름답게 염색되어 있다.

N2 / 小5 / 12획

絶
끊을 절

실[糸]에 색[色]을 입히기 위해 끊어 둠

- 음 ぜつ　　絶妙 절묘　　絶対 절대　　断絶 단절
- 훈 たえる　　絶える 끊어지다, 없어지다
- 　　たやす　　絶やす 끊어지게 하다, 없애다
- 　　たつ　　　絶つ 끊다, 자르다　[비교] 断つ p.133　裁つ p.437

■ お通夜のときは、絶対に線香の火を絶やしてはいけない。
　장례식에서 밤샘을 할 때, 절대로 향의 불을 끊기게 해서는 안 된다.

N1 / 中 / 19획

艶
고울 염

빛[色]이 풍부하니[豊] 매우 고움

- 음 えん　　　妖艶 요염
- 훈 つや　　　艶 윤, 광택　　色艶 얼굴이나 피부의 윤기 / 재미 / 정감
- 　　つややか　艶やかだ 윤기가 돌다
- 　　あでやか　艶やかだ (여성이) 품위 있게 곱다
- 　　なまめかしい　艶かしい 요염하다

■ 艶のある口紅を塗ると妖艶な雰囲気になる。
　윤기 있는 립스틱을 바르면 요염한 분위기가 난다.

N3 / 小1 / 9획

音
소리 음

입[口]에서 나오는 소리[一]가 사라지지 않고 세워져[立] 울림

- 음 おん　　音楽 음악　　音声 음성　　発音 발음
- 　　いん　　福音 복음　　子音 자음　　母音 모음
- 훈 おと　　音 소리　　　物音 어떤 소리
- 　　ね　　　音色 음색　　本音 본심

■ 音声学は、子音や母音などの音を研究する学問である。
　음성학은 자음과 모음 등의 소리를 연구하는 학문이다.

N3 / 小3 / 13획

暗
어두울 암

해[日]가 지면 어두워져서 소리[音]만 들림

- 음 あん　　暗示 암시　　暗号 암호　　明暗 명암
- 훈 くらい　暗い 어둡다　暗闇 어둠　　暗がり 어두움, 어두운 곳

■ 暗闇の中で暗証番号を押した。
　어둠 속에서 비밀번호를 눌렀다.

力 힘 력
N3 / 小1 / 2획

팔뚝에 힘을 준 모습

- 음 りょく　能力 능력　努力 노력　権力 권력
　　 りき　　力説 역설　力士 씨름꾼 / 힘센 사람　馬力 마력
- 훈 ちから　力 힘　底力 저력

- その力士はもっと力をつけるために努力した。
  그 스모 선수는 더 강해지기 위해 노력했다.

協 화합할 협
N4 / 小4 / 8획

여러 사람[十]이 힘[劦]을 합함

- 음 きょう　協力 협력　協会 협회　妥協 타협

- 皆様のご協力をお願いいたします。
  여러분의 협력을 부탁드립니다.

脇 겨드랑이 협
N1 / 中 / 10획

몸[月]에 온갖 힘[劦]이 모여 땀이 배출되는 곳

- 훈 わき　脇 겨드랑이　脇見 한눈팔기, 곁눈질　両脇 양옆

- 脇見運転は大きな事故につながる。
  운전 중 한눈팔기는 커다란 사고로 연결된다.

脅 위협할 협
N1 / 中 / 10획

위에서 힘[劦]으로 신변[月]을 위협하고 짓누름

- 음 きょう　脅威 위협　脅迫 협박
- 훈 おびやかす　脅かす 위협하다 / 신분을 위태롭게 하다
　　 おどす　　 脅す 협박하다
　　 おどかす　 脅かす 협박하다

- 「脅かす」は脅威の意味で、「脅かす」は脅迫の意味だ。
  「脅かす」는 위협의 의미이고, 「脅かす」는 협박의 의미이다.

筋 힘줄 근
N1 / 小6 / 12획

몸[月]에 힘[力]을 전달하며 대나무[竹→⺮]처럼 질긴 힘줄

- 음 きん　筋肉 근육　筋骨 근골　鉄筋 철근
- 훈 すじ　筋 힘줄 / 줄거리　筋道 도리 / 절차　大筋 대강의 줄거리, 요점

- コーチは、どうしたら筋肉が付くか、筋道を立てて説明した。
  코치는 어떻게 하면 근육을 키울 수 있는지 조리 있게 설명했다.

土
흙 토 — N5 / 小1 / 3획

작은 풀이 흙 위로 올라온 모양

- 음 ど　土曜日 토요일　土木 토목　国土 국토
- 　と　土地 토지　★お土産 토산품 / 선물
- 훈 つち　土 땅　赤土 적토

■ 赤土の多い土地は土木工事にふさわしくない。
적토가 많은 땅은 토목 공사에 적합하지 않다.

吐
토할 토 — N1 / 中 / 6획

입[口] 안의 물질을 땅[土]에 토함

- 음 と　吐血 토혈　吐露 토로　嘔吐 구토
- 훈 はく　吐く 토하다　吐き気 구역질

■ 吐き気や嘔吐は消化器系の病気によって起こることが多い。
구역질과 구토는 소화 기계의 질환으로 일어나는 경우가 많다.

社
모일 사 [社] — N5 / 小2 / 7획

땅[土]에 모여 제단[ネ]에 기도함

- 음 しゃ　社会 사회　社長 사장　神社 신사
- 훈 やしろ　社 신사

■ 社長のやっていることは、会社に重大な損害を与える背任行為だ。
사장이 하고 있는 것은 회사에 중대한 손해를 주는 배임 행위이다.

圧
누를 압 [壓] — N2 / 小5 / 5획

흙[土]을 누름[厂]

- 음 あつ　圧力 압력　圧迫 압박　気圧 기압

■ 為政者は、マスコミに圧力をかけてはいけない。
위정자는 매스컴에 압력을 행사해서는 안 된다.

粧
단장할 장 — N1 / 中 / 12획

흰 쌀[米]처럼 하얗게 집[广] 벽을 흙[土]으로 바르듯 단장함

- 음 しょう　化粧 화장

■ 韓国の化粧品は日本でも人気があります。
한국의 화장품은 일본에서도 인기가 있습니다.

N1 / 中 / 16획

흙덩이 양 [壤]

농사에 도움[襄]을 주는 흙[土]

- 음 じょう　　土壌 토양
- 北海道は肥沃な土壌ときれいな水に恵まれている。
  훗카이도는 비옥한 토양과 깨끗한 물이 풍부하다.

N1 / 中 / 16획

아가씨 양 [嬢]

집안에 도움[襄]을 주는 여자[女]

- 음 じょう　　お嬢さん 아가씨　　令嬢 영애, 따님
- お嬢さんは先生に好意を持っているらしい。
  아가씨는 선생에게 호의를 갖고 있는 것 같다.

N1 / 中 / 20획

술 빚을 양 [醸]

술[酉]을 만드는데 도움[襄]이 되는 방법

- 음 じょう　　醸造 양조　　醸成 양성
- 훈 かもす　　醸す 술을 빚다　　醸し出す 빚어내다
- その酒造会社の伝統を無視した醸造方法が物議を醸している。
  그 주조 회사의 전통을 무시한 양조 방법이 물의를 빚고 있다.

N1 / 中 / 20획

사양할 양 [譲]

말[言]로 양보하며 남을 도움[襄]

- 음 じょう　　譲歩 양보　　譲渡 양도　　謙譲 겸양
- 훈 ゆずる　　譲る 양도하다　　親譲り 부모에게 물려받음
- この土地を親から譲り受けると、譲渡税はいくらかかりますか。
  이 토지를 부모로부터 물려받으면 양도세는 얼마입니까?

N3 / 小1 / 5획

밭 전

너른 들에 밭과 밭고랑의 모양

- 음 でん　　田園 전원　　★田舎 시골, 전원, 지방　　塩田 염전　　油田 유전
- 훈 た　　田 밭　　田んぼ 논　　田畑 논밭
- 干拓地は塩田や田んぼなどに活用できる。
  간척지는 염전이나 논 등으로 활용할 수 있다.

N2 / 小2 / 11획

細
가늘 세

실[糸]을 만드는 면화가 밭[田]에 가늘게 촘촘히 심어져 있음

[음] さい　細心 세심　細胞 세포　詳細 상세
[훈] ほそい　細い 가늘다　心細い 불안하다 / 허전하다
　　ほそる　細る 점점 가늘어지다
　　こまか　細かだ 아주 작다
　　こまかい　細かい 상세하다 / 작다

- 細胞の核の中には髪の毛の４万分の１の細さのDNAが入っている。
  세포의 핵 속에는 머리카락의 4만분의 1의 가늘기의 DNA가 들어 있다.

N2 / 小3 / 9획

畑
화전 전

밭[田]을 태워[火] 비옥하게 일굼

[훈] はた　畑作 밭농사　田畑 논밭
　　はたけ　畑 밭　麦畑 보리밭

- 「畑」という字は、火をつけて焼いた土地で耕作したことに由来している。
  「畑」라는 글자는, 불을 놓아 태운 토지에서 경작했던 것에서 유래한다.

N3 / 小2 / 9획

思
생각 사

밭[田] 앞에서 농부가 마음속[心]으로 풍작을 생각함

[음] し　思考 사고　思想 사상　意思 의사
[훈] おもう　思う 생각하다　思い出 추억　思わしい 바람직하다 / 추측되다

- 彼は思ったより退職の意思が明確だった。
  그는 생각보다 퇴직의 의사가 명확했다.

N2 / 小6 / 9획

胃
밥통 위

밭[田]에서 나는 작물을 섭취하면 몸[月]에서 소화시키는 기관

[음] い　胃 위　胃腸 위장　胃酸 위산

- 食べたものは胃で消化される。
  먹은 것은 위에서 소화된다.

外 / 中 / 9획

두려워할 외

밭[田]에 길게[長→𧘇] 늘어진 허수아비에 놀라 두려워함

- 음 い 　畏怖 두려워함　畏敬 경외
- 훈 おそれる　畏れる 두려워하다 [비교] 恐れる p.460

■ 畏敬とは、畏れ敬うことで、尊敬よりも意味が重い。
경외란, 두려워하며 공경하는 것으로 존경보다도 의미가 무겁다.

N2 / 中 / 12획

거듭 첩 [疊]

너른 들판의 밭[田] 위[冖]에 또[且] 밭이 거듭되어 있는 모양

- 음 じょう　畳語 첩어　重畳 중첩
- 훈 たたむ　畳む 개다 / 접다　折り畳み 접이식, 접이
  たたみ　畳 다다미

■ 畳の部屋から重畳する山々を眺めた。
다다미 방에서 겹겹이 쌓인 산을 바라보았다.

N2 / 小1 / 5획

돌 석

돌의 모양

- 음 せき　石材 석재　岩石 암석　宝石 보석
  しゃく　磁石 자석
  こく　石高 쌀의 수확량
- 훈 いし　石 돌　石段 돌계단　小石 작은 돌

■ この岩石の周辺には磁石につく石がたくさんあります。
이 암석의 주변에는 자석에 붙는 돌이 많이 있습니다.

N2 / 小2 / 8획

바위 암 [巖]

산[山]에 있는 큰 돌[石]

- 음 がん　岩石 암석　溶岩 용암　火成岩 화성암
- 훈 いわ　岩 바위　岩場 암벽

■ その島に行けば溶岩の岩場が見られる。
그 섬에 가면 용암 암벽을 볼 수 있다.

N1 / 中 / 8획

넓힐 **척** / 박을 **탁**

손[扌]으로 돌[石]을 골라내어 농지를 넓힘

- 음 たく　　拓本 탁본　　干拓 간척　　開拓 개척
- 干拓事業は自然環境に著しい影響を及ぼす恐れがある。
  간척 사업은 자연환경에 현저한 영향을 미칠 우려가 있다.

外 / 中 / 8획

샘낼 **투**

돌[石]을 던져 버리고 싶을 정도로 강한 여자[女]의 시샘

- 음 と　　嫉妬 질투
- 훈 ねたむ　　妬む 질투하다, 시샘하다
  ねたましい　　妬ましい 질투나다
- 同僚の出世を妬む男性の方が嫉妬深い女性より怖いこともある。
  동료의 출세를 시기하는 남성이 질투심 많은 여성보다 무서울 때도 있다.

N1 / 中 / 18획

주춧돌 **초**

초나라[楚]가 궁을 지을 때 큰 돌[石]을 기초로 함

- 음 そ　　礎石 초석　　基礎 기초　　定礎 정초(주추돌을 놓음, 공사의 개시)
- 훈 いしずえ　　礎 초석
- 彼は国の基礎を立てた人物である。
  그는 나라의 기초를 세운 인물이다.

N1 / 小6 / 14획

자석 **자**

자기가 무성한[玆] 돌[石]

- 음 じ　　磁石 자석　　磁気 자기　　陶磁器 도자기
- 磁気ネックレスは肩こり解消によいという。
  자기 목걸이는 어깨 결림 해소에 좋다고 한다.

N1 / 小4 / 12획

불을 **자**

수[氵]중 생물이 무성하게[玆] 불어남

- 음 じ　　滋養 자양　　滋味 깊은 맛　　★滋賀県 시가현
- 滋養分とは、体の栄養となる成分のことをいう。
  자양분이란, 몸의 영양이 되는 성분을 말한다.

N1 / 中 / 13획

사랑 자

가슴속에 무성하게[茲] 자리 잡고 있는 마음[心]

- 음 じ　　慈悲 자비　　慈善 자선　　慈愛 자애
- 훈 いつくしむ　　慈しむ 자애하다, 사랑하다

■ 彼女は人々を慈しむ心で慈善事業に全てを捧げた。
그녀는 사람들을 사랑하는 마음으로 자선 사업에 모든 것을 바쳤다.

확인 문제

1 빈칸에 알맞은 한자를 a, b 중에 고르세요.

① 光___ a. 線 b. 綿
② 養___ a. 渓 b. 鶏
③ 余___ a. 裕 b. 俗
④ 偏___ a. 挟 b. 狭
⑤ ___対 a. 艶 b. 絶
⑥ ___力 a. 協 b. 脇
⑦ ___造 a. 醸 b. 譲
⑧ 詳___ a. 畑 b. 細
⑨ 開___ a. 妬 b. 拓
⑩ ___石 a. 滋 b. 磁

2 밑줄 친 부분에 해당되는 한자를 a, b, c 중에 고르세요.

① <u>とける</u>　　a. 溶　　b. 容　　c. 浴
② <u>はさむ</u>　　a. 峡　　b. 狭　　c. 挟
③ <u>おどかす</u>　a. 協　　b. 脇　　c. 脅
④ <u>ゆずる</u>　　a. 嬢　　b. 譲　　c. 醸
⑤ <u>ねたむ</u>　　a. 岩　　b. 妬　　c. 拓

3 다음을 일본어 한자와 히라가나로 써 보세요.

① 면밀 ➡ _____ / _____
② 연혁 ➡ _____ / _____
③ 승선 ➡ _____ / _____
④ 암시 ➡ _____ / _____
⑤ 중첩 ➡ _____ / _____

대자연 4

N2 / 中 / 9획

보배 진

머릿결[彡] 무늬가 새겨진 빛나는 옥[王]

- 음 **ちん**　　珍味 진미　　珍奇 진기　　珍妙 진묘, 기묘
- 훈 **めずらしい**　　珍しい 희귀하다

■ 中国には珍しい食材を使った山海珍味がたくさんあります。
　중국에는 진귀한 식재를 사용한 산해진미가 많이 있습니다.

N1 / 中 / 12획

진찰할 진

머릿결[彡] 속을 살피듯 환자의 상태를 말[言]로써 진찰함

- 음 **しん**　　診察 진찰　　診療 진료　　診断 진단
- 훈 **みる**　　診る 진찰하다　[비교] 見る p.475

■ 最新診断機器で患者を診る医者が増えていく。
　최신 진단 기기로 환자를 진찰하는 의사가 늘어간다.

N1 / 中 / 10획

순수할 수 [粹]

쌀[米]을 도구[十]에 넣고 힘[力→九]을 가해 빻으면 순수한 알곡만 남음

- 음 **すい**　　国粋主義 국수주의　　純粋 순수　　精粋 정수
- 훈 **いき**　　粋 세련됨

■ 彼女はいつも粋な格好をしているが、実はとても純粋な心を持っている。
　그녀는 언제나 세련된 모습이지만, 실은 매우 순수한 마음을 지니고 있다.

外 / 中 / 8획

일본 한자

나무[木]로 힘[力→九]을 가해 못질[十]하여 만든 틀

- 훈 **わく**　　枠 틀　　枠内 범위 내, 틀 안　　窓枠 창틀

■ 枠は別の言葉でフレームとも言う。
　틀은 다른 말로 프레임이라고도 한다.

N1 / 中 / 9획

부술 쇄 [砕]

돌[石]을 정[十]으로 힘[力→九]을 가해 부숨

- 음 さい　　砕氷船 쇄빙선　破砕 파쇄　粉砕 분쇄
- 훈 くだく　　砕く 깨다, 부수다
  くだける　砕ける 깨지다, 부서지다

■ リサイクル会社では、廃材を破砕機に入れて砕く作業をしている。
재활용 센터에서는 폐자재를 파쇄기에 넣고 부수는 작업을 한다.

N1 / 中 / 11획

술 취할 취 [酔]

술[酉]에 취하면 엄청[十] 힘[力→九]이 세짐

- 음 すい　　麻酔 마취　泥酔 만취　心酔 심취
- 훈 よう　　酔う 취하다　酔っ払い 만취하다　二日酔い 숙취

■ 麻酔が覚めたあと、二日酔いのような状態になった。
마취에서 깬 후, 숙취가 있는 것 같은 상태가 되었다.

N1 / 中 / 14획

맑은 유리 류

맑아서 영롱한 빛이 머무는[留] 옥[王]

- 음 る　　瑠璃 유리　浄瑠璃 조루리(전통 가면 예능)

■ 浄瑠璃は、三味線を伴奏に物語を語る。
조루리는 샤미센을 반주로 이야기를 말한다.

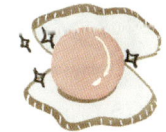

N1 / 中 / 15획

맑은 유리 리

맑아서 햇빛을 그대로 보내는[离] 옥[王]

- 음 り　　玻璃 유리　瑠璃 유리

■ ガラスのことを古い言葉で玻璃とも言う。
유리를 옛말로 '玻璃'라고도 한다.

N3 / 小3 / 14획

은 은

가던 길을 멈추고 머무르게[艮] 할 만큼 고운 빛이 나는 금속[金]

- 음 ぎん　　銀行 은행　銀貨 은화　水銀 수은

■ メキシコは世界最大の銀の産地である。
멕시코는 세계 최대의 은의 산지이다.

根

뿌리 근
N2 / 小3 / 10획

나무[木]를 움직이지 않고 잘 머무르게[艮] 하는 뿌리

- 음 こん　　根本 근본　　根拠 근거　　大根 무
- 훈 ね　　　根 뿌리　　根強い 뿌리 깊다　　屋根 지붕

■ 実は、大根の葉は根よりもミネラルが豊富です。
　사실, 무의 잎은 뿌리보다도 미네랄이 풍부합니다.

限

막을 한
N2 / 小5 / 9획

높은 언덕[阝]은 가던 길을 막아 머무르게[艮] 함

- 음 げん　　限界 한계　　限度 한도　　制限 제한
- 훈 かぎる　限る 한하다

■ 下記の場合に限り、採用時の年齢制限が認められる。
　아래의 경우에 한해, 채용 시의 연령 제한이 인정된다.

退

물러날 퇴
N2 / 小6 / 9획

멈추고[艮] 뒤로 감[辶]

- 음 たい　　　　退却 퇴각, 후퇴　　退任 퇴임　　退屈 지루함, 따분함
- 훈 しりぞく　　退く 물러나다, 비키다
　　 しりぞける　退ける 물리치다 / 거절하다
　　　　　　　★ 立ち退く 물러나다 / 퇴거하다

■ 退任は辞任とちがい、任期満了で退く場合によく用いられる。
　퇴임은 사임과 달리 임기 만료로 물러나는 경우에 자주 사용된다.

眼

눈 안
N1 / 小5 / 11획

눈[目] 안에 머물러[艮] 시력을 형성하는 눈동자

- 음 がん　　眼科 안과　　眼球 안구　　主眼 주안
　　 げん　　開眼 불도를 깨달음
- 훈 まなこ　眼 눈　　血眼 혈안
　　　　　★ 眼鏡 안경

■ 当社では時代の要請に即した眼鏡作りに主眼を置いてあります。
　저희 회사에서는 시대의 요청에 응한 안경 제작에 주안을 두고 있습니다.

N1 / 中 / 9획

한 **한**

원망은 가슴속에 응어리로 머물러[艮] 있는 마음[忄]

- 음 **こん**　痛恨 통한　怨恨 원한　悔恨 회한
- 훈 **うらむ**　恨む 원망하다　恨み 원한, 앙심
  うらめしい　恨めしい 원망스럽다

■ あんないい人を恨んでいたなんて、痛恨の極みだ。
그런 좋은 사람을 원망했다니 통한스럽기 짝이 없다.

外 / 中 / 11획

흔적 **흔**

병상[疒]에 누워 있는 환자의 몸에 치료 후 머무르게[艮] 된 자국

- 음 **こん**　痕跡 흔적　血痕 혈흔
- 훈 **あと**　痕 흔적 [비교] 跡 p.249　後 p.284　傷痕 상처 자국

■ 鑑識班は血の痕以外、何の痕跡も見つけられなかった。
감식반은 혈흔 이외에 어떤 흔적도 찾지 못했다.

N2 / 小4 / 11획

뭍 **륙**

언덕[阝]이 있고 또 언덕[坴]이 있는 땅

- 음 **りく**　陸地 육지　上陸 상륙　着陸 착륙

■ 本書は、旅客機の離陸から着陸までのすべてを扱っている。
이 책은 여객기의 이륙부터 착륙까지 모든 것을 다루고 있다.

N1 / 中 / 13획

화목할 **목**

화목한 언덕[坴] 위의 집을 바라봄[目]

- 음 **ぼく**　親睦 친목　和睦 화목
- 훈 **むつまじい**　睦まじい 사이가 좋다 / 친밀하다 / 정답다　仲睦まじい 친밀하다

■ 会社の親睦旅行をきっかけに、彼女は彼と睦まじい関係になった。
회사의 친목 여행을 계기로 그녀는 그와 친밀한 관계가 되었다.

N1 / 中 / 11획

높을 **륭** [隆]

언덕[阝]에 자란[生] 풀을 밟고[夂] 높이 오름

- 음 **りゅう**　隆盛 융성　隆起 융기　隆々 기세가 왕성함 / 울퉁불퉁

■ 地震によって水田が隆起し宅地が沈降した。
지진으로 인해 논이 높이 솟아오르고 택지가 침하했다.

N1 / 中 / 11획

언덕 릉

흙[土]을 천천히 지고 올라가[夊] 쌓은 언덕[阝]

- 음 りょう　　丘陵 구릉　　王陵 왕릉
- 훈 みささぎ　　陵 왕의 능묘

■ その大学は丘陵地に建っている。
　그 대학은 구릉지에 세워졌다.

N2 / 小6 / 10획

내릴 강

언덕[阝]에서 불안한 발걸음[夊]으로 내려옴

- 음 こう　　降雨 강우　　降伏 항복　　下降 하강
- 훈 おりる　　降りる (탈것에서) 내리다　比교 下りる p.277
- 　　おろす　　降ろす 내리게 하다　比교 下ろす p.277　卸す p.414
- 　　ふる　　降る (눈·비 등이) 내리다

■ 冬はほとんど雨が降らないので、12月の降水量が最も少ない。
　겨울에는 거의 비가 내리지 않기 때문에, 12월의 강수량이 가장 적다.

N2 / 中 / 9획

거칠 황 [荒]

강[川]이 말라[亡] 마른 풀[艹] 몇 포기만 나있음

- 음 こう　　荒廃 황폐　　荒涼 황량　　荒天 황천
- 훈 あらい　　荒い 거칠다 / 거칠다 / 난폭하다　比교 粗い p.525
- 　　あれる　　荒れる 거칠어지다 / 날뛰다 / 사나워지다
- 　　あらす　　荒らす 황폐하게 하다 / 휩쓸다 / 어지럽게 하다

■ この地方は、荒涼とした土地が多く、人の心も荒れている。
　이 지방은 황량한 토지가 많아 사람의 마음도 거칠어져 있다.

N1 / 中 / 12획

어리둥절할 황 [慌]

어리둥절하여 마음속[忄]이 황무지[荒]처럼 하얘짐

- 음 こう　　恐慌 공황
- 훈 あわてる　　慌てる 당황하다　　大慌て 매우 당황함, 허둥지둥함
- 　　あわただしい　　慌ただしい 분주하다, 조급하다

■ 今回の金融恐慌では、世界各国の政府が大慌てになった。
　이번 금융 공황으로 세계 각국의 정부가 매우 당황했다.

N5 / 小1 / 4획

하늘 천

사람[大] 위[一]에 있는 곳

- 음 てん　　天気 날씨　　天然 천연　　天下 천하
- 훈 あめ　　天 하늘
-    あま　　天の川 은하수　　天下り 낙하산 인사

■ 今夜はとても天気がいいので、天の川が見られそうです。
　오늘 밤은 매우 날씨가 좋아서 은하수를 볼 수 있을 것 같습니다.

N2 / 小4 / 4획

지아비 부

상투[一]를 튼 남자[大]

- 음 ふ　　夫妻 부부　　夫人 부인　　農夫 농부
-    ふう　　夫婦 부부　　工夫 궁리
- 훈 おっと　　夫 남편

■ この夫婦の場合、夫が先に亡くなると夫人に3分の2の相続権ができる。
　이 부부의 경우, 남편이 먼저 죽으면 부인에게 2/3의 상속권이 생긴다.

N1 / 中 / 7획

도울 부

상투를 튼 사내[夫]기 손[扌]으로 도움

- 음 ふ　　扶養 부양　　扶助 부조

■ 公的扶助は国民の最低限の生活を保障する。
　공적 부조는 국민의 최저한의 생활을 보장한다.

N5 / 小1 / 4획

불 화

타오르는 불꽃의 모양

- 음 か　　火曜日 화요일　　火災 화재　　発火 발화
- 훈 ひ　　火 불 [비교] 灯 p.34　　花火 불꽃　　炭火 숯불
-    ほ　　火照る 달아오르다
-    ★ 火傷 화상

■ 花火大会で火事が起きて4人が軽い火傷を負った。
　불꽃놀이에서 화재가 발생하여 4명이 가벼운 화상을 입었다.

N2 / 小6 / 6획

재 회 [灰]

불[火]을 때고 가마[厂]에 남은 재

- 음 かい　　灰じん 잿더미　　灰白色 회백색　　石灰 석회
- 훈 はい　　灰 재　　灰色 회색　　灰皿 재떨이

- 石灰岩は一般に、灰色をしている。
  석회암은 일반적으로 회색을 띠고 있다.

N2 / 小3 / 9획

숯 탄

산[山]기슭의 불가마[厂]에서 불[火]을 때어 숯을 만듦

- 음 たん　　炭素 탄소　　炭鉱 탄광　　石炭 석탄
- 훈 すみ　　炭 숯　　炭火 숯불

- 炭とダイヤモンドは同じ炭素からなるが、原子の結合が違う。
  숯과 다이아몬드는 같은 탄소로부터 만들어지지만, 원자의 결합이 다르다.

N1 / 小5 / 7획

재앙 재

홍수[巛]와 화재[火]

- 음 さい　　災害 재해　　災難 재난　　火災 화재
- 훈 わざわい　　災い 화 / 재난 / 불행

- 「口は災いの元」とは、言葉を慎まないと災難に巻き込まれるという意味である。
  '입은 화의 근원'이라는 것은 말을 삼가지 않으면 재난에 휘말린다는 의미이다.

N1 / 中 / 8획

불꽃 염

불꽃[火] 속의 불꽃[火]의 모양

- 음 えん　　炎症 염증　　火炎 화염　　肝炎 간염
- 훈 ほのお　　炎 불꽃

- 火炎放射器は炎を噴射する武器である。
  화염 방사기는 불꽃을 분사하는 무기이다.

N1 / 中 / 11획

맑을 담

불꽃[炎]처럼 밝고 맑은 물[氵]

- 음 たん　　淡水 담수, 민물　　濃淡 농담　　冷淡 냉담
- 훈 あわい　　淡い 연하다

- この作品は、淡い雲を墨の濃淡でうまく表現している。
  이 작품은 연한 구름을 먹의 농담으로 잘 표현하고 있다.

談
말씀 담
N2 / 小3 / 15획

사람들이 불[炎]을 피워 놓고 나누는 말[言]

- 음 **だん** 談話 담화 談判 담판 相談 상담
- 新年を迎え、大統領の談話があった。
  신년을 맞아 대통령의 담화가 있었다.

水
물 수
N5 / 小1 / 4획

강가의 물줄기를 멀리서 바라본 모양

- 음 **すい** 水分 수분 水泳 수영 海水浴 해수욕
- 훈 **みず** 水 물 水着 수영복

- 国際水泳連盟は、競泳用水着の素材を制限した。
  국제 수영 연맹은 경영용 수영복의 소재를 제한했다.

氷
얼음 빙
N2 / 中 / 5획

물[水]이 덩어리[丶]가 된 상태

- 음 **ひょう** 氷山 빙산 結氷 결빙 製氷 제빙
- 훈 **こおり** 氷 얼음 かき氷 빙수
- **ひ** 氷室 얼음 창고 氷雨 (늦가을의) 찬비 / 진눈깨비

- 彼女は製氷機から氷を取り出してカクテルに入れた。
  그녀는 제빙기에서 얼음을 꺼내어 칵테일에 넣었다.

永
길 영
N2 / 小5 / 5획

물줄기[水]가 멀리서부터[丶] 길게 늘어져 있음

- 음 **えい** 永久 영구 永遠 영원 永続 영속
- 훈 **ながい** 永い 영원하다 / 오래다 비교 長い p.334
- 永住権を取るのに永い年月がかかった。
  영주권을 취득하는데 오랜 세월이 걸렸다.

泳
헤엄칠 영
N2 / 小3 / 8획

물[氵]에서 몸을 길게[永] 만들어 헤엄침

- 음 **えい** 泳法 영법 水泳 수영 宇宙遊泳 우주 유영
- 훈 **およぐ** 泳ぐ 수영하다 泳ぎ 수영 平泳ぎ 평영
- 今月の水泳教室のレッスンは、平泳ぎから始まる。
  이번 달의 수영 교실 레슨은 평영부터 시작된다.

N1 / 中 / 12획

읊을 영

시나 노래와 같은 말[言]을 길게[永] 읊음

- 음 えい   詠嘆 영탄   詠じる 읊다   朗詠 낭송
- 훈 よむ   詠む 읊다 비교 読むp.403

- これはある貴族によって詠まれた漢詩文である。
  이것은 어느 귀족에 의해 읊어졌던 한시문이다.

N2 / 小3 / 10획

흐를 류

깃발[㐬]이 나부끼듯 물[氵]이 흘러감

- 음 りゅう   流行 유행   交流 교류   電流 전류
    る   流布 유포
- 훈 ながれる   流れる 흐르다 / 흘러가다   流れ 흐름 / 강
    ながす   流す 흘리다 / 떠내려 보내다   流し 흘림 / 설거지대

- コイルに強い電流を流す実験が行われた。
  코일에 강한 전류를 흐르게 하는 실험이 행해졌다.

N1 / 中 / 12획

유황 류

화약 제조나 제련을 위해 흐르는[流→㐬] 형태로 쓰인 광물[石]

- 음 りゅう   硫酸 황산   ★硫黄 유황

- 硫酸は、化学式 H_2SO_4 で示される。
  황산은 화학식 H_2SO_4로 나타낸다.

N2 / 中 / 12획

젖을 습 [濕]

습도는 공기 중의 물[氵]기를 나타냄[显]

- 음 しつ   湿気 습기   湿地 습지   多湿 다습
- 훈 しめる   湿る 축축해지다
    しめす   湿す 적시다
    しめっぽい 湿っぽい 축축하다

- 梅雨時は何もかも湿っぽくなるので、換気などの湿気対策が必要だ。
  장마철에는 무엇이든 축축해지므로 환기 등의 습기 대책이 필요하다.

N1 / 中 / 18획

顕 나타날 현 [顯]

머리[頁], 즉 모습이 나타남[显]

- 음 けん　　顕著 현저　　顕微鏡 현미경　　顕彰 현창(밝히어 알림)
- 研究員が顕微鏡を覗きこんでいる。
  연구원이 현미경을 들여다보고 있다.

N1 / 中 / 10획

鬼 귀신 귀

무서운 모습의 귀신

- 음 き　　鬼神 귀신　　鬼才 귀재(뛰어난 재능)　　餓鬼 아귀 / 어린아이를 얕잡아 부르는 말
- 훈 おに　　鬼 도깨비　　鬼ごっこ 술래잡기
- まだ餓鬼だったころ、あいつとよく鬼ごっこをして遊んだものだ。
  아직 꼬마였을 때, 그 녀석과 자주 술래잡기를 하면서 놀았지.

N1 / 中 / 13획

塊 덩어리 괴

기괴한 모양의 귀신[鬼]처럼 덩어리진 흙[土]

- 음 かい　　団塊 덩어리　　金塊 금괴
- 훈 かたまり　　塊 덩어리
- この黄色く光る塊は、金塊だ。
  이 노랗게 빛나는 덩어리는 금괴다.

N1 / 中 / 14획

魂 넋 혼

할 말[云]이 남은 귀신[鬼]

- 음 こん　　魂胆 속셈　　霊魂 영혼　　鎮魂 진혼
- 훈 たましい　　魂 넋
- 鎮魂歌は、死者の魂を慰め鎮めるための歌である。
  진혼가는 사자의 영혼을 위로하고 진정시키기 위한 노래이다.

N1 / 中 / 15획

魅 매혹할 매

귀신[鬼]인 듯 아닌[未] 듯 아름다운 모습으로 홀림

- 음 み　　魅力 매력　　魅了 매료　　魅惑 매혹
- 一人旅の魅力は何ですか。
  혼자 떠나는 여행의 매력은 무엇입니까?

N1 / 中 / 17획

추할 추

술[酉]에 취해 귀신[鬼]처럼 옷을 풀어헤치고 추태를 부림

- 음 しゅう　　醜態 추태　　醜悪 추악　　醜聞 추문
- 훈 みにくい　　醜い 추하다

■ 候補者の相次ぐ醜聞から、歴史上最も醜い戦いが展開された。
후보자의 연이은 추문으로 역사상 가장 추한 싸움이 전개되었다.

N5 / 小1 / 6획

기운 기 [氣]

구름[气]처럼 희미하지만 분명히[メ] 존재하는 기운

- 음 き　　気持ち 기분　　元気 원기, 건강함　　電気 전기
- 　け　　気配 기미　　火の気 화기　　★意気地 고집 / 기개

■ 火の気はなくても電気設備が原因で起こる火事が多い。
화기는 없어도 전기 설비의 원인으로 일어나는 화재가 많다.

N1 / 小2 / 7획

증기 기

물[氵]을 끓이면 구름[气]처럼 피어오르는 기운

- 음 き　　汽車 기차　　汽船 기선　　汽笛 기적

■ 汽船とは、蒸気機関を動力源とする船のことをいう。
기선이란, 증기 기관을 동력원으로 하는 배를 말한다.

N2 / 小2 / 10획

근원 원

언덕[厂] 아래 있는 샘물[泉]이 생명체의 근원

- 음 げん　　原因 원인　　原理 원리　　高原 고원
- 훈 はら　　原 들, 벌판　　野原 들판　　松原 소나무 벌판
- 　　　★河原 강가의 자갈밭

■ 松原駅の利用率が低下している原因は何でしょうか。
마츠바라역의 이용률이 저하되는 원인은 무엇입니까?

N1 / 小6 / 13획

근원 원

물줄기[氵]가 시작된 근원[原]

- 음 げん　　源泉 원천　　電源 전원　　資源 자원
- 훈 みなもと　　源 수원, 근원

■ 漢江の源流を辿って歩くのが、私の元気の源です。
한강의 원류를 따라 걷는 것이 제 힘의 근원입니다.

N2 / 小4 / 19획

願
원할 **원**

언덕 아래 샘물[原]에서 머리[頁] 숙여 기원함

- 음 **がん**　　願書 원서　　祈願 기원　　志願 지원
- 훈 **ねがう**　　願う 바라다 / 기원하다　　お願い 바람 / 부탁
　　　　　　願わしい 바람직하다

■ 田中さんに入学願書の添削をお願いされた。
　　다나카 씨에게 입학 원서의 첨삭을 부탁받았다.

확인 문제

1 빈칸에 알맞은 한자를 a, b 중에 고르세요.

❶ 純＿＿　　a. 枠　b. 粋　　　❺ ＿＿養　　a. 扶　b. 夫
❷ 制＿＿　　a. 眼　b. 限　　　❻ ＿＿地　　a. 湿　b. 顕
❸ ＿＿盛　　a. 隆　b. 陵　　　❼ 霊＿＿　　a. 塊　b. 魂
❹ 恐＿＿　　a. 荒　b. 慌　　　❽ ＿＿理　　a. 原　b. 源

2 밑줄 친 부분에 해당되는 한자를 a, b, c 중에 고르세요.

❶ <u>くだける</u>　　　a. 枠　　b. 酔　　c. 砕
❷ <u>しりぞける</u>　　a. 退　　b. 眼　　c. 限
❸ <u>みにくい</u>　　　a. 鬼　　b. 魅　　c. 醜

3 다음을 일본어 한자와 히라가나로 써 보세요.

❶ 진찰 ➡ ＿＿＿＿＿＿＿＿＿＿ / ＿＿＿＿＿＿＿＿＿＿
❷ 착륙 ➡ ＿＿＿＿＿＿＿＿＿＿ / ＿＿＿＿＿＿＿＿＿＿
❸ 화재 ➡ ＿＿＿＿＿＿＿＿＿＿ / ＿＿＿＿＿＿＿＿＿＿

동물 1

N1 / 中 / 7획

寿

목숨 수 [壽]

여러 번[三]의 위기[寸]를 넘기고 이어갈[ノ]만큼 질긴 목숨

- 음 じゅ　　寿命(じゅみょう) 수명　　長寿(ちょうじゅ) 장수　　米寿(べいじゅ) 미수, 88세
- 훈 ことぶき　　寿(ことぶき) 축복

■ 医療技術の発達により平均寿命は年々伸びている。
　의료 기술의 발달에 따라 평균 수명은 해마다 늘고 있다.

N1 / 中 / 15획

鋳

쇠 불릴 주 [鑄]

쇠[金]를 녹여 목숨[寿]을 불어 넣어 새로운 물건을 만듦

- 음 ちゅう　　鋳造(ちゅうぞう) 주조　　鋳鉄(ちゅうてつ) 주철
- 훈 いる　　鋳(い)る 주조하다　　鋳物(いもの) 주물

■ 鋳造して作られた製品を鋳物という。
　주조해서 만들어진 제품을 주물이라고 한다.

N1 / 中 / 10획

竜

용 룡 [龍]

용이 승천하는 모습

- 음 りゅう　　竜(りゅう) 용　　恐竜(きょうりゅう) 공룡
- 훈 たつ　　竜(たつ) 용　　竜巻(たつまき) 회오리 바람

■ 「昇竜拳(しょうりゅうけん)」は、竜巻(たつまき)の中で竜(りゅう)が昇天(しょうてん)する姿(すがた)を模(も)した拳法(けんぽう)である。
　'승룡권'은 회오리 바람 속에서 용이 승천하는 모습을 흉내 낸 권법이다.

N1 / 中 / 13획

滝

여울 랑 [瀧]

폭포수[氵] 밑에서 용[竜]이 승천함

- 훈 たき　　滝(たき) 폭포　　滝(たき)つぼ 용소(폭포 웅덩이)

■ ナイアガラの滝は、カナダとアメリカの国境に位置している。
　나이아가라 폭포는 캐나다와 미국의 국경에 위치하고 있다.

N1 / 中 / 22획

대바구니 롱

대나무[竹→⺮]로 용[龍]의 비늘처럼 엮어 만든 바구니

- 음 ろう　　籠城 농성　　灯籠 등롱
- 훈 かご　　籠 바구니
- 　こもる　籠もる 가득차다 / 깃들다 / 틀어박히다

- 籠の中に、お土産といっしょに心の籠もった手紙が入っていた。
  바구니 안에 선물과 함께 마음이 담긴 편지가 들어 있었다.

N1 / 中 / 22획

엄습할 습

용[龍]의 비늘처럼 된 갑옷[衣]을 입고 갑자기 습격함

- 음 しゅう　襲撃 습격　　世襲 세습　　逆襲 역습
- 훈 おそう　襲う 습격하다

- 思いも寄らぬ逆襲を受け、みんなはパニックに襲われた。
  생각지도 못한 역습을 당해, 모두 패닉에 사로잡혔다.

N2 / 小5 / 12획

코끼리 상

코끼리의 모습

- 음 しょう　象徴 상징　　印象 인상　　対象 대상
- 훈 ぞう　　象 코끼리　　象牙 상아

- 象牙は腐敗しないので、清純の象徴といわれてきた。
  상아는 부패하지 않기 때문에 순수함의 상징으로 일컬어져 왔다.

N2 / 小5 / 14획

모양 상

사람[亻]이 코끼리[象]의 모양을 만듦

- 음 ぞう　　映像 영상　　画像 화상　　想像 상상

- 本を読むと、想像力が鍛えられる。
  책을 읽으면 상상력을 키울 수 있다.

N3 / 小2 / 4획

牛

소 우

뿔 달린 소의 머리 모양

- 음 ぎゅう　牛肉 소고기　　牛乳 우유　　牛丼 쇠고기덮밥
- 훈 うし　　牛 소　　牛小屋 외양간

- 乳牛は、牛乳の生産量を増やすために品質改良された牛である。
  젖소는 우유의 생산량을 늘리기 위해 품질 개량된 소이다.

件 물건 건
N2 / 小5 / 6획

사람[亻]에게 소[牛]가 제일 중요한 물건임

- 음 けん　事件 사건　条件 조건　用件 용건
- ご用件がある場合、連絡をください。
  용건이 있는 경우, 연락을 주십시오.

午 낮 오
N4 / 小2 / 4획

절구공이로 해의 그림자를 재는 모습

- 음 ご　午前 오전　午後 오후　正午 정오
- あのコンビニは、午前7時から午後11時まで営業している。
  그 편의점은 오전 7시부터 오후 11시까지 영업하고 있다.

許 허락할 허
N2 / 小5 / 11획

타인의 말[言]을 듣고 대낮[午]같이 환한 얼굴로 허락함

- 음 きょ　許可 허가　許諾 허락　特許 특허
- 훈 ゆるす　許す 허락하다 / 용서하다
- 許可というのは、禁止されている行為を許す行政行為である。
  허가란, 금지된 행위를 허락하는 행정 행위이다.

年 해 년
N5 / 小1 / 6획

볏단을 등에 진 농부의 모습

- 음 ねん　年代 연대　二年生 2학년　新年 신년
- 훈 とし　年 나이　年寄り 늙은이, 노인　お年玉 세뱃돈
- 小学3年生に一万円もお年玉をあげるのは、ふさわしくない。
  초등학교 3학년에게 만 엔이나 세뱃돈을 주는 것은 적합하지 않다.

馬 말 마
N2 / 小2 / 10획

달리는 말의 모습

- 음 ば　馬車 마차　乗馬 승마　競馬 경마
- 훈 うま　馬 말　馬小屋 마구간　子馬 망아지
- 　ま　馬子 마부　絵馬 신사나 절에 봉납하는 말 그림 목판
- 競馬場には、馬に関する子供向けの体験プログラムもある。
  경마장에는 말과 관련된 아이들 대상의 체험 프로그램도 있다.

N1 / 中 / 16획

篤
도타울 독

죽[竹→⺮]마[馬]를 함께 타는 사이처럼 돈독함

- 음 とく　　篤実 독실　　篤学 학문에 충실함　　危篤 위독
- 祖父が危篤だという知らせを受けました。
  조부께서 위독하다는 통지를 받았습니다.

外 / 中 / 15획

罵
꾸짖을 매

야생마[馬]에 안장[罒]을 앉히기 위해 꾸짖어 길들임

- 음 ば　　罵倒 매도　　罵声 욕하는 소리　　罵詈雑言 온갖 욕설
- 훈 ののしる　　罵る 매도하다 / 욕하다
- 彼らは私に罵詈雑言を浴びせたが、私は誰からも罵られるようなことはしていない。
  그들은 나에게 온갖 욕설을 퍼부었지만, 나는 누구에게서도 욕먹을 일은 하지 않았다.

N1 / 中 / 18획

騒
떠들 소 [騷]

말[馬]이 벌레[虫]에 물려 또[又] 시끄럽게 날뜀

- 음 そう　　騒音 소음　　騒動 소동　　物騒 뒤숭숭하고 위험함
- 훈 さわぐ　　騒ぐ 떠들다 / 동요하다　　大騒ぎ 큰 소동
- 　 さわがしい　　騒がしい 소란스럽다
- 深夜まで騒いでいた若者が引っ越していったので、騒音問題は解決した。
  심야까지 떠들어 대던 젊은이가 이사 가서 소음 문제가 해결되었다.

N1 / 中 / 8획

虎
범 호

사납게 입을 벌리고 있는 호랑이의 모습

- 음 こ　　虎穴 호랑이 굴 / 매우 위험한 곳　　猛虎 맹호
- 훈 とら　　虎 호랑이
- 虎の子を得るためには虎穴に入らなければならない。
  호랑이 새끼를 얻기 위해서는 호랑이 굴에 들어가지 않으면 안 된다.

N1 / 中 / 9획

虐
모질 학 [虐]

사나운 호랑이[虎→虍]가 날카로운 손톱[ヨ]으로 사람을 모질게 해침

- 음 ぎゃく　　虐待 학대　　虐殺 학살　　残虐 잔학
- 훈 しいたげる　　虐げる 학대하다
- 弱い者を虐待してはいけない。 약한 자를 학대해서는 안 된다.

N1 / 中 / 13획

사로잡을 로 [虜]

용감한 사내[男]가 호랑이[虎→虍]를 사로잡음

- 음 りょ　　捕虜 ほりょ 포로　　俘虜 ふりょ 부로, 포로
- 彼らは捕虜の交換を提案してきた。
  그들은 포로 교환을 제안해 왔다.

N1 / 中 / 15획

생각할 려

호랑이[虎→虍]를 잡을 방법을 생각함[思]

- 음 りょ　　考慮 こうりょ 고려　　遠慮 えんりょ 사양함, 삼감　　配慮 はいりょ 배려
- 遠慮せずに好きなだけ召し上がってください。
  사양하지 말고 마음 놓고 드세요.

N2 / 中 / 15획

살갗 부

내장[胃]을 감싸고 있는 호랑이[虎→虍]의 가죽

- 음 ふ　　皮膚 ひふ 피부　　完膚 かんぷ 흠이 없는 피부 / 결점이나 흠이 없는 곳
- 韓国には腕のいい皮膚科専門医が多いそうです。
  한국에는 실력 좋은 피부과 전문의가 많다고 합니다.

N1 / 中 / 11획

빌 허 [虛]

호랑이[虎→虍]가 나타나면 다 먹어치우고 풀포기[业]만 남아 비어 버림

- 음 きょ　　虚無 きょむ 허무　　虚偽 きょぎ 허위　　空虚 くうきょ 공허
  　 こ　　　虚空 こくう 허공
- 훈 むなしい　　虚しい むなしい 허무하다
- 彼は法廷で虚偽の証言をした。
  그는 법정에서 허위 증언을 했다.

N1 / 中 / 15획

희롱할/놀이 희 [戲]

창[戈]으로 허공[虛]에 찌르며 놂

- 음 ぎ　　戯曲 ぎきょく 희곡　　遊戯 ゆうぎ 유희　　★悪戯 いたずら 장난
- 훈 たわむれる　　戯れる たわむれる 장난치다
- 『戯れに恋はすまじ』は、1834年に発表されたミュッセの戯曲である。
  『사랑은 장난으로 하지 마오』는 1834년에 발표된 뮈세의 희곡이다.

N2 / 小6 / 15획

심할/연극 극

호랑이[虎→虍]와 돼지[豕]가 칼[刂]을 들고 싸우는 심각한 상황을 연극으로 꾸밈

- 음 げき　　劇場(げきじょう) 극장　　劇団(げきだん) 극단　　演劇(えんげき) 연극

• あの大学(だいがく)は演劇学科(えんげきがっか)の選抜試験(せんばつしけん)を実技(じつぎ)なしで行(おこな)う。
그 대학은 연극학과의 선발 시험을 실기 없이 한다.

N1 / 中 / 11획

돼지 돈

제단에 올리는 고기[月]로 쓰는 돼지[豕]

- 음 とん　　豚(とん)カツ 돈까스　　養豚(ようとん) 양돈
- 훈 ぶた　　豚(ぶた) 돼지　　子豚(こぶた) 새끼 돼지

• 豚(とん)カツは一般的(いっぱんてき)に豚(ぶた)のヒレかロースで作(つく)る。
돈까스는 일반적으로 돼지의 안심 또는 등심으로 만든다.

N1 / 中 / 10획

쫓을 축

돼지[豕]가 도망가니 따라가서[辶] 쫓음

- 음 ちく　　逐一(ちくいち) 하나하나 차례로　　逐次(ちくじ) 차례로　　駆逐(くちく) 구축, 몰아냄

• 海洋警察(かいようけいさつ)の駆逐艦(くちくかん)は、漁船(ぎょせん)の不法操業(ふほうそうぎょう)を監視(かんし)している。
해양 경찰의 구축함은 어선의 불법 조업을 감시하고 있다.

N1 / 中 / 12획

드디어 수 [遂]

사방팔방[八→丷]으로 돼지를 쫓다가[逐] 드디어 잡음

- 음 すい　　遂行(すいこう) 수행　　未遂(みすい) 미수　　完遂(かんすい) 완수
- 훈 とげる　　遂(と)げる 달성하다　　★遂(つい)に 드디어

• 「功成(こうな)り名遂(なと)げる」とは、立派(りっぱ)な仕事(しごと)を完遂(かんすい)して名声(めいせい)も得(え)る、という意味(いみ)である。
'공성명수'란, 훌륭한 일을 완수하고 명성도 얻는다는 의미이다.

N1 / 小3 / 6획

양 양

뿔이 달린 양머리의 모습

- 음 よう　　羊毛(ようもう) 양모　　牧羊(ぼくよう) 목양　　綿羊(めんよう) 면양
- 훈 ひつじ　　羊(ひつじ) 양

• 羊(ひつじ)は主(おも)に羊毛(ようもう)と羊肉(ようにく)を得(え)るために家畜化(かちくか)されている。
양은 주로 양모와 양고기 얻기 위해 가축화되고 있다.

N3 / 小3 / 9획

큰 바다 **양**

물[氵]결이 마치 양[羊]털처럼 일어나는 바다

- 음 **よう**　洋風 서양식　洋食 양식　太平洋 태평양
- 日本は環太平洋造山帯に属している。
  일본은 환태평양 조산대에 속해 있다.

N1 / 中 / 10획

상서로울 **상** [祥]

제단[示]에 양[羊]을 바치고 상서로움이 생기도록 기원함

- 음 **しょう**　不祥事 불상사　発祥地 발상지　吉祥 길상
- 囲碁の発祥地は中国で、占星術から派生したという説がある。
  바둑의 발상지는 중국이며, 점성술에서 파생했다는 설이 있다.

N1 / 中 / 13획

자세할 **상**

양은 비슷한 모습이므로 잃어버린 양[羊]을 자세히 설명[言]하여 찾음

- 음 **しょう**　詳細 상세　詳述 상술　未詳 미상
- 훈 **くわしい**　詳しい 자세하다
- さらに詳しい点については、詳細案内をご参照ください。
  더 자세한 것은 상세 안내를 참조 바랍니다.

N1 / 中 / 17획

고울 **선**

양[羊]고기처럼 색이 고운 물고기[魚]는 신선함

- 음 **せん**　鮮明 선명　鮮魚 선어(신선한 생선)　新鮮 신선
- 훈 **あざやか**　鮮やかだ 산뜻하다 / 선명하다
- 新鮮な野菜は、色が鮮やかだ。
  신선한 야채는 색이 선명하다.

N2 / 小3 / 14획

모양 **양** [様]

양[羊]털을 깎듯 나무[木]로 모양을 만듦

- 음 **よう**　様子 모습　様式 양식　模様 모양
- 훈 **さま**　様 상태 / 님　様々 여러 가지　皆様 여러분
- ホームページに参加者皆様のご様子を掲載しております。
  홈페이지에 참가자 여러분의 모습을 게재하였습니다.

N2 / 中 / 12획

더딜 지 [遅]

제단에 올리기 위해 죽은[尸] 양[羊]을 지고 더디게 걸어감[辶]

- 음 ち　　遅刻 지각　　遅延 지연　　遅滞 지체
- 훈 おくれる　　遅れる 늦어지다　[비교] 後れる p.284　　手遅れ 때늦음
  　おくらす　　遅らす 늦게 하다
  　おそい　　　遅い 늦다

■ 電車が遅れて学校に遅刻した場合、遅延証明書を出してください。
전철이 늦어져서 학교에 지각한 경우, 지연 증명서를 내 주세요.

N1 / 小4 / 11획

사슴 록

사슴의 모습

- 훈 しか　　鹿 사슴
  　か　　　鹿の子 새끼 사슴　　馬鹿 바보

■ 馬鹿は「鹿を指して馬と為す」という言葉に由来するという説がある。
바보는 '사슴을 가리켜 말이라 하다(지록위마)'라는 말로부터 유래한다는 설이 있다.

外 / 中 / 19획

산기슭 록

숲[林]이 우거진 산기슭에서 풀을 뜯고 있는 사슴[鹿]

- 음 ろく　　山麓 산록
- 훈 ふもと　　麓 산기슭

■ 山の下の部分を、麓または山麓という。
산 아래 부분을 산기슭, 또는 산록이라고 한다.

N1 / 中 / 19획

고울 려

화려한 뿔을 가진 사슴[鹿]의 모습

- 음 れい　　綺麗 예쁨　　華麗 화려　　流麗 유려
- 훈 うるわしい　　麗しい 아름답다, 곱다

■ 彼は流麗な筆致で学生たちの麗しい友情を描いた。
그는 유려한 필치로 학생들의 아름다운 우정을 그려냈다.

N1 / 中 / 15획

경사 경

사슴[鹿→声] 고기를 들고 가서[夂] 마음속[心]으로 축하함

- 음 けい　　慶事 경사　　慶弔 경조　　慶祝 경축

■ 慶事と弔事が重なった場合は、どちらを優先しますか。
경사와 조사가 겹친 경우 어느 쪽을 우선시합니까?

薦
천거할 천 [薦] — N1 / 中 / 16획

궁의 상징인 해치[廌]가 관[艹]을 쓰고 있으니 관직으로 천거를 상징

- 음 せん　　推薦 추천　　自薦 자기 추천　　他薦 남의 추천
- 훈 すすめる　　薦める 추천하다　[비교] 進める p.453　勧める p.456

- 担任の先生は私の成績を考慮し、推薦入学を薦めた。
  담임 선생님은 나의 성적을 고려하여, 추천 입학을 추천했다.

犬
개 견 — N3 / 小1 / 4획

개의 옆모습

- 음 けん　　犬歯 송곳니　　愛犬 애견　　名犬 명견
- 훈 いぬ　　犬 개　　子犬 강아지

- 噛み癖が治らない犬は、犬歯切断をする場合もある。
  무는 버릇이 나아지지 않는 개는 송곳니 절단을 하는 경우도 있다.

伏
엎드릴 복 — N1 / 中 / 6획

사람[亻] 옆에 개[犬]가 엎드려 있음

- 음 ふく　　伏線 복선　　降伏 항복　　潜伏 잠복
- 훈 ふせる　　伏せる 숙이다, 엎드리다 / 숨기다
  ふす　　伏す 엎드리다

- 医者たちは、患者の潜伏期間に海外旅行していたことを、伏せていた。
  의사들은 환자가 잠복 기간에 해외 여행을 했던 사실을 숨기고 있었다.

獄
옥 옥 — N1 / 中 / 14획

짖어 대는[言] 개들[犭][犬]을 가두는 곳

- 음 ごく　　獄中 옥중　　獄舎 옥사, 감옥　　地獄 지옥

- 仏教で地獄の反対は極楽です。
  불교에서 지옥의 반대는 극락입니다.

亀
거북 귀 / 터질 균 [龜] — N1 / 中 / 11획

거북이의 모습

- 음 き　　亀鑑 귀감　　亀裂 균열
- 훈 かめ　　亀 거북이　　海亀 바다거북

- 亀の甲のようにひびが入ることから、亀裂という言葉ができたそうだ。
  거북이 등처럼 주름이 들어가서 균열이라는 말이 생겼다고 한다.

N1 / 小4 / 15획

줄 승 [縄]

실[糸]같이 긴 끈으로 포박한[黽] 모습

- 음 **じょう** 　縄文時代 조몬 시대　　自縄自縛 자승자박
- 훈 **なわ** 　縄 끈, 줄　　縄張り 세력 범위　　縄跳び 줄넘기

▪ 縄文時代は農耕社会ではなかったので、縄張り意識が強くなかったと思う。
조몬 시대는 농경 사회이지 않았기에 세력 범위에 관한 의식이 강하지 않았다고 생각한다.

N1 / 中 / 10획

나 암

번뜩이는 번개[电]처럼 크게[大] 될 사람[イ]

- 훈 **おれ** 　俺 나

▪ 普段日本語では、一人称として私・僕・俺が使われる。
보통 일본어에서는 1인칭으로 와타시·보쿠·오레가 사용된다.

N3 / 小2 / 11획

새 조

새의 모습

- 음 **ちょう** 　鳥類 조류　　一石二鳥 일석이조　　野鳥 들새
- 훈 **とり** 　鳥 새　　鳥かご 새장　　鳥居 신사 입구의 기둥문

▪ 渡り鳥研究センターで韓国鳥類学会を開いた。
철새 연구 센터에서 한국 조류 학회를 개최했다.

N2 / 小2 / 14획

울 명

새[鳥]가 입[口]으로 내는 소리

- 음 **めい** 　共鳴 공명　　悲鳴 비명
- 훈 **なる** 　鳴る 울리다, 소리가 나다
- 　　**なく** 　鳴く (새·벌레 등이) 울다　　鳴き声 울음소리
- 　　**ならす** 　鳴らす 소리를 내다 / 떨치다

▪ セミの鳴き声は、腹の中の空気が共鳴して音が鳴る仕組みになっている。
매미의 울음소리는 뱃속의 공기가 공명하여 소리가 울리는 구조로 되어 있다.

N2 / 小3 / 10획

섬 도

섬의 산[山]봉우리 위에 새[鳥]가 앉아 있음

- 음 **とう** 　半島 반도　　列島 열도　　無人島 무인도
- 훈 **しま** 　島 섬　　島国 섬나라

▪ 日本列島とは、北海道・本州・四国・九州及び周辺の島々を意味する。
일본 열도란 홋카이도·혼슈·시코쿠·큐슈 및 주변 섬들을 의미한다.

N1 / 中 / 1획

새 을

날고 있는 새를 멀리서 바라본 모습

- 음 おつ　　　甲乙 갑을　★乙女(おとめ) 소녀 / 처녀
- 契約書(けいやくしょ)に甲(こう)と乙(おつ)の関係(かんけい)が明記(めいき)されています。
  계약서에 갑과 을의 관계가 명기되어 있습니다.

外 / 中 / 3획

빌 걸

사람[人→亻]들 앞에서 새[乙]처럼 몸을 구부리고 구걸함

- 훈 こう　　乞(こ)う 바라다　物乞(ものご)い 구걸　★乞食(こじき) 거지, 구걸
- 乞食(こじき)は本来(ほんらい)「こつじき」と読(よ)まれ、仏教(ぶっきょう)の修行形態(しゅぎょうけいたい)の一(ひと)つであった。
  乞食(구걸)은 본래 'こつじき'라고 불리는 불교의 수행 형태 중 하나였다.

N2 / 中 / 11획

하늘/마를 건

하늘에서 햇살[倝] 아래 날고 있는 새[乙]

- 음 かん　　乾杯(かんぱい) 건배　乾燥(かんそう) 건조　乾電池(かんでんち) 건전지
- 훈 かわく　　乾(かわ)く 마르다, 건조하다　비교 渇(かわ)く p.384
  かわかす　　乾(かわ)かす 말리다
- 洗濯物(せんたくもの)を乾燥機(かんそうき)で乾(かわ)かすとき、乾(かわ)いたタオルを一緒(いっしょ)に入(い)れると早(はや)く乾(かわ)きます。
  세탁물을 건조기에서 말릴 때, 마른 타올을 함께 넣으면 빨리 마릅니다.

N2 / 中 / 10획

짐승 축

밭[田]에 검은[玄] 울타리를 치고 가두어 기르는 가축

- 음 ちく　　畜産(ちくさん) 축산　家畜(かちく) 가축　牧畜(ぼくちく) 목축
- 視察団(しさつだん)はオーストラリアを訪問(ほうもん)し、牧畜(ぼくちく)産業(さんぎょう)を見学(けんがく)した。
  시찰단은 호주를 방문해 목축 산업을 견학했다.

外 / 中 / 13획

모을 축 [蓄]

가축[畜]에게 먹일 풀[艹]을 모음

- 음 ちく　　蓄積(ちくせき) 축적　蓄電池(ちくでんち) 축전지　貯蓄(ちょちく) 저축
- 훈 たくわえる　　蓄(たくわ)える 모아 두다, 저축하다
- 人類(じんるい)はこれまでに膨大(ぼうだい)な知識(ちしき)を蓄積(ちくせき)してきた。
  인류는 지금까지 방대한 지식을 축적해 왔다.

확인 문제

1 빈칸에 알맞은 한자를 a, b 중에 고르세요.

- ① ___撃　　a. 襲　b. 籠
- ② 対___　　a. 像　b. 象
- ③ ___後　　a. 午　b. 牛
- ④ ___倒　　a. 罵　b. 篤
- ⑤ 配___　　a. 虜　b. 慮
- ⑥ 完___　　a. 逐　b. 遂
- ⑦ ___述　　a. 詳　b. 祥
- ⑧ 華___　　a. 慶　b. 麗
- ⑨ ___食　　a. 乞　b. 乙
- ⑩ 貯___　　a. 畜　b. 蓄

2 밑줄 친 부분에 해당되는 한자를 a, b, c 중에 고르세요.

- ① さわぐ　　　　a. 騒　　b. 罵　　c. 篤
- ② むなしい　　　a. 劇　　b. 戯　　c. 虚
- ③ とげる　　　　a. 遂　　b. 逐　　c. 豚
- ④ あざやかだ　　a. 祥　　b. 詳　　c. 鮮
- ⑤ すすめる　　　a. 薦　　b. 慶　　c. 麗

3 다음을 일본어 한자와 히라가나로 써 보세요.

- ① 조건 ➡ _____ / _____
- ② 잠복 ➡ _____ / _____
- ③ 귀감 ➡ _____ / _____
- ④ 비명 ➡ _____ / _____
- ⑤ 건배 ➡ _____ / _____

동물₂ · 신체₁

N2 / 小1 / 7획

貝
조개 패

조개의 모양

- 음 **かい**　貝 조개　貝がら 조개껍데기
　　　　　貝細工 조개 세공

■ タイに行ったとき、貝殻で作ったお土産を買った。
태국에 갔을 때 조개껍데기로 만든 특산물을 샀다.

外 / 中 / 10획

唄
염불 소리 패

시주[貝]를 앞에 놓고 스님의 입[口]으로 염불함

- 훈 **うた**　子守唄 자장가　長唄 나가우타(일본 전통 예능)

■ 子守唄は、赤ちゃんの健康によい影響を与えます。
자장가는 아기의 건강에 좋은 영향을 줍니다.

N4 / 小3 / 9획

負
질 부

재물[貝]을 짊어짐[⺈]

- 음 **ふ**　負債 부채　負担 부담　勝負 승부
- 훈 **まける**　負ける 지다
　まかす　負かす 지게 하다 / 이기다
　おう　負う (짐 등을) 지다 / (비난·상처 등을) 입다
　　　　　背負う 짊어지다 / 등에 메다, 업다

■ 勝負で負けて、心に傷を負った。
승부에 져서 마음에 상처를 입었다.

N5 / 小2 / 12획

買
살 매

그물[罒]로 잡은 조개[貝]를 삼

- 음 **ばい**　買収 매수　売買 매매　購買 구매
- 훈 **かう**　買う 사다　買い物 쇼핑

■ 日常的な買い物における計画購買品目の比率は、3割に過ぎない。
일상적인 쇼핑에 있어서 계획 구매 품목의 비율은 3할에 지나지 않는다.

N3 / 小5 / 15획

바탕 질

진열된 도끼날[所]은 재물[貝]을 모으는 바탕이 됨

- 음 しつ　質問 질문　品質 품질　本質 본질
  しち　人質 인질　質屋 전당포
  ち　言質 언질

▪ 質屋は客の質問に慎重に答え、決して言質を与えなかった。
전당포 주인은 손님의 질문에 신중하게 답하며 절대로 언질을 주지 않았다.

N1 / 中 / 10획

바칠 공

장인[工]이 만든 재물[貝]을 나라에 바침

- 음 こう　貢献 공헌　朝貢 조공
  く　年貢 연공
- 훈 みつぐ　貢ぐ 바치다　貢ぎ物 공물

▪ 朝貢を行う国は、宗主国に貢ぎ物を献上する。
조공을 행하는 나라는 종주국에 공물을 헌상한다.

N1 / 中 / 15획

손 빈 [賓]

손님이 집[宀]에 재물[貝]을 들고 걸어옴[步→丏]

- 음 ひん　賓客 빈객, 손님　来賓 내빈　国賓 국빈

▪ 国賓訪問は、それにふさわしい訪問日程が組まれます。
국빈 방문은 그에 적합한 방문 일정이 짜입니다.

N4 / 小2 / 11획

물고기 어

물고기의 모양

- 음 ぎょ　金魚 금붕어　人魚 인어　鮮魚 선어(신선한 생선)
  ★ 雑魚 잡어 / 송사리 / 소인배
- 훈 さかな　魚 생선　魚屋 생선 가게
  うお　魚市場 어시장, 생선 시장

▪ 魚市場に行けば新鮮な魚を買うことができる。
어시장에 가면 신선한 생선을 살 수 있다.

漁
고기 잡을 어
N2 / 小4 / 14획

물[氵]가에 가서 물고기[魚]를 잡음

- 음 ぎょ / りょう
- 漁業(ぎょぎょう) 어업　漁村(ぎょそん) 어촌　漁船(ぎょせん) 어선
- 漁師(りょうし) 어부　大漁(たいりょう) 대어, 풍어(물고기가 많이 잡힘)

- 黄海(こうかい)は、ワタリガニの重要な漁場(ぎょじょう)である。
  황해는 꽃게의 중요한 어장이다.

虫
벌레 충 [蟲]
N2 / 小1 / 6획

뱀처럼 우글대는 벌레들의 모습

- 음 ちゅう
- 昆虫(こんちゅう) 곤충　害虫(がいちゅう) 해충　幼虫(ようちゅう) 유충
- 훈 むし
- 虫(むし) 벌레　虫歯(むしば) 충치　水虫(みずむし) 무좀

- 「虫(むし)」は広(ひろ)い意味(いみ)で使(つか)われ、その中(なか)に「昆虫(こんちゅう)」が含(ふく)まれる。
  '벌레'는 넓은 뜻으로 쓰이며, 그중에 '곤충'이 포함된다.

蛍
개똥벌레 형 [螢]
N1 / 中 / 11획

꼬리에서 불빛이 나는 벌레[虫]

- 음 けい
- 蛍光灯(けいこうとう) 형광등
- 훈 ほたる
- 蛍(ほたる) 반딧불이

- 蛍(ほたる)の発光効率(はっこうこうりつ)は蛍光灯(けいこうとう)の約(やく)4.5倍(ばい)である
  반딧불의 발광 효율은 형광등의 약 4.5배이다.

虹
무지개 홍
N1 / 中 / 9획

하늘[空]에 걸린 용[虫]의 비늘

- 훈 にじ
- 虹(にじ) 무지개

- 中国(ちゅうごく)の神話(しんわ)では、虹(にじ)は竜(りゅう)の鱗(うろこ)が輝(かがや)いているとされている。
  중국 신화에서는 무지개는 용의 비늘이 빛나고 있는 것이라고 나타나 있다.

蚊
모기 문
N1 / 中 / 10획

가만히 글[文]을 읽을 때 물어뜯는 벌레[虫]

- 훈 か
- 蚊(か) 모기　蚊帳(かや) 모기장　蚊柱(かばしら) 모기떼

- 蚊(か)に刺(さ)されないように、蚊帳(かや)をつった。
  모기에 물리지 않기 위해 모기장을 설치했다.

N1 / 中 / 11획

뱀 사

혀를 길게 내민[它] 뱀[虫]의 모습

- 음 じゃ　　蛇口 수도꼭지　　大蛇 큰 뱀　　蛇腹 (뱀의 배처럼 꺾이는) 주름 마디
-　　だ　　長蛇 장사(긴 줄)　　蛇足 사족
- 훈 へび　　蛇 뱀　　毒蛇 독사

■ 蛇口の名の由来は水の守護神が龍であり、その元は蛇であることによる。
　자구치라는 이름은 물의 수호신이 용이고, 그 기원이 뱀이라는 것에서 유래된다.

N1 / 小5 / 9획

홀로 독 [獨]

개[犭]나 뱀[虫]은 홀로 생활하는 습성이 강함

- 음 どく　　独特 독특　　独立 독립　　単独 단독
- 훈 ひとり　　独り 혼자　　独り者 독신자　　独り言 혼잣말

■ 彼は独り言が多く、表情や話し方も独特であった。
　그는 혼잣말이 많고, 표정이나 화법도 독특했다.

N2 / 中 / 13획

닿을 촉 [觸]

동물의 뿔[角]처럼 생긴 벌레[虫]의 촉수가 물건에 닿음

- 음 しょく　　触媒 촉매　　感触 감촉　　接触 접촉
- 훈 ふれる　　触れる 닿다, 접촉하다
-　　さわる　　触る 만지다, 손대다　비교 障る p.145

■ シカゴ大学の研究者が、物に触った感触が脳に伝えられる義手を開発した。
　시카고 대학의 연구자가 사물을 만진 감촉을 뇌로 전달할 수 있는 의수를 개발했다.

N1 / 中 / 16획

흐릴 탁

촉나라[蜀]의 강물[氵]이 매우 흐림

- 음 だく　　濁音 탁음　　濁水 탁수(흐린 물)　　混濁 혼탁
- 훈 にごる　　濁る 탁해지다
-　　にごす　　濁す 탁하게 하다

■ 濁点は濁音を表す符号で、濁りともいう。
　탁점은 탁음을 나타내는 부호이며, 니고리라고도 한다.

N1 / 小6 / 10획

누에 잠 [蠶]

귀한 비단을 만드는 하늘[天]이 내려 주신 벌레[虫]

- 음 **さん**　　蚕業 잠업　　蚕食 잠식　　養蚕 양잠
- 훈 **かいこ**　　蚕 누에

- 蚕食は蚕が桑の葉を食べていくように、他の領地を侵していくことをいう。
  잠식은 누에가 뽕잎을 먹듯이 다른 영역을 침범해 가는 것을 말한다.

N1 / 中 / 18획

고치 견 [繭]

누에[虫]가 뽕잎[艹]을 먹고 실[糸]을 만들 수 있도록 된 상태

- 음 **けん**　　繭糸 견사
- 훈 **まゆ**　　繭 누에고치

- 蚕が作った繭から取った糸を繭糸という。
  누에가 만든 고치에서 뽑은 실을 견사라고 한다.

N1 / 中 / 8획

벌레/맏 곤

밝은 빛[日]을 보면 떼 지어[比] 날아드는 벌레

- 음 **こん**　　昆虫 곤충　　昆布 다시마(こぶ라고도 읽음)

- 昆虫は、頭・胸・腹の三部に分かれる。
  곤충은 머리·가슴·배의 세 부분으로 나뉜다.

N4 / 小5 / 11획

섞일 혼

물가[氵]에 여러 가지 벌레[昆]가 섞여 떠 있음

- 음 **こん**　　混雑 혼잡　　混乱 혼란　　混合 혼합
- 훈 **まじる**　　混じる 섞이다　[비교] 交じる p.492　　混じり物 혼합물
- **まざる**　　混ざる 섞이다　[비교] 交ざる p.492
- **まぜる**　　混ぜる 섞다　[비교] 交ぜる p.492　　混ぜ物 혼합물
- **こむ**　　混む 붐비다　[비교] 込む p.429
- 　　　　　　混み合う 붐비다, 혼잡하다　　人混み 붐빔, 붐비는 곳

- 実験中に頭が混乱して、混ぜたら危険なものを混ぜてしまった。
  실험 중에 머리가 혼란스러워져서 섞으면 위험한 것을 섞고 말았다.

外 / 中 / 13획

벌 봉

산봉우리[峰→夆]에서 꿀을 채취하는 벌레[虫]

- 음 ほう　　蜂起 봉기　　養蜂 양봉
- 훈 はち　　蜂 벌　　蜂蜜 벌꿀

■ 良質な蜂蜜を採るため、農業センターで養蜂技術を学んだ。
양질의 벌꿀을 얻기 위해 농업 센터에서 양봉 기술을 배웠다.

N1 / 中 / 16획

꿰맬 봉

실[糸]로 뜯어진 천이 만나도록[逢] 꿰맴

- 음 ほう　　縫合 봉합　　縫製 봉제　　裁縫 재봉
- 훈 ぬう　　縫う 꿰매다

■ これは手縫いの製品で、それは縫製機械で作った製品だ。
이것은 손바느질 제품이고, 그것은 봉제 기계로 만든 제품이다.

N1 / 中 / 10획

봉우리 봉

산[山]등성이와 산등성이가 만나는[逢→夆] 부분

- 음 ほう　　最高峰 최고봉　　連峰 여러 봉우리
- 훈 みね　　峰 봉우리

■ 彼は7大陸の最高峰を登った。
그는 7대륙의 최고봉을 올랐다.

N3 / 小2 / 4획

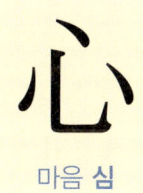
마음 심

사람의 심장의 모양

- 음 しん　　心配 걱정　　中心 중심　　安心 안심
- 훈 こころ　　心 마음　　親心 부모 마음　　★心地 기분

■ 子どもの将来を心配するのは、万国共通の親心でしょう。
자식의 장래를 걱정하는 것은 만국 공통의 부모 마음이죠.

N1 / 小5 / 7획

응할 응 [應]

가장의 말에 집[广] 안에 있는 사람들의 마음[心]이 응함

- 음 おう　　応援 응원　　応用 응용　　反応 반응(주로 はんのう로 읽음)
- 훈 こたえる　　応える 응답하다　비교 答える p.465

■ クラスメートの応援に応えるよう、全力で戦った。
반 친구들의 응원에 응답하기 위해 전력으로 싸웠다.

芯
外 / 中 / 7획
골풀 심 [芯]

풀[++]의 속[心]에 있는 심

- 음 しん　　芯 심, 심지
- 鉛筆の芯は、黒鉛と粘土を混ぜて焼いたものである。
  연필심은 흑연과 점토를 섞어서 구운 것이다.

身
N2 / 小3 / 7획
몸 신

임신한 여자의 모습

- 음 しん　　身体 신체　身長 신장　出身 출신
- 훈 み　　　身 몸　身分 신분　身内 온몸 / 집안
- 身分証には出身地と生年月日と性別を認識する番号が記載されている。
  신분증에는 출신지와 생년월일, 성별을 인식하는 번호가 기재되어 있다.

射
N2 / 小6 / 10획
쏠 사

중심을 잡은 몸[身]으로 화살[矢→寸]을 쏨

- 음 しゃ　　射撃 사격　発射 발사　注射 주사
- 훈 いる　　射る 쏘다 / 맞히다
- 注射を打つとき「こわい」と言ったら、先生は射るような目で僕を見た。
  주사를 놓을 때 '무서워'라고 했더니, 의사 선생님이 쏘아 보듯 나를 보았다.

謝
N1 / 小5 / 17획
사례할 사

인사말[言]을 상대에게 쏨[射]

- 음 しゃ　　謝罪 사죄　謝絶 사절　感謝 감사
- 훈 あやまる　謝る 사과하다, 용서를 빌다　비교 誤る p.67
- 「すみません」ということばは、謝るときだけでなく、感謝するときにもよく使われる。
  '스미마셍'이라는 말은 사과할 때 뿐만 아니라 감사할 때에도 자주 사용된다.

顔
N3 / 小2 / 18획
얼굴 안

선비[彦]의 얼굴[頁] 모습

- 음 がん　　洗顔 세안　童顔 동안　厚顔 후안, 뻔뻔스러움
- 훈 かお　　顔 얼굴　笑顔 웃는 얼굴　したり顔 의기양양한 얼굴
- その女優の童顔の秘訣は、笑顔で洗顔することにあった。
  그 여배우의 동안의 비결은 웃는 얼굴로 세안하는 것이었다.

N1 / 中 / 12획

모름지기 **수**

어르신이 얼굴[頁]에 난 수염[彡]을 쓰다듬으며 '모름지기'라고 하심

- 음 す　　必須 필수
  - 韓国史は大学入試の必須科目である。
    한국사는 대학 입시의 필수 과목이다.

N2 / 小3 / 9획

낯 **면**

얼굴을 코를 중심으로 나타낸 모습

- 음 めん　　面会 면회　　正面 정면　　方面 방면
  - ★ 真面目 진지함 / 착실함
- 훈 おも　　面影 용모　　面長 얼굴이 갸름함
  - おもて　　面 얼굴 / 표면　[비교] 表 p.283　　細面 갸름한 얼굴
  - つら　　泣き面 울상

- 頭骨を正面から見ると弥生人の顔は面長だったことが分かる。
  두개골을 정면에서 보면 야요이인의 얼굴은 갸름했다는 것을 알 수 있다.

外 / 中 / 16획

밀가루 면 [麺]

얼굴[面]을 들이대고 먹는 밀[麦]로 만든 면

- 음 めん　　麺 면　　麺類 면류　　乾麺 건면
  - 担々麺は、本場中国ではすごく辛いそうだ。
    탄탄면은 본고장인 중국에서는 매우 맵다고 한다.

N5 / 小1 / 3획

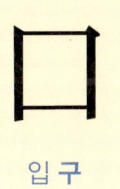
입 **구**

사람의 입모양

- 음 こう　　口座 구좌　　口述 구술　　人口 인구
  - く　　口調 어조　　口伝 구전
- 훈 くち　　口 입　　入り口 입구　　出口 출구

- 入り口脇の部屋で口述試験が行われた。
  입구 바로 옆방에서 구술 시험이 행해졌다.

N3 / 小2 / 6획

돌아올 **회**

소용돌이의 모양

- 음 **かい** 　回答 회답, 답신　回転 회전　次回 다음번
- 　　　　　　回向 명복을 빎
- 훈 **まわる**　回る 돌다　回り道 우회로　回り 주변 비교 周り p.280
- 　**まわす**　回す 돌리다

- 回転寿司のコンベヤーのほとんどは右回りです。
  회전 초밥의 컨베이어는 거의 오른쪽으로 돕니다.

N2 / 小3 / 6획

향할 **향**

집[宀]은 창[口]이 난 방향으로 향하고 있음

- 음 **こう**　向上 향상　方向 방향　傾向 경향
- 훈 **むく**　向く 향하다
- 　**むかう**　向かう 향하다
- 　**むける**　向ける 기울이다
- 　**むこう**　向こう 맞은편 / 건너편

- 駅に向かって行くと、進行方向の右側に出口があり、その向こうに店がある。
  역을 향해 가면 진행 방향의 우측에 출구가 있고, 그 건너편에 가게가 있다.

N3 / 小3 / 9획

물건 **품**

쌓아 놓은 물건의 모습

- 음 **ひん**　商品 상품　返品 반품　上品 고상함, 품위가 있음
- 훈 **しな**　品 물건 / 등급　品物 상품, 물건　品切れ 품절

- 返品や品切れなどについては、サポートセンターにお問い合わせください。
  반품, 품절 등에 관해서는 고객 센터로 문의해 주세요.

N1 / 小4 / 15획

그릇 **기** [器]

사람[大]이 가까이 두고 생활하던 물건[口]

- 음 **き**　器量 기량　器用 손재주가 있음　容器 용기
- 훈 **うつわ**　器 용기, 그릇

- 彼は器用に包装紙を折って、お菓子を入れる器を作った。
  그는 솜씨 있게 포장지를 접어서 과자를 담는 그릇을 만들었다.

N1 / 小6 / 6획

혀 설

입에서 혀가 쑥 나온 모습

- 음 ぜつ　　舌戦(ぜっせん) 설전　　毒舌(どくぜつ) 독설　　弁舌(べんぜつ) 언변
- 훈 した　　舌(した) 혀　　猫舌(ねこじた) 뜨거운 것을 못 먹는 사람

■ 彼(かれ)の爽(さわ)やかな弁舌(べんぜつ)に聴衆(ちょうしゅう)は舌(した)を巻(ま)いた。
　그의 시원한 언변에 청중들은 혀를 내둘렀다.

N1 / 中 / 9획

묶을 괄

손[扌]으로 혀[舌]를 놀리지 못하게 입을 끈으로 묶음

- 음 かつ　　括弧(かっこ) 괄호　　一括(いっかつ) 일괄　　包括(ほうかつ) 포괄
- 훈 くくる　　括(くく)る 묶다, 잡아매다

■ 補足(ほそく)する内容(ないよう)は括弧(かっこ)で括(くく)ります。
　보충할 내용은 괄호로 묶습니다.

N2 / 小2 / 9획

살 활

사람은 물[氵]이 혀[舌]에 닿아야 생기 있게 살게 됨

- 음 かつ　　活動(かつどう) 활동　　復活(ふっかつ) 부활　　生活(せいかつ) 생활
- 훈 いかす　　活(い)かす 살리다 / 활용하다　[비교] 生(い)かす p.418

■ 部活(ぶかつ)での経験(けいけん)を活(い)かすため、スポーツ企画部(きかくぶ)に志願(しがん)しました。
　동아리 활동의 경험을 살리기 위해 스포츠 기획부에 지원했습니다.

N5 / 小2 / 13획

말씀 화

혀[舌]를 이용하여 말함[言]

- 음 わ　　話題(わだい) 화제　　会話(かいわ) 회화　　童話(どうわ) 동화
- 훈 はなす　　話(はな)す 말하다　　話(はな)し合(あ)い 의논, 상담, 교섭
- 　　はなし　　話(はなし) 이야기　　昔話(むかしばなし) 옛날이야기

■ 話(はな)し言葉(ことば)は、日常(にちじょう)会話(かいわ)に用(もち)いる言葉(ことば)である。
　구어는 일상 회화에 사용하는 말이다.

乱
어지러울 란 [亂]
N2 / 小6 / 7획

본심을 숨기고[し] 혀[舌]로 내뱉어서 어지러움이 초래됨

- 음 らん　　乱暴 난폭　　混乱 혼란　　反乱 반란
- 훈 みだれる　乱れる 흐트러지다
-    みだす　　乱す 어지럽히다

- 彼は、反乱によって乱れた官僚制度を再整備した。
  그는 반란에 의해 흐트러진 관료 제도를 재정비했다.

辞
말씀 사 [辭]
N2 / 小4 / 13획

혀[舌]로 매운[辛] 충고의 말씀을 내뱉음

- 음 じ　　辞書 사전　　辞職 사직　　式辞 식사(예식에서 하는 말)
- 훈 やめる　辞める 사직하다

- 辞職とは、自らの意思で会社を辞めることである。
  사직이란, 자신의 의사로 회사를 그만두는 것이다.

憩
쉴 게
N1 / 中 / 16획

스스로[自] 혀[舌]를 밖으로 하고 호흡을 가다듬어야 마음껏[心] 쉴 수 있음

- 음 けい　　休憩 휴게, 휴식
- 훈 いこい　憩い 쉼

- 休憩室は社員たちにとって、単なる休む場所ではなく、憩いの場所となるべきである。
  휴게실은 사원들에게 단순히 몸만 쉬는 장소가 아니라, 마음도 쉴 수 있는 장소가 되어야 한다.

牙
어금니 아
外 / 中 / 4획

위아래로 맞물려 있는 어금니의 모양

- 음 が　　牙城 아성(주요 근거지)
-    げ　　象牙 상아
- 훈 きば　牙 엄니(크고 날카롭게 발달한 포유류의 이)

- 動物の牙は人間の歯とは違う。
  동물의 엄니는 인간의 이와는 다르다.

N1 / 中 / 8획

간사할 사

고을[阝]에서 감춰진 어금니[牙]처럼 간사한 속마음을 숨김

음 じゃ　　邪魔 방해　　邪悪 사악　　★風邪 감기

- 他人の家を訪問したとき、「お邪魔します」と挨拶します。
  타인의 집을 방문했을 때, '실례합니다'라고 인사합니다.

N1 / 中 / 13획

맑을 아

어금니[牙] 안쪽에서부터 우러나오는 새[隹]의 울음소리가 맑음

음 が　　雅趣 아취(우아한 정취)　　優雅 우아　　風雅 풍아(시가가 정취 있음)

- 彼女は普通に話していても、どことなく優雅だ。
  그녀는 평범하게 이야기하고 있을 때도 어딘지 우아하다.

N1 / 小4 / 8획

싹 아 [芽]

잇몸에서 어금니[牙]가 나듯 삐죽 돋아난 풀[艹]

음 が　　麦芽 맥아　　発芽 발아
훈 め　　芽 싹　　芽生える 싹트다　　新芽 새싹

- 発芽玄米とは、胚芽から芽が出た状態の玄米をいう。
  발아현미란, 배아에서 싹이 나온 상태의 현미를 말한다.

N5 / 小1 / 5획

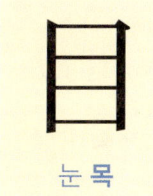

눈 목

눈의 모양

음 もく　　目的 목적　　科目 과목　　項目 항목
　 ぼく　　面目 면목(めんもく라고도 읽음)
훈 め　　目 눈　　目上 윗사람　　目立つ 눈에 띄다
　 ま　　目の当たり 눈앞/목전　　目深 (모자 등을) 눈을 가리도록 눌러씀

- 蛍光塗料は遠くからも目立ちやすいので防災の目的によく使われている。
  형광 도료는 멀리서도 눈에 잘 띄어서 방재 목적으로 자주 사용되고 있다.

N3 / 小2 / 6획

스스로 자

자신을 가리킬 때 손이 코를 향하므로 코의 모양

음 じ　　自由 자유　　自動 자동　　自分 자신, 자기
　 し　　自然 자연
훈 みずから　　自ら 스스로

- 他者の自由を否定する者は、自らの自由を受けるに値しない。
  타인의 자유를 부정하는 자는 스스로의 자유를 누릴 가치가 없다.

N3 / 小2 / 9획

머리 수

얼굴과 머리카락이 있는 머리의 모양

- 음 しゅ　　首相 수상　　首席 수석　　自首 자수
- 훈 くび　　首 목　　手首 손목　　首飾り 목걸이

- 首飾りを盗んだ泥棒が自首してきた。
  목걸이를 훔친 도둑이 자수해 왔다.

N2 / 小3 / 10획

숨 쉴 식

공기를 코[自]로 마음속[心]까지 들이마심

- 음 そく　　休息 휴식　　利息 이자　　子息 자식
- 훈 いき　　息 숨　　ため息 한숨
  - ★ 息吹 숨결　　息子 아들

- 息つく暇もないほど忙しいので、ろくな休息を取っていない。
  한숨 돌릴 틈도 없이 바빠, 제대로 휴식을 취하지 못했다.

外 / 中 / 9획

눈썹 미

눈[目] 위의 눈썹[⺕]의 모양

- 음 び　　眉目 미목, 용모　　白眉 백미　　焦眉 초미
- 　 み　　眉間 미간
- 훈 まゆ　　眉 눈썹　　眉毛 눈썹

- 白眉という言葉は、5人兄弟の中でいちばん優秀だった人の眉に白い毛が生えていたことに由来している。
  백미라는 말은, 5형제 중 가장 뛰어났던 사람의 눈썹에 하얀 털이 자라고 있었던 것에서 유래한다.

확인 문제

1 빈칸에 알맞은 한자를 a, b 중에 고르세요.

① ___献　　a. 賓　b. 貢　　　　⑥ 笑___　　a. 須　b. 顔

② ___業　　a. 魚　b. 漁　　　　⑦ 方___　　a. 回　b. 向

③ 単___　　a. 独　b. 虫　　　　⑧ ___弧　　a. 括　b. 活

④ ___雑　　a. 混　b. 昆　　　　⑨ ___魔　　a. 邪　b. 雅

⑤ ___蜜　　a. 蜂　b. 峰　　　　⑩ 利___　　a. 息　b. 首

2 밑줄 친 부분에 해당되는 한자를 a, b, c 중에 고르세요.

① <u>ま</u>ける　　　a. 貝　　b. 負　　c. 買

② <u>ふ</u>れる　　　a. 蚊　　b. 触　　c. 蛇

③ <u>ぬ</u>う　　　　a. 蜂　　b. 縫　　c. 峰

④ <u>いか</u>す　　　a. 舌　　b. 活　　c. 括

⑤ <u>みだ</u>れる　　a. 辞　　b. 乱　　c. 憩

3 다음을 일본어 한자와 히라가나로 써 보세요.

① 형광 ➡ _____ / _____

② 응원 ➡ _____ / _____

③ 사죄 ➡ _____ / _____

④ 면회 ➡ _____ / _____

⑤ 발아 ➡ _____ / _____

신체₂

N5 / 小1 / 6획

귀 이

사람의 귀의 모양

- 음 じ　　耳目 이목　　耳鼻科 이비인후과　　中耳炎 중이염
- 훈 みみ　　耳 귀　　初耳 처음 들음　　早耳 소문을 빨리 듣는 사람

- めまいは耳の異常が原因の場合があるので、耳鼻科にも行ってみた方がいい。
  현기증은 귀의 이상이 원인인 경우가 있기 때문에 이비인후과에도 가보는 것이 좋다.

N2 / 中 / 10획

부끄러울 치

본인의 과오를 귀[耳]로 듣고 부끄러운 마음[心]이 생김

- 음 ち　　恥辱 치욕　　破廉恥 파렴치　　羞恥 수치
- 훈 はじ　　恥 창피, 부끄러움
-   はじる　　恥じる 부끄러워하다
-   はじらう　　恥じらう 부끄러워하다
-   はずかしい　　恥ずかしい 부끄럽다

- 破廉恥とは、恥を恥とも思わないことである。
  파렴치는 부끄러움을 부끄러움으로조차 생각하지 않는 것이다.

外 / 中 / 15획

미끼 이

미끼는 입으로 먹기[食] 전에 귀[耳]와 코의 자극을 거침

- 음 じ　　食餌 식이
- 훈 えさ　　餌 먹이 / 미끼
-   え　　餌付け 길들이기　　餌食 제물

- 減量のための食餌療法は、まるで鳥の餌のようだという。
  감량을 위한 식이요법은 마치 새의 먹이 정도의 양같다고 한다.

N2 / 小3 / 8획

가질 취

전투의 성과를 증명하기 위해 손[又]으로 적의 귀[耳]를 잘라 가짐

- 음 しゅ　　取材 취재　取得 취득　取捨 취사
- 훈 とる　　取る 취하다 / 잡다 비교 採る p.334　執る p.450　捕る p.464
　　　　　取り消し 취소

- 運転免許を取ったばかりですが、国際免許も取得できますか。
  운전면허를 막 땄습니다만, 국제 면허 취득도 가능합니까?

N2 / 小4 / 12획

가장 최

병사 중에 가장 많은 수의 귀를 취한[取] 자만 언급함[曰]

- 음 さい　　最高 최고　最新 최신　最近 최근
- 훈 もっとも　最も 가장
　　　　　★ 最寄り 가장 가까움

- スマホで最寄り駅や乗り換え、発車時刻などの最新情報が検索できます。
  스마트폰으로 가장 가까운 역이나 환승, 발차 시각 등의 최신 정보를 검색할 수 있습니다.

N1 / 中 / 15획

사진 찍을 촬

가장[最] 좋은 풍경을 보고 손[扌]으로 셔터를 누름

- 음 さつ　　撮影 촬영
- 훈 とる　　撮る 촬영하다, 찍다

- 風景を撮るときは、撮影環境やレンズの状態を考えなければならない。
  풍경을 찍을 때는 촬영 환경이나 렌즈의 상태를 생각하지 않으면 안 된다.

N1 / 中 / 13획

다스릴 섭 [攝]

귀[耳]가 시리도록[㪅] 들어야만 손[扌]에 다스릴 수 있는 권력이 주어짐

- 음 せつ　　摂取 섭취　摂政 섭정　摂生 섭생

- ビタミンの過剰摂取は、副作用をもたらす可能性がある。
  비타민의 과잉 섭취는 부작용을 일으킬 가능성이 있다.

手 손 수
N5 / 小1 / 4획

다섯 손가락의 모양

- 음 しゅ　手腕 수완　投手 투수　選手 선수
- 훈 て　手 손　手紙 편지　手袋 장갑
- た　手繰る 끌어당기다　下手 서투름　★上手 능숙함

- 彼は守備が上手な投手だったが、手を怪我したためプロ行きを断念した。
  그는 수비가 좋은 투수였지만, 손을 다쳐서 프로행을 단념했다.

挙 들 거 [擧]
N1 / 小4 / 10획

손[手]으로 물건을 받쳐 들고[卄] 있음

- 음 きょ　挙手 거수　選挙 선거
- 훈 あげる　挙げる 손을 들다 / 식을 올리다　[비교] 揚げる p.188　上げる p.276
- 　　挙げて 모두 / 일일이
- あがる　挙がる 검거되다 / 드러나다　[비교] 揚がる p.188　上がる p.276

- 私が選挙に立候補すると言うと、父は諸手を挙げて賛成してくれた。
  내가 선거에 입후보하겠다고 하자 아버지는 전적으로 찬성해 주셨다.

足 발 족
N5 / 小1 / 7획

무릎부터 발 끝까지의 모습

- 음 そく　足跡 족적　満足 만족　遠足 소풍
- 훈 あし　足 발　[비교] 脚 p.383　手足 손발
- たりる　足りる 충분하다
- たす　足す 더하다 / 채우다
- ★足袋 (조리에 신는) 일본 버선

- 五体満足とは、頭と手足に欠けるところのないことをいう。
  오체 만족은 머리와 손발에 결함이 없는 것을 말한다.

促 재촉할 촉
N2 / 中 / 9획

사람[イ]이 발[足]을 빨리 움직여 재촉함

- 음 そく　促進 촉진　催促 재촉　督促 독촉
- 훈 うながす　促す 재촉하다 / 촉구하다 / 촉진하다

- 相手に督促状を送って、契約の履行を促した。
  상대방에게 독촉장을 보내 계약의 이행을 독촉했다.

外 / 中 / 10획

捉
잡을 착

손[扌]으로 도망가는 사람의 발[足]을 잡음

- 음 そく　　捕捉 포착
- 훈 とらえる　捉える 잡다 / 파악하다 비교 捕らえる p.464

■ このカメラはAモードの場合、最初に捕捉した被写体を捉え続ける。
　이 카메라는 A 모드의 경우, 맨 처음 포착한 피사체를 계속 잡는다.

N2 / 中 / 13획

跡
자취 적

발[足]을 또[亦] 내딛을 때마다 생기는 발자취

- 음 せき　　遺跡 유적　　追跡 추적　　奇跡 기적
- 훈 あと　　跡 자국 / 흔적 비교 痕 p.211　後 p.284
　　　　　　足跡 족적, 발자국, 종적

■ 戦場では、足跡を追跡されたら作戦失敗に繋がってしまいます。
　전장에서는 발자국을 추적당하면 작전 실패로 연결되어 버립니다.

外 / 中 / 15획

踪
자취 종

발[足]의 움직임을 추적할 수 있는 근원[宗]

- 음 そう　　踪跡 종적　　失踪 행방불명

■ 彼は、失踪して10年になる友人を今も探し続けている。
　그는 행방불명된 지 10년이나 되는 친구를 지금도 찾고 있다.

N1 / 中 / 15획

踏
밟을 답

발[足]을 여러 번 겹치며[沓] 밟음

- 음 とう　　踏査 답사　　踏襲 답습　　踏破 답파(험한 산길 등을 완주함)
- 훈 ふむ　　踏む 밟다　　踏みあと 발자국, 밟은 자국
　　　　　　足踏み 제자리걸음 / 답보
- ふまえる　踏まえる 밟아누르다 / 근거로 하다 / 입각하다

■ 現内閣が前内閣の政策を踏襲している点を踏まえて対応を考えるべきである。
　현 내각이 전 내각의 정책을 답습하고 있는 점을 염두에 두고 대응책을 강구해야 한다.

外 / 中 / 7획

몸[月]에서 나와 손[寸]을 잇는 관절

- 훈 ひじ　　肘 팔꿈치　　肘掛け 팔걸이
- 普通の椅子より肘掛け椅子の方が高い。
  보통의 의자보다 팔걸이 의자 쪽이 비싸다.

N1 / 中 / 9획

끊임없이 말이 이어져도[而] 마디[寸]가 끝날 때까지는 견디고 들어야 함

- 음 たい　　耐震 내진　　耐久 내구　　忍耐 인내
- 훈 たえる　耐える 참다, 견디다　비교 堪える p.369
- 耐震等級3の住宅は震度7の地震にも耐えられる。
  내진 등급 3의 주택은 진도 7의 지진에도 견딜 수 있다.

外 / 中 / 10획

술[酉]은 일정한 절차[寸]에 따라 빚어야 함

- 음 ちゅう　　焼酎 소주
- 韓国では、焼酎とマッコリが大衆的な酒だ。
  한국에서는 소주와 막걸리가 대중적인 술이다.

N2 / 小2 / 7획

날카로운 동물의 뿔의 모양

- 음 かく　　角度 각도　　三角 삼각　　頭角 두각
- 훈 かど　　角 모서리　　街角 길모퉁이 / 길목
-    つの　　角 뿔　　角笛 뿔피리
- この本は角笛について多角的に調べて書いている。
  이 책은 뿔피리에 대해 다각적으로 조사하여 쓰고 있다

N2 / 小5 / 13획

뿔[角] 사이에 칼[刀]을 넣고 소[牛]를 부위별로 나눔

- 음 かい　　解説 해설　　解決 해결　　理解 이해
-    げ　　　解脱 해탈　　解毒 해독　　解熱 해열
- 훈 とける　解ける 풀리다　비교 溶ける p.196
-    とかす　解かす (머리를) 빗다　비교 溶かす p.196
-    とく　　解く 풀다　비교 溶く p.196
- 応用問題を解くとき、すぐ解説を見てしまうのはいい方法ではない。
  응용 문제를 풀 때, 바로 해설을 보는 것은 좋지 않은 방법이다.

N3 / 小2 / 5획

쓸 용

외부 침입을 막기 위해 만든 울타리의 모습

[음] よう　　　用事 용무　　用意 용의, 준비　　費用 비용
[훈] もちいる　用いる 사용하다

- 官用車は、用事がないときには用いられません。
  관용차는 용무가 없을 때는 사용할 수 없습니다.

N2 / 小5 / 12획

갖출 비

사람[イ]이 화살통[𥱼]을 갖추고 유사시에 쓸 수 있도록 함

[음] び　　　備考 비고　　準備 준비　　守備 수비
[훈] そなえる　備える 갖추다, 구비하다　[비교] 供える p.47
　　そなわる　備わる 갖추어지다, 구비되다

- 日本チームは強い守備力を備えている。
  일본팀은 강한 수비력을 갖추고 있다.

N5 / 小1 / 4획

둥글 원 [圓]

각진 뿔[角]이 닳아 둥글게 됨

[음] えん　　円高 엔고　　円安 엔저　　円熟 원숙
[훈] まるい　円い 둥글다　[비교] 丸い p.158

- 部品をさらに円くしたら機械が円滑に動いた。
  부품을 더욱 둥글게 하니 기계가 원활하게 움직였다.

N2 / 小5 / 6획

두 재

밥을 짓기 위해 나무를 켜켜이 쌓은 모습

[음] さい　　再開 재개　　再生 재생　　再度 다시, 재차
　　さ　　　再来年 내후년
[훈] ふたたび　再び 다시, 재차

- このボタンを押すと、前の曲が再び再生されます。
  이 버튼을 누르면 전 곡이 다시 재생됩니다.

N1 / 中 / 11획

사냥 렵 [獵]

개[犭]를 써서 다람쥐[巤]를 사냥함

[음] りょう　　猟銃 엽총　　狩猟 수렵　　密猟 밀렵

- アフリカでは象の密猟が深刻だそうだ。
  아프리카에서는 코끼리 밀렵이 심각하다고 한다.

毛 털 모

N2 / 小2 / 4획

동물의 털이 길게 늘어진 모습

- 음 もう　　毛布 모포　　毛髪 모발　　不毛 불모
- 훈 け　　　毛 털　　毛糸 털실　　眉毛 눈썹

- 毛布に髪の毛が付いている。
  담요에 머리카락이 묻어 있다.

耗 소모할 모

N2 / 中 / 10획

무리한 쟁기질[耒]에 소의 기력이 소모되어 털[毛]이 빠짐

- 음 もう　　摩耗 마모　　消耗 소모
-   こう　　心神耗弱 심신 미약

- これは心身ともに消耗させる作業だ。
  이것은 심신을 소모시키는 작업이다.

皮 가죽 피

N2 / 小3 / 5획

손[又]으로 동물의 가죽을 벗기는 모습

- 음 ひ　　　皮膚 피부　　皮肉 빈정거림　　皮革 피혁
- 훈 かわ　　皮 가죽　　[비교] 革 p.254　　毛皮 모피

- 彼は皮肉でビニールの財布を「いい皮ですね」と言った。
  그는 빈정거리며 비닐 지갑을 보고 '좋은 가죽이군요'라고 했다.

彼 저 피

N2 / 中 / 8획

살과 분리된 가죽[皮]처럼 갈라져 나간[彳] 사람

- 음 ひ　　　彼我 피아　　彼岸 춘분과 추분을 중심으로 7일간
- 훈 かれ　　彼 그 / 남자 친구　　彼氏 남자 친구
-   かの　　彼女 그녀 / 여자 친구

- 彼は彼我の軍備格差を本部に報告した。
  그는 아군과 적군의 군비의 격차를 본부에 보고했다.

披 헤칠 피

N1 / 中 / 8획

손[扌]으로 가죽[皮]을 마당에 넓게 풀어헤침

- 음 ひ　　披露宴 피로연　　披瀝 피력　　披見 피견(서류 등을 펴 봄, 개봉)

- 大学時代の友人の結婚披露宴に出席した。
  대학 시절 친구의 결혼 피로연에 출석했다.

N2 / 小3 / 8획

물결 파

말린 가죽[皮]이 바람에 넘실대듯 바다[氵]에 이는 물결

음 は　　波長 파장　波及 파급　電波 전파
훈 なみ　　波 파도　津波 해일　人波 인파

- 津波と一般の波は波長の規模が違う。
  해일과 일반적인 파도는 파장의 규모가 다르다.

N2 / 小5 / 10획

破

깨뜨릴 파

돌[石]로 껍질[皮]을 깨뜨림

음 は　　破壊 파괴　破片 파편　破産 파산
훈 やぶる　　破る 찢다 / 깨다, 부수다
　　やぶれる　　破れる 찢어지다 / 깨지다, 부서지다　[비교] 敗れる p.70

- 破れた紙幣は、破片が揃っていれば新しい紙幣に交換できる。
  찢어진 지폐는 파편을 갖추고 있으면 새 지폐로 교환할 수 있다.

N2 / 中 / 10획

입을 피

가죽[皮]으로 된 옷[衤]을 입음

음 ひ　　被害 피해　被服 피복, 옷　被告 피고
훈 こうむる　　被る (은혜·손해 등을) 입다, 받다

- 迷惑を被った程度のことを「被害」というのは極端ではないか。
  성가신 일을 당한 것 정도로 '피해'라고 하는 것은 극단적이지 않을까?

N2 / 中 / 10획

피곤할 피

병상[疒]의 환자가 가죽[皮]만 남을 정도로 피로에 지쳐있음

음 ひ　　疲労 피로　疲弊 피폐
훈 つかれる　　疲れる 피곤하다

- とても疲れたときは、疲労回復のために温泉旅行に行く。
  무척 피곤할 때는 피로 회복을 위해 온천 여행을 간다.

N1 / 中 / 11획

할머니 파

세월의 풍파[波]를 모두 겪은 여성[女]

음 ば　　老婆 노파　産婆 산파　★お婆さん 할머니

- 老婆心ながら忠告しておきます。
  노파심에서 충고해 두겠습니다.

革

N2 / 小6 / 9획

가죽 혁

동물의 가죽을 넓게 펴서 말린 모습

- 음 **かく** 　革新 혁신　革命 혁명　改革 개혁
- 훈 **かわ** 　革 가죽 [비교] 皮 p.252　革靴 가죽 구두

- 革命の「革」という字は、革の意味ではなく、「改める」という意味である。
  혁명의 '혁'이라는 자는 가죽의 의미가 아니라 '개선하다'라는 의미이다.

靴

N2 / 中 / 13획

신발 화

가죽[革]을 발에 맞게 변화[化]시켜 신음

- 음 **か** 　軍靴 군화　製靴 제화
- 훈 **くつ** 　靴 신발　靴下 양말　革靴 가죽 구두

- 大雨の日は靴の中まで濡れるから嫌だ。
  비가 많이 내리는 날은 신발 속까지 젖어서 싫다.

覇

N1 / 中 / 19획

으뜸 패

좋은 가죽[革]과 고기[月]를 잘 덮어[襾] 으뜸(두목)에게 바침

- 음 **は** 　覇権 패권　制覇 제패　連覇 연패

- 母校の野球チームが全国大会で2連覇した。
  모교의 야구팀이 전국 대회에서 2연패했다.

羽

N2 / 小2 / 6획

깃 우 [羽]

새의 날개와 깃털의 모양

- 음 **う** 　羽毛 우모, 새털　羽化 성충이 되어 날개가 돋음
  　　　　羽翼 새의 날개 / 보좌(역)
- 훈 **は** 　羽織 하오리(일본 전통 복장)
- 　**はね** 　羽 날개　羽布団 새털 이불　羽飾り 새털 장식
- 　**わ** 　羽 ~마리　一羽 한 마리

- この羽布団にはアヒル10羽分の羽毛が入っている。
  이 새털 이불에는 거위 10마리분의 새털이 들어 있다.

翌

N2 / 小6 / 11획

다음날 익 [翌]

잠든 새가 똑바로 서서[立] 다시 날개[羽]를 펴는 날

- 음 **よく** 　翌日 익일　翌朝 다음날 아침(よくあさ라고도 함)　翌年 익년

- 翌日目が覚めたとき、彼女は激しい頭痛を覚えた。
  다음날 깨어났을 때, 그녀는 심한 두통을 느꼈다.

N3 / 小3 / 11획

習 익힐 습 [習]

새끼 새가 흰[白] 날개[羽]를 펴며 비행을 익힘

- 음 しゅう　習得 습득　習慣 습관　練習 연습
- 훈 ならう　習う 배우다　비교 倣う p.275

- 授業で習ったことを忘れないよう、毎日帰ったら復習しています。
  수업에서 배운 것을 잊지 않도록 매일 집에 돌아오면 복습하고 있습니다.

N1 / 中 / 10획

翁 늙은이 옹 [翁]

깃털[羽]처럼 수염을 기른 공[公](상대의 존칭)

- 음 おう　塞翁が馬 새옹지마
- 훈 おきな　翁 영감, 노인　翁草 할미꽃

- 「翁」とは、高齢の男性のことをいう雅語である。
  '오키나'란, 고령의 남성을 말하는 아어(우아한 말)이다.

N1 / 中 / 17획

翼 날개 익 [翼]

새와 다른[異] 들짐승을 집어 들고 날갯짓[羽]하며 날아감

- 음 よく　左翼 좌익　右翼 우익　尾翼 비행기 꼬리 날개
- 훈 つばさ　翼 날개

- 飛行機の前側の翼を主翼、後ろ側の翼を尾翼という。
  비행기의 앞쪽 날개를 주익, 뒤쪽 날개를 미익이라고 한다.

N1 / 中 / 18획

翻 번역할 번 [翻]

새가 여러 번[番] 털[羽]갈이 하듯 말을 바꾸어야 하는 작업

- 음 ほん　翻訳 번역　翻弄 번롱, 농락함
- 훈 ひるがえる　翻る 뒤집히다 / 나부끼다
  　ひるがえす　翻す 뒤집다 / 번복하다 / 휘날리다

- 翻って考えてみれば、敵も状況に翻弄されていることがわかる。
  뒤집어 생각해 보면 적도 상황에 농락당하고 있다는 것을 알 수 있다.

N2 / 小6 / 10획

骨 뼈 골

살[月]이 붙어 있는 뼈의 모습

- 음 こつ　骨折 골절　骨子 골자　骸骨 해골
- 훈 ほね　骨 뼈　骨折り 노력, 수고

- 骨にひびが入っただけでも、骨折と診断される。
  뼈에 금만 가도 골절로 진단된다.

滑 미끄러울 활
N1 / 中 / 13획

바닥의 물[氵] 때문에 미끄러지면 뼈[骨]가 다침

- 음: かつ — 滑走 활주, 滑降 활강, 円滑 원활
  - こつ — 滑稽 해학, 익살
- 훈: すべる — 滑る 미끄러지다
  - なめらか — 滑らかだ 매끈매끈하다

■ 検査院は滑走路が基準より滑りやすいのを把握し、補修を求めた。
검사원은 활주로가 기준보다 쉽게 미끄러지는 것을 파악하고, 보수를 요청했다.

卵 알 란
N2 / 小6 / 7획

어류의 알의 모양

- 음: らん — 卵白 흰자, 卵黄 노른자, 産卵 산란
- 훈: たまご — 卵 알 / 계란, 卵焼き 계란말이, ゆで卵 삶은 계란

■ 卵白だけで白い卵焼きを作ってみた。 흰자만으로 하얀 계란말이를 만들어 봤다.

柳 버들 류
N1 / 中 / 9획

잎이 토끼[卯] 귀처럼 늘어진 나무[木]

- 음: りゅう — 花柳界 화류계, 川柳 센류(고전 시가)
- 훈: やなぎ — 柳 버드나무, 柳腰 버들가지 같이 가는 미인의 허리

■ この柳腰の花魁は、花柳界きっての器量好しだった。
이 허리가 가늘고 낭긋낭긋한 고급 기생은 화류계에서 으뜸가는 미녀였다.

爪 손톱 조
外 / 中 / 4획

새가 물건을 집을 때 두드러지는 손톱의 모양

- 훈: つめ — 爪 손톱, 爪きり 손톱깎이
  - つま — 爪先 발끝, 爪弾き 지탄 / 배척함, 비난함

■ 彼女は怒ると爪で人を掻くので、みんなから爪弾きにされた。
그녀는 화가 나면 손톱으로 사람을 할퀴어서 모두에게 외면당했다.

孤 외로울 고
外 / 中 / 9획

넝쿨에 혼자 달린 오이[瓜]처럼 외로운 아이[子]

- 음: こ — 孤独 고독, 孤立 고립, 孤児 고아

■ 私にとって秋は孤独の季節だ。
나에게 있어 가을은 고독의 계절이다.

N1 / 中 / 9획

활 호

오이[瓜]처럼 완만히 휜 활[弓]

음 こ　　　弧 호/원주　　括弧 괄호　　円弧 원호

- 括弧の中に答えを書いてください。
  괄호 안에 답을 써 주세요.

확인 문제

1 빈칸에 알맞은 한자를 a, b 중에 고르세요.

① ___影　　a. 最　b. 撮　　⑤ 消___　　a. 耗　b. 毛
② 捕___　　a. 促　b. 捉　　⑥ ___害　　a. 被　b. 疲
③ ___久　　a. 耐　b. 耐　　⑦ ___新　　a. 革　b. 靴
④ ___説　　a. 備　b. 解　　⑧ ___独　　a. 孤　b. 弧

2 밑줄 친 부분에 해당되는 한자를 a, b, c 중에 고르세요.

① そなえる　　　　a. 備　　b. 用　　c. 再
② やぶれる　　　　a. 破　　b. 被　　c. 披
③ ひるがえる　　　a. 翻　　b. 翼　　c. 翌

3 다음을 일본어 한자와 히라가나로 써 보세요.

① 선거 ➡ _____ / _____
② 피부 ➡ _____ / _____
③ 원활 ➡ _____ / _____

식물

N5 / 小1 / 4획

木
나무 **목**

뿌리내린 나무의 모양

- 음 **もく** 　木材 목재　木造 목조　樹木 수목　★木綿 면직물
- 　**ぼく** 　木石 목석　土木 토목
- 훈 **き** 　木 나무　並木 가로수
- 　**こ** 　木の葉 나뭇잎

- 木造住宅が好まれている理由は、木が軽くて温かい自然素材だからだ。
  목조 주택이 선호되는 이유는 나무가 가볍고 따뜻한 자연 소재이기 때문이다.

N5 / 小1 / 6획

休
쉴 **휴**

나무[木] 그늘 옆에서 사람[亻]이 쉼

- 음 **きゅう** 　休日 휴일　休憩 휴게　休止 휴지, 중지
- 훈 **やすむ** 　休む 쉬다　休み 휴식
- 　**やすまる** 　休まる 편안해지다
- 　**やすめる** 　休める 쉬게 하다　気休め 일시적인 위안

- 仕事が気になって、せっかくの休日なのにゆっくり休めない。
  업무가 신경 쓰여, 모처럼의 휴일인데도 느긋하게 쉴 수 없다.

N3 / 小1 / 8획

林
수풀 **림**

나무[木][木]가 우거진 숲

- 음 **りん** 　林業 임업　森林 삼림　山林 산림
- 훈 **はやし** 　林 숲　松林 소나무 숲

- 県の林業センターでは、松林の保全に努めている。
  현의 임업 센터는 소나무 숲의 보전을 위해 힘쓰고 있다.

N3 / 小1 / 12획

森
수풀 **삼**

나무[木][木][木]가 더욱 우거진 숲

- 음 **しん** 　森林 삼림　森厳 삼엄
- 훈 **もり** 　森 숲

- そこは森林浴で有名な森である。　그곳은 삼림욕으로 유명한 숲이다.

N1 / 小5 / 9획

지킬 보

어리석은 아이[呆]를 어른[イ]이 지킴

- 음 ほ　　保険 보험　　保護 보호　　担保 담보
- 훈 たもつ　　保つ 유지하다 / 유지되다

■ 雇用保険は国民の安定した生活を保つのに役立っている。
고용 보험은 국민의 안정된 생활을 유지하는데 도움이 되고 있다.

N1 / 小5 / 7획

가지 조 [條]

나무[木]에서 채찍[攵→夂]으로 쓰기 좋은 가지

- 음 じょう　　条件 조건　　条約 조약　　条理 조리

■ 条件に合わせて書類を作成した。
조건에 맞게 서류를 작성했다.

N1 / 小6 / 16획

나무 수

북[壴]을 손[寸]으로 잡고 세우듯 위로 뻗은 나무[木]

- 음 じゅ　　樹立 수립　　樹木 수목　　街路樹 가로수

■ 新しい道路の街路樹には銀杏の木が植えられた。
새로운 도로의 가로수로는 은행나무가 심어졌다.

N1 / 中 / 7획

삼나무 삼

잎이 까칠한 수염[彡]처럼 생긴 나무[木]

- 훈 すぎ　　杉 삼나무　　杉林 삼나무숲

■ 杉は日本固有種である。
삼나무는 일본 고유종이다.

N2 / 中 / 7획

평상 상

휴식을 위해 집[广] 안에 나무[木]로 평상을 짜 놓음

- 음 しょう　　起床 기상　　温床 온상　　病床 병상
- 훈 とこ　　床 잠자리　　床屋 이발소　　寝床 침상, 잠자리
- ゆか　　床 마루

■ 寝床についてもなかなか眠れないのは、起床時間が変わったからです。
잠자리에 들어도 좀처럼 잠들지 않는 것은 기상 시간이 바뀌었기 때문입니다.

N5 / 小1 / 5획

근본 본

나무 뿌리의 모습

[음] ほん　　本 책　　本質 본질　　日本 일본
[훈] もと　　本 근본 / 기원　비교 基 p.164　下 p.277　元 p.372

- この本には悩みの本を解決する方法が載っている。
  이 책에는 고민의 원인을 해결할 방법이 실려 있다.

N3 / 小2 / 7획

몸 체 [體]

사람[亻]을 형성하는 근본[本]은 건강한 몸

[음] たい　　体育 체육　　人体 인체　　主体 주체
　　てい　　体裁 체재　　風体 풍채, 옷차림
[훈] からだ　体 몸　　体つき 몸매

- 体の具合が悪い生徒がいたら、必ず体育の授業を休ませてください。
  몸 상태가 좋지 않은 학생이 있으면 반드시 체육 수업을 쉬게 해 주세요.

N1 / 中 / 13획

바리때 발

승려들의 식기로서 놋쇠[金]를 근본[本]으로 만든 사발

[음] はち　　鉢 대접　　鉢巻き 머리띠　　火鉢 화로

- 相手チームの応援団は、白い鉢巻きをしていた。
  상대팀 응원단은 흰 머리띠를 하고 있었다.

N1 / 小6 / 3획

마디 촌

손목에서 맥박이 뛰는 곳까지 잰 거리

[음] すん　　寸法 길이, 치수　　寸劇 촌극　　一寸 잠시

- 「一寸の虫にも五分の魂」ということわざがある。
  '한 치의 벌레에도 닷 푼의 영혼이 있다[지렁이도 밟으면 꿈틀거린다]'라는 속담이 있다.

N3 / 小1 / 7획

마을 촌

나무[木]가 있는 자연의 마디마디[寸]에 마을이 모여 있음

[음] そん　　村長 촌장　　村落 촌락　　農村 농촌
[훈] むら　　村 마을

- その村には村長がいなかった。
  그 마을에는 촌장이 없었다.

N2 / 小3 / 7획

대할 대 [對]

말은 입으로 대하고 글[文]은 손[寸]으로 대함

- 음 たい　対応 대응　対立 대립　絶対 절대
- 　 つい　対句 대구　一対 한 쌍

■ 菖蒲の絵の反対側には一対の鴛鴦が描かれていた。
창포 그림 반대편에는 한 쌍의 원앙이 그려져 있었다.

N1 / 小6 / 10획

칠 토

상대방을 짧은[寸] 말[言]로써 공격하여 침

- 음 とう　討論 토론　討伐 토벌　検討 검토
- 훈 うつ　討つ 공격하다　비교 打つp.34　撃つp.514　敵討ち 복수

■ 江戸時代まであった仇討ちの風習の意義について、みんなで討論した。
에도 시대까지 있었던 원수 갚음의 풍습의 의의에 대해 모두 함께 토론했다.

N2 / 小5 / 6획

둥글 단 [團]

방[口] 안에서 손과 손을 마디[寸]처럼 이어 둥글게 앉아 결의를 다짐

- 음 だん　団体 단체　団結 단결　集団 집단
- 　 とん　布団 이불

■ 叔父は東京で団体用の布団をレンタルするビジネスをしている。
숙부는 도쿄에서 단체용 이불을 렌탈하는 사업을 하고 있다.

N1 / 中 / 17획

벼슬 작 [爵]

벼슬아치가 왕이 하사한 새 모양의 술잔[爵]을 들고[寸] 있음

- 음 しゃく　爵位 작위　公爵 공작　伯爵 백작

■ 『ドラキュラ伯爵』は、1897年に書かれた小説である。
『드라큘라 백작』은 1897년에 쓰여진 소설이다.

N2 / 小1 / 6획

대나무 죽

대나무의 모양

- 음 ちく　竹馬の友 죽마고우　爆竹 폭죽
- 　 　　　松竹梅 송죽매
- 훈 たけ　竹 대나무　竹の子 죽순　★竹刀 죽도

■ 松竹梅弁当の中では、竹がいちばん実があるとよく言われている。
송죽매 도시락 중에서는 대나무가 가장 알차다고들 한다.

N3 / 小2 / 7획

作
지을 작

사람[亻]이 바느질[乍]을 하여 옷을 지음

- 음 さく　作品 작품　著作権 저작권　豊作 풍작
- 　　さ　　作業 작업　作用 작용　動作 동작
- 훈 つくる　作る 만들다 비교 創る p.107　造る p.385　手作り 수제

- この絵は障害者たちの共同作業で作られた作品である。
  이 그림은 장애자들의 공동 작업으로 만들어진 작품이다.

N2 / 小4 / 9획

昨
어제 작

어느새 해[日]가 잠깐[乍] 사이에 져 버린 날

- 음 さく　昨年 작년　昨夜 지난밤　昨日 어제(きのう라고도 읽음)

- 今年は昨年に比べ、家計負債が大幅に増えた。
  올해는 작년에 비해 가계 부채가 큰 폭으로 늘었다.

N1 / 中 / 12획

詐
속일 사

말[言]을 잠깐[乍] 사이에 바꾸며 남을 속임

- 음 さ　詐欺 사기　詐称 사칭　詐取 사취

- 犯人は警察を詐称したという。
  범인은 경찰을 사칭했다고 한다.

N1 / 中 / 12획

酢
식초 초

술[酉]을 만들 때 잠깐[乍] 지체하다 과다 발효되어 식초가 됨

- 음 さく　酢酸 초산
- 훈 す　酢 식초　酢あえ 초무침
- 　　　三杯酢 식초를 넣어 만든 일종의 조미료

- 酢酸は酢に含まれる弱酸で、強い酸味がある。
  초산은 식초에 포함된 약산으로, 강한 산미가 있다.

N1 / 中 / 11획

麻
삼 마 [麻]

숲[林]에서 마를 취해 집[广]에 둠

- 음 ま　麻痺 마비　麻薬 마약　麻酔 마취
- 훈 あさ　麻 삼　麻袋 마대

- 猫を治療のために麻酔銃で眠らせ、麻袋に入れて運んだ。
  고양이를 치료하기 위해 마취총으로 재워서 마대에 넣어 운반했다.

N1 / 中 / 15획

문지를 마 [摩]

좋은 베를 얻기 위해 손[手]으로 삼[麻]을 문지름

음 ま　　　摩天楼 마천루(매우 높은 건물)　摩擦 마찰　研摩 연마

- 電気製品の輸出をめぐって、他国との経済摩擦が懸念されている。
  전자 제품의 수출을 둘러싸고 타국과의 경제 마찰이 우려된다.

N2 / 中 / 16획

갈 마 [磨]

돌[石]에 갈아서 삼[麻]의 껍질을 벗김

음 ま　　　練磨 연마　研磨 연마
훈 みがく　　磨く 닦다　歯磨き 이 닦기 / 치약

- 歯磨き粉には研磨剤という成分が含まれている。
  치약에는 연마제라는 성분이 포함되어 있다.

N1 / 中 / 21획

마귀 마 [魔]

삼베[麻]로 된 수의를 입고 무덤에서 다시 일어난 귀신[鬼]

음 ま　　　魔法 마법　悪魔 악마　邪魔 방해

- お邪魔します。
  실례합니다.

N1 / 中 / 14획

옻 칠

나무[木]에 상처[人]를 내면 진액[水]을 액체[氵] 상태로 얻을 수 있음

음 しつ　　漆器 칠기　漆黒 칠흑
훈 うるし　　漆 옻

- 漆器は漆の樹液で作った工芸品である。
  칠기는 옻나무의 수액으로 만든 공예품이다.

外 / 中 / 15획

무릎 슬

몸[月]에 나무의 옹이[桼]처럼 생긴 부분

음 しつ　　膝蓋 슬개
훈 ひざ　　膝 무릎　膝頭 무릎 관절

- 膝蓋は膝の前面を保護している部分で、膝の皿とも呼ばれている。
  슬개는 무릎의 전면을 보호하고 있는 부분으로, 무릎의 그릇이라고도 불리고 있다.

果 열매 과
N2 / 小4 / 8획

나무[木]에 열매[田]가 달린 모습

- 음: か — 果実 과실, 効果 효과, 結果 결과, ★果物 과일
- 훈: はたす — 果たす 달성하다
  - はてる — 果てる 끝나다 / 다하다

- 結果はどうであれ、目的は果たした。
  결과는 어떻든, 목적은 달성했다.

課 공부할/과정 과
N2 / 小4 / 15획

공부는 말씀[言]을 듣고 결과[果]를 도출해내는 과정

- 음: か — 課する 부과하다, 放課後 방과 후, 日課 일과

- 放課後の部活が忙しくて、宿題をする暇がない。
  방과 후 동아리 활동이 바빠서 숙제를 할 틈이 없다.

裸 벗을 라
N1 / 中 / 13획

옷[衤]을 벗어 들고 몸을 훌떡 드러내고[果] 있는 모습

- 음: ら — 裸体 나체, 赤裸々 적나라, 半裸 반라
- 훈: はだか — 裸 알몸, 丸裸 맨몸, ★裸足 맨발

- その写真には山火事で丸裸になった山肌が赤裸々に映し出されていた。
  그 사진에는 산불로 벌거숭이가 된 산의 표면이 적나라하게 담겨 있었다.

菓 과자 과 [菓]
N2 / 中 / 11획

열매[果]에 잎[艹]이 달린 과일을 말려 과자로 만듦

- 음: か — お菓子 과자, 和菓子 화과자(일본 전통 과자), 製菓 제과

- 和菓子は韓国でも人気がある。
  화과자는 한국에서도 인기가 있다.

巣 새집 소 [巢]
外 / 小4 / 11획

과실[果]나무 가지에 둥지를 튼 모습

- 음: そう — 巣窟 소굴, 卵巣 난소
- 훈: す — 巣 둥지, 巣立つ 자립하다, 空き巣 빈집 / 빈집 털이

- 庭の木に鳥が巣を作った。
  뜰의 나무에 새가 둥지를 틀었다.

外 / 中 / 13획

무리 휘

집[宀→冖] 안에 열매[果]를 보관해 놓고 사는 고슴도치[彑] 무리

- 음 い　　語彙 어휘

▪ 文法は知っているが、語彙力が足りなくて会話ができない。
문법은 알지만, 어휘력이 부족하여 회화를 못한다.

N2 / 小3 / 8획

열매 실 [實]

집[宀]에 지아비[夫]가 일해서 열매를 쌓아[一] 놓음

- 음 じつ　　実力 실력　　充実 충실　　果実 과실
- 훈 み　　実 열매
  　　みのる　　実る 열매 맺다

▪ 花はたくさん咲いたが、実際に実ったのは、いくつにもならなかった。
꽃은 많이 피었지만, 실제로 열매를 맺은 것은 몇 개 되지 않았다.

N2 / 小6 / 8획

보배 보 [寶]

집[宀]에 대대로 전해 내려오는 보물[玉]

- 음 ほう　　宝石 보석　　家宝 가보　　国宝 국보
- 훈 たから　　宝 보물　　宝物 보물　　宝くじ 복권

▪ 引き上げられた沈没船から国宝級文化財などいろいろな宝物が発見された。
인양된 침몰선에서 국보급 문화재 등 여러 가지 보물이 발견되었다.

N2 / 中 / 14획

벼 도 [稻]

뜨거운 볕[日] 아래에서 손톱[爫]이 닳도록 일[丨]해야 수확하는 벼[禾]

- 음 とう　　水稲 논벼　　陸稲 밭벼
- 훈 いね　　稲 벼　　稲刈り 벼 베기
  　　いな　　稲作 벼농사　　稲穂 벼 이삭

▪ 水田稲作によって栽培される稲を、水稲という。
논농사로 재배한 벼를 논벼라고 한다.

外 / 中 / 15획

상고할 계

신의 뜻[旨]을 더욱[尤] 상세히 헤아리기 위해 벼[禾]로 점쳐 봄

- 음 けい　　稽古 계고, 익힘, 연습　　滑稽 골계, 해학, 익살

▪ 彼女の滑稽な話を聞いて、大笑いした。
그녀의 우스꽝스러운 이야기를 듣고 크게 웃었다.

N2 / 小2 / 6획

쌀 미

벼 줄기에 영글어 있는 쌀알의 모양

- 음 べい　米国 미국　米作 벼농사　欧米 구미
-     まい　白米 백미　玄米 현미　新米 햅쌀
- 훈 こめ　米 쌀　米粒 쌀알

- 米国産の白米は、一般的に米粒が細長い形をしている。
  미국산 백미는 일반적으로 쌀알이 가늘고 긴 모습을 하고 있다.

N2 / 小5 / 9획

미혹할 미

여러 갈래[米]로 나눠진 길을 가니[辶] 정신이 미혹함

- 음 めい　迷路 미로　迷惑 폐, 성가심　混迷 혼미　★迷子 미아
- 훈 まよう　迷う 헤매다

- 道に迷って会議に遅刻し、同僚に迷惑をかけた。
  길을 헤매서 회의에 지각하고 동료에게 폐를 끼쳤다.

N1 / 中 / 17획

수수께끼 미

알쏭달쏭하여 정신을 미혹[迷]하게 하는 말[言]

- 훈 なぞ　謎 수수께끼　謎解き 수수께끼 풀기

- 麻美ちゃんは謎解きゲームに夢中になった。
  아사미는 수수께끼 풀기 게임에 몰두했다.

N5 / 小2 / 7획

올 래 [來]

쌀[米]이 중앙아시아[一]로부터 넘어 옴

- 음 らい　来年 내년　未来 미래　往来 왕래
- 훈 くる　来る 오다
-     きたる　来る 오다
-     きたす　来す 초래하다

- 機会があれば来年また韓国に来て他の場所も旅行したい。
  기회가 되면 내년에 다시 한국에 와서 다른 곳도 여행하고 싶다.

N2 / 中 / 12획

깊을 오 [奧]

집[宀] 안 깊숙한 곳에 식량[米]을 두고 사람[大]이 지킴

- 음 おう　奥義 비결, 비법(おくぎ라고도 읽음)　深奥 심오
- 훈 おく　奥 속　奥様 부인 / 사모님　奥歯 어금니

- 松下家の奥様から和食の深奥な世界を教わった。
  마츠시타 가문의 부인으로부터 와쇼쿠의 심오한 세계를 배웠다.

N1 / 中 / 11획

국화 국 [菊]

쌀[米→匊]알 모양의 풀[艹]꽃

- 음 きく　　菊 국화　　野菊 들국화　　白菊 흰 국화
- 『菊と刀』は、米国の文化人類学者が日本文化について研究した本である。
  『국화와 칼』은 미국의 문화인류학자가 일본 문화에 관해 연구한 책이다.

N2 / 小2 / 7획

보리 맥 [麥]

뿌리내린 보리의 모양

- 음 ばく　　麦芽 맥아　　麦秋 보릿가을
- 훈 むぎ　　麦 보리 / 보리, 밀의 총칭　　麦飯 보리밥　　小麦粉 밀가루
- 大麦の麦芽はビールやウイスキーの原料になる。
  보리의 맥아는 맥주나 위스키의 원료가 된다.

N2 / 小5 / 8획

독 독 [毒]

어머니[母]께 드린 약초[主]. 약초는 독성이 약간 있음

- 음 どく　　毒舌 독설　　毒薬 독약　　中毒 중독
- タバコは中毒性が強い。
  담배는 중독성이 강하다.

N1 / 小5 / 10획

본디/흴 소

하얗게 빨아서 널어놓은[主] 실[糸]

- 음 す　　素顔 민낯　　素肌 맨살　　素手 맨손
- そ　　素朴 소박　　素材 소재　　元素 원소　　★素人 풋내기
- 彼女の素顔は素朴ながら美しかった。
  그녀의 민낯은 소박하면서 아름다웠다.

N1 / 小3 / 7획

콩 두

콩을 담는 제사 그릇의 모양

- 음 とう/ず　　豆腐 두부　　豆乳 두유　　納豆 낫토　　大豆 대두
- 훈 まめ　　豆 콩　　枝豆 줄기째 꺾은 풋콩　　★小豆 팥
- 大豆は、若い実は枝豆として食べられ、熟したものは豆腐や味噌などに広く利用される。
  대두는 어린 열매는 풋콩으로 먹고, 익은 것은 두부나 된장 등으로 넓게 이용된다.

N3 / 小3 / 12획

短
짧을 단

화살촉[矢], 제사 그릇[豆] 등은 길이가 짧음

- 음 たん　　短期 단기　　短所 단점　　短編 단편
- 훈 みじかい　短い 짧다

- ３週間の短期留学は、日本語を学ぶには短すぎると思う。
  3주간의 단기 유학은 일본어를 배우기에는 너무 짧다고 생각한다.

N3 / 小2 / 16획

頭
머리 두

멀리서 보면 콩[豆]알만한 사람의 머리[頁]

- 음 とう　　頭角 두각　　頭部 두부(머리 부분)　　先頭 선두
  ず/と　頭脳 두뇌　　頭痛 두통　　音頭 선봉
- 훈 あたま　頭 머리　　頭打ち 한계점에 도달함
  かしら　頭 머리 / 우두머리　頭文字 머리글자

- 頭が痛いので頭部CT検査を受けたが、ただの頭痛だった。
  머리가 아파서 두부CT검사를 받았는데, 그냥 두통이었다.

N1 / 中 / 12획

痘
역질 두

병상[疒]에 누우면 곧 제사[豆]를 지내게 되는 무서운 역병

- 음 とう　　痘瘡 두창, 천연두　　天然痘 천연두　　★痘痕 곰보 자국

- 天然痘が治ったあと、皮膚に残る小さなくぼみを、痘痕という。
  천연두가 나은 후 피부에 남는 작은 자국을 곰보 자국이라고 한다.

N1 / 小5 / 10획

桜
앵두 앵 [櫻]

아름다운 여성[女]의 피부색 꽃잎[ツ]을 피우는 나무[木]

- 음 おう　　桜花 벚꽃　　観桜 벚꽃 구경
- 훈 さくら　桜 벚꽃　　桜色 연분홍색

- 今週に入ってから桜の花が満開になった。
  이번 주에 들어서면서부터 벚꽃이 만개했다.

N1 / 中 / 13획

楼
다락 루 [樓]

여[女]종들이 음식[米]을 나르는 광경이 한눈에 보이게 나무[木]로 높게 만든 곳

- 음 ろう　　楼閣 누각　　望楼 망루　　摩天楼 마천루

- 摩天楼で有名な都市には、東京、香港、ニューヨーク、ドバイなどがある。
  마천루로 유명한 도시로는 도쿄, 홍콩, 뉴욕, 두바이 등이 있다.

확인 문제

1 빈칸에 알맞은 한자를 a, b 중에 고르세요.

① ___憩   a. 体   b. 休   ⑥ 語___   a. 彙   b. 巣

② 検___   a. 対   b. 討   ⑦ 滑___   a. 稽   b. 稲

③ ___欺   a. 詐   b. 酢   ⑧ ___惑   a. 米   b. 迷

④ 研___   a. 磨   b. 麻   ⑨ ___顔   a. 麦   b. 素

⑤ ___黒   a. 膝   b. 漆   ⑩ 望___   a. 楼   b. 桜

2 밑줄 친 부분에 해당되는 한자를 a, b, c 중에 고르세요.

① <u>たも</u>つ   a. 保   b. 条   c. 杉

② <u>う</u>つ   a. 対   b. 討   c. 村

③ <u>つく</u>る   a. 昨   b. 詐   c. 作

④ <u>みが</u>く   a. 磨   b. 摩   c. 魔

⑤ <u>はた</u>す   a. 裸   b. 果   c. 課

3 다음을 일본어 한자와 히라가나로 써 보세요.

① 온상 ➡ _____ / _____

② 실력 ➡ _____ / _____

③ 미래 ➡ _____ / _____

④ 중독 ➡ _____ / _____

⑤ 두통 ➡ _____ / _____

4부

상태

內 甘 古 巨

위치   오감   시간
물상   가치

 形 必  可 良

위치

N4 / 小2 / 10획

高 높을 고

높이 세운 망루의 모습

- 음 こう　　高校 고등학교　　高級 고급　　最高 최고
- 훈 たかい　　高い 높다　　高ぶる 흥분하다 / 우쭐거리다
  　　たか　　　最高値 최고치　　残高 잔고　　円高 엔고
  　　たかまる　　高まる 높아지다
  　　たかめる　　高める 높이다

- うちの学校が大学進学率のいちばん高い高校になった。
  우리 학교가 대학 진학률이 가장 높은 고등학교가 되었다.

N1 / 中 / 15획

稿 볏짚/원고 고

탈곡 후의 볏[禾]단을 높이[高] 쌓아 놓음

- 음 こう　　原稿 원고　　投稿 투고　　草稿 초고

- 原稿の締め切りは2月11日です。
  원고의 마감은 2월 11일입니다.

N2 / 小2 / 4획

内 안 내

집[冂]에 들어가면[入] 안채와 맞닥뜨림

- 음 ない　　内容 내용　　案内 안내　　家内 아내
  　　だい　　境内 (신사나 사찰의) 경내
- 훈 うち　　内 안　　内側 안쪽　　身内 온몸 / 집안

- この神社の境内案内図は、本殿の内側も見ることができる。
  이 신사의 경내 안내도는 본전의 안쪽도 볼 수 있다.

N3 / 小2 / 6획

肉 고기 육

썰린 고기 조각의 모양

- 음 にく　　肉 고기　　豚肉 돼지고기　　筋肉 근육

- 懐かしいお袋の味といえば、肉じゃがですね。
  그리운 어머니의 손맛이라면 니꾸자가이죠.

N1 / 小6 / 10획

들일 납

실[糸]을 옷감 안[内]으로 들임

음 のう　納税 납세　納涼 납량　★出納 출납
　　なっ　納得 납득　納豆 낫토
　　　　　★納屋 헛간　納戸 의복이나 가재 도구 등을 두는 곳
훈 おさまる　納まる 들어가다 / 정리되다 / 납입되다　비교 収まる p.332
　　おさめる　納める 넣어 두다 / 받아들이다 / 납입하다　비교 収める p.332

- 納税は国民の義務だが、納得できない税金を納めるのは嫌だ。
  납세는 국민의 의무이지만, 납득할수 없는 세금을 납입하는 것은 싫다.

N3 / 小2 / 4획

모 방

양쪽에 손잡이가 달린 쟁기의 모양

음 ほう　方法 방법　方向 방향　地方 지방
훈 かた　方 방법 / 분　作り方 만드는 법　味方 내 편　★行方 행방

- このページでは、IDの作り方や登録方法などをご案内いたしております。
  이 페이지에서는 ID의 만드는 법과 등록 방법 등을 안내하고 있습니다.

N2 / 中 / 7획

동네 방

사방[方]으로 경작할 땅[土]이 있어 사람들이 모여 사는 곳

음 ぼう　お坊さん 스님　朝寝坊 늦잠　赤ん坊 갓난아기
　　ぼっ　坊ちゃん 도련님

- 朝寝坊をして、新学期初日から遅刻してしまった。
  늦잠을 자서 새 학기 첫날부터 지각해 버렸다.

N1 / 中 / 7획

방해할 방

여자[女]들이 사방[方]에서 방해함

음 ぼう　妨害 방해
훈 さまたげる　妨げる 방해하다 / 지장을 주다

- 今夜も暴走族に眠りを妨げられた。安眠妨害もいいとこだ。
  오늘 밤도 폭주족 때문에 잠이 깼다. 너무 심한 수면 방해다.

N1 / 中 / 8획

살찔 방

지방은 몸[月]의 사방[方]에 자리 잡고 있어 살찌게 함

음 ぼう　脂肪 지방　体脂肪 체지방

- お茶には脂肪燃焼成分があるので、ダイエットにいい。
  녹차에는 지방 연소 성분이 있어 다이어트에 좋다.

防 막을 방
N2 / 中 / 7획

언덕[阝]에 진을 치고 사방[方]을 막음

- 음 ぼう　　防止 방지　　堤防 제방　　予防 예방
- 훈 ふせぐ　　防ぐ 막다 / 방지하다

■ 防犯装置があったおかげで、泥棒の侵入を防ぐことができた。
　방범 장치가 있었던 덕분에 도둑의 침입을 막을 수 있었다.

紡 길쌈 방
N1 / 中 / 10획

길쌈은 실[糸]을 사방[方]으로 가로질러 짜서 옷감을 만드는 일

- 음 ぼう　　紡績 방적　　紡織 방직　　混紡 혼방
- 훈 つむぐ　　紡ぐ 실을 뽑다

■ この紡績工場では高級糸を製造している。
　이 방적 공장에서는 고급 실을 제조하고 있다.

訪 찾을 방
N2 / 小6 / 11획

올바른 방법[方]을 구하기 위해 찾아가 말씀[言]을 여쭘

- 음 ほう　　訪問 방문　　来訪 내방　　探訪 탐방
- 훈 おとずれる　　訪れる 방문하다 / 때가 찾아오다
- 　 たずねる　　訪ねる 찾다 / 방문하다　비교 尋ねる p.394

■ 交流学校の訪問団が本校を訪れた。
　교류 학교의 방문단이 본교를 방문했다.

放 놓을 방
N2 / 小3 / 8획

사방[方]으로 내치며[攵] 손에서 놓음

- 음 ほう　　放送 방송　　放棄 방기, 포기　　解放 해방
- 훈 はなす　　放す 놓다 / 놓아주다　비교 離す p.455
- 　 　　　　手放す 손을 놓다 / 손을 떼다
- 　 はなつ　　放つ 떼어 놓다 / 놓아주다 / 내쫓다
- 　 はなれる　　放れる 풀리다　비교 離れる p.455
- 　 ほうる　　放る 던지다 / 집어치우다 / 단념하다

■ この企業は放送局の所有権を手放した。
　이 기업은 방송국의 소유권에서 손을 뗐다.

倣

N1 / 中 / 10획

본뜰 **방**

타인이나 동물을 흉내내고 본뜨기 위해 자신[亻]을 놓아 버림[放]

- 음 **ほう**　　模倣 모방
- 훈 **ならう**　　倣う 모방하다, 따르다　　비교 習う p.255

- 私も先輩に倣って日本人の発音を完璧に模倣できるまで練習しています。
  저도 선배님을 따라 일본인의 발음을 완벽하게 모방할 수 있을 때까지 연습하고 있습니다.

傲

外 / 中 / 13획

거만할 **오**

남의 땅[土]에서 목 놓아[放] 떠드는 거만한 사람[亻]

- 음 **ごう**　　傲慢 오만

- 傲慢は、キリスト教では７つの大罪の１つに数えられる。
  오만은 기독교에서는 7가지 대죄악 중 하나로 열거된다.

傍

N1 / 中 / 12획

곁 **방**

사람[亻]과 가까운[旁] 곳

- 음 **ぼう**　　傍聴 방청　　傍観 방관　　路傍 노방, 길가
- 훈 **かたわら**　　傍ら 곁

- 傍若無人とは、傍らに誰もいないかのように自分勝手に振る舞うことである。
  방약무인이란, 곁에 아무도 없는 듯 자기 멋대로 행동하는 것이다.

芳

N1 / 中 / 7획

꽃다울 **방** [芳]

풀[艹] 향기가 사방[方]으로 퍼져야 꽃다움

- 음 **ほう**　　芳香 방향　　芳名録 방명록
- 훈 **かんばしい**　　芳しい 향기롭다 / 명예롭다, 훌륭하다

- 今回は成績が芳しくなかったので、集中力を高めるために芳香剤を買ってきた。
  이번에는 성적이 훌륭하지 않기 때문에, 집중력을 높이기 위해 방향제를 사 왔다.

卑

N1 / 中 / 9획

낮을 비 [卑]

천하게 여기는 왼손[十]에 물건을 들고 있으니 신분이 낮음

- 음 ひ   卑語 비어   卑怯 비겁   卑屈 비굴
- 훈 いやしい   卑しい 저속하다 / 탐욕스럽다
- いやしむ   卑しむ 경멸하다 / 깔보다
- いやしめる   卑しめる 경멸하다 / 깔보다

- 私の出自が無学な家庭だからといって卑しみ軽んずるのは、卑怯な行為だ。
  나의 태생이 배운 것 없는 집안이라고 해서 경멸하며 깔보는 것은 비겁한 행위이다.

碑

N1 / 中 / 14획

비석 비 [碑]

무덤보다 낮게[卑] 돌[石]을 세움

- 음 ひ   碑石 비석   碑文 비문   記念碑 기념비

- この碑文の内容は論争の余地がある。
  이 비문의 내용은 논쟁의 여지가 있다.

上

N5 / 小1 / 3획

윗 상

기준[一]보다 위[卜]

- 음 じょう   上陸 상륙   上昇 상승   頂上 정상
- しょう   上人 큰스님, 지덕을 갖춘 대사   身上 신상, 몸 ★ 身上 재산, 밑천
- 훈 うえ   上 위   年上 연상   身の上 신상, 환경
- うわ   上着 상의
- かみ   上半期 상반기   川上 상류
- あげる   上げる 올리다 비교 揚げる p.188 挙げる p.248
  売り上げ 매상
- あがる   上がる 오르다 비교 揚がる p.188 挙がる p.248
- のぼる   上る 올라가다 비교 昇る p.101 登る p.395
- のぼせる   上せる 올리다
- のぼす   上す 올리다

- 上半期の売り上げが伸びて上司に褒められた。
  상반기 매상이 늘어나서 상사에게 칭찬받았다.

下
N4 / 小1 / 3획
아래 하

기준[一]보다 아래[卜]

- 음 か　　下流 하류　下降 하강　地下鉄 지하철
- げ　　下水 하수　下車 하차　上下 상하
- 훈 した　下 아래　下見 예비 조사 / 미리 읽음　★下手 서투름
- しも　下 아래　川下 하류
- もと　下 아래　[비교] 基 p.164　本 p.260　元 p.372　足下 발밑
- さげる　下げる 낮추다　[비교] 提げる p.331
- さがる　下がる 내려가다
- くだる　下る 내려가다
- くだす　下す 내리다
- くださる　下さる 주시다
- おろす　下ろす 내리다　[비교] 降ろす p.212　卸す p.414
- おりる　下りる 내리다　[비교] 降りる p.212

■ 原油価格が下落しても、地下鉄の運賃は決して下がらない。
원유 가격이 하락해도 지하철 운임은 결코 내리지 않는다.

峠
N1 / 中 / 9획
고개 상

산[山]에 위[上]아래[下]로 솟은 고갯길

- 훈 とうげ　峠 고개 / 절정기 / 고비

■ 峠・枠・辻・畑などは、代表的な和製漢字である。
峠・枠・辻・畑 등은 대표적인 일본식 한자이다.

深
N2 / 小3 / 11획
깊을 심

긴 나무[木]를 물[氵]속 깊은 구멍[穴]까지 넣어 봄

- 음 しん　深刻 심각　深夜 심야　水深 수심
- 훈 ふかい　深い 깊다
- ふかまる　深まる 깊어지다
- ふかめる　深める 깊게 하다

■ 国際間の葛藤が深まり、深刻な戦争の危機に直面しはじめた。
국제간의 갈등이 깊어져, 심각한 전쟁의 위기에 직면하기 시작했다.

探   N2 / 小6 / 11획
찾을 탐

손[扌]을 더듬어 깊은[罙] 곳에 있는 물건을 찾음

- 음 たん   探求 탐구   探索 탐색   探訪 탐방
- 훈 さぐる   探る 찾다 / 탐색하다 / 뒤지다
  さがす   探す 찾다 [비교] 捜す p.427

- 本棚にあった探検家の本が見つからなくなり、一日中家の中を探しまわった。
  책장에 있던 탐험가의 책이 보이지 않아, 하루 종일 집 안을 찾아 다녔다.

央   N2 / 小3 / 5획
가운데 앙

사람[大]이 지게[冂]를 가운데 메고 중심을 잡음

- 음 おう   中央 중앙

- この村は、山脈のほぼ中央に位置している。
  이 마을은 산맥의 거의 중앙에 위치하고 있다.

英   N3 / 小4 / 8획
꽃부리 영 [英]

풀[艹]잎 가운데[央] 둘려진 꽃잎

- 음 えい   英語 영어   英雄 영웅   俊英 준영(뛰어나고 빼어남)

- ピーター・ノーマンこそ、真のオリンピックの英雄である。
  피터 노먼이야말로 진정한 올림픽의 영웅이다.

映   N3 / 小6 / 9획
비칠 영

해[日]가 하늘 가운데[央] 떠서 대지에 비침

- 음 えい   映画 영화   映像 영상   反映 반영
- 훈 うつす   映す 비추다 / 상영하다 [비교] 写す p.433
  うつる   映る 비치다 / 조화되다 [비교] 写る p.433
  はえる   映える 빛나다 / 잘 어울리다 [비교] 栄える p.399

- 映像をスクリーンに映したいときは、F4キーを押して下さい。
  영상을 스크린에 비추고 싶을 때는 F4키를 눌러 주세요.

遠
멀 원
N3 / 小2 / 13획

긴 옷[袁]자락처럼 갈[辶] 길이 멂

- 음 えん　　遠近 원근　　遠慮 사양　　永遠 영원
- 　　おん　　久遠 영원
- 훈 とおい　　遠い 멀다　　遠出 멀리 나감　　遠ざかる 멀어지다, 소원해지다

■ 遠近法では、同じ大きさの物でも、視点から遠いほど小さく描く。
　원근법에서는, 같은 크기의 물건이라도 시점에서 멀수록 작게 그린다.

猿
원숭이 원
N1 / 中 / 13획

치렁치렁 긴 옷[袁]을 입은 듯 긴 꼬리가 있는 짐승[犭]

- 음 えん　　犬猿の仲 견원지간　　類人猿 유인원
- 훈 さる　　猿 원숭이　　猿知恵 잔꾀

■ 犬猿の仲とは、犬と猿は仲が悪いといわれていることに由来している。
　견원지간이란, 개와 원숭이는 사이가 좋지 않다는 것에서 유래한다.

園
동산 원
N2 / 小2 / 13획

울타리[口] 안에 긴 옷[袁]이 걸린 듯 과실이 열려 있는 곳

- 음 えん　　公園 공원　　幼稚園 유치원　　楽園 낙원
- 훈 その　　花園 화원　　学びの園 배움의 동산

■ 公園の中に美しい花園がある。
　공원 안에 아름다운 화원이 있다.

前
앞 전
N5 / 小2 / 9획

배[舟→月]가 물살[刂]을 가르며 앞으로 나아감[丷]

- 음 ぜん　　前後 전후　　午前 오전　　事前 사전
- 훈 まえ　　前 앞　　前向き 정면을 향함 / 적극적　　前売券 예매권

■ クリスマスコンサートの前売券は12月12日から発売します。
　크리스마스 콘서트의 예매권은 12월 12일부터 발매합니다.

煎
달일 전
外 / 中 / 13획

귀한 약재를 맨 앞에[前] 두고 불[灬]을 때서 달임

- 음 せん　　煎じる 달이다　　煎餅 전병　　煎茶 전차(달인 엽차)
- 훈 いる　　煎る 볶다　　煎り豆 볶은 콩

■ 煎り胡麻がたっぷり入ったごま煎餅が、いちばん人気がある。
　볶은 참깨가 듬뿍 들어 있는 참깨 전병이 가장 인기 있다.

N5 / 小1 / 5획

왼 좌

장인이 도구[工]를 드는 왼손[十]

- 음 さ　　左折 좌회전　左遷 좌천　左右 좌우
- 훈 ひだり　左 왼쪽　左利き 왼손잡이

■ 昔中国で、右を尊び、左を卑しんだことから、左遷という言葉が由来している。
　옛날 중국에서 오른쪽을 숭상하고, 왼쪽을 멸시한 것에서 좌천이라는 말이 유래했다.

N1 / 小4 / 7획

도울 좌

귀인[亻]의 왼[左]편에 서서 도움

- 음 さ　　補佐 보좌　大佐 대좌, 대령　少佐 소좌, 소령

■ 友達の父親が大統領補佐官になった。
　친구의 아버지가 대통령 보좌관이 되었다.

N5 / 小1 / 5획

오른 우

음식을 먹을[口] 때 사용하는 손[十]

- 음 う　　右折 우회전　右派 우파
　　ゆう　左右 좌우　座右の銘 좌우명
- 훈 みぎ　右 오른쪽　右手 오른손

■ 右折信号が点灯しても、左右の安全を確かめてから出発します。
　우회전 신호가 점등해도 좌우의 안전을 확인한 후 출발합니다.

N2 / 小4 / 8획

두루 주

먹을[口] 것을 땅[土]에서 기르기 위해 두루 울타리[冂]를 침

- 음 しゅう　周囲 주위　周辺 주변　一周 일주
- 훈 まわり　周り 주위, 주변　비교 回り p.240

■ 仕事を辞めて世界一周旅行に出るとき、周りの人には出張に行くと言っておいた。
　일을 그만두고 세계 일주 여행을 갈 때, 주변 사람에게는 출장이라고 말해 두었다.

N5 / 小2 / 11획

돌 주

한 바퀴를 돌아[周]가는[辶] 시간의 단위

- 음 しゅう　週末 주말　週刊 주간　毎週 매주

■ 週末は家族と一緒に過ごします。
　주말은 가족과 함께 보냅니다.

N2 / 小3 / 15획

고를 **조**

말[言]을 고르게 두루[周] 잘 전달함

- 음 **ちょう** 調和 조화　調査 조사　順調 순조로움
- 훈 **しらべる** 調べる 조사하다, 검토하다 / 찾다
  ととのう 調う 정돈되다 / 구비되다 비교 整う p.425
  ととのえる 調える 정돈하다 / 조정하다 / 갖추다 비교 整える p.425

- 私たちがものごとに調和を感じるメカニズムについて調べてみた。
  우리들이 일체의 사물에 조화를 느끼는 메커니즘에 대해 조사해 보았다.

N1 / 中 / 11획

새길 **조**

장식품에 조각을 둘러[周] 새김[彡]

- 음 **ちょう** 彫刻 조각　彫塑 조소　木彫 목조
- 훈 **ほる** 彫る 새기다, 조각하다　木彫り 목각

- 彫刻刀を、右手で支え、左手で押して彫るのが、基本的な彫刻刀の使い方である。
  조각도를 오른손으로 지탱하고, 왼손으로 밀어서 새기는 것이 기본적인 조각도의 사용법이다.

N5 / 小1 / 4획

가운데 **중**

네모진 땅의 가운데 깃발을 꽂은 모습

- 음 **ちゅう** 中学生 중학생　中立 중립　中央 중앙
  じゅう 世界中 온 세계　一年中 일 년 내내
- 훈 **なか** 中 안, 속 비교 仲 p.281　背中 등　真ん中 정중앙

- 息子は中学3年生なのに、部屋の中で一日中ゲームばかりしている。
  아들은 중학교 3학년인데, 방 안에서 하루 종일 게임만 하고 있다.

N2 / 小4 / 6획

버금 **중**

맏이와 버금 되며 형제들 중간[中]에 태어난 사람[亻]

- 음 **ちゅう** 仲介 중개　仲裁 중재　伯仲 백중/세력이 팽팽함
- 훈 **なか** 仲 관계 비교 中 p.281　仲間 동료
  仲良し 사이가 좋음　★仲人 중매인

- 動物も、けんかが起こると仲間たちが仲裁に入るそうだ。
  동물도 싸움이 일어나면 동료들이 중재에 들어간다고 한다.

N1 / 小4 / 7획

화할 충

중간[中]에서 윤활[氵] 기능을 하여 화합을 도모함

- 음 ちゅう　　沖積層 충적층　　沖する 높이 올라가다　　沖天 충천
- 훈 おき　　沖 먼 바다　　沖合い 먼 바다 쪽　　沖縄 오키나와

■ 夏休みに沖縄を旅行した。
　여름 방학 때 오키나와를 여행했다.

N1 / 小6 / 8획

충성 충

마음[心]속[中]으로 나라를 생각함

- 음 ちゅう　　忠告 충고　　忠誠 충성　　忠実 충실

■ 戦争に行く者と結婚する者には、決して何の忠告もするな。
　전쟁에 나가는 자와 결혼하는 자에게는, 결코 어떤 충고도 하지 마라.

N2 / 中 / 11획

근심 환

근심[心]을 덜지 않고 꿰어[串] 지니고 있음

- 음 かん　　患者 환자　　疾患 질환
- 훈 わずらう　　患う 앓다　[비교] 煩う p.152
　　　　　　長患い 오랜 병 앓이, 숙환

■ 最近、精神疾患を患う人が増加している。
　최근, 정신 질환을 앓는 사람이 증가하고 있다.

外 / 中 / 7획

꿸 관

고기를 꿰어 놓은 모습

- 음 くし　　串刺し 꼬치　　串焼き 꼬치구이

■ 串焼きに最も合うお酒は、やっぱりビールですね。
　꼬치구이에 가장 맞는 술은 역시 맥주지요.

外 / 中 / 8획

높을 탁

이른[早] 새벽 높은 곳부터 밝아[卜] 옴

- 음 たく　　卓越 탁월　　電卓 전자 계산기　　食卓 식탁

■ 電卓は、電子式卓上計算機の略である。
　전탁은 전자식 탁상 계산기의 줄임말이다.

N1 / 中 / 11획

슬퍼할 도

높은[卓] 언덕에 올라 죽은 자를 생각하며 마음[↑]속으로 슬퍼함

음 とう　　悼辞 도사(애도하는 글)　　哀悼 애도　　追悼 추도
훈 いたむ　　悼む 애도하다 [비교] 傷む p.188 痛む p.462

- 事故の犠牲者を悼む慰霊・追悼行事が行われた。
  사고 희생자를 애도하는 위령·추도 행사가 행해졌다.

N1 / 中 / 9획

곧을 정

길다란 조개[貝]가 곧게 뻗은 모습

음 てい　　貞淑 정숙　　貞潔 정결　　貞節 정절

- 現代の貞節の定義は、昔とは違う。
  현대의 정절의 정의는 옛날과는 다르다.

N1 / 中 / 11획

염탐할 정

관직에 올리기 전에 곧은[貞] 사람[亻]인지 염탐함

음 てい　　偵察 정찰　　探偵 탐정　　内偵 내정, 내탐, 염탐

- 現代戦では、無人偵察機による軍事作戦が増えつつある。
  현대전에서는 무인 정찰기에 의한 군사 작전이 늘어 간다.

N2 / 小3 / 8획

겉 표

옷[衣]은 털[毛]이 나와 있는 쪽이 겉

음 ひょう　　表現 표현　　代表 대표　　発表 발표
훈 おもて　　表 겉 [비교] 面 p.239　　表門 정문
　　あらわす　　表す 나타내다 [비교] 著す p.60 現す p.475
　　あらわれる　　表れる 나타나다 [비교] 現れる p.475

- どれだけその問題を真剣に考えてきたかが発表者の態度に表れていた。
  얼마나 그 문제를 진지하게 생각해 왔는지가 발표자의 태도에 나타나 있었다.

N1 / 小6 / 10획

나누어 줄 표

흉작일 때 겉[表]모습을 보고 사람들[亻]에게 쌀을 나누어 줌

음 ひょう　　土俵 스모의 씨름판　　一俵 한 가마　　二俵 두 가마
훈 たわら　　俵 섬, 가마니　　米俵 쌀가마니

- 日本の場合、一俵は、俵1つ分の米の量で、約60キログラムになる。
  일본의 경우, 한 가마는 가마니 하나 분의 쌀의 양으로 약 60킬로그램 정도 된다.

後 뒤 후
N4 / 小2 / 9획

길을 갈[彳] 때 조금[幺] 뒤쳐져 걸음[夂]

- 음 ご
  - 午後 오후
  - 最後 최후
  - 前後 전후
- こう
  - 後悔 후회
  - 後援 후원
  - 後輩 후배
- 훈 のち
  - 後 뒤/후
  - 後ほど 나중에
- うしろ
  - 後ろ 뒤
  - 後ろめたい 뒤가 켕기다
  - 後ろ盾 후원자
- あと
  - 後 뒤/후 비교 痕 p.211 跡 p.249
  - 後回し 뒷전, 뒤로 미룸
- おくれる
  - 後れる 늦다/뒤지다 비교 遅れる p.227
  - 気後れ 기가 죽음, 주눅이 듦

- 観客席の後ろに立っていた後輩が、最後まで応援してくれた。
  관객석 뒤에 서 있던 후배가 마지막까지 응원해 주었다.

俊 준걸 준
N1 / 中 / 9획

으뜸[允]인 사람[亻]은 여유롭게 걸음[夂]

- 음 しゅん
  - 俊英 준영(빼어남, 빼어난 사람)
  - 俊敏 준민

- 彼は、韓国音楽界の俊英を発掘し、育てた。
  그는 한국 음악계의 준영을 발굴하고 육성했다.

唆 부추길 사
N1 / 中 / 10획

여유로운 걸음[夂]새를 지닌 으뜸[允]이 될 수 있다고 말[口]로 부추김

- 음 さ
  - 示唆 시사
  - 教唆 교사(남을 부추겨 일을 벌이게 함)
- 훈 そそのかす
  - 唆す 꼬드기다, 부추기다

- 教唆犯は、犯罪を唆すことだけで成立する。
  교사범은 범죄를 부추기는 것만으로 성립한다.

酸 실 산
N1 / 小5 / 14획

으뜸[允]을 만들기 위해 여유롭게[夂] 삭히다가 술[酉]의 맛이 시어짐

- 음 さん
  - 酸素 산소
  - 炭酸 탄산
  - 塩酸 염산
- 훈 すい
  - 酸い 시다
  - 酸っぱい 시다

- 酸味が強い食べ物は、その酸っぱい味を想像するだけで唾液が出る。
  산미가 강한 음식은 그 신맛을 상상하는 것만으로 침이 고인다.

확인 문제

1 빈칸에 알맞은 한자를 a, b 중에 고르세요.

① 原___　a. 稿　b. 高
② ___害　a. 妨　b. 防
③ 模___　a. 倣　b. 放
④ ___求　a. 深　b. 探
⑤ ___慮　a. 猿　b. 遠
⑥ 補___　a. 左　b. 佐
⑦ ___査　a. 調　b. 彫
⑧ 疾___　a. 患　b. 忠
⑨ ___察　a. 偵　b. 貞
⑩ 教___　a. 唆　b. 俊

2 밑줄 친 부분에 해당되는 한자를 a, b, c 중에 고르세요.

① <u>ふせぐ</u>　　　a. 妨　b. 防　c. 肪
② <u>おとずれる</u>　a. 紡　b. 放　c. 訪
③ <u>うつる</u>　　　a. 英　b. 映　c. 央
④ <u>しらべる</u>　　a. 周　b. 週　c. 調
⑤ <u>いたむ</u>　　　a. 悼　b. 卓　c. 貞

3 다음을 일본어 한자와 히라가나로 써 보세요.

① 납득 ➡ _____ / _____
② 비굴 ➡ _____ / _____
③ 중앙 ➡ _____ / _____
④ 중개 ➡ _____ / _____
⑤ 산소 ➡ _____ / _____

오감

N2 / 中 / 5획

달 감

혀에서 단맛을 느끼는 부분의 모양

- 음 **かん**　甘受 감수　甘味料 감미료　甘言 감언
- 훈 **あまい**　甘い 달다　甘辛い 달고 짜다
- **あまえる**　甘える 어리광부리다
- **あまやかす**　甘やかす 응석을 받아주다
- **あまんじる**　甘んじる 만족해하다

▪ 砂糖より甘い甘味料には、いろいろな種類がある。
설탕보다 단 감미료에는 여러 종류가 있다.

N1 / 中 / 11획

감색 감

실[糸]에 달콤한[甘] 쪽잎(남색)의 물을 들임

- 음 **こん**　紺色 감색　濃紺 짙은 감색

▪ 韓国でも日本でも、高校の制服はほとんど紺色ですね。
한국도 일본도, 고등학교의 교복은 거의 감색이네요.

N1 / 中 / 4획

붉을 단

우물[井]을 파니 붉은 돌[丶]이 튀어 나옴

- 음 **たん**　丹念 공을 들임　丹精 정성을 다함

▪ 資料を丹念に調べて調査を行った。
자료를 면밀히 검토하여 조사에 임했다.

N2 / 中 / 6획

배 주

통나무로 만든 배의 모양

- 음 **しゅう**　舟航 항해　舟運 배가 수단인 교통　舟艇 작은 배
- 훈 **ふね**　舟 배 비교 船 p.198　小舟 작은 배　渡し舟 나룻배
- **ふな**　舟歌 뱃노래　舟遊び 뱃놀이

▪ 小舟に乗って江戸時代の舟遊びの文化を体験した。
작은 배를 타고 에도 시대의 뱃놀이 문화를 체험했다.

N2 / 小3 / 14획

푸를 록 [綠]

나무껍질을 까면[彔] 나오는 물로 실[糸]에 푸른 물을 들임

- 음 りょく　緑茶 녹차　緑地 녹지　新緑 신록
- 　　ろく　　緑青 녹청(구리에 생기는 녹)
- 훈 みどり　緑 녹색, 초록

■ 緑茶といえば、鮮やかな緑色をイメージする。
　녹차라고 하면 선명한 녹색을 떠올린다.

N2 / 小4 / 16획

기록할 록 [錄]

쇠[金]로 만든 도구로 나무에 새기며[彔] 기록함

- 음 ろく　録音 녹음　録画 녹화　記録 기록

■ 被告人は、録音記録を証拠物件として提出した。
　피고인은 녹음 기록을 증거물로서 제출했다.

外 / 中 / 15획

인연 연 [緣]

돼지가 빙글빙글 돌[彖] 듯 실[糸]처럼 이어진 사람의 인연

- 음 えん　縁側 툇마루　縁談 혼담　血縁 혈연　★因縁 인연(불교 용어)
- 훈 ふち　縁 테두리　額縁 액자　金縁 금테

■ 彼女の縁談相手は、長身で金縁メガネの男性だった。
　그녀의 혼담 상대는 장신에 금테 안경을 쓴 남자였다.

N1 / 中 / 10획

벗길 박

칼[刂]로 나무껍질을 까서[彔] 벗김

- 음 はく　剝製 박제　剝離 박리　剝奪 박탈
- 훈 はがす　　剝がす 벗기다, 떼다
- 　 はぐ　　　剝ぐ 벗기다
- 　 はがれる　剝がれる 벗겨지다
- 　 はげる　　剝げる 벗겨지다 / 퇴색하다
- 　 むく　　　剝く (껍질을) 벗기다

■ 彼は対立候補の選挙ポスターを剝がしたかどで、候補者の資格を剝奪された。
　그는 대립 후보의 선거 포스터를 뜯은 혐의로 후보자 자격을 박탈당했다.

N5 / 小1 / 5획

흰 백

해[日]가 떠서 세상이 하얘짐

- 음 はく 白紙 백지 告白 고백 明白 명백
   びゃく 白夜 백야 黒白 흑백
- 훈 しろ 白 흰색 白黒 흑백 真っ白 새하얌
   しら 白雪姫 백설공주 白壁 흰 벽 白む 희어지다
   しろい 白い 희다

- 眩しいほど白い雪野原で、彼女に告白した。
  눈이 부실 정도로 하얀 설원에서 그녀에게 고백했다.

N1 / 中 / 7획

맏 백

형제 중에 가장 희고[白] 우월한 사람[亻]

- 음 はく 伯仲 백중 画伯 화백
   ★ 伯父 백부 伯母 백모

- 両軍の実力が伯仲し、戦況が膠着状態となった。
  양 군의 실력이 백중이어서, 전쟁 상황이 교착 상태가 되었다.

N1 / 中 / 8획

칠 박

손[扌]바닥이 하얘지도록[白] 손뼉을 침

- 음 はく 拍手 박수 拍車 박차 脈拍 맥박
   ひょう 拍子 박자

- 15秒間の脈拍を数えて、4倍すれば、1分間の脈拍が測れる。
  15초 간의 맥박을 세어서 4배 하면 1분 간의 맥박을 잴 수 있다.

N2 / 中 / 8획

머무를 박

희고[白] 근사한 숙소가 있는 항구[氵]에 배를 대고 머무름

- 음 はく 宿泊 숙박 停泊 정박 一泊二日 1박 2일
- 훈 とまる 泊まる 묵다 비교 留まる p.406 止まる p.446
   とめる 泊める 묵게 하다 비교 留める p.406 止める p.446

- 停泊している豪華客船に、ホテルのように泊まることができる。
  정박해 있는 호화 여객선에 호텔처럼 묵을 수 있다.

N1 / 中 / 8획

핍박할 박

가서[辶] 얼굴이 하얗게[白] 질리도록 핍박함

- 음 はく   迫害 박해   脅迫 협박   圧迫 압박
- 훈 せまる   迫る 다가오다 / 강요하다

■ 試験日が迫ってくると、胸に圧迫感と痛みを覚える。
시험일이 다가오면 가슴에 압박감과 통증을 느낀다.

N1 / 中 / 11획

배 박

희고[白] 크게 지은 배[舟]

- 음 はく   舶来 박래, 외래   船舶 선박

■ 舶来とは、外国から船によって運ばれてくるという意味である。
외래란, 외국으로부터 배로 옮겨져 온다는 의미이다.

N5 / 小1 / 6획

일백 백

일[一]부터 시작해 날이 하얗게[白] 샐 때까지 세어야 백에 다다름

- 음 ひゃく   百円 백 엔   百人 백 명   百年 백 년
  ★ 八百長 미리 짜고서 하는 승부   八百屋 채소 가게

■ 教育は国家百年の計である。
교육은 국가백년지대계이다.

外 / 中 / 11획

시원할 상

사람[大]이 시원한 아침 햇살[※]을 맞는 모습

- 음 そう   爽快 상쾌
- 훈 さわやか 爽やかだ 상쾌하고 산뜻하다

■ 爽やかな朝にふさわしい爽快な音楽が、ラジオから流れてきた。
산뜻한 아침에 어울리는 상쾌한 음악이 라디오에서 흘러나왔다.

N1 / 中 / 19획

옥새 새

물레[爾]로 짠 비단에 담겨 있는 옥새[玉]

- 음 じ   御璽 옥새   国璽 국새   玉璽 옥새

■ 国璽は国家の印章である。
국새는 나라의 인장이다.

辛 매울 신
N2 / 中 / 7획

종의 이마에 글씨를 새길 때 쓰이는 도구

- 음 しん　　辛辣 신랄　　辛勝 간신히 이김　　香辛料 향신료
- 훈 からい　　辛い 맵다　　辛み 매움

▪ 彼の料理は辛いしまずいと辛辣に批判された。
그의 요리는 맵고 맛이 없다고 신랄하게 비판당했다.

宰 재상 재
N1 / 中 / 10획

궁궐[宀]에서 가장 그 권력이 매서운[辛] 사람

- 음 さい　　宰相 재상　　主宰 (회의 등을) 주재

▪ 私は以前、彼の主宰する勉強会に出ていたことがある。
나는 이전에 그가 주재하는 학습 모임에 참석한 적이 있다.

幸 다행 행
N2 / 小3 / 8획

다행히도 죄인의 양손에 쇠고랑을 채움

- 음 こう　　幸運 행운　　幸福 행복　　不幸 불행
- 훈 さいわい　　幸い 행복 / 다행
  さち　　幸 행복, 행운
  しあわせ　　幸せ 행복함

▪ 人間は、不幸なときは一を十のように思い、幸せなときは十を一のように思う。
인간은 불행할 때는 1을 10처럼 생각하고, 행복할 때는 10을 1인 것처럼 생각한다.

達 통달할 달
N2 / 小4 / 12획

양[羊]이 흙[土]길을 가는데[辶] 통달함

- 음 たつ　　達人 달인　　到達 도달　　伝達 전달　　★友達 친구

▪ 方法を変えてみたが、やはり同じ結論に到達した。
방법을 바꿔 보았지만, 역시 같은 결론에 도달했다.

曜 빛날 요 [曜]
N3 / 小2 / 18획

새[隹]의 날개[羽]에 해[日]가 비추니 빛남

- 음 よう　　何曜日 무슨 요일　　日曜日 일요일

▪ 卒業式は何曜日ですか。
졸업식은 무슨 요일입니까?

N2 / 中 / 21획

뛸 약 [躍]

새[隹]가 날아오르기 위해 날개[羽]를 펴고 발[足]을 내딛음

- 음 やく 　　躍起 애가 타서 안달함 / 기를 씀　　飛躍 비약　　活躍 활약
- 훈 おどる　　躍る 뛰어오르다 / 설레다　비교 踊る p.462

■ 代表選手の活躍に、みんなの胸が躍った。
　대표 선수의 활약에 모두의 가슴이 설레었다.

N2 / 中 / 17획

씻을 탁 [濯]

새[隹]가 물[氵]가에서 날개[羽]를 씻음

- 음 たく　　洗濯 세탁

■ この洗濯機は乾燥までできる。
　이 세탁기는 건조까지 가능하다.

N3 / 小1 / 7획

붉을 적

땅[土]이 붉게 보일 정도로 불[灬]이 남

- 음 せき 　　赤十字 적십자　　赤道 적도　　赤裸々 적나라
- 　　しゃく　　赤銅 적동색
- 훈 あか 　　赤 빨강　　赤字 적자　★ 真っ赤 진한 빨강
- 　　あかい　　赤い 빨갛다
- 　　あからむ　　赤らむ 붉어지다
- 　　あからめる　　赤らめる 붉히다

■ 古代中国の星図で天球の赤道を赤い線で描いたことから、赤道の名が由来した。
　고대 중국의 천체도에서 천구의 적도를 빨간 선으로 그린 것에서 적도가 유래했다.

N1 / 中 / 17획

성낼 혁

입[口]으로 불같이[赤][赤] 성냄

- 음 かく　　威嚇 위협

■ 刑事は、犯人に向かって発砲する前に、威嚇射撃を行った。
　형사는 범인을 향해 발포하기 전에 위협 사격을 행했다.

朱

붉을 주
N1 / 中 / 6획

나무[木] 끝[一]에 붉은 표시[丶]를 해 둠

- 음 しゅ　　朱印 주인(인주로 찍은 도장)　　朱肉 인주

■ この朱肉は、印影を長期保管できるように高級顔料を用いている。
이 인주는 인영을 장기 보관할 수 있도록 고급 안료를 사용하고 있다.

株

그루 주
N1 / 小6 / 10획

나무[木]를 베면 옅은 붉은[朱]색을 띠는 그루터기가 됨

- 훈 かぶ　　株 그루 / 주식　　株式 주식　　株主 주주

■ 株主総会では、株式会社の方針や重要事項などを決定する。
주주 총회에서는 주식회사의 방침과 중요 사항 등을 결정한다.

珠

구슬 주
N1 / 中 / 10획

진주는 옅은 붉은[朱]색을 띠는 옥[王]

- 음 しゅ　　珠算 주산　　珠玉 주옥　　真珠 진주　★数珠 염주

■ 真珠湾は、ハワイにあって、米国海軍の基地が置かれている。
진주만은 하와이에 있으며, 미해군기지가 위치해 있다.

殊

다를 수
N1 / 中 / 10획

전장에서 죽음[死→歹]에 이르도록 붉은[朱] 피범벅이 되어도 남다르게 살아남

- 음 しゅ　　殊勲 수훈　　殊勝 기특함　　特殊 특수
- 훈 こと　　殊に 특히　　殊更 특히

■ みんな立派な働きをしてくれたが、彼の働きは殊更に殊勝だった。
모두 훌륭히 일해 주었지만, 그의 활동은 특히 뛰어났다.

青

푸를 청 [靑]
N3 / 小1 / 8획

달[月]빛에 비치는 싹[生→主]이 푸르게 보임

- 음 せい　　青春 청춘　　青年 청년　　青銅 청동
  　しょう　緑青 녹청　　群青 군청　　紺青 감청
- 훈 あお　　青空 푸른 하늘　　青信号 청신호　★真っ青 진한 파랑
  　あおい　青い 파랗다, 푸르다

■ 青年は交差点で青信号になるのを待っていた。
청년은 교차로에서 청신호가 켜지기를 기다리고 있었다.

N2 / 小4 / 11획

맑을 청 [清]

물[氵]이 푸른[青]빛이 돌 정도로 맑음

- 음 せい　清酒 청주　清潔 청결　清算 청산　★清水 맑은 샘물
- 　　しょう　清浄 청정(せいじょう라고도 읽음)
- 훈 きよい　清い 맑다 / 깨끗하다
- 　　きよらか　清らかだ 맑다 / 깨끗하다
- 　　きよまる　清まる 맑아지다 / 깨끗해지다
- 　　きよめる　清める 맑게 하다 / 깨끗이 하다

■ 水の清さが清酒の色や味を決める。
　맑은 물이 청주의 색과 맛을 결정한다.

N2 / 小2 / 12획

갤 청 [晴]

비가 그치고 해[日]가 나니 파란[青] 하늘이 보임

- 음 せい　晴天 청천　快晴 쾌청
- 훈 はれる　晴れる 맑다 / 개다
- 　　はれやか　晴れやかだ 명랑하다 / 쾌청하다
- 　　はらす　晴らす 개게 하다 / (응어리를) 풀다　気晴らし 기분 전환

■ 雲一つない晴れた空を快晴という。
　구름 한 점 없는 맑은 하늘을 쾌청이라고 한다.

N2 / 小5 / 11획

뜻 정 [情]

사람을 자연의[青] 마음[忄]으로 대함

- 음 じょう　情報 정보　情熱 정열　情緒 정서
- 　　せい　風情 운치
- 훈 なさけ　情け 정, 인정　情けない 한심하다

■ 彼女の情熱的で情け深い人柄は、人々の敬愛の的だった。
　그녀의 열정적이고 인정 넘치는 성품은 사람들의 존경의 대상이었다.

N2 / 小5 / 14획

정할 정 [精]

무가공의 정결한 쌀[米]은 푸른[青] 쌀눈이 보임

- 음 せい　精神 정신　精密 정밀　精米 정미
- 　　しょう　精進 정진　不精 귀찮아 함
- 훈

■ 私は不精者で、すぐに部屋の中が散らかってしまう。
　나는 게으름뱅이여서 금방 방 안이 어질러진다.

請

N1 / 中 / 15획

청할 청 [請]

청년[青]이 어르신께 말씀[言]을 청함

- 음 せい　請求 청구　請願 청원　申請 신청
-   　しん　普請 (ふしん) 건축·토목 공사
- 훈 こう　請う 청하다 [비교] 乞う p.230
-   　うける　請ける 도급하다 / 떠맡다 [비교] 受ける p.427

- 交通費はレシートを添えて請求すれば支給されます。
  교통비는 영수증을 붙여 청구하면 지급됩니다.

臭

N1 / 中 / 9획

냄새 취 [臭]

사람[大]이 코[自]로 냄새를 맡음

- 음 しゅう　脱臭 탈취　悪臭 악취　消臭 소취(냄새를 없앰)
- 훈 くさい　臭い 구리다 / ~한 것 같다 / 수상하다
-   　におう　臭う 냄새 나다 / 악취가 나다 [비교] 匂う p.147
-   　におい　臭い 나쁜 냄새, 악취 / (범죄를 저지른 듯한) 기미, 낌새 [비교] 匂い p.147

- 消臭剤は、不快な臭いを無臭成分に変える。
  소취제는 불쾌한 냄새를 무취 성분으로 바꾼다.

嗅

外 / 中 / 13획

맡을 후

입[口]과 코를 모두 열고 냄새[臭]를 맡음

- 음 きゅう　嗅覚 후각
- 훈 かぐ　嗅ぐ 냄새를 맡다

- 最近嗅覚に問題があるらしく、匂いを嗅いでもわからない。
  요즘 후각에 문제가 있는 것 같이 냄새를 맡아도 알 수 없다.

玄

N1 / 中 / 5획

검을 현

제단에 검게 그을린 새끼[幺] 돼지머리[亠]를 올림

- 음 げん　玄関 현관　玄米 현미　幽玄 유현(깊고 그윽함)
-   ★玄人 (くろうと) 숙련가

- 母は玄関先で一時間も立ち話をしていた。
  엄마는 현관 앞에서 1시간이나 서서 이야기를 하고 있었다.

外 / 中 / 11획

뱃전 **현**

검은[玄] 기름칠이 되어 있는 뱃[舟]머리

- 음 **げん**　　右舷 우현　　左舷 좌현
- 一般的に船の入り口は左舷にある。
  일반적으로 배의 입구는 좌현에 있다.

N1 / 中 / 8획

시위 **현**

활[弓]에 걸린 검은[玄] 줄

- 음 **げん**　　弦楽器 현악기
- 훈 **つる**　　弦 활의 시위

- 日本の弦楽器には、三味線・琴・胡弓などがある。
  일본의 현악기에는 샤미센·고토·고큐 등이 있다.

N1 / 中 / 4획

헛보일 **환**

予를 거꾸로 하여 헛보임

- 음 **げん**　　幻滅 환멸　　幻覚 환각　　夢幻 몽환
- 훈 **まぼろし**　　幻 환상

- 幻が見える症状を幻視といい、誰もいないのに声が聞こえる症状を幻聴という。
  환상이 보이는 증상을 환시라고 하며, 아무도 없는데 소리가 들리는 증상을 환청이라고 한다.

N2 / 小6 / 5획

어릴 **유**

작고[幺] 힘[力]이 없는 아이

- 음 **よう**　　幼児 유아　　幼稚園 유치원　　幼年 유년
- 훈 **おさない**　　幼い 어리다　　幼なじみ 소꿉친구

- 幼い頃から英語を学ばせるために、娘を英語専門幼稚園に入園させた。
  어렸을 때부터 영어를 배우게 하기 위해 딸을 영어 전문 유치원에 입학시켰다.

N1 / 中 / 4획

흉할 **흉**

구덩이[凵]에 사람[x]이 빠졌으니 불길하고 흉함

- 음 **きょう**　　凶作 흉작　　凶悪 흉악　　吉凶 길흉

- 日照りより、梅雨の明けない冷夏の年に、凶作が起こるそうだ。
  가뭄보다 장마가 지속되는 서늘한 여름의 해에 흉작이 일어난다고 한다.

N2 / 中 / 10획

번뇌할 뇌 [惱]

흉흉[凶]한 일이 일어나니 마음[↑]에 번뇌가 가득함

- 음 のう　　悩殺 뇌쇄　　苦悩 고뇌　　煩悩 번뇌
- 훈 なやむ　　悩む 괴로워하다 / 고민하다　　悩み 괴로움
- なやます　　悩ます 괴롭히다 / 성가시게 굴다
- なやましい　　悩ましい 괴롭다 / 고통스럽다

■ 人の悩みを聞く立場になってから、彼の苦悩は始まった。
　다른 사람의 고민을 듣는 입장이 되고부터, 그의 고민은 시작되었다.

N2 / 小6 / 11획

뇌 뇌 [腦]

번뇌[悩→凶]를 다스리는 신체[月] 기관

- 음 のう　　脳 뇌　　頭脳 두뇌　　首脳 수뇌

■ 囲碁は頭脳開発に効果があるといわれている。
　바둑은 두뇌 개발에 효과가 있다고 한다.

N2 / 小6 / 10획

가슴 흉

흉흉[凶]한 일이 생겨도 덮고[勹] 극복하는 신체[月] 기관

- 음 きょう　　胸部 흉부　　胸囲 가슴둘레　　胸中 흉중, 가슴속
- 훈 むね　　胸 가슴　　胸焼け 명치 끝의 통증, 가슴앓이
- むな　　胸騒ぎ 가슴이 두근거림　　胸板 가슴의 평평한 곳, 앞가슴

■ 胸像とは、胸より上の部分をかたどった像のことをいう。
　흉상이란, 가슴보다 윗 부분을 본뜬 상을 말한다.

N2 / 小2 / 11획

누를 황 [黃]

밭[田]에 빛나는[光] 물건을 캐니 누런 황금임

- 음 おう　　黄金 황금　　卵黄 난황, 노른자위
- こう　　黄砂 황사　　黄葉 황엽(가을철 단풍이 져 누렇게 된 잎)
- 훈 き　　黄色 노란색　　黄身 노른자위
- 黄ばむ 누래지다, 노란빛을 띠다
- こ　　黄金 황금

■ 黄砂が大量に飛来し、空が黄ばんで見える。
　황사가 대량으로 날아와, 하늘이 누래 보인다.

N2 / 小3 / 15획

横

가로 횡 [横]

누렇고[黄] 큰 나무[木]를 가로로 거는 빗장으로 씀

- 음 **おう**　　横領 횡령　　横断 횡단　　専横 전횡
- 훈 **よこ**　　横 가로 / 옆 / 곁　　横道 옆길 / 벗어난 이야기

■ 横断歩道を渡ってから横道に入ってしばらく行くと、彼の家があった。
  횡단보도를 건넌 후 옆길로 들어서서 조금 가자 그의 집이 있었다.

확인 문제

1 빈칸에 알맞은 한자를 a, b 중에 고르세요.

① ___念　　a. 舟　b. 丹　　　⑤ 特___　　a. 珠　b. 殊
② ___茶　　a. 縁　b. 緑　　　⑥ 快___　　a. 晴　b. 清
③ ___子　　a. 泊　b. 拍　　　⑦ ___覚　　a. 嗅　b. 臭
④ 洗___　　a. 濯　b. 曜　　　⑧ 頭___　　a. 脳　b. 悩

2 밑줄 친 부분에 해당되는 한자를 a, b, c 중에 고르세요.

① はがす　　　　a. 縁　　b. 剝　　c. 緑
② さいわい　　　a. 辛　　b. 幸　　c. 宰
③ なやむ　　　　a. 脳　　b. 胸　　c. 悩

3 다음을 일본어 한자와 히라가나로 써 보세요.

① 고백 ➡ _____ / _____
② 현관 ➡ _____ / _____
③ 횡단 ➡ _____ / _____

시간

N5 / 小2 / 5획

옛 고

여러[十] 세대의 입[口]을 통해 전해지는 옛날 이야기

- 음 こ　　古代 고대　　古典 고전　　中古 중고
- 훈 ふるい　　古い 낡다 / 오래되다　　古本 헌책　　古着 헌옷
-   ふるす　　使い古す 오래 써서 낡아지다

■ 年式は古くても走行距離の短い中古車を探している。
　연식은 오래되도 주행 거리가 짧은 중고차를 찾고 있다.

N1 / 小5 / 9획

연고 고

옛날[古] 악기를 막대기[攵]로 치며 소리의 연고(원인)를 찾아냄

- 음 こ　　故郷 고향　　故障 고장　　事故 사고
- 훈 ゆえ　　故 까닭　　故に 그러므로, 따라서

■ これは未熟な技術故の失敗であり、故意に行ったことではない。
　이것은 미숙한 기술 탓의 실패로, 고의로 한 것은 아니다.

N2 / 小3 / 8획

쓸 고 [苦]

오래[古] 두어서 풀[++]에서 쓴 맛이 남

- 음 く　　苦労 수고　　苦痛 고통　　苦心 고심
- 훈 くるしい　　苦しい 괴롭다　　見苦しい 꼴사납다, 보기 흉하다
　　　　　　息苦しい 숨막히다, 답답하다
-   くるしむ　　苦しむ 괴로워하다 / 고민하다
-   くるしめる　　苦しめる 괴롭히다 / 걱정시키다
-   にがい　　苦い 쓰다　　苦手 서투름　　苦々しい 몹시 싫다 / 몹시 불쾌하다
-   にがる　　苦る 불쾌한 얼굴을 하다

■ 朝起きて背伸びをしたとき、急に息苦しくなり、耐えがたい苦痛を覚えた。
　아침에 일어나서 기지개를 편 순간, 갑자기 숨이 막히고 참을 수 없는 고통을 느꼈다.

N2 / 中 / 9획

마를 고

나무[木]가 오래되어[古] 마름

- 음 こ　　枯渇 고갈　枯死 고사　栄枯 영고(성함과 쇠함)
- 훈 かれる　枯れる 초목이 마르다 / 시들다　枯れ木 고목, 마른 나무
-    からす　枯らす 초목을 말리다 / 시들게 하다　木枯らし 초겨울의 찬바람

■ その古い木は、枝から枯れ始め、結局枯死してしまった。
　그 오래된 나무는 줄기부터 마르기 시작하여, 결국 고사해 버렸다.

N2 / 小3 / 12획

호수 호

호수는 오랜[古] 세월[月] 고인 물[氵]

- 음 こ　　湖岸 호숫가　湖水 호수　湖畔 호반
- 훈 みずうみ　湖 호수

■ 河口湖は富士五湖の一つに数えられる湖である。
　가와구치호는 후지오호 중 하나로 꼽히는 호수이다.

N2 / 小5 / 3획

오랠 구

지팡이를 짚고 가는 노인의 모습

- 음 きゅう　持久力 지구력　永久 영구　耐久 내구
-    く　　久遠 영원
- 훈 ひさしい　久しい 오래되다 / 오랜만이다　久しぶり 오랜만

■ 永久機関は、不可能であるということがわかって久しい。
　영구 기관은 불가능하다는 것을 안 지 오래다.

N1 / 中 / 10획

이랑 묘

노인[久]이 밭[田]에서 작업[ㄴ]하는 곳

- 훈 うね　畝 두렁　畝間 고랑

■ 畝を作るときは、幅と方角を考えなければならない。
　두렁을 만들 때는, 폭과 방향을 생각하지 않으면 안 된다.

N2 / 小5 / 5획

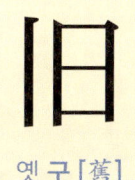

옛 구 [舊]

해[日]가 진[丨] 날

- 음 きゅう　旧式 구식　新旧 신구　復旧 복구

■ 地震による被災地の復旧活動を再開した。
　지진에 의한 피해지 복구 활동을 재개했다.

N2 / 小4 / 7획

아이 아 [児]

항상 어른[旧]과 함께 다녀야[儿] 하는 아이

- 음 じ 　児童 아동　育児 육아　幼児 유아
- 　　に　 小児科 소아과

■ 小児科では普通の診察以外に育児相談も行われる。
　소아과에서는 보통의 진찰 이외에 육아 상담도 행해진다.

N1 / 中 / 10획

빠질 함 [陥]

언덕[阝]에 올랐다가 함정[㕣]에 빠짐

- 음 かん　陥落 함락　陥没 함몰　欠陥 결함
- 훈 おちいる　陥る 빠지다 / 빠져들다
- 　　おとしいれる　陥れる 빠지게 하다 / 빠뜨리다

■ 彼は詐欺師の仕掛けた陥穽にはまり、経済的危機に陥った。
　그는 사기꾼이 놓은 함정에 빠져 경제적 위기에 빠졌다.

外 / 中 / 6획

절구 구

절구의 모양

- 음 きゅう　臼歯 어금니
- 훈 うす　臼 절구, 맷돌　石臼 돌절구, 돌 맷돌

■ 臼歯は、その名の通り、臼の形をしている。
　어금니는 이름 그대로 절구의 모양을 하고 있다.

N1 / 小4 / 15획

개펄 석

절구[臼] 옆에 새 발자국[勹]이 난 마당처럼 자국이 남아있는 바닷가[氵] 개펄

- 훈 かた　新潟県 니가타현　干潟 개펄

■ 韓国は世界的にも有名な干潟の多い国である。
　한국은 세계적으로도 유명한 개펄이 많은 나라이다.

N5 / 小2 / 4획

이제 금

오랜 세월을 지내고 지금에 이른 강산의 모양

- 음 こん　今月 이번 달　今度 이번　今後 차후, 앞으로
- 　　きん　古今 고금　★今日 오늘　今年 올해　今朝 오늘 아침
- 훈 いま　今 지금　今更 이제 와서 / 새삼스럽게

■ 今付き合っている彼女とは、今月の合コンで会いました。
　지금 만나고 있는 여자 친구와는 이번 달 미팅에서 만났습니다.

N1 / 中 / 7획

읊을 음

입[口]으로 지금[今]의 마음을 읊음

- 음 ぎん　　吟じる 소리내어 읊다　　吟味 음미
　　　　　　吟詠 음영(가락에 붙여 시를 읊음)

- 詩に使われている言葉の意味を吟味した。
  시에 쓰여 있는 단어의 의미를 음미했다.

外 / 中 / 12획

거문고 금

거문고를 쪼갠 단면의 모습

- 음 きん　　琴線 거문고 줄 / 심금　　風琴 풍금
- 훈 こと　　琴 거문고

- 彼女の奏でる琴の音色は、人々の心の琴線に触れた。
  그녀가 연주하는 거문고의 음색은 사람들의 심금을 울렸다.

N2 / 中 / 7획

머금을 함

지금[今] 입[口]속에 음식을 머금음

- 음 がん　　含有 함유　　含量 함량　　包含 포함
- 훈 ふくむ　　含む 포함하다 / 지니다
　　ふくめる　　含める 포함하다

- この成分の含有量はゼロとなっているが、実際には微量に含まれていることがある。
  이 성분의 함유량은 제로라고 써있지만, 실제로는 미량 포함되어 있기도 한다.

外 / 中 / 11획

탐할 탐

지금[今] 눈앞의 재물[貝]을 탐함

- 음 どん　　貪欲 탐욕
- 훈 むさぼる　　貪る 탐하다

- 彼は暴利を貪っていると叩かれていたが、実際はそんなに貪欲な人間ではない。
  그는 폭리를 취하고 있다고 비난 받았지만, 실제로는 그렇게 탐욕스러운 인간은 아니다.

N2 / 小4 / 8획

생각 념

지금[今] 마음속[心]에 있는 생각

- 음 ねん　　念願 염원　記念 기념　信念 신념
- キム先生は強い信念の持ち主であった。
  김 선생님은 강한 신념의 소유자였다.

外 / 中 / 11획

비틀 념

좋은 생각[念]이 안 날 때, 손[扌]으로 머리를 비틀어 짜냄

- 음 ねん　　捻挫 염좌　捻出 염출, 짜냄
- 훈 ひねる　　捻る 삐다
- 足首を捻った覚えもないのに、足首が捻挫したように痛い。
  발목을 삔 기억이 없는데 발목을 삔 듯이 아프다.

N1 / 中 / 11획

그늘 음

언덕[阝]에 지금[今] 구름[云]이 걸리니 그늘이 생김

- 음 いん　　陰気 음기　陰謀 음모　陰性 음성
- 훈 かげ　　陰 그늘　비교 影 p.73　木陰 나무 그늘　日陰 음지, 응달
- 　　かげる　　陰る 그늘지다 / 저물어 가다
- 巨大な陰謀の陰に色々な疑惑がひそんでいる。
  거대한 음모의 그늘에 여러 가지 의혹이 숨어 있다.

N1 / 中 / 10획

이미 기 [既]

향기로운[皀] 음식을 목이 메이게[旡] 먹고 나니 이미 식사가 끝남

- 음 き　　既成 기성　既婚 기혼　既製品 기성품
- 훈 すでに　　既に 이미
- 既製品とは、注文に応じて作られたものではなく、既に作ってある製品のことをいう。
  기성품이란, 주문에 응해 만들어진 것이 아닌, 이미 만들어져 있는 제품을 말한다.

N1 / 中 / 13획

슬퍼할 개 [慨]

이미[既] 저질러진 일을 마음속[忄]으로 슬퍼함

- 음 がい　　慨嘆 개탄　憤慨 분개　感慨 감개
- 工場の産業廃水たれ流しに憤慨した住民たちが、集団訴訟を起こした。
  공장의 산업 폐수 방류에 분개한 주민들이 집단 소송을 제기했다.

N1 / 中 / 14획

대개 개 [概]

나무[木]는 이미[既] 대개 많이 사용되는 물건

- 음 **がい**　　概念 개념　　概論 개론　　概して 대개, 일반적으로
- 経済学概論は、経済の基礎を学ぶ科目である。
  경제학 개론은 경제의 기초를 배우는 과목이다.

N2 / 中 / 8획

갑자기 돌 [突]

갑자기 구멍[穴]에서 개[犬→大]가 나옴

- 음 **とつ**　　突然 돌연, 갑자기　　衝突 충돌　　唐突 당돌
- 훈 **つく**　　突く 찌르다　　突っ込む 돌입하다 / 파고들다 / 추궁하다
- 突然店に大型トラックが突っ込んできた。
  갑자기 가게에 대형 트럭이 돌진해 들어왔다.

N3 / 小3 / 7획

연구할 구

구멍[穴] 속을 깊은 곳까지 여러 번[九] 조사하고 연구함

- 음 **きゅう**　　究明 구명　　究極 구극, 궁극　　研究 연구
- 훈 **きわめる**　　究める 깊이 연구하다 / 끝까지 밝히다
  　　　　　　　비교 窮める p.303　極める p.478
- この研究所では代替エネルギーの開発を行っている。
  이 연구소에서는 대체 에너지의 개발을 연구하고 있다.

N1 / 中 / 9획

훔칠 절 [竊]

줄이 매어져 있는 재물을 끊어서[切] 구멍[穴]으로 도망감

- 음 **せつ**　　窃盗 절도　　窃取 절취
- 拾った財布を警察に届けないと、窃盗罪に問われる可能性がある。
  주운 지갑을 경찰에 신고하지 않으면 절도죄로 처벌될 가능성이 있다.

N1 / 中 / 15획

궁할 궁

굴[穴] 속에 몸[身]을 활[弓]처럼 구부리고 있으니 상황이 궁함

- 음 **きゅう**　　窮極 궁극　　困窮 곤궁　　貧窮 빈궁
- 훈 **きわめる**　　窮める 극한에 이르다　비교 究める p.303　極める p.478
- 훈 **きわまる**　　窮まる 지극히 ~하다　비교 極まる p.478
- 戦争が終わったあと、国民の生活は困窮を窮めた。
  전쟁이 끝난 후, 국민 생활은 지극히 곤궁했다.

N1 / 中 / 18획

눈 깜짝일 **순**

태평성대였던 순[舜] 임금 시대도 눈[目] 한번 깜짝이니 지나감

- 음 **しゅん**　　瞬間 순간　　瞬時 순간, 순식간　　一瞬 일순간
- 훈 **またたく**　　瞬く 눈을 깜짝이다 / 깜빡이다　　瞬く間に 눈 깜짝할 사이에

- たくさんの星が瞬く夜空に、一瞬流れ星が光った。
  많은 별이 깜빡이는 밤하늘에 일순간 별똥별이 반짝였다.

N1 / 中 / 16획

이웃 **린**

농사가 어그러지지[舛] 않게 언덕[阝] 위 제단에 쌀[米]을 함께 지고 오르는 사람

- 음 **りん**　　隣国 이웃 국가　　隣接 인접　　近隣 인근
- 훈 **となり**　　隣 옆
- 　**となる**　　隣る 이웃하다

- 文化人類学の隣接科学には、言語学や考古学などがある。
  문화 인류학의 인접 과학으로는 언어학과 고고학 등이 있다.

N1 / 中 / 13획

뛰어날 **걸**

어그러진[舛] 나무[木]를 잘 정리하여 뛰어난 작품을 만드는 사람[亻]

- 음 **けつ**　　傑作 걸작　　豪傑 호걸

- この絵は近代絵画の最高傑作である。
  이 그림은 근대 회화의 최고 걸작이다.

N2 / 小4 / 5획

끝 **말**

나무[木]의 가지 끝[一]의 모습

- 음 **まつ**　　週末 주말　　粉末 분말　　本末 본말
- 　**ばつ**　　末弟 막내 아우(まってい라고도 읽음)
- 훈 **すえ**　　末 끝　　末っ子 막내

- 週末はいつも末っ子といっしょに水泳教室へ行く。
  주말에는 항상 막내와 함께 수영 교실에 간다.

N1 / 中 / 8획

지울 **말**

손[扌]으로 그림의 삐져 나온 끝[末] 부분을 지움

- 음 **まつ**　　抹茶 말차, 녹차　　抹消 말소　　抹殺 말살

- 不動産に設定されていた抵当権が抹消された。
  부동산에 설정되어 있던 저당권이 말소되었다.

N2 / 小2 / 12획

番 차례 번

발자국[釆]이 밭[田]에 차례대로 찍혀 있음

음 **ばん**　　番組(ばんぐみ) 프로그램　　交番(こうばん) 파출소　　順番(じゅんばん) 순번

- 日直(にっちょく)の順番(じゅんばん)が回(まわ)ってきた。
  당번 순서가 돌아왔다.

N1 / 中 / 15획

審 살필 심

집[宀]안일을 차례차례[番] 살핌

음 **しん**　　審査(しんさ) 심사　　審判(しんぱん) 심판　　審議(しんぎ) 심의

- 審判(しんぱん)の判定(はんてい)に監督(かんとく)が抗議(こうぎ)した。
  심판의 판정에 감독이 항의했다.

N1 / 中 / 18획

藩 울타리 번 [藩]

강[氵]과 초목[艹]을 기준으로 차례대로[番] 울타리를 치며 경계를 잡음

음 **はん**　　藩(はん) 번(에도 시대 행정 구역)　　藩主(はんしゅ) 번주, 번의 영주, 다이묘

- 藩(はん)というのは、大名(だいみょう)が支配(しはい)していた領域(りょういき)のことをいう。
  번이란, 다이묘가 지배하고 있던 영역을 말하다.

N1 / 中 / 11획

累 여러 루

여러 밭[田]을 줄[糸]로 묶어 표시함

음 **るい**　　累積(るいせき) 누적　　累計(るいけい) 누계

- その企業(きぎょう)は赤字(あかじ)が累積(るいせき)して倒産(とうさん)した。
  그 기업은 적자가 누적되어 도산했다.

N1 / 中 / 12획

塁 보루 루 [壘]

흙[土]으로 튼튼히 쌓아[久] 높은 곳에 창[田]을 낸 보루

음 **るい**　　満塁(まんるい) 만루　　盗塁(とうるい) 도루　　一塁(いちるい) 1루

- 大谷選手(おおたにせんしゅ)が二死(にし)満塁(まんるい)でさよならホームランを打(う)った。
  오타니 선수가 2사 만루에서 끝내기 홈런을 쳤다.

N2 / 小3 / 8획

옛 석

날[日]이 차곡차곡[艹] 쌓인 예전

- 음 **せき** — 昔日 석일, 옛날 / 昔年 석년, 옛날 / 昔時 옛날, 왕년
- **しゃく** — 今昔 금석 (지금과 옛날)
- 훈 **むかし** — 昔 옛날 / 昔話 옛날이야기

■ 昔は知識や情報を手に入れるのが本当に大変だった。
옛날에는 지식이나 정보를 손에 넣는 것이 정말로 힘들었다.

N3 / 小4 / 10획

빌릴 차

예전[昔]에 돈을 빌려간 사람[亻]

- 음 **しゃく** — 借金 차금, 빚 / 借用 차용 / 賃借 임차
- 훈 **かりる** — 借りる 빌리다

■ 彼は借金を返すどころか、また借りに来た。
그는 빚을 갚기는커녕 또 빌리러 왔다.

N1 / 中 / 11획

아낄/애석할 석

지나간 옛[昔]일은 언제나 마음속[忄]에 안타까움이 남음

- 음 **せき** — 惜別 석별 / 惜敗 석패 / 哀惜 애석
- 훈 **おしい** — 惜しい 아깝다 / 아쉽다
- **おしむ** — 惜しむ 아까워하다

■ チームは最後まで善戦したが、9回の裏で惜しくも敗れた。
팀은 마지막까지 선전했지만, 9회 말에 안타깝게도 졌다.

N1 / 中 / 11획

둘 조

예[昔]로부터 내려오는 좋은 제도는 손[扌]을 대지 않고 두는 것이 좋음

- 음 **そ** — 措置 조치

■ 外国漁船の領海侵犯に対し、政府は適切な措置を取った。
외국 어선의 영해 침범에 대해 정부는 적절한 조치를 취했다.

N1 / 中 / 16획

어긋날 착

쇠[金]로 만든 도구는 오래되면[昔] 어긋남

- 음 **さく** — 錯誤 착오 / 錯覚 착각 / 交錯 교착

■ 錯視は日常生活でも頻繁に起こる。
착시는 일상생활에서도 빈번하게 일어난다.

N2 / 小4 / 12획

散
흩을 산

쌓인[丰] 고기[月]를 쳐서[攵] 토막을 내서 흩음

- 음 **さん**   散(さんぽ)歩 산책   散(さんぶん)文 산문   解(かいさん)散 해산
- 훈 **ちる**   散(ち)る 꽃잎이 지다 / 흩어지다
  - **ちらす**   散(ち)らす 흩뜨리다, 어지르다 / 분산시키다
  - **ちらかす**   散(ち)らかす 흩뜨리다, 어지르다
  - **ちらかる**   散(ち)らかる 흩어지다, 어지러지다

- 桜(さくら)の花(はな)びらが散(ち)る道(みち)を散歩(さんぽ)した。
  벚꽃 잎이 지는 길을 산책했다.

N2 / 中 / 20획

籍
문서 적

대나무[竹→⺮] 조각에 예[昔]로부터 쟁기질[耒] 하는 농부의 명단을 적어 놓음

- 음 **せき**   戸(こせき)籍 호적   本(ほんせき)籍 본적   書(しょせき)籍 서적

- 韓国(かんこく)では、2008年(ねん)1月(がつ)1日(ついたち)に戸籍(こせき)制度(せいど)が廃止(はいし)された。
  한국에서는 2008년 1월 1일에 호적 제도가 폐지되었다.

N5 / 小1 / 6획

先
먼저 선

고하기[告→⺍] 위해 먼저 가는 사람의 발[儿]

- 음 **せん**   先生(せんせい) 선생님   先輩(せんぱい) 선배   率先(そっせん) 솔선
- 훈 **さき**   先(さき)に 먼저   先立(さきだ)つ 앞장서다 / 앞서다

- 先(さき)に生(い)きて人(ひと)をよりよい方向(ほうこう)へ導(みちび)くのが、先生(せんせい)の仕事(しごと)である。
  먼저 살아가면서 사람을 보다 좋은 방향으로 이끌어가는 것이 선생님의 사명이다.

N3 / 小6 / 9획

洗
씻을 세

제단에 오르기 전에 먼저[先] 물[氵]에 몸을 씻음

- 음 **せん**   洗濯(せんたく) 세탁   洗剤(せんざい) 세제   洗練(せんれん) 세련
- 훈 **あらう**   洗(あら)う 씻다   お手洗(てあら)い 화장실

- 眼鏡(めがね)は、台所用(だいどころよう)洗剤(せんざい)でレンズを指(ゆび)で擦(こす)りながら10秒(びょう)ほど洗(あら)ってください。
  안경은 부엌용 세제로 렌즈를 손가락으로 문지르면서 10초 정도 씻어 주세요.

光 빛 광
N3 / 小2 / 6획

사람[儿]이 횃불[火]을 들고 있음

- 음 こう　　光景 광경　　観光 관광　　栄光 영광
- 훈 ひかる　　光る 빛나다
- 　ひかり　　光 빛

- コンサートに行って、音楽と光の混じり合う幻想的な光景を堪能した。
  콘서트에 가서 음악과 빛이 어우러진 환상적인 광경을 만끽했다.

早 이를 조
N3 / 小1 / 6획

해[日]가 막 떠오르기[十] 시작하는 이른 새벽

- 음 そう　　早朝 조조　　早退 조퇴　　早春 초봄
- 　さっ　　早速 곧, 즉시　　早急 조급(そうきゅう라고도 읽음)
- 훈 はやい　　早い 이르다 / 빠르다　[비교] 速い p.424
- 　　　　　　早口 말이 빠름　　素早い 재빠르다
- 　はやまる　　早まる 빨라지다 / 서두르다(일을 그르침)　[비교] 速まる p.424
- 　はやめる　　早める 앞당기다 / 서두르다(늦지 않게 행함)　[비교] 速める p.424
- 　　　　　　早めに 서둘러, 일찌감치

- 映画館の早朝割引は、早めに行かないと売り切れてしまう。
  영화관의 조조할인은 서둘러 가지 않으면 매진되어 버린다.

草 풀 초 [艸]
N2 / 小1 / 9획

풀[艹]은 꽃과 열매보다 일찍[早] 돋아남

- 음 そう　　草原 초원　　草案 초안　　雑草 잡초　　★草履 조리(일본식 짚신)
- 훈 くさ　　草 풀　　草色 초록빛　　草花 화초

- 広い草原で羊が草を食べている。
  넓은 초원에서 양이 풀을 뜯고 있다.

曽 일찍 증 [曾]
外 / 中 / 11획

아직 해[日]가 밭[田] 아래 있는 아침 일찍

- 음 そう　　曽祖父 증조부　　曽孫 증손(ひまご라고도 읽음)
- 　ぞ　　未曽有 미증유 (지금까지 한 번도 있어 본 적이 없음)

- その評論家は、自分の曽祖父は将軍だったと言っている。
  그 평론가는 자신의 증조부는 장군이었다고 말했다.

N1 / 中 / 13획

중 승 [僧]

절에 살면서 일찍[曾] 일어나 시각을 알리는 종을 치는 사람[亻]은 중

- 음 **そう**   僧 중, 승려   僧侶 승려   高僧 고승, 대사

■ お寺の中では僧侶たちが念仏を唱えている。
절 안에서는 승려들이 염불을 외고 있다.

N2 / 小5 / 14획

더할 증 [増]

일찍[曾] 일어나 땅을 일궈 땅[土]을 더함

- 음 **ぞう**   増加 증가   増減 증감   激増 격증
- 훈 **ます**   増す 늘다
- **ふえる**   増える 늘다 / 늘어나다 [비교] 殖える p.145
- **ふやす**   増やす 늘리다 / 불리다 [비교] 殖やす p.145

■ 売り上げは増えたが、費用も増加したため、利益が出ない。
매상은 늘었지만, 비용도 증가해서 이익이 나지 않는다.

N2 / 中 / 14획

미울 증 [憎]

어릴 적 먹을 것 앞에서 형제 간에 가장 일찍[曾] 드는 마음[忄]은 미움

- 음 **ぞう**   憎悪 증오   愛憎 애증
- 훈 **にくむ**   憎む 미워하다
- **にくい**   憎い 밉다
- **にくらしい**   憎らしい 얄밉다
- **にくしみ**   憎しみ 증오

■ 愛憎という言葉がほのめかしているように、愛が深ければ憎しみも深くなる。
애증이라는 말이 시사하듯, 사랑이 깊으면 미움도 깊어진다.

N2 / 中 / 18획

줄 증 [贈]

신은 일찍[曾]부터 부지런히 일한 자에게 재물[貝]을 줌

- 음 **ぞう**   贈与 증여   贈賄 뇌물을 줌   贈呈 증정
- **そう**   寄贈 기증(きぞう라고도 읽음)
- 훈 **おくる**   贈る 보내다 / 선물하다 [비교] 送る p.425   贈り物 선물

■ カスミソウは花束贈呈式で贈る花としてよく用いられる。
안개꽃은 꽃다발 증정식에서 주는 꽃으로 자주 쓰인다.

층 층 [層]

지붕[尸]이 거듭[曽]해서 쌓인 층

음 そう　　階層 계층　　高層 고층　　断層 단층

- 地震の発生直後に空撮した映像から新たな断層が発見された。
  지진 발생 직후에 항공 촬영한 영상에서 새로운 단층이 발견되었다.

확인 문제

1 빈칸에 알맞은 한자를 a, b 중에 고르세요.

① 事____   a. 故   b. 古
② ____念   a. 概   b. 慨
③ ____然   a. 窃   b. 突
④ ____間   a. 瞬   b. 隣
⑤ 週____   a. 抹   b. 末
⑥ 交____   a. 審   b. 番
⑦ ____金   a. 惜   b. 借
⑧ ____置   a. 措   b. 錯
⑨ ____速   a. 早   b. 草
⑩ ____加   a. 憎   b. 増

2 밑줄 친 부분에 해당되는 한자를 a, b, c 중에 고르세요.

① <u>くるしい</u>   a. 故   b. 苦   c. 枯
② <u>おちいる</u>   a. 陥   b. 潟   c. 児
③ <u>ひねる</u>   a. 含   b. 捻   c. 貪
④ <u>おしい</u>   a. 借   b. 措   c. 惜
⑤ <u>おくる</u>   a. 僧   b. 増   c. 贈

3 다음을 일본어 한자와 히라가나로 써 보세요.

① 복구 ➡ _____ / _____
② 궁극 ➡ _____ / _____
③ 걸작 ➡ _____ / _____
④ 선배 ➡ _____ / _____
⑤ 고층 ➡ _____ / _____

물상 １

N2 / 中 / 5획

클 거

목수의 도구 중 손잡이가 달린 제법 큰 도구

- 음 きょ　　巨大 거대　　巨匠 거장　　巨額 거액

■ 博物館で、巨匠たちの描いた絵画を鑑賞した。
　박물관에서 거장들이 그린 회화를 감상했다.

外 / 中 / 8획

막을 거

손[扌]으로 상대의 큰[巨] 공격을 막음

- 음 きょ　　拒否 거부　　拒絶 거절
- 훈 こばむ　　拒む 거부하다

■ 彼は私の意見に拒絶反応を示した。
　그는 내 의견에 거절 반응을 나타냈다.

N1 / 中 / 12획

떨어질 거

발[足]을 크게[巨] 하여 달리면 거리가 떨어짐

- 음 きょ　　距離 거리

■ クリックすると、目的地までの移動距離と所要時間が表れる。
　클릭하면 목적지까지의 이동 거리와 소요 시간이 나타난다.

N1 / 中 / 13획

사이 뜰 격

언덕[阝]이 뜬 솥[鬲]처럼 떨어져 있음

- 음 かく　　隔離 격리　　間隔 간격　　遠隔 원격
- 훈 へだてる　　隔てる 사이에 두다 / 거리를 두다　　隔て 칸막이
- 　　へだたる　　隔たる 사이가 떨어지다　　隔たり 격차 / 거리

■ 隔たった所で行われる診療を遠隔診療という。
　떨어진 곳에서 행해지는 진료를 원격 진료라고 한다.

N1 / 中 / 16획

融
녹을 융

솥[鬲]에 벌레[虫]를 넣고 녹아 없어질 때까지 고아서 약재로 씀

- 음 ゆう　融資 융자　融和 융화　金融 금융
- 金融機関には、銀行・保険会社・証券会社などがある。
  금융 기관에는 은행·보험 회사·증권 회사 등이 있다.

N1 / 中 / 12획

堅
굳을 견

눈[臣]을 크게 뜨고 손[又]으로 땅[土]을 눌러 굳힘

- 음 けん　堅固 견고　堅実 견실　中堅 중견
- 훈 かたい　堅い 단단하다 / 굳다　비교 固い p.315　硬い p.477
- 堅い意志をもって勉強していた彼は、中堅企業の社長になった。
  굳은 의지를 갖고 공부했던 그는 중견 기업의 사장이 되었다.

N1 / 中 / 15획

緊
긴할 긴

요긴한 물건을 줄[糸]로 단단히[臤] 묶어 놓음

- 음 きん　緊張 긴장　緊急 긴급　緊迫 긴박
- 人前で緊張するのは自然な反応である。
  사람들 앞에서 긴장하는 것은 자연스러운 반응이다.

N1 / 中 / 13획

腎
콩팥 신

콩팥은 몸[月]에 있는 비교적 단단한[臤] 장기

- 음 じん　腎臓 신장　肝腎 가장 중요함(＝肝心)
- 血圧と腎臓とは、切っても切れない関係にある。
  혈압과 신장은 뗄래야 뗄 수 없는 관계에 있다.

N2 / 中 / 16획

賢
어질 현

어진 원님은 재물[貝]을 굳건히[臤] 보관했다가 나누어 줌

- 음 けん　賢明 현명　良妻賢母 현모양처　先賢 선현
- 훈 かしこい　賢い 영리하다, 현명하다
- 昔から、良い妻であり賢い母である理想的な婦人を、良妻賢母といった。
  옛날부터 좋은 아내이자 현명한 어머니인 이상적인 부인을 현모양처라고 했다.

N3 / 小3 / 12획
가벼울 경 [輕]

흙[土]을 수레[車]에 담아 나르니 손[又]이 가벼움

- 음 **けい** 　軽視 경시　軽薄 경박　軽率 경솔
- 훈 **かるい** 　軽い 가볍다　気軽 가볍게 행동함　手軽 손 쉬움
- 　**かろやか** 　軽やかだ 가뿐하다 / 경쾌하다

- 効率をよくするためといって安全を軽視して車をむやみに軽く作ってはいけない。
  효율을 높이기 위해서라며 안전을 경시하고 차를 무턱대고 가볍게 만들어서는 안 된다.

N1 / 中 / 8획
기이할 괴

짐승처럼 손[又]으로 땅[土]을 짚고 다니는 기이한 형상을 한 원혼[忄]

- 음 **かい** 　怪奇 괴기　怪物 괴물　怪談 괴담
- 훈 **あやしい** 　怪しい 괴상하다 / 수상하다　비교 妖しい p.479
- 　**あやしむ** 　怪しむ 의심하다 / 이상히 여기다

- この山には怪物が棲んでいるというけれど、まあ、怪しい話ですね。
  이 산에는 괴물이 살고 있다고 하지만, 조금 괴상한 이야기네요.

N1 / 小4 / 8획
지름길 경 [徑]

가깝지만 험해 손[又]으로 땅[土]을 몇 번이고 짚어야만 하는 길[彳]

- 음 **けい** 　直径 직경　口径 구경　半径 반경

- 太陽の直径は、地球のおよそ109倍である。
  태양의 직경은 지구의 약 109배이다.

N2 / 小5 / 11획
지날/글 경 [經]

땅[土]에 손[又]으로 실[糸]처럼 이어서 글씨를 흘려 씀

- 음 **けい** 　経済 경제　経歴 경력　経験 경험
- 　**きょう** 　経典 경전　経文 경문
- 훈 **へる** 　経る 지나가다 / 경과하다

- 彼は外務省の役人からセールスマンを経てコンサルタント会社の社長になったという、少し変わった経歴の持ち主だ。
  그는 외무성의 공무원에서 샐러리맨을 거쳐 컨설턴트 회사의 사장이 되었다는 약간 특이한 경력의 소유자이다.

N1 / 中 / 8획

줄기 경 [茎]

땅[土]에서 손[又]을 뻗은 것처럼 올라온 풀[艹] 줄기

- 음 けい　塊茎 덩이줄기　根茎 뿌리줄기
- 훈 くき　茎 줄기　歯茎 잇몸

- 根のように見える茎を、根茎という。
  뿌리처럼 보이는 줄기를 뿌리줄기라고 한다.

N2 / 小4 / 8획

굳을 고

예[古]로부터 전해 온 성벽[口]은 튼튼하고 굳건함

- 음 こ　固有 고유　固体 고체　堅固 견고
- 훈 かたい　固い 단단하다　비교 堅い p.313　硬い p.477
  　かたまる　固まる 굳다 / 확고해지다
  　かためる　固める 다지다 / 굳히다

- 彼は受講生の基礎を固めることに固執している。
  그는 수강생의 기초를 다지는 것을 고집하고 있다.

N2 / 小5 / 10획

낱 개

개별적으로 굳어진[固] 사람[亻]의 성질

- 음 こ　個性 개성　個人 개인　個別 개별

- 自分らしさを伸ばして、個性的な人間になろう。
  자신다움을 길러 개성적인 인간이 되어라.

N1 / 中 / 14획

낱 개

개별적으로 굳어진[固] 대나무[竹→⺮]의 성질

- 음 か　箇所 개소, 곳, 군데　箇条 조항

- この計算には何箇所か誤りがある。
  이 계산에는 몇 군데인가 실수가 있다.

外 / 中 / 16획

막을 고

쇠붙이[金]로 단단히[固] 막음

- 음 こ　禁錮 금고(방에 가둠)

- 彼は3年の禁錮刑を宣告された。
  그는 3년의 금고형을 선고받았다.

空
빌 공 — N5 / 小1 / 8획

도구[工]로 구멍[穴]을 파면 속이 빔

- 음 くう　　空気 공기　空港 공항　空間 공간
- 훈 そら　　空 하늘　青空 푸른 하늘
-    から　　空っぽ 텅 빔　空手 공수, 맨손 / 가라데(격투기의 일종)
-    あく　　空く 시간이 나다 / 공간이 비다　비교 開く p.119　明く p.186
-    あける　空ける 떼어 놓다 / 비우다　비교 開ける p.119　明ける p.186

- スプレーの空き缶に空気を押し込む実験が行われた。
  스프레이의 빈 캔에 공기를 넣는 실험이 행해졌다.

控
당길 공 — N1 / 中 / 11획

손[扌]으로 흙을 당겨 모아 빈[空] 구멍을 메움

- 음 こう　　控除 공제　控訴 공소, 항소
- 훈 ひかえる　控える 대기하다 / 삼가다　控え室 대기실

- 控訴審の準備のため、弁護士たちが控え室に集まった。
  항소심 준비를 위해 변호사들이 대기실에 모였다.

搾
짤 착 — N1 / 中 / 13획

잠시[乍] 구멍[穴]이 날 정도로 손[扌]으로 짜서 탕약을 냄

- 음 さく　　搾取 착취　搾汁 착즙　圧搾 압착
- 훈 しぼる　搾る 짜다　비교 絞る p.493

- パッションフルーツを搾って紅茶に入れると、すばらしい香りになった。
  패션 프루트의 즙을 짜서 홍차에 넣었더니 멋진 향이 났다.

広
넓을 광 [廣] — N3 / 小2 / 5획

나[厶] 혼자 있으려니 집[广]이 넓음

- 음 こう　　広告 광고　広報 광보, 홍보　広大 광대
- 훈 ひろい　　広い 넓다　広場 광장
-    ひろまる　広まる 넓어지다
-    ひろめる　広める 넓히다
-    ひろがる　広がる 넓어지다
-    ひろげる　広げる 넓히다

- 市では、「市民の広場」という広報紙を発行している。
  시에서는 「시민 광장」이라는 홍보지를 발행하고 있다.

N1 / 小6 / 8획

넓힐 확 [擴]

손[扌]으로 넓게[広] 만듦

- 음 かく　　拡散 확산　　拡大 확대　　拡張 확장
- 渋滞解消のために、道路を拡張した。
  정체 해소를 위해 도로를 확장했다.

N2 / 小5 / 13획

쇳돌 광 [鑛]

넓은[広] 땅에 묻힌 쇠붙이[金]

- 음 こう　　鉱山 광산　　炭鉱 탄광　　鉄鉱 철광
- 炭鉱だった所がリゾート地になった。
  탄광이었던 곳이 리조트가 되었다.

N1 / 中 / 8획

기이할 기

너무 커서[大] 놀랄 만큼[可] 기이함

- 음 き　　奇跡 기적　　奇妙 기묘　　怪奇 괴기
- 事故に遭ってけがひとつしなかったのは、奇跡としか言いようがない。
  사고를 당했는데 상처 하나 없었다는 것은 기적이라고 밖에는 할 말이 없다.

外 / 小4 / 11획

갑 기

땅끝에 해안 쪽으로 기이하게[奇] 솟은 땅[土]

- 훈 さい　　埼玉 사이타마
- 留学したとき、東京近郊の埼玉県で暮らしていた。
  유학했을 때, 도쿄 근교의 사이타마현에서 지냈었다.

外 / 小4 / 11획

험할 기

기이한[奇] 모양으로 난 험한 산[山]길

- 훈 さき　　宮崎県 미야자키현　　川崎市 가와사키시
- 知り合いが川崎に住んでいる。
  지인이 가와사키에 살고 있다.

外 / 中 / 12획

의자 의

기이한[奇] 문양이 장식된 나무[木] 의자

- 음 い　　椅子 의자　　車椅子 휠체어
- ボランティア活動で車椅子を押した。
  자원 봉사 활동에서 휠체어를 밀었다.

N1 / 中 / 18획

말 탈 **기**

안장에 기이한[奇] 문양이 장식된 말[馬]을 탐

- 음 **き**　　騎馬 기마　　騎手 기수　　騎兵 기병

- 昔の兵士は騎兵と歩兵に分けられていた。
  옛날 병사는 기병과 보병으로 나뉘어져 있었다.

N2 / 小5 / 11획

부칠 **기**

집[宀]으로 기이하고[奇] 값비싼 물건을 부침

- 음 **き**　　寄付 기부　　寄贈 기증　　寄生 기생
- 훈 **よる**　　寄る 다가서다 / 모이다 / 들르다
  　よせる　寄せる 접근하다 / 가까이 대다

- 金の臭いに寄ってくる人間たちが、まるで寄生虫のように見えた。
  돈 냄새에 몰려드는 인간들이 마치 기생충처럼 보였다.

N2 / 中 / 12획

몇 **기**

저 멀리서 작게[幺] 보이는 적군이 창[戈]을 몇 명이 들었는지 파악함

- 음 **き**　　幾何 기하
- 훈 **いく**　　幾つ 몇 개　　幾ら 얼마　　幾分 약간

- 現代幾何学は幾つの分野にわかれているか、知っていますか。
  현대 기하학은 몇 개의 분야로 나뉘어져 있는지 알고 있습니까?

N2 / 小4 / 16획

베틀 **기**

몇[幾] 번이고 직물을 짜낼 수 있도록 나무[木]로 만든 베틀

- 음 **き**　　機械 기계　　機会 기회　　動機 동기
- 훈 **はた**　　機 베틀　　機織り 길쌈, 베 짜기

- 機会があれば、また機織りの体験をしてみたい。
  기회가 있다면 또 베 짜기 체험을 해 보고 싶다.

外 / 中 / 15획

경기 **기**

도읍에서 얼마[幾] 안 떨어진 땅[田]

- 음 **き**　　近畿 긴키 지방

- 京都は日本の昔の首都で、近畿地方にある。
  교토는 일본의 옛 수도로, 긴키 지방에 있다.

N1 / 小4 / 9획

홑 단 [單]

난간에 홀로 틔운 둥지의 모습

- 음 たん　　単位 단위　　単純 단순　　簡単 간단

■ この大学では卒業までに124単位が必要とされている。
이 대학에서는 졸업까지 124단위를 필요로 한다.

N1 / 中 / 12획

탄알 탄 [彈]

활[弓]이나 총에 탄알을 넣고 한 발씩[単] 쏨

- 음 だん　　弾丸 탄환　　弾圧 탄압　　爆弾 폭탄
- 훈 ひく　　弾く 악기를 켜다　비교 引く p.81
　　はずむ　　弾む 튀다 / 탄력이 붙다
　　たま　　弾 총알　비교 玉 p.13　球 p.389

■ 弾圧から解放されて故国に帰れることになり、心が弾んでいる。
탄압으로부터 해방되어 고국으로 돌아갈 수 있게 되어, 가슴이 들떠 있다.

N1 / 中 / 13획

좌선 선 [禪]

홀로[単] 제단[ネ]에 앉아 신께 기도함

- 음 ぜん　　禅宗 선종　　禅寺 선종의 절　　座禅 좌선

■ 座禅を組んで、無念無想の境地に入る。
좌선을 하고, 무념무상의 경지에 들어간다.

N2 / 小4 / 13획

싸움 전 [戰]

홀로[単] 창[戈]을 들고 싸움

- 음 せん　　戦争 전쟁　　戦闘 전투　　作戦 작전
- 훈 いくさ　　戦 전쟁
　　たたかう　　戦う 싸우다　비교 闘う p.120

■ その戦争で、彼は最も勇ましく戦った。 그 전쟁에서, 그는 가장 용감하게 싸웠다.

N3 / 小2 / 6획

한가지 동

집[冂] 안에 함께 사는 식구[口]는 한[一] 목소리를 냄

- 음 どう　　同時 동시　　混同 혼동　　共同 공동
- 훈 おなじ　　同じ 같음　　同じ年 동갑(=同い年)

■ 同じ大学の異なる学科に同時出願することができる。
같은 대학의 다른 학과에 동시 지원하는 것이 가능하다.

N1 / 中 / 9획

골 **동** / 밝을 **통**

고을 사람들이 골짜기 물[氵]을 함께[同] 사용함

- 음 どう　　洞窟 동굴　　洞察 통찰
- 훈 ほら　　洞 동굴　　洞穴 동굴

- 洞窟のことを洞穴ともいう。
  동굴을 동혈이라고도 한다.

N1 / 中 / 10획

胴

몸통 **동**

사지가 함께[同] 붙어 있는 몸[月]통

- 음 どう　　胴体 동체　　胴衣 조끼　　胴上げ 헹가래

- 優勝したチームは、監督を胴上げした。
  우승한 팀은 감독을 헹가래했다.

N2 / 小5 / 14획

구리 **동**

성질이 물러서 함께[同] 쓰기 좋은 금속[金]

- 음 どう　　銅像 동상　　銅メダル 동메달　　青銅 청동

- 監督は、10年前の五輪で銅メダルを取った人であった。
  감독은 10년 전 올림픽에서 동메달을 땄던 사람이었다.

N1 / 小5 / 16획

일어날 **흥**

더불어[與] 함께[同] 일어나니 흥함

- 음 こう　　興奮 흥분　　興行 흥행　　復興 부흥
  きょう　興味 흥미　　余興 여흥
- 훈 おこる　興る 일어나다 / 번성하다 / 발생하다　비교 起こる p.55
  おこす　興す 일으키다 / 흥하게 하다　비교 起こす p.55

- 人口減少で落ち込んだ町の経済を復興させるために、新たな産業を興した。
  인구 감소로 침체된 마을의 경제를 부흥시키기 위해 새로운 산업을 일으켰다.

N2 / 中 / 12획

대통 **통**

마을 사람들이 함께[同] 쓰는 우물의 대나무[竹→⺮] 통

- 음 とう　　水筒 수통　　封筒 봉투
- 훈 つつ　　筒 통 / 관　　筒抜け 곧바로 누설됨 / 쇠귀에 경 읽기

- 昔よく用いられた竹の筒が、現在の水筒の原型となっている。
  옛날 자주 사용되었던 대나무 통이 현재 수통의 원형이다.

N1 / 中 / 13획

작을 미 [微]

지팡이[攵]를 짚고 가는[彳] 한 걸음[兀]은 머나먼 산[山]길의 작은 일부분

- 음 **び**　　微妙 미묘　　微笑 미소　　微細 미세
- 双子であっても、たがいに微妙に違うところがある。
  쌍둥이라 할지라도 서로 미묘하게 다른 곳이 있다.

N1 / 中 / 14획

부를 징 [徵]

작은[微→徴] 부분이라도 왕[王]이 부르면 가야함

- 음 **ちょう**　　徴収 징수　　特徴 특징　　象徴 상징
- この球団の象徴は、熊である。
  이 구단의 상징은 곰이다.

N1 / 中 / 18획

징계할 징 [懲]

불러서[徴] 마음[心]을 고쳐 먹도록 징계함

- 음 **ちょう**　　懲戒 징계　　懲役 징역　　懲罰 징벌
- 훈 **こりる**　　懲りる 넌더리나다, 질리다
- **こらす**　　懲らす 벌주다
- **こらしめる**　　懲らしめる 벌주다
- 禁固と違い、懲役は文字通り懲らしめるための労役が科せられる。
  금고와 달리, 징역은 문자 그대로 벌주기 위한 노역이 부과된다.

N1 / 小6 / 11획

빽빽할 밀

빽빽한 산[山] 속에 몰래[宓] 들어가 숨음

- 음 **みつ**　　秘密 비밀　　過密 과밀　　厳密 엄밀
- 人口過密地域では物価がとても高い。
  인구 과밀 지역에서는 물가가 매우 높다.

外 / 中 / 14획

꿀 밀

벌[虫]이 벌집에 몰래[宓] 숨겨 놓은 꿀

- 음 **みつ**　　蜜月 밀월　　蜂蜜 꿀　　★蜜柑 귤
- 蜂蜜には、疲労回復と高血圧予防の効能がある。
  꿀에는 피로 회복과 고혈압 예방의 효능이 있다.

N5 / 小2 / 5획

절반 반 [半]

소[牛→キ]를 절반[ヽ丿]으로 나눔

- 음 はん 半分 절반 前半 전반 大半 태반, 대부분
- 훈 なかば 半ば 절반 / 도중

- 20代の前半と半ばとの区切りは何歳ですか。
  20대의 전반과 중반의 구분은 몇 살입니까?

N1 / 中 / 7획

짝 반 [伴]

사람[亻]이 자신의 반쪽[半]을 찾아 짝을 이룸

- 음 はん 伴侶 반려 同伴 동반 随伴 수반
  ばん 伴奏 반주
- 훈 ともなう 伴う 따라가다 / 동반하다

- 時代の変化に伴って歌謡曲の伴奏もずいぶん変わってきた。
  시대의 변화에 맞추어 가요 반주도 꽤 변해 왔다.

N2 / 小5 / 7획

판단할 판 [判]

칼[刂]로 정확히 반[半]을 갈랐는지 판단함

- 음 はん 判定 판정 判断 판단 批判 비판
  ばん 裁判 재판

- 国民は皆、裁判所の判決に批判した。
  국민은 모두 법원의 판결을 비판했다.

N1 / 中 / 10획

밭두둑 반 [畔]

밭[田]을 반[半]으로 자르는 경계

- 음 はん 湖畔 호반

- このホテルは、窓から湖畔の景色が楽しめる。
  이 호텔은 창문에서 호반의 경치를 즐길 수 있다.

확인 문제

1 빈칸에 알맞은 한자를 a, b 중에 고르세요.

① ___離　　a. 拒　b. 距　　　⑥ ___張　　a. 拡　b. 鉱
② ___急　　a. 腎　b. 緊　　　⑦ ___子　　a. 椅　b. 埼
③ ___験　　a. 軽　b. 経　　　⑧ ___圧　　a. 禅　b. 弾
④ ___性　　a. 固　b. 個　　　⑨ 特___　　a. 懲　b. 徴
⑤ ___除　　a. 控　b. 空　　　⑩ 裁___　　a. 判　b. 伴

2 밑줄 친 부분에 해당되는 한자를 a, b, c 중에 고르세요.

① <u>かしこ</u>い　　　a. 賢　　b. 腎　　c. 緊
② <u>あや</u>しい　　　a. 怪　　b. 経　　c. 径
③ <u>しぼ</u>る　　　　a. 搾　　b. 控　　c. 空
④ <u>こ</u>らしめる　　a. 懲　　b. 徴　　c. 微
⑤ <u>とも</u>なう　　　a. 伴　　b. 判　　c. 半

3 다음을 일본어 한자와 히라가나로 써 보세요.

① 원격 ➡ _____ / _____

② 경솔 ➡ _____ / _____

③ 기계 ➡ _____ / _____

④ 공동 ➡ _____ / _____

⑤ 엄밀 ➡ _____ / _____

물상₂

N2 / 中 / 10획

般
일반 반

배[舟]에는 노[殳]가 있는 것이 일반적임

- 음 はん　　一般 일반　　全般 전반　　諸般 제반
- 入試の時期や出題のしかたなどに関して、全般的な調査が行われた。
  입시 시기나 출제 방법 등에 관해 전반적인 조사가 행해졌다.

N1 / 中 / 15획

盤
쟁반 반

일반적인[般] 그릇[皿]

- 음 ばん　　地盤 지반　　基盤 기반　　円盤 원반
- 自分が住んでいる所の地盤の揺れやすさを、ネットで調べることができる。
  자신이 살고 있는 곳의 지반의 흔들림의 정도를 인터넷에서 조사할 수 있다.

N1 / 中 / 13획

搬
옮길 반

일반적으로[般] 손[扌]을 사용하여 짐을 옮김

- 음 はん　　搬出 반출　　搬送 반송 / 운송　　運搬 운반
- 彼らは荷物の運搬に小型トラックを利用した。
  그들은 짐 운반에 소형 트럭을 이용했다.

N2 / 小3 / 10획

倍
곱 배

목청[口]을 세워[立] 편을 가르고 싸우니 구경꾼[亻]이 곱절이 됨

- 음 ばい　　倍率 배율　　倍加 배가　　二倍 두 배
- この写真は、高倍率のズームレンズで撮ったものだ。
  이 사진은 고배율 줌렌즈로 찍은 것이다.

N1 / 中 / 11획

培
북돋울 배

흙[土]을 이리저리 가르고[咅] 헤쳐야 작물의 발육이 북돋게 됨

- 음 ばい　　培養 배양　　栽培 재배
- 훈 つちかう　　培う 배양하다, 가꾸다
- 農家の自立能力を培うために、栽培技術を無料で教えている。
  농가의 자립 능력을 배양하기 위해, 재배 기술을 무료로 가르치고 있다.

N1 / 中 / 10획

쪼갤 부

칼[刂]로 갈라[음] 쪼갬

음 ぼう　　解剖 해부

- 医学生は解剖実習が必須科目となっている。
  의대생은 해부 실습이 필수 과목으로 되어 있다.

N2 / 小3 / 11획

떼 부

고을[阝] 사람들이 갈려[음] 떼로 싸움

음 ぶ　　部分 부분　　一部 일부　　全部 전부　★部屋 방

- 部屋をきれいに片付けるため、不要なものは全部捨てた。
  방을 깨끗이 정리하기 위해 불필요한 것은 전부 버렸다.

N1 / 中 / 11획

모실 배

왕을 언덕[阝]에 모셔 나뉘어진[음] 땅(국경)을 보여 드림

음 ばい　　陪審員 배심원　　陪席 배석

- 裁判の陪審員は無作為に選ばれる。
  재판의 배심원은 무작위로 뽑혀진다.

N1 / 中 / 15획

물어줄 배

남의 재물[貝]이 망가져서 갈라졌으니[음] 물어줌

음 ばい　　賠償 배상

- 被害者は加害者に損害賠償を請求した。
  피해자는 가해자에게 손해 배상을 청구했다.

N2 / 小6 / 8획

나란히 병 [竝]

나란히 선[立立] 모습

음 へい　　並列 병렬　　並行 병행　　並立 병립
훈 なみ　　並 보통　　並木 가로수
　ならべる　並べる 늘어놓다
　ならぶ　並ぶ 늘어서다

- この通りは、並木に並行して1階建ての商店が並んでいる。
  이 거리는 가로수 길에 병행하여 1층 건물의 상점이 늘어서 있다.

N2 / 中 / 12획

넓을 보

해[日]가 나란히[並] 서 있는 많은 사람을 넓게 비침

- 음 ふ　　普通 보통　普遍 보편　普段 보통 / 평소
- 自由・平等・人権・尊厳は、人類の普遍的な価値である。
  자유·평등·인권·존엄은 인류의 보편적 가치이다.

外 / 中 / 19획

譜
족보 보

말씀[言]이나 체계를 널리[普] 알리기 위해 만든 책

- 음 ふ　　系譜 계보　楽譜 악보　年譜 연보
- まず楽譜を読む練習をしてから、ピアノを弾く練習を始めた。
  먼저 악보를 읽는 연습을 하고 나서 피아노를 치는 연습을 시작했다.

N1 / 小5 / 8획

살찔 비

마르고 허약한 사람이 뱀[巴]을 고아 먹고 살[月]이 붙고 튼튼해짐

- 음 ひ　　肥満 비만　肥料 비료　肥沃 비옥
- 훈 こえる　肥える 살찌다 / 비옥해지다
  　 こえ　　肥 비료
  　 こやす　肥やす 살찌우다 / 비옥하게 하다　肥やし 거름
- 有機質肥料を使うと、土壌がよく肥える。
  유기질 비료를 사용하면 토양이 비옥해진다.

N1 / 中 / 7획

잡을 파

똬리 튼 뱀[巴]을 손[扌]으로 덥석 잡음

- 음 は　　把握 파악　大雑把 대충　★一把 한 묶음, 한 다발
- 大雑把な性格の人は、物を片付けるのが苦手だそうだ。
  데면데면한 성격인 사람은 물건을 정리하는 게 서투르다고 한다.

N5 / 小1 / 3획

작을 소

작은 낱알을 그림

- 음 しょう　小学生 초등학생　小説 소설　大小 대소
- 훈 ちいさい　小さい 작다
  　 こ　　　 小包 소포　小切手 수표　小型 소형
  　 お　　　 小川 작은 시내　★小豆 팥
- 小学校の卒業祝いに、ノートより小さい超小型パソコンをもらった。
  초등학교 졸업 축하 선물로 노트보다 작은 초소형 PC를 받았다.

N5 / 小2 / 4획

적을 소

작은[小] 물건에 획[丿]을 더해 양이 적은 일부분을 나타냄

- 음 **しょう**　少年 소년　多少 다소　減少 감소
- 훈 **すくない**　少ない 적다
　すこし　少し 약간, 조금

■ 出生率が少し減少しただけでも、かなり少なくなったように感じられる。
출생률이 조금 감소한 것뿐인데도 상당히 적어진 듯이 느껴진다.

N1 / 中 / 7획

뽑을 초

약간[少]을 손[扌]으로 뽑음

- 음 **しょう**　抄本 초본　抄録 초록(발췌한 기록)

■ 原文から要点を書きぬくことを、抄録という。
원문에서 요점을 뽑아 쓰는 것을 초록이라고 한다.

N1 / 中 / 7획

모래 사

물가에서 물[氵]이 줄어[少]들면 나타나는 모래

- 음 **さ**　沙汰 소식, 기별　ご無沙汰 무소식

■ 長い間ご無沙汰して申し訳ありません。
오랫동안 연락 못 드려 죄송합니다.

N1 / 中 / 7획

묘할 묘

나이 적은[少] 어린 여자[女]가 뿜는 매력이 묘함

- 음 **みょう**　微妙 미묘　巧妙 교묘　奇妙 기묘

■ 友達から奇妙な話を聞いた。
친구로부터 기묘한 이야기를 들었다.

N2 / 小6 / 9획

모래 사

돌[石]이 조금씩[少] 깎이면 모래가 됨

- 음 **さ**　砂糖 설탕　砂漠 사막　砂丘 사구, 모래 언덕
　しゃ　土砂 토사　★砂利 자갈
- 훈 **すな**　砂 모래　砂場 모래밭

■ 砂漠の砂と砂浜の砂は、同じではない。
사막 모래와 해변 모래는 같지 않다.

###
N2 / 小3 / 9획

분초 **초**

벼[禾] 껍질의 가늘고 작은[少] 수염을 초시계 바늘로 비유함

- 음 **びょう**　秒速 초속　秒針 초침　一秒 1초
- 時計の時針と分針と秒針は、12時ちょうどに重なる。
  시계의 시침과 분침과 초침은 12시 정각에 포개진다.

###
N1 / 中 / 6획

못할 **렬**

못나서 아무리 힘[力]을 써도 조금[少]밖에 진전이 없음

- 음 **れつ**　劣等 열등　劣勢 열세　優劣 우열
- 훈 **おとる**　劣る 열등하다 / 뒤지다
- 劣性遺伝子というのは、劣った性質であるという意味ではない。
  열성 유전자란, 열등한 성질이라는 의미는 아니다.

###
N4 / 小4 / 9획

살필 **성** / 덜 **생**

미세한[少] 부분까지 눈[目]으로 살핌

- 음 **せい**　反省 반성　帰省 귀성
  しょう　省略 생략　省エネ 에너지 절약　文部科学省 문부과학성
- 훈 **かえりみる**　省みる 돌이켜 보다 / 반성하다　비교 顧みる p.386
  はぶく　省く 생략하다
- 省エネに向けて、無駄な工程を省く努力をした。
  에너지 절약을 위해 불필요한 공정을 생략하려고 노력했다.

###
N1 / 小6 / 8획

드리울 **수**

활짝 핀 꽃과 잎이 땅에 드리워진 모습

- 음 **すい**　垂直 수직　垂線 수직선　懸垂幕 현수막
- 훈 **たれる**　垂れる 늘어지다 / 드리워지다
  たらす　垂らす 늘어뜨리다 / 드리우다
- パターを垂直に垂らすことによってグリーンの傾斜が読める。
  퍼터를 수직으로 떨어트림으로 그린의 경사를 읽을 수 있다.

N2 / 小6 / 11획

우편 우

개개인에게 드리워진[垂] 편지를 고을[阝]마다 전함

[음] ゆう　　郵便 우편　　郵送 우송　　郵政 우편 행정

- 郵便記号は、郵政事業庁の前身である逓信省の頭文字の「テ」を図案化したものである。
  우편 기호는 우정사업청의 전신인 체신성의 머리글자인 「テ」를 도안화한 것이다.

外 / 中 / 11획

침 타

입[口]에서 땅으로 드리워지는[垂] 침

[음] だ　　唾液 타액　　★固唾 마른 침, 긴장해서 괴는 침
[훈] つば　　唾 침(つばきラゴ도 읽음)　　生唾 군침

- 唾は口腔内の唾液腺から分泌される。 침은 구강 내의 타액선에서 분비된다.

N1 / 中 / 13획

졸음 수

졸음이 쏟아지면 눈[目]꺼풀이 아래로 드리워짐[垂]

[음] すい　　睡眠 수면　　熟睡 숙수, 숙면　　昏睡 혼수

- 熟睡できるように、寝る前に簡単なストレッチをしている。
  숙면을 위해 자기 전에 간단한 스트레칭을 하고 있다.

N1 / 中 / 10획

빛날 화 [華]

화초[++]가 드리워질[垂] 정도로 활짝 피어 햇살에 빛남

[음] か　　華麗 화려　　栄華 영화　　繁華 번화
　　け　　華厳宗 화엄종　　蓮華 연화, 연꽃
[훈] はなやか　　華やかだ 화려하다
　　はなばなしい　　華々しい 화려하다

- 横浜の中華街で華やかな獅子舞を見た。
  요코하마 중화 거리에서 화려한 사자무를 봤다.

N1 / 中 / 7획

빼어날 수

벼[禾]가 잘 익어서 이에 곧[乃] 추수해도 될 만큼 자태가 빼어남

[음] しゅう　　秀才 수재　　秀作 수작　　優秀 우수
[훈] ひいでる　　秀でる 뛰어나다

- 彼は秀才というわけではないが、語学には秀でている。
  그는 수재라는 것은 아니지만, 어학에는 뛰어나다.

透
사무칠 투 · N1 / 中 / 10획

빼어난[秀] 빛이 그대로 통과[辶]될 정도로 맑고 투명함

- 음 とう　　透明 투명　　透過 투과　　浸透 침투
- 훈 すく　　透く 틈이 생기다 / 들여다 보이다　　透き間 틈새　[비교] 隙間 p.342
- 　　すかす　　透かす 틈새를 내다 / 비쳐 보이게 하다
- 　　すける　　透ける 틈이 생기다 / 들여다 보이다

- 内臓が透けて見える透明なカエルもいるそうだ。
  내장이 훤히 보이는 투명한 개구리도 있다고 한다.

誘
꾈 유 · N1 / 中 / 14획

말[言]을 빼어나게[秀] 잘해 어리석은 자를 꾐

- 음 ゆう　　誘惑 유혹　　誘拐 유괴　　勧誘 권유
- 훈 さそう　　誘う 꾀다 / 권유하다

- 減量中だったのに食事に誘われ、誘惑に負けてたくさん食べてしまった。
  감량 중이었는데 식사에 초대받아 유혹을 이기지 못하고 많이 먹어 버렸다.

是
이/옳을 시 · N1 / 中 / 9획

해[日]는 옳고 바름[正]

- 음 ぜ　　是非 옳고 그름 / 꼭　　是認 시인　　是正 시정(바르게 고침)

- 橋の建設の是非を問う住民投票が行われた。
  교량의 건설 여부를 묻는 주민 투표가 행해졌다.

堤
둑 제 · N1 / 中 / 12획

물이 옳은[是] 방향으로 흐르도록 흙[土]으로 높게 둑을 쌓음

- 음 てい　　堤防 제방　　防波堤 방파제
- 훈 つつみ　　堤 둑, 제방

- 防波堤の向こうでは、波が水しぶきを上げていた。
  방파제의 건너편에서는 파도가 물보라를 일으키고 있었다.

N1 / 小5 / 12획

끌 제

옳은[是] 방향으로 나아가도록 손[扌]으로 잡아끎

- 음 てい　　提示 제시　提案 제안　提供 제공
- 훈 さげる　提げる 손에 들다　비교 下げる p.277　手提げ 손가방

・提出する書類を手提げに入れて家を出た。
　제출할 서류를 손가방에 넣고 집을 나왔다.

N3 / 小3 / 18획

제목 제

'내용이 이렇다[是]' 파악할 수 있도록 말머리[頁]에 제시함

- 음 だい　　題目 제목　出題 출제　問題 문제

・貧富の差の解消が我々の課題である。
　빈부의 격차 해소가 우리의 과제이다.

N1 / 中 / 6획

빠를 신

빨리 나는 새[卂]처럼 빠르게 감[辶]

- 음 じん　　迅速 신속　奮迅 분신, 분발

・警察の迅速な対応のおかげで、遭難者たちは全員無事に救助された。
　경찰의 신속한 대응 덕분에 조난자들은 전원 무사히 구조되었다.

N1 / 中 / 10획

갈릴 체 [遞]

역참에서 기력이 쇠한 말[虒]을 갈아타고 감[辶]

- 음 てい　　逓信 체신　逓増 체증　逓減 체감

・昔の塔が上の階ほど小さくなっていくのは、荷重を逓減させるためである。
　옛 탑이 위 층으로 갈수록 작아지는 것은 하중을 체감시키기 때문이다.

N3 / 小2 / 10획

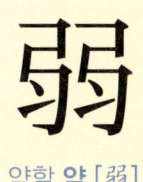
약할 약 [弱]

오래 쓴 활[弓]은 쪼개지고 끝이 너덜너덜해져서 약함

- 음 じゃく　弱点 약점　弱者 약자　強弱 강약
- 훈 よわい　弱い 약하다　弱気 마음이 약함　弱虫 겁쟁이
  　 よわまる　弱まる 약해지다
  　 よわめる　弱める 약하게 하다
  　 よわる　弱る 약해지다 / 난처해지다

・強者に弱く、弱者に強いのは、人間の弱みだ。
　강자에게 약하고, 약자에게 강한 것은 인간의 약점이다.

外 / 中 / 13획

빠질 **닉**

아무리 건장한 사내도 물[氵]에 빠지면 힘을 못쓰고 약해짐[弱]

- 음 **でき**　　溺死 익사　　溺愛 익애(몹시 사랑함)
- 훈 **おぼれる**　溺れる 빠지다

■ 老人は、溺れた子供を助けようとして溺死した。
　노인은 물에 빠진 아이를 구하려고 하다가 익사했다.

N1 / 中 / 2획

또 **우**

손은 오른손을 사용하고 또 오른손을 사용함

- 음 **また**　　又 또　　又貸し 전대
　　　　　　又聞き 간접적으로 들음

■ 友人から又聞きした話だが、このキャラクターは、欧米でも大人気だそうだ。
　친구로부터 들은 이야기인데, 이 캐릭터는 구미에서도 큰 인기라고 한다.

N2 / 中 / 4획

쌍 **쌍** [雙]

두 손[又又]은 쌍을 이룸

- 음 **そう**　　双生児 쌍생아　　双璧 쌍벽　　双方 쌍방
- 훈 **ふた**　　双子 쌍둥이　　双葉 떡잎

■ あの双子の選手はバレーボール界で双璧をなしている。
　그 쌍둥이 선수들은 배구계에서 쌍벽을 이루고 있다.

N2 / 小6 / 4획

거둘 **수** [収]

얽힌[丩] 넝쿨을 손[又]으로 정리하여 거둠

- 음 **しゅう**　　収納 수납　　収集 수집　　回収 회수
- 훈 **おさまる**　収まる 알맞게 들어가다 / 받아들여지다　비교 納まる p.273
　　おさめる　収める 넣다 / 받아들이다　비교 納める p.273

■ この収納棚は、奥行きが深いので大きいものも収められる。
　이 수납장은 깊이가 있어서 큰 물건도 수납할 수 있다.

N1 / 中 / 10획

뽕나무 **상**

나무[木]에서 뽕잎을 따는 손[叒]길의 모습

- 음 **そう**　　桑園 뽕나무 밭
- 훈 **くわ**　　桑 뽕나무　　桑畑 뽕나무 밭

■ 子供の頃、よく桑畑で桑の実を取って食べた。
　어렸을 때 뽕나무 밭에서 자주 오디를 따먹었다.

偉
클 위 — N2 / 中 / 12획

평범한 사람들에게 둘러싸인[韋] 높은 사람[亻]

- **음** い — 偉人 위인, 偉大 위대, 偉業 위업
- **훈** えらい — 偉い 훌륭하다, 偉ぶる 잘난 체하다

- 彼は偉大な学者だったが、誰にも偉そうな態度を見せたことがなかった。
  그는 위대한 학자였지만 누구에게도 잘난 체하는 태도를 보인 적이 없었다.

違
어긋날 위 — N2 / 中 / 13획

순찰을 돌 때 어긋나게 둘레[韋]를 다님[辶]

- **음** い — 違反 위반, 違法 불법, 相違 상위(서로 다름)
- **훈** ちがう — 違う 다르다, 間違う 잘못되다, 틀리다
  ちがえる — 違える 달리하다, 見違える 잘못 보다, 몰라보다

- いつもと違う所に車をとめたら、駐車違反のステッカーを張られた。
  평소와 다른 곳에 차를 대었더니, 주차 위반 딱지를 뗐다.

緯
씨줄 위 — N1 / 中 / 16획

베틀에 세로로 걸린 날실[糸]을 씨줄이 가로로 둘러쌈[韋]

- **음** い — 緯度 위도, 経緯 경위, 北緯 북위

- 目撃者の証言により、事件の経緯が明らかになった。
  목격자의 증언에 의해 사건의 경위가 밝혀졌다.

韓
나라 한 — N1 / 中 / 18획

아침[朝→韋] 해가 제일 먼저 둘러싸는[韋] 동쪽 나라

- **음** かん — 韓国 한국, 大韓民国 대한민국, 訪韓 방한

- 韓国へ電話をかけるとき、最初に82を付ける。
  한국에 전화를 걸 때, 맨 처음에 82를 붙인다.

衛
지킬 위 — N1 / 小5 / 16획

병사들이 다니는[行] 길을 둘러싸고[韋] 지킴

- **음** えい — 衛生 위생, 衛星 위성, 防衛 방위

- 月は地球の衛星である。
  달은 지구의 위성이다.

長
길 장
N5 / 小2 / 8획

머리카락이 길게 늘어진 노인의 모습

- 음 ちょう　　長男 장남　　社長 사장　　成長 성장
- 훈 ながい　　長い 길다　비교 永い p.215　　長生き 장수

- 病院の院長が長生きの秘訣を語った。
  병원의 원장이 장수의 비결을 밝혔다.

帳
장막 장
N1 / 小3 / 11획

장막을 지을 때 천[巾]을 길게[長] 둘러 침

- 음 ちょう　　帳簿 장부　　通帳 통장　　手帳 수첩　★蚊帳 모기장

- 彼は店に関する全てのことを帳簿に記載している。
  그는 가게에 관한 모든 것을 장부에 기재하고 있다.

張
베풀 장
外 / 小5 / 11획

활[弓]을 길게[長] 늘이듯 자신의 것을 남에게 베풂

- 음 ちょう　　緊張 긴장　　拡張 확장　　主張 주장
- 훈 はる　　張る 뻗다 / 펴다　비교 貼る p.526　　欲張り 욕심쟁이

- 緊張するとよくおなかが張る。
  긴장하면 자주 배가 팽팽해진다.

采
풍채 채
外 / 中 / 8획

끌어안아 손톱[爫]이 맞닿는지를 가늠해 나무[木]의 풍채를 정함

- 음 さい　　采配 지휘, 지시　　喝采 갈채　　風采 풍채

- 風采の上がらない男が絶世の美人と一緒にやってきた。
  풍채가 신통치 않은 남자가 절세미인과 함께 찾아왔다.

採
캘 채
N2 / 小5 / 11획

나무[木]를 손톱[爫]과 손[扌]으로 흙을 파서 캠

- 음 さい　　採用 채용　　採点 채점　　採取 채취
- 훈 とる　　採る 뽑다 / 채취하다 / 채용하다
  　　　　비교 取る p.247　執る p.450　捕る p.464

- 今回のプロジェクトでは、彼の案がいちばん多く採用された。
  이번 프로젝트에서는 그의 안이 제일 많이 채용되었다.

N3 / 小4 / 11획

나물 채 [菜]

나무[木] 주변에 자라며 손[爫]으로 따서 먹을 수 있는 풀[艹]

- 음 さい　　菜食 채식　　野菜 야채　　白菜 배추
- 훈 な　　菜の花 유채꽃　　青菜 푸른 채소

■ 青菜系の野菜は認知症の予防に効果があると言われている。
　푸른 잎 계열의 야채는 치매 예방에 효과가 있다고 한다.

N1 / 中 / 11획

채색 채

손[爫]으로 나뭇[木]잎을 따서 만든 물감을 붓[彡]으로 채색함

- 음 さい　　彩色 채색　　多彩 다채　　淡彩 담채
- 훈 いろどる　　彩る 색칠하다 / 화장하다 / 장식하다

■ 虹色に彩られた彩雲が空に現れた。
　무지갯빛으로 채색된 구름이 하늘에 나타났다.

N2 / 小3 / 6획

온전할 전 [全]

옥[王]은 보석함에 들여[入] 놓아야 온전함

- 음 ぜん　　全部 전부　　全国 전국　　完全 완전
- 훈 まったく　　全く 전혀
  　すべて　　全て 전부, 모두

■ 結婚に関する全国調査で、結婚願望が全くない人の比率を割り出した。
　결혼에 관한 전국 조사에서 결혼 생각이 전혀 없는 사람의 비율을 계산했다.

N1 / 中 / 10획

마개 전 [栓]

나무[木]로 마개를 만들어 닫아 놓아야 온전함[全]

- 음 せん　　栓 마개　　栓抜き 병따개　　消火栓 소화전

■ 栓抜きを使わないでビール瓶の栓を開ける方法は、意外と多い。
　병따개를 쓰지 않고 맥주병의 마개를 여는 방법은 의외로 많다.

外 / 中 / 13획

설명할 전

온전히[全] 이해시키기 위해 말[言]로 설명함

- 음 せん　　詮索 탐색　　所詮 어차피

■ 人間は所詮、一人で生まれて一人で死ぬ、孤独な存在である。
　인간은 어차피 홀로 태어나 홀로 죽는 고독한 존재이다.

N5 / 小1 / 8획

金
쇠 금

땅속에서 반짝이는 쇠붙이의 모습

[음] **きん** 　　金属 금속　　税金 세금　　純金 순금
　　こん 　　金剛石 금강석　　黄金 황금

[훈] **かね** 　　お金 돈　　針金 철사
　　かな 　　金物 철물　　金具 쇠 장식

- この針金は加工しやすいように、柔らかい金属でできている。
  이 철사는 가공하기 쉽도록 부드러운 금속으로 되어 있다.

확인 문제

1 빈칸에 알맞은 한자를 a, b 중에 고르세요.

① 運___ a. 盤 b. 搬
② ___屋 a. 陪 b. 部
③ ___眠 a. 睡 b. 唾
④ ___案 a. 提 b. 堤
⑤ ___点 a. 弱 b. 溺
⑥ ___璧 a. 又 b. 双
⑦ ___反 a. 違 b. 偉
⑧ 主___ a. 帳 b. 張
⑨ ___用 a. 菜 b. 採
⑩ 所___ a. 詮 b. 栓

2 밑줄 친 부분에 해당되는 한자를 a, b, c 중에 고르세요.

① <u>かえり</u>みる   a. 劣   b. 妙   c. 省
② <u>ひい</u>でる   a. 透   b. 誘   c. 秀
③ <u>さ</u>げる   a. 是   b. 堤   c. 提
④ <u>えら</u>い   a. 違   b. 偉   c. 衛
⑤ <u>いろど</u>る   a. 採   b. 菜   c. 彩

3 다음을 일본어 한자와 히라가나로 써 보세요.

① 보통 ➡ _____ / _____
② 파악 ➡ _____ / _____
③ 미묘 ➡ _____ / _____
④ 권유 ➡ _____ / _____
⑤ 신속 ➡ _____ / _____

물상 ₃ (26일째)

N3 / 小3 / 9획

重 무거울 중

겹쳐서 쌓아 놓은 무거운 짐의 모습

- 음 じゅう   重要 중요   重大 중대   重量 중량
-     ちょう   貴重 귀중   尊重 존중   慎重 신중
- 훈 え   二重 이중
-     おもい   重い 무겁다   重たい 무겁다
-     かさねる 重ねる 포개다 / 겹치다 / 반복하다
-     かさなる 重なる 포개어지다 / 겹치다 / 거듭되다

- 最も重要なことは、人権の尊重に基づいて対話を重ねていくことである。
  가장 중요한 것은 인권 존중에 기초하여 대화를 거듭하는 것이다.

N2 / 小4 / 14획

種 씨 종

무거운[重] 볏단[禾]이 되길 바라며 땅에 심는 것

- 음 しゅ   種類 종류   品種 품종   人種 인종
- 훈 たね   種 종자, 씨   種まき 파종

- 種の種類の中でF1種は品種改良した種子のことをいう。
  씨앗의 종류 중에서 F1종은 품종 개량한 종자를 말한다.

外 / 中 / 13획

腫 종기 종

종기가 나면 몸[月]이 붓고 무거워짐[重]

- 음 しゅ   腫瘍 종양   浮腫 부종
- 훈 はれる 腫れる 붓다
-     はらす 腫らす 붓다 / 붓게 하다

- 血管性浮腫というのは、唇やまぶた、皮膚が、突然腫れる病気である。
  혈관성 부종이란, 입술이나 눈꺼풀, 피부가 갑자기 붓는 병이다.

N1 / 中 / 16획

향풀 훈 [薫]

향풀[艹]을 겹쳐[重] 쌓아 놓고 불[灬]을 지펴 향기를 피움

- 음 くん　　薫風 훈풍　　薫製 훈제　　薫陶 훈도(감화시켜 훌륭히 만듦)
- 훈 かおり　薫り 향기　비교 香り p.44
-    かおる　薫る 향기가 나다 / 상쾌하게 느껴지다　비교 香る p.44

■ 日本では5月を「薫風の候」とか「風薫る季節」などと表現する。
　일본에서는 5월을 '훈풍의 시기'나 '바람이 상쾌한 계절' 등이라고 표현한다.

N3 / 小3 / 11획

움직일 동

무거운[重] 물건을 힘[力]을 써서 움직이게 함

- 음 どう　　動物 동물　　活動 활동　　運動 운동
- 훈 うごく　動く 움직이다 / 행동하다
-    うごかす　動かす 움직이다 / 옮기다

■ 運動前には、筋肉や関節を十分に動かして、怪我を予防してください。
　운동 전에는 근육과 관절을 충분히 움직여 부상을 예방해 주세요.

N3 / 小4 / 13획

일할 동

사람[亻]이 움직여[動] 일함

- 음 どう　　労働 노동
- 훈 はたらく　働く 일하다 / 활동하다

■ 法律で規定されている労働時間を超えて働かせてはいけない。
　법률에서 규정하고 있는 노동 시간을 넘겨 일하게 해서는 안 된다.

N1 / 中 / 15획

공 훈 [勳]

발에 불[灬]이 나도록 움직여[動] 공로를 쌓음

- 음 くん　　勲章 훈장　　勲功 훈공　　殊勲 수훈

■ 勲章は、12世紀に十字軍の騎士団のバッジから始まったそうだ。
　훈장은 12세기에 십자군의 기사단 뱃지에서 시작되었다고 한다.

N1 / 中 / 15획

찌를 충

전차 앞을 무겁고[重] 뾰족하게 만들어 돌진[行]하여 성문을 찔러 부숨

- 음 しょう　衝突 충돌　　衝撃 충격　　折衝 절충

■ その事件は人々に大きな衝撃を与えた。
　그 사건은 사람들에게 큰 충격을 주었다.

N1 / 中 / 16획

저울 형

사람이[大] 밭[田]이랑을 다닐[行] 때 균형[〆]을 잡음

음 こう　　　均衡 균형　　　平衡 평형　　　度量衡 도량형

- 耳の中に、体の均衡を保つ器官がある。
  귓속에 몸의 균형을 유지하는 기관이 있다.

N1 / 中 / 7획

곧 즉 [卽]

향기로운[皀] 음식을 만들면 곧바로 사람[卩]이 앉아서 식사함

음 そく　　　即席 즉석　　　即興 즉흥　　　即位 즉위

- 即興演奏というと、ジャズを思い出す。
  즉흥 연주라고 하면 재즈를 생각한다.

N1 / 小4 / 13획

마디 절 [節]

대나무[竹→⺮] 순에서 비가 그친 후 곧바로[即] 마디가 생겨남

음 せつ　　　節約 절약　　　関節 관절　　　調節 조절
　 せち　　　お節料理 명절 음식(주로 설 음식)
훈 ふし　　　節 마디　　　節々 마디마디

- ナナフシとは、体の関節が竹の節のようになっている虫の総称である。
  대벌레란, 몸의 관절이 대나무 마디 같은 벌레의 총칭이다.

N2 / 小4 / 6획

도장 인

사람[卩]이 손[王]으로 도장을 찍음

음 いん　　　印鑑 인감　　　印象 인상　　　印刷 인쇄
훈 しるし　　印 표 / 상징　　矢印 화살표　　目印 표시

- Tシャツに矢印が目立つように印刷されていた。
  티셔츠에 화살표가 눈에 띄도록 인쇄되어 있다.

N1 / 中 / 5획

볼록 철

볼록한 모양

음 とつ　　　凸レンズ 볼록 렌즈　　　凹凸 요철
훈 でこ　　　凸凹 요철

- 望遠鏡は凸レンズと凹レンズを組み合わせて作られている。
  망원경은 볼록 렌즈와 오목 렌즈를 조합하여 만들어진다.

N1 / 中 / 5획

오목 요

오목한 모양

- 음 おう   凹凸 요철   凹レンズ 오목 렌즈
- 훈 ぼこ   凸凹 요철
  - へこむ   凹む 움푹 패이다 / 굴복하다
  - へこます   凹ます 움푹 패이게 하다 / 굴복시키다

- 車体の凹んだ所は、駐車場で他の車に当てられたものだ。
  차체의 움푹 패인 부분은 주차장에서 다른 차에 부딪힌 것이다.

N1 / 中 / 7획

닮을 초 [肖]

부모의 몸[月]과 약간[小] 다르고 거의 닮음

- 음 しょう   肖像 초상   不肖 불초

- 博物館で昔の王様の肖像画を鑑賞した。
  박물관에서 옛날 왕의 초상화를 감상했다.

N2 / 小3 / 10획

사라질 소 [消]

물[氵]을 뿌리니 불이 몸집[月]을 작게[小]하여 사라짐

- 음 しょう   消化 소화   消費 소비   消極的 소극적
- 훈 きえる   消える 사라지다 / 꺼지다   立ち消え 불타다 말고 꺼짐 / 흐지부지됨
  - けす   消す 끄다   消しゴム 지우개

- 消火器を使ったあと、火が完全に消えたかどうか、確認してください。
  소화기를 사용한 후, 불이 완전히 꺼졌는지 확인해 주세요.

N1 / 中 / 12획

화약 초 [硝]

폭발시켜 사물의 몸집[月]을 작게[小] 만들 수 있는 돌[石]

- 음 しょう   硝薬 초약, 화약   硝酸 초산, 질산

- 花火の火薬は、硝酸カリウム・炭・硫黄の混合物である。
  불꽃놀이의 화약은 질산칼륨·숯·유황의 혼합물이다.

N1 / 中 / 9획

깎을 삭 [削]

칼[刂]로 깎아서 몸집[月]을 작게[小] 만듦

- 음 さく   削除 삭제   削減 삭감   添削 첨삭
- 훈 けずる   削る 깎다 / 삭제하다

- その企業は、人件費を削って総コストを削減した。
  그 기업은 인건비를 깎아서 총비용을 삭감했다.

N1 / 中 / 10획

밤 소 [宵]

지친 몸[月]을 이끌고 작은[小] 불빛이 있는 집[宀]으로 돌아오는 때

- 음 しょう　　春宵 춘소, 봄밤　　徹宵 철소(밤을 샘)
- 훈 よい　　宵 저녁　　宵の口 초저녁　　今宵 오늘 밤

■ 「春宵一刻値千金」とは、春の宵は短い時間でも非常に貴重だという意味である。「춘소일각치천금」이란, 봄밤은 짧은 시간이어도 매우 귀중하다는 의미이다.

N1 / 中 / 18획

쇠사슬 쇄

닮은[肖] 쇠[金]고리가 계속해서 연결되어 있는 쇠사슬

- 음 さ　　鎖国 쇄국　　封鎖 봉쇄　　閉鎖 폐쇄
- 훈 くさり　　鎖 사슬

■ 錨に繋がる長い鎖から、鎖国の雰囲気が感じられた。
닻에 연결된 긴 쇠사슬로부터, 쇄국의 분위기를 느낄 수 있었다.

外 / 中 / 13획

틈 극

언덕[阝]에 작은[小] 돌 틈 사이로 해[日]가 비침

- 음 げき　　間隙 간극　　空隙 공극, 빈틈
- 훈 すき　　隙 틈　　隙間 틈새　　비교 透き間 p.330

■ 隙間の割合を表したのが空隙率である。
틈의 비율을 나타낸 것이 공극률이다.

N2 / 中 / 7획

잠길 침

물[氵]속에서는 헤엄치지 않고 목에 칼찬 죄수처럼 머뭇거리며[冘] 잠김

- 음 ちん　　沈没 침몰　　沈黙 침묵　　沈滞 침체
- 훈 しずむ　　沈む 가라앉다 / 지다
- 　　しずめる　　沈める 가라앉히다　비교 鎮める p.144　静める p.439

■ 宝をどこに沈めたのかについて、彼は沈黙したままついに世を去ってしまった。보물을 어디에 가라앉혔는지에 대해 그는 침묵한 채 결국 세상을 떠나고 말았다.

外 / 中 / 8획

베개 침

누워서 머물러[冘] 쉴 수 있도록 나무[木]로 만든 베개

- 훈 まくら　　枕 베개　　枕元 베갯머리, 머리말

■ 枕元に母の手紙が置いてあった。
머리맡에 어머니의 편지가 놓여 있었다.

他 다를 타
N3 / 小3 / 5획

사람[亻]과 뱀[也]은 서로 다름

- 음 た　　他人 타인　　他国 타국　　排他的 배타적
- 훈 ほか　　他 그 밖 / 이외　[비교] 外 p.184　　その他 그 밖

■ 彼はいつも他人の批判ばかりしているが、暇で他にすることがないらしい。
그는 언제나 다른 사람을 비판만 하고 있는데, 한가해서 따로 할 일이 없는 것 같다.

地 땅 지
N3 / 小2 / 6획

뱀[也]이 머무르는 땅[土]

- 음 ち　　地図 지도　　地下鉄 지하철　　地球 지구
- 　 じ　　地獄 지옥　　地元 그 지방　　地震 지진

■ 幸い地震による地下鉄の被害はなかったようだ。
다행히 지진에 의한 지하철 피해는 없었던 듯 하다.

池 못 지
N3 / 小2 / 6획

뱀[也]도 다니는 작은 물[氵]

- 음 ち　　電池 전지　　貯水池 저수지
- 훈 いけ　　池 연못　　ため池 저수지　　古池 오래된 연못

■ 電池で動く魚ロボットを、池で泳がせてみた。
전지로 움직이는 물고기 로봇을 연못에서 헤엄치게 해 봤다.

片 조각 편
N2 / 小6 / 4획

나무를 쪼갠 조각의 모양

- 음 へん　　破片 파편　　断片 단편　　木片 목편, 나뭇조각
- 훈 かた　　片思い 짝사랑　　片道 편도　　片手 한 손 / 일방

■ 彼は爆弾の破片で右手に怪我をしたが、もう片方の手で銃を持ち、戦い続けた。
그는 폭탄 파편으로 오른손에 부상을 입었지만, 다른 쪽 손으로 총을 들고 계속 싸웠다.

版 판목 판
N2 / 小5 / 8획

나뭇조각[片]에 글씨를 반대로[反] 새겨 바로 찍히게 만든 판목

- 음 はん　　版画 판화　　出版 출판　　限定版 한정판

■ 彼は書きあげた原稿を出版社に送信した。
그는 다 쓴 원고를 출판사로 송신했다.

平

N2 / 小3 / 5획

평평할 평 [平]

저울의 양쪽에 물건이 담긴 모습

- 음 へい　　平和 평화　平均 평균　公平 공평
  　　 びょう　 平等 평등
- 훈 たいら　 平らだ 평평하다　平らげる 평정하다 / 먹어 치우다
  　　 ひら　　 平社員 평사원　平泳ぎ 평영　平たい 평평하다 / 납작하다

- その平和な村落は、山腹の平らな土地にあった。
  그 평화로운 촌락은 산 중턱의 평평한 토지에 있었다.

坪

N1 / 中 / 8획

들 평 [坪]

평평한[平] 땅[土]

- 훈 つぼ　　坪 평　一坪 한 평　建坪 건평

- 一坪は、面積にすると、3.3平方メートルになる。
  한 평은 면적으로 하면 3.3평방미터가 된다.

呼

N2 / 小6 / 8획

부를 호

목소리[口] 끝을 올려[乎] 부름

- 음 こ　　　呼吸 호흡　呼応 호응　点呼 점호
- 훈 よぶ　　呼ぶ 부르다　呼び出し 호출　呼び鈴 초인종

- 患者の呼吸が止まったら、すぐに呼び出しベルを押して下さい。
  환자의 호흡이 멈추면, 조속히 호출벨을 눌러 주세요.

評

N1 / 小5 / 12획

평할 평 [評]

공평[平]하게 말[言]함

- 음 ひょう　評判 평판　評価 평가　批評 비평

- 社会貢献は企業の評判にも繋がる。
  사회 공헌은 기업의 평판과도 연결된다.

必

N2 / 小4 / 5획

반드시 필

마음[心]에 표시[丿]해 두고 반드시 하겠다고 다짐함

- 음 ひつ　　　必要 필요　必修 필수　必然 필연
- 훈 かならず　必ず 반드시

- 行動に必要な準備物は気が付いた時点で必ずメモするようにしてください。
  행동에 필요한 준비물은 생각이 난 시점에 반드시 메모하도록 해 주세요.

N1 / 中 / 8획

분비할 비

땀[氵]과 같은 분비 작용은 신진대사에 반드시[必] 필요함

- 음 ひつ　　分泌 분비(ぶんぴ라고도 읽음)
- 　　ひ　　泌尿器科 비뇨기과

- 泌尿器科の検査で、ホルモン過剰分泌の原因が分かった。
  비뇨기과 검사에서 호르몬 과다 분비의 원인을 알았다.

N1 / 小6 / 10획

숨길 비

수확한 벼[禾]는 도적에 대비하여 반드시[必] 곳간 깊숙이 숨겨야 함

- 음 ひ　　秘密 비밀　秘書 비서　神秘 신비
- 훈 ひめる　秘める 숨기다 / 감추다

- 公開された秘密報告書は、恐ろしい内容を秘めていた。
  공개된 비밀 보고서는 무서운 내용을 감추고 있었다.

N1 / 中 / 4획

모자랄 핍

바를 정[正]의 반대 모양을 그려 모자람을 나타냄

- 음 ぼう　　貧乏 가난　欠乏 결핍　窮乏 궁핍
- 훈 とぼしい　乏しい 가난하다 / 부족하다

- そのころは資源も乏しく、国民は貧乏に暮らしていた。
  그 시절에는 자원도 부족해서 국민은 가난하게 살고 있었다.

N1 / 中 / 6획

지초 지 [芝]

밟고 다니는[之] 길에 나있는 풀[艹]

- 훈 しば　　芝 잔디　芝居 연극　芝生 잔디밭

- 私たちは芝生の上にマットを敷いて、そこで休息を取った。
  우리들은 잔디 위에 매트를 깔고 거기서 휴식을 취했다.

N2 / 小2 / 7획

모양 형

넓은 나무판[开]에 모양을 새김[彡]

- 음 けい　　形式 형식　形容詞 형용사　図形 도형
- 　　ぎょう　形相 형상　人形 인형
- 훈 かた　　形 모양, 형상 [비교]型 p.346　形見 기념품 / 유품　手形 손도장 / 어음
- 　　かたち　形 형태

- 形容詞も、他の用言と同じように形を変える。
  형용사도 다른 용언과 같이 형태를 변화시킨다.

刑
형벌 형 — N1 / 中 / 6획

목에 형틀[开]을 채우고 칼[刂]로 위협하는 형벌

- 음) けい　　刑罰 형벌　　刑法 형법　　死刑 사형

■ 殺人犯は、独房の中で死刑執行の日を待っていた。
살인범은 독방에서 사형 집행일을 기다리고 있었다.

型
모형 형 — N2 / 小5 / 9획

흙[土]으로 모양[形→刑]을 잡아 거푸집을 만들어 모형을 찍어냄

- 음) けい　　模型 모형　　体型 체형　　典型 전형
- 훈) かた　　型 형, 틀 / 형식, 관례　비교 形 p.345　新型 신형　大型 대형

■ 体型と血液型の間に関係性は見つからない。
체형과 혈액형 사이에 관련성은 발견되지 않는다.

研
갈 연 [硏] — N3 / 小3 / 9획

돌[石]을 갈아서 모양[开]을 만듦

- 음) けん　　研究 연구　　研修 연수　　研摩 연마
- 훈) とぐ　　研ぐ 갈다 / 윤을 내다 / 곡식을 씻다

■ 黒インクには研磨剤と似た炭素成分が入っているので新聞紙で包丁を研ぐことが可能だ。
검은 잉크에는 연마제와 비슷한 탄소 성분이 들어 있어 신문지로 부엌칼을 가는 것이 가능하다.

確
굳을 확 — N2 / 小5 / 15획

단단한 돌[石]이나 지조 있는 학[崔]처럼 심지가 굳음

- 음) かく　　確定 확정　　確率 확률　　正確 정확
- 훈) たしか　　確かだ 확실하다 / 정확하다
- 　　たしかめる　　確かめる 확인하다

■ ギャンブルで確率の高いゲームの配当が低いのは確かである。
도박에서 확률이 높은 게임의 배당이 낮은 것은 확실하다.

鶴
두루미 학 — N1 / 中 / 21획

학은 고상한[崔] 자태의 새[鳥]

- 음) かく　　鶏群の一鶴 군계일학
- 훈) つる　　鶴 학

■ 鶏群の一鶴というのは、凡人の中に一人だけいる優れた人物を鶴に例えたものである。
군계일학이란, 평범한 사람들 안에 단 한 명 있는 뛰어난 인물을 학에 비유한 것이다.

N2 / 小4 / 4획

이지러질 결 [缺]

하품을 해서 모양이 이지러지는 입의 모양

- 음 けつ　　欠席 결석　　補欠 보결, 보궐　　不可欠 불가결
- 훈 かける　　欠ける 흠지다 / 부족하다 / 이지러지다
- かく　　欠く 깨다 / 빠지다 / 게을리하다
- かかす　　欠かす 빠뜨리다, 빼다, 거르다

- 彼の欠点は実行力に欠ける点だ。
  그의 결점은 실행력이 부족하다는 점이다.

N3 / 小3 / 6획

버금 차

하품[欠]을 하니 피곤하여 다음, 즉 두 번째[冫]로 미룸

- 음 じ　　次男 차남　　次回 다음번　　目次 목차
- し　　次第 순서
- 훈 つぎ　　次 다음　　次々と 잇달아
- つぐ　　次ぐ 잇따르다 / 버금가다　비교 継ぐ p.93　接ぐ p.400

- 表紙や目次の次のページから、ページ番号を入れることができる。
  표지나 목차 다음 페이지부터 페이지 번호를 넣을 수 있다.

N2 / 中 / 7획

불 취

하품[欠]할 때 입[口]으로 숨을 불어 냄

- 음 すい　　吹奏楽 취주악　　鼓吹 고취
- 훈 ふく　　吹く 불다　비교 噴く p.137
  ★ 息吹 숨결　　吹雪 눈보라

- 妹は、高校の吹奏楽部でオーボエを吹いている。
  여동생은 고등학교 취주악부에서 오보에를 불고 있다.

N1 / 中 / 8획

불 땔 취

아궁이에 하품[欠]하듯 숨을 불어넣어 불[火]을 지핌

- 음 すい　　炊事 취사　　炊飯 취반(밥을 지음)　　自炊 자취
- 훈 たく　　炊く 밥을 짓다

- 炊飯器で炊いたご飯より、圧力鍋で炊いたご飯の方がおいしい。
  전기밥솥으로 지은 밥보다 압력솥으로 지은 밥이 맛있다.

N2 / 中 / 11획

연할 연

차[車] 바퀴의 축이 이지러져[欠] 꽉 조여지지 않고 연하게 됨

- 음 なん　　軟骨 연골　軟弱 연약　柔軟 유연
- 훈 やわらか　軟らかだ 유연하다 / 푹신하다　비교 柔らか p.81
  　やわらかい　軟らかい 부드럽다 / 온화하다　비교 柔らかい p.81

- 豚の軟骨で作った料理は、軟らかくておいしい。
  돼지 연골로 만든 요리는 부드러워서 맛있다.

N1 / 中 / 12획

속일 기

그것[其]에 모자람[欠]에도 충분하다고 속임

- 음 ぎ　　詐欺 사기
- 훈 あざむく　欺く 속이다 / 착각하게 하다

- たいていの詐欺師は、罪悪感なく平気で人を欺く。
  대부분의 사기꾼은 죄책감 없이 아무렇지도 않게 사람을 속인다.

N1 / 中 / 12획

항목 관

선비[士]들이 상소를 보며[示] 모자란[欠] 항목이 있는지 살펴봄

- 음 かん　　約款 약관　借款 차관　定款 정관

- 国際機関や国家間の資金融資を、借款という。
  국제 기관이나 국가 간의 자금 융자를 차관이라고 한다.

N4 / 小3 / 12획

마실 음 [飲]

물을 마실 때 하품[欠]하듯 입을 크게 하고 먹음[食]

- 음 いん　　飲酒 음주　飲食 음식　飲料水 음료수
- 훈 のむ　　飲む 마시다　飲み会 술 마시는 모임

- 飲み会で部下や後輩に飲酒を強要してはいけない。
  회식에서 부하나 후배에게 음주를 강요해서는 안 된다.

N3 / 小2 / 14획

노래 가

하품[欠]하듯 입을 크게 벌리고 이렇게 사는 게 옳다[可]고 노래함

- 음 か　　歌手 가수　歌詞 가사　短歌 단가
- 훈 うた　　歌 노래　歌声 노랫소리
  　うたう　歌う 노래하다　비교 謡う p.434

- あの歌手の歌は、音程が高すぎて歌いにくい。
  그 가수의 노래는 음정이 너무 높아서 부르기 어렵다.

N2 / 小5 / 13획

재물 **자**

삶을 이어가는[次] 것에 필요한 재물[貝]

- 음 し　　資格 자격　資本 자본　投資 투자
- 政府は油田開発に投資した。
  정부는 유전 개발에 투자했다.

N3 / 小6 / 9획

모양 **자**

여성[女]이 품성 다음[次]으로 중요시하는 부분은 모양

- 음 し　　姿勢 자세　姿態 자태　容姿 여성의 얼굴 모양이나 자태
- 훈 すがた　姿 모습　後ろ姿 뒷모습
- 姿勢が悪いと背筋が弱くなり、後ろ姿が美しく見えない。
  자세가 나쁘면 등근육이 약해져, 뒷모습이 아름답게 보이지 않는다.

外 / 小4 / 10획

마음대로 **자**

마음[心]이 어어가는[次]대로 마음대로 함

- 음 し　　恣意的 자의적
- 法律の恣意的な解釈を許してはいけない。
  법률의 자의적인 해석을 허락해서는 안 된다.

外 / 小4 / 9획

지붕 일 **자**[茨]

기둥을 만든 다음[次] 마른 풀[++]을 지붕에 임

- 훈 いばら　茨 가시나무　茨城県 이바라키현
- 真実を追求した彼の人生は、茨の道だった。
  진실을 추구한 그의 인생은 가시나무 길이었다.

N2 / 中 / 11획

훔칠 도 **[盗]**

내 음식을 다 비운 다음[次] 남의 그릇[皿]을 탐내고 훔침

- 음 とう　盗難 도난　強盗 강도　窃盗 절도
- 훈 ぬすむ　盗む 훔치다
- 自転車を盗まれたので警察署へ盗難届けを出しに行った。
  자전거를 도둑맞아서 경찰서에 도난계를 내러 갔다.

N1 / 中 / 16획

물을 **자**

일의 순서[次]에 관한 말씀[言]을 듣기 위해 입[口]으로 물음

- 음 し　　諮問 자문
- 훈 はかる　諮る 자문하다, 상의하다

  비교 測るp.107　計るp.159　図るp.162　謀るp.360　量るp.396

- これは市の諮問機関に諮って決めましょう。
  이것은 시의 자문 기관에 상의하여 결정합시다.

확인 문제

1 빈칸에 알맞은 한자를 a, b 중에 고르세요.

① 労____   a. 働   b. 動   ⑥ ____要   a. 泌   b. 必
② ____費   a. 肖   b. 消   ⑦ ____居   a. 乏   b. 芝
③ ____黙   a. 沈   b. 枕   ⑧ 模____   a. 刑   b. 型
④ 出____   a. 片   b. 版   ⑨ ____事   a. 炊   b. 吹
⑤ ____価   a. 坪   b. 評   ⑩ ____難   a. 盗   b. 諮

2 밑줄 친 부분에 해당되는 한자를 a, b, c 중에 고르세요.

① <u>かさ</u>ねる   a. 重   b. 種   c. 腫
② <u>けず</u>る   a. 肖   b. 消   c. 削
③ <u>ひ</u>める   a. 必   b. 秘   c. 泌
④ <u>か</u>ける   a. 欠   b. 吹   c. 炊
⑤ <u>あざむ</u>く   a. 軟   b. 欺   c. 款

3 다음을 일본어 한자와 히라가나로 써 보세요.

① 균형 ➡ _____ / _____

② 조절 ➡ _____ / _____

③ 타인 ➡ _____ / _____

④ 확정 ➡ _____ / _____

⑤ 자세 ➡ _____ / _____

가치₁

N1 / 中 / 8획

아름다울 가

사람[亻]이 옥[圭]으로 치장하니 아름다움

- 음 か　　佳作 가작　　佳人 미인
- 一般的に佳作は入賞作に次ぐ優れた作品をいう。
  일반적으로 가작은 입상작 다음으로 뛰어난 작품을 말한다.

N2 / 中 / 9획

封
봉할 봉

황제가 옥[圭]을 하사하며 영주의 손[寸]으로 땅을 다스리도록 봉함

- 음 ふう　　封筒 봉투　　封鎖 봉쇄　　密封 밀봉
  ほう　　封建制度 봉건 제도
- 封筒には、履歴書といっしょに「封建制の成立」という博士論文が入っていた。
  봉투에는 이력서와 함께 「봉건제의 성립」이라는 박사 논문이 들어 있었다.

外 / 中 / 11획

언덕 애

흙[土][土]이 많이 쌓여 산[山]처럼 이룬 언덕[厂]

- 음 がい　　断崖 절벽
- 훈 がけ　　崖 벼랑, 절벽　　崖下 벼랑 아래
- 『崖の上のポニョ』は『ハウルの動く城』から4年後の作品である。
  「벼랑 위의 포뇨」는 「하울의 움직이는 성」으로부터 4년 후의 작품이다.

N1 / 中 / 11획

涯
물가 애

강[氵]이나 바다가 낭떠러지[厓]와 접한 물가

- 음 がい　　生涯 생애
- 私は市の生涯学習センターで手話を学んでいる。
  나는 시의 생애 학습 센터에서 수화를 배우고 있다.

N2 / 中 / 11획

걸 괘

옥[圭]으로 점[卜]친 결과를 모두가 보도록 손[扌]으로 걸어 놓음

- 훈 かける　　掛ける 걸다　비교 賭けるp.60　懸けるp.73　架けるp.380
　　　　　　　掛け算 곱셈　　掛け値 에누리
- 　　 かかる　　掛かる 걸리다　비교 懸かるp.73　架かるp.380

- 息子はいま、掛け算の九九を学んでいる。
  아들은 지금 곱셈의 구구단을 배우고 있다.

N1 / 小4 / 12획

거리 가

다니면서[行] 옥[圭]처럼 반짝이는 불빛을 볼 수 있는 거리

- 음 がい　　街頭 가두　　商店街 상점가　　繁華街 번화가
- 　　 かい　　街道 가도
- 훈 まち　　街 거리　비교 町p.34
　　　　　　街角 길모퉁이

- 繁華街の街角で、彼女と偶然に出会った。
  번화가 길모퉁이에서 그녀와 우연히 마주쳤다.

N2 / 小5 / 5획

옳을 가

옳다고 생각되어 허락하며 막힌 입[口]에서 소리가 나옴

- 음 か　　可能 가능　　可決 가결　　許可 허가

- 案件を満場一致で可決した。
  안건을 만장일치로 가결했다.

N5 / 小2 / 7획

어찌 하

사람[亻]이 왜 옳은[可]지 의문을 품음

- 음 か　　幾何学 기하학
- 훈 なに　　何か 뭔가　　何事 무슨 일　　何者 누구
- 　　 なん　　何時 몇 시　　何日 며칠

- 幾何学とは何か。
  기하학이란 무엇인가?

N2 / 小3 / 10획

멜 하 [荷]

산에서 캔 풀[艹]을 짊어 메고 어찌[何] 내려갈지 고민함

- 음 **か**　　荷重 하중　　出荷 출하　　集荷 집하
- 훈 **に**　　荷物 짐　　荷札 짐에 붙는 꼬리표

- 出荷のときミスが起こらないように、荷札に出荷情報を印刷しておく。
  출하 시 실수가 발생하지 않도록 꼬리표에 출하 정보를 인쇄해 둔다.

外 / 中 / 8획

가혹할 가 [苛]

풀[艹]로 연명하는 것이 가능할[可]만큼 가혹함

- 음 **か**　　苛酷 가혹　　苛烈 가열
- 훈 **いら**　　苛立つ 초조해지다　　苛々 초조해 하는 모양

- 派遣社員の苛酷な労働環境を改善できないことに苛立ちを覚えた。
  파견 사원의 가혹한 노동 환경을 개선할 수 없는 것에 화가 났다.

N2 / 小5 / 8획

강 하

물[氵]줄기가 자연의 이치대로 옳은[可] 방향으로 흐름

- 음 **か**　　河川 하천　　河口 하구　　運河 운하
  　　★河原 강가의 자갈밭
- 훈 **かわ**　　河 비교 川 p.179

- 国交省では、河の一部を運河として使うことを計画している。
  국토교통성에서는 강의 일부를 운하로서 사용하는 것을 계획하고 있다.

N1 / 小6 / 12획

귀할 귀

귀한 재물[貝]을 바구니[虫]에 간직함

- 음 **き**　　貴重 귀중　　貴金属 귀금속　　兄貴 형님
- 훈 **とうとい**　　貴い 소중하다 / 고귀하다 비교 尊い p.170
  　　たっとい　　貴い 소중하다 / 고귀하다 비교 尊い p.170
  　　とうとぶ　　貴ぶ 공경하다, 존경하다 비교 尊ぶ p.170
  　　たっとぶ　　貴ぶ 공경하다, 존경하다 비교 尊ぶ p.170

- 彼は貴金属や宝石を売買する仕事をしている。
  그는 귀금속이나 보석을 판매하는 일을 하고 있다.

遺 남길 유
N1 / 小6 / 15획

귀한[貴] 물건을 가지고 가서[辶] 남기고 문화를 전파함

- 음 い　　遺伝 유전　遺品 유품　遺産 유산
- ゆい　　遺言 유언(いごん 또는 いげん이라고도 읽음)

▪ 遺言書がない場合は、相続人全員の話し合いによって遺品整理を行うことになっている。
유언장이 존재하지 않는 경우에는 상속인 전원의 합의에 의해 유품 정리를 행하기로 되어 있다.

遣 보낼 견
N1 / 中 / 13획

물건[巾]을 바구니[虫]에 잘 담아서 보냄[辶]

- 음 けん　　遣唐使 견당사(당나라로 파견한 사절)　派遣 파견
- 훈 つかう　　遣う 고용하다　[비교] 使う p.33
　　　　　　お遣い 심부름　お小遣い 용돈
- つかわす　遣わす 파견하다

▪ 派遣社員の給料では、子どもに小遣いをあげることもできない。
파견 사원의 급료로는 아이들에게 용돈을 주는 것도 불가능하다.

潰 무너질 궤
外 / 中 / 15획

귀한[貴] 물건이 물[氵]이 닿아 헐어서 무너짐

- 음 かい　　潰瘍 궤양　潰滅 궤멸　胃潰瘍 위궤양
- 훈 つぶす　潰す 부수다　虱潰し 이 잡듯이 샅샅이 잡거나 뒤짐
- つぶれる　潰れる 부서지다

▪ 公安庁はその組織を虱潰しに調べあげ、潰滅させるのに大きな力となった。
공안청은 그 조직을 이 잡듯이 샅샅이 조사해 내어 궤멸시키는 것에 큰 힘이 되었다.

僅 겨우 근

外 / 中 / 13획

사람[亻]이 힘이 부족해[堇] 겨우 살아감

- 음 きん　　僅差 근사(근소한 차이)　僅少 근소
- 훈 わずか　僅か 겨우, 약간, 근소함 / 사소함

▪ 彼は2位と僅か0.5ポイントの差で優勝した。
그는 2위와 겨우 0.5포인트의 차이로 우승했다.

謹
N1 / 中 / 17획
삼갈 근 [謹]

말[言]을 조금[堇]하며 삼감

- 음 きん   謹慎 근신   謹賀新年 근하신년   謹厳 근엄
- 훈 つつしむ   謹む 삼가다 [비교] 慎む p.143   謹んで 삼가

- 謹賀新年というのは、「謹んで新年のお喜びを申し上げます」という意味である。
  근하신년이란, '삼가 신년의 축하를 아룁니다'라는 의미이다.

勤
N2 / 小6 / 12획
부지런할 근 [勤]

부지런히 조금씩[堇] 꾸준히 힘씀[力]

- 음 きん   勤務 근무   勤勉 근면   通勤 통근
    ごん   勤行 근행(불전에서 독경함)
- 훈 つとめる   勤める 근무하다 [비교] 努める p.21   務める p.81
    つとまる   勤まる 감당해 내다 [비교] 務まる p.81

- 在籍確認というのは、実際に勤務先に勤めているかどうかを確認する手続きである。
  재적 확인이란, 실제로 근무처에 근무하고 있는지를 확인하는 절차이다.

吉
N1 / 中 / 6획
길할 길

선비[士]의 말[口]을 따르면 좋은 일이 생김

- 음 きち   吉日 길일   大吉 대길
    きつ   吉兆 길조   不吉 불길

- 彼女の声を聞いたとき、何か不吉な予感がした。
  그녀의 목소리를 들었을 때, 뭔가 불길한 예감이 들었다.

詰
N2 / 中 / 13획
꾸짖을 힐

제사장에게 길[吉]하지 않은 상황을 따져 물음[言]

- 음 きつ   詰問 힐문(따져 물음)   詰責 힐책   難詰 힐난
- 훈 つめる   詰める 채우다   切り詰める 줄이다   ★缶詰 통조림
    つまる   詰まる 가득 차다 / 막히다   行き詰まる 막다르다 / 앞이 막히다
    つむ   詰む 막히다 / 궁해지다

- 開発部長は、どうしても切り詰められないコストについて、社長に詰問された。
  개발 부장은 어떻게 해도 줄일 수 없는 경비에 대해 사장에게 힐문당했다.

N2 / 小5 / 12획

기쁠 희

기뻐서 북[壴]을 연주하며 입[口]으로 노래함

- 음 き　　喜劇 희극　悲喜 희비　歓喜 환희
- 훈 よろこぶ　喜ぶ 기뻐하다

■ 滑稽や風刺を交えて観客を楽しませる演劇を、喜劇という。
골계나 풍자를 섞어서 관객을 즐겁게 하는 연극을 희극이라고 한다.

N1 / 小4 / 12획

맺을 결

길한[吉] 일을 위해 실[糸]로 묶듯 약속을 맺음

- 음 けつ　　結婚 결혼　結果 결과　連結 연결
- 훈 むすぶ　結ぶ 매다, 묶다 / 잇다, 연결하다
- 　 ゆう　　結う 매다, 묶다
- 　 ゆわえる　結わえる 매다, 묶다

■ 彼は、髪を赤いリボンで結わえた女性に恋をし、2年後にその女性と結婚した。
그는 머리를 빨간 리본으로 묶은 여성과 사랑을 하고, 2년 후에 그 여성과 결혼했다.

N2 / 小2 / 6획

마땅할 당 [當]

돼지머리[彐]를 제단에 올리는[ソ] 것이 마땅함

- 음 とう　　当然 당연　適当 적당　担当 담당
- 훈 あたる　当たる 맞다 / 당첨되다　当たり前 당연함
- 　 あてる　当てる 닿게 하다, 대다　비교 充てる p.460　宛てる p.515

■ 担当者に責任を取らせるのは当たり前のことだろう。
담당자에게 책임을 지우는 것은 당연할 것이다.

N4 / 小3 / 9획

급할 급 [急]

소에게 꼴[刍]을 먹여야 된다는 급한 마음[心]을 먹음

- 음 きゅう　　急行 급행　急用 급한 용무　緊急 긴급
- 훈 いそぐ　　急ぐ 서두르다

■ 急用ができたので、急いで仕事を終わらせた。
급한 용무가 생겨 서둘러 일을 끝냈다.

N1 / 中 / 14획

숨을 은 [隱]

적의 침입에 언덕[阝]으로 급히[急] 가서 숨음

- 음 いん　　隠居 은거(은퇴하여 삶)　隠蔽 은폐　隠語 은어
- 훈 かくす　　隠す 숨기다, 감추다
  　かくれる　隠れる 숨다　隠れん坊 숨바꼭질
  　　　　　　雲隠れ 달이 구름에 가려짐 / 자취를 감춤

- 彼は病気を理由に隠退したあと、ひっそりと隠れるように暮らしていた。
  그는 병을 이유로 은퇴 후, 조용히 숨어 지내듯 살고 있었다.

N1 / 中 / 16획

편안할 온 [穩]

태풍이 불기 전에 급히[急] 벼[禾]를 추수하니 마음이 편안함

- 음 おん　　穏当 온당　穏和 온화　平穏 평온　★安穏 안온함
- 훈 おだやか　穏やかだ 평온하다

- 彼は穏和な人に見えるが、その言動は穏やかではない。
  그는 온화한 사람으로 보이지만, 그 언동은 온화하지 않다.

N2 / 小4 / 7획

좋을 량

좋은 곡식을 분별해 내는 도구의 모양

- 음 りょう　良好 양호　改良 개량　不良 불량, 불량배　★野良 들
- 훈 よい　　良い 좋다　비교 善い p.41

- 良い製品を作るために、改良に改良を重ねている。
  좋은 제품을 만들기 위해 개량에 개량을 거듭하고 있다.

N1 / 中 / 10획

물결 랑

좋은[良] 경치에 물[氵]결이 출렁임

- 음 ろう　浪費 낭비　放浪 방랑　波浪 파랑, 파도

- 勉強するときは、無駄なことに時間を浪費しないように気を付ける必要がある。
  공부할 때는 쓸데없는 일에 시간을 낭비하지 않도록 주의할 필요가 있다.

N2 / 中 / 10획

아가씨 낭

몸의 상태가 좋은[良] 혼기 찬 여성[女]

- 훈 むすめ　娘 딸　孫娘 손녀딸　小娘 소녀

- 会長の娘はいつも態度が横柄だ。
  회장의 딸은 언제나 태도가 건방지다.

N4 / 小6 / 10획

밝을 **랑** [朗]

달빛[月]이 밝고 좋음[良]

- 음 **ろう**　朗読 낭독　明朗 명랑　朗々 낭랑
- 훈 **ほがらか**　朗らかだ 명랑하다 / 쾌청하다

▪ 朗読発表会の会場では、子どもたちの朗らかな声が響き渡っていた。
　낭독 발표회의 회장에서는 아이들의 명랑한 목소리가 울려 퍼지고 있었다.

外 / 中 / 9획

郎

사내 **랑** [郎]

고을[阝]에 사는 체격이 좋은[良] 사내

- 음 **ろう**　新郎 신랑　桃太郎 모모타로

▪ 『桃太郎』は、日本五大おとぎ話の一つである。
　「모모타로」는 일본 5대 옛날이야기 중 하나이다.

N1 / 中 / 12획

사랑채 **랑** [廊]

집[广] 안의 사내[郎]가 머물거나 손님께 내어 주는 방

- 음 **ろう**　廊下 복도　画廊 화랑　回廊 회랑(둘러 낸 복도)

▪ ソウルの仁寺洞には、有名な画廊が集まっている。
　서울 인사동에는 유명한 화랑이 모여 있다.

N2 / 小4 / 7획

날카로울/이로울
리

벼[禾]를 칼[刂]로 베면 끝이 날카로우며 수확한 벼는 살림에 이로움

- 음 **り**　利益 이익　便利 편리　鋭利 예리
- 훈 **きく**　利く 효력이 있다 / 통하다　비교 効く p.492　左利き 왼손잡이

▪ 鋭利な刃物で刺した跡から、犯人は左利きであると推定された。
　예리한 칼로 찌른 흔적으로부터 범인이 왼손잡이라고 추정되었다.

N1 / 小4 / 11획

배 **리**

달고 시원해 몸에 이로운[利] 과실을 맺는 나무[木]

- 훈 **なし**　梨 배　山梨県 야마나시현

▪ 梨は昔から漢方薬として用いられてきた。
　배는 옛날부터 한방약으로서 사용되어 왔다.

N1 / 中 / 12획

痢 설사 리

몸에 이롭다[利]고 하여 많이 먹으면 생기는 병[疒]

- 음 り
  - 下痢 설사
  - 疫痢 역리(소아 전염병의 일종)
- 発熱を伴う下痢の場合は食中毒の可能性がある。
  발열을 동반하는 설사의 경우는 식중독일 가능성이 있다.

N1 / 中 / 9획

某 아무 모

달콤한[甘] 열매가 열린 나무[木]는 아무나 따서 먹음

- 음 ぼう
  - 某所 모처
  - 某氏 모씨
- 都内の某所で秘密の会議が行われた。
  시내 모처에서 비밀 회의가 이루어졌다.

N1 / 中 / 16획

謀 꾀 모

아무도[某] 모르게 꾀를 꾸미는 말[言]

- 음 ぼう
  - 謀略 모략
  - 首謀者 주모자(＝主謀者)
  - 陰謀 음모
- 음 む
  - 謀反 모반
- 훈 はかる
  - 謀る 꾀하다
  - 비교 測る p.107　計る p.159　図る p.162　諮る p.350　量る p.396
- その勢力は政府の転覆を謀っていたが、事が発覚したあと主謀者はどこかへ姿をくらましてしまった。
  그 세력은 정부의 전복을 꾀했지만, 일이 발각된 후 주모자는 어딘가로 모습을 감춰 버렸다.

N1 / 中 / 12획

媒 중매 매

여자[女]에게 어떤[某] 남자를 소개함

- 음 ばい
  - 媒介 매개
  - 媒体 매체
  - 触媒 촉매
- 鳥インフルエンザは渡り鳥が媒介しているという説がある。
  조류 인플루엔자는 철새가 매개한다는 설이 있다.

N2 / 小4 / 12획

無 없을 무

큰 숲[無]이 불[灬]타 없어짐

- 음 む
  - 無理 무리
  - 無料 무료
  - 有無 유무
- 음 ぶ
  - 無事 무사
  - 無礼 무례
  - 無愛想 상냥치 못함, 무뚝뚝함
- 훈 ない
  - 無い 없다
- なくす
  - 無くす 없애다, 잃다
- その弁護士は、お金の無い被告人のために、無料で弁護人を引き受けている。
  그 변호사는 돈이 없는 피고인을 위해 무료로 변호인을 맡고 있다.

N2 / 中 / 15획

춤출 무

깃털이 달린 옷[無]을 입고 발장단[舛]을 구름

- 음 ぶ　　舞台 무대　舞踊 무용　鼓舞 고무(격려하여 기세를 돋움)
- 훈 まう　　舞う 흩날리다 / 춤추다　舞い上がる 높이 떠오르다
- 　 まい　　舞 춤

- 舞台に散った桜の花びらが風に舞っている。
  무대에 떨어진 벚꽃 잎이 바람에 흩날리고 있다.

N2 / 小4 / 5획

아닐 미

나뭇[木]가지에 아직 다 자라지[一] 않은 싹

- 음 み　　未来 미래　未満 미만　未熟 미숙

- 子どもたちは未来の主役である。
  아이들은 미래의 주역이다.

N3 / 小3 / 8획

맛 미

음식을 입[口]에 넣고 맛이 있는지 없는지[未] 맛봄

- 음 み　　味覚 미각　趣味 취미　興味 흥미
- 훈 あじ　　味 맛　味見 맛을 봄　味付け 맛을 냄
- 　 あじわう　味わう 맛보다

- 亜鉛不足になると、味覚障害が起こり、食事がおいしく味わえない。
  아연 부족이 되면 미각 장애가 일어나, 식사를 맛있게 맛볼 수 없다.

N3 / 小2 / 8획

손아래 누이 매

여자[女] 형제 중에 아직 덜[未] 자란 손아래 누이

- 음 まい　　姉妹 자매
- 훈 いもうと　妹 여동생

- 姉妹の写真から妹も美人であることが分かった。
  자매의 사진으로부터 여동생도 미인이라는 것을 알았다.

外 / 中 / 9획

어두울 매

해[日]가 아직 뜨지 않아[未] 어두움

- 음 まい　　曖昧 애매　三昧 삼매경

- 彼の告白に彼女は曖昧な答え方をした。
  그의 고백에 그녀는 애매하게 대답했다.

N1 / 中 / 3획 — 凡 무릇 범

배에 달아 놓은 돛을 그려 바람에 순조로이 나아가는 평범함을 의미함

- 음 ぼん   凡人 범인   非凡 비범   平凡 평범
-   はん   凡例 범례

- 私はこの平凡な生活に幸せを感じている。
  나는 이 평범한 생활에 행복을 느끼고 있다.

外 / 中 / 6획 — 汎 넓을 범

넓은 바닷물[氵]을 돛[凡]단배가 순항함

- 음 はん   汎用 범용

- シンプルで汎用性の高いシステムを開発した。
  심플하고 범용성이 높은 시스템을 개발했다.

外 / 中 / 5획 — 氾 넘칠 범

홍수가 걱정된다 싶으면 물[氵]은 이미[巳] 넘침

- 음 はん   氾濫 범람

- 河川が氾濫した場合、自動警報メッセージが送信される。
  하천이 범람한 경우, 자동 경보 메세지가 송신된다.

N2 / 小5 / 5획 — 犯 범할 범

개[犭]가 몸을 구부리고 숨어 있는 범인[巳] 앞에서 짖음

- 음 はん   犯罪 범죄   犯人 범인   侵犯 침범
- 훈 おかす   犯す 범하다 / 어기다   [비교] 侵す p.393   冒す p.498

- 少年犯罪とは、少年が犯した犯罪、または少年が犯したとされる犯罪のことである。
  소년 범죄란, 소년이 저지른 범죄, 또는 소년이 저지른 것으로 보이는 범죄이다.

N1 / 中 / 6획 — 帆 돛 범

큰 헝겊[巾]을 붙여 돛[凡]을 만듦

- 음 はん   帆船 범선   出帆 출범
- 훈 ほ   帆 돛   帆柱 돛대

- 帆柱の数は、帆船の大きさによって決められる。
  돛의 수는 범선의 크기에 따라 결정된다.

N3 / 小4 / 4획

아닐 불/부

풀이 땅 위로 더 이상 뻗지 못한 모습을 그려 부정의 의미를 지니게 됨

- 음 ふ　　不利 불리　不当 부당　不足 부족
- 　 ぶ　　不気味 불길함　不作法 무례함
- 　　　　不用心 주의를 기울이지 않음

- 彼は不調法な男で、そのために立場を不利にしてしまうことが多い。
  그는 실수가 많은 남자여서, 그 때문에 입장이 불리해져 버리는 경우가 많다.

N2 / 小6 / 7획

아닐 부

아니라고[不] 말함[口]

- 음 ひ　　否認 부인　可否 가부　拒否 거부
- 훈 いな　否 아니, 아니오　～や否や ～하자마자

- 彼は、パスポートを提示するや否や、入国を拒否された。
  그는 여권을 제시하자마자 입국을 거부당했다.

N2 / 中 / 8획

잔 배

넘치지 않게[不] 따라야만 하는 나무[木]로 만든 잔

- 음 はい　　乾杯 건배　祝杯 축배　一杯 한잔 / 가득
- 훈 さかずき　杯 술잔

- 乾杯するとき、目下の人は杯を低くするのがマナーです。
  건배할 때 손아랫사람은 잔을 낮게 하는 것이 매너입니다.

N2 / 小6 / 9획

오로지 전 [專]

물레[叀]를 잡은 손[寸]은 실이 풀리지 않게 오로지 한 방향으로 돌림

- 음 せん　　専門 전문　専攻 전공　専用 전용
- 훈 もっぱら　専ら 오로지 / 전적으로

- 彼の話は専門用語の乱発だったので、私は専ら聞き手に回るしかなかった。
  그의 이야기는 전문 용어의 남발이었기 때문에 나는 오로지 듣는 편이 될 수밖에 없었다.

N1 / 小4 / 12획

넓을 박 [博]

많이[十] 펴니[尃] 넓음

- 음 はく　博物館 박물관　博覧会 박람회　博士 박사　★博士 박사
- ばく　博労 소와 말의 감정꾼

- 博物館の講堂で有名な博士の講演会があった。
  박물관 강당에서 유명한 박사의 강연회가 있었다.

N1 / 中 / 16획

얽을 박 [縛]

줄[糸]을 길게 펴서[尃] 얽어 묶음

- 음 ばく　束縛 속박　捕縛 포박　自縄自縛 자승자박
- 훈 しばる　縛る 묶다　金縛り 가위눌림

- 自分が作った規則に縛られて好きなことができないなんて、自縄自縛もいいところだ。
  자신이 만든 규칙에 얽매여 좋아하는 것을 할 수 없다니, 자승자박도 어지간하다.

N2 / 中 / 16획

엷을 박 [薄]

풀[艹]에 이슬[氵]이 엷게 펴져[尃] 있음

- 음 はく　希薄 희박　軽薄 경박　浅薄 천박
- 훈 うすい　薄い 엷다 / 얇다 / 적다
  うすめる　薄める 묽게 하다, 엷게 하다
  うすまる　薄まる 엷어지다
  うすらぐ　薄らぐ 희박해지다, 엷어지다
  うすれる　薄れる 엷어지다

- 彼女への愛情が薄れてきたからといって別れるだなんて、薄情な男だ。
  그녀에 대한 애정이 식었기 때문에 헤어진다니, 박정한 남자다.

N1 / 中 / 19획

장부 부 [簿]

기록을 위해 대나무[竹→⺮]를 물[氵]이 펼쳐진[尃] 넓은 강물처럼 이어 붙임

- 음 ぼ　簿記 부기　帳簿 장부　名簿 명부

- 売り上げは毎回きちんと帳簿に記載しなければならない。
  매상은 매번 정확히 장부에 기재해 두어야 한다.

확인 문제

1 빈칸에 알맞은 한자를 a, b 중에 고르세요.

① 生____   a. 涯   b. 崖
② ____酷   a. 苛   b. 荷
③ ____産   a. 遺   b. 遣
④ ____勉   a. 勤   b. 謹
⑤ ____蔽   a. 隠   b. 穏
⑥ 明____   a. 郎   b. 朗
⑦ 触____   a. 謀   b. 媒
⑧ 曖____   a. 妹   b. 昧
⑨ ____濫   a. 汎   b. 氾
⑩ 帳____   a. 薄   b. 簿

2 밑줄 친 부분에 해당되는 한자를 a, b, c 중에 고르세요.

① <u>つかわ</u>す   a. 遺   b. 遣   c. 潰
② <u>つと</u>める   a. 僅   b. 勤   c. 謹
③ <u>おだ</u>やかだ   a. 隠   b. 穏   c. 急
④ <u>ほが</u>らかだ   a. 朗   b. 浪   c. 郎
⑤ <u>おか</u>す   a. 汎   b. 氾   c. 犯

3 다음을 일본어 한자와 히라가나로 써 보세요.

① 봉투 ➡ _____ / _____

② 힐책 ➡ _____ / _____

③ 이익 ➡ _____ / _____

④ 거부 ➡ _____ / _____

⑤ 속박 ➡ _____ / _____

가치₂

N2 / 小5 / 8획

아닐 비

반대로 향한 날개의 모양

- 음 ひ　　非常(ひじょう)に 매우, 대단히　　非難(ひなん) 비난　　是非(ぜひ) 시비(옳고 그름) / 꼭

- 私(わたし)は若(わか)い頃(ころ)、非常識(ひじょうしき)な発言(はつげん)で周(まわ)りの人(ひと)をよく呆(あき)れさせた。
  나는 젊었을 때 비상식적인 발언으로 주위 사람을 자주 어이없게 했다.

N1 / 小6 / 10획

배우 배

현실이 아닌[非] 상황을 연기하는 사람[亻]

- 음 はい　　俳優(はいゆう) 배우　　俳句(はいく) 하이쿠

- 彼(かれ)は俳優(はいゆう)になるために演劇学科(えんげきがっか)に入(はい)った。
  그는 배우가 되기 위해 연극학과에 들어갔다.

外 / 中 / 11획

밀칠 배

바르지 않은[非] 것을 손[扌]으로 밀침

- 음 はい　　排他(はいた) 배타　　排斥(はいせき) 배척　　排気量(はいきりょう) 배기량

- 一般(いっぱん)に、排気量(はいきりょう)が大(おお)きい車(くるま)は燃費(ねんぴ)が良(よ)くない傾向(けいこう)がある。
  일반적으로 배기량이 큰 차는 연비가 좋지 않은 경향이 있다.

N2 / 小3 / 12획

슬플 비

좋지 않은[非] 일을 겪어서 마음[心]이 슬픔

- 음 ひ　　悲鳴(ひめい) 비명　　悲劇(ひげき) 비극　　慈悲(じひ) 자비
- 훈 かなしい　　悲(かな)しい 슬프다
  　かなしむ　　悲(かな)しむ 슬퍼하다

- 女性(じょせい)の悲鳴(ひめい)が聞(き)こえたとき誰(だれ)も警察(けいさつ)に通報(つうほう)しなかったというのは、悲(かな)しいことだ。
  여성의 비명 소리가 들렸을 때 누구도 경찰에 신고하지 않았다는 것은 슬픈 일이다.

 허물 죄
N2 / 小5 / 13획

좋지 않은[非] 행동으로 법의 그물[罒]에 걸림

- 음) ざい　　罪名 죄명　　犯罪 범죄　　謝罪 사죄
- 훈) つみ　　罪 죄

▪ ドストエフスキーの『罪と罰』には、犯罪者の心理がよく描かれている。
　도스토예프스키의 「죄와 벌」에는 범죄자의 심리가 잘 묘사되어 있다.

 사립문 비
N1 / 中 / 12획

싸리나무[非]로 만든 집[戶]의 대문

- 음) ひ　　門扉 문짝
- 훈) とびら　　扉 문

▪ 扉が閉まります。閉まる扉にご注意ください。
　문이 닫힙니다. 닫히는 문에 주의하세요.

 무리 배
N1 / 中 / 15획

수레[車]에 날짐승[非]의 무리를 실음

- 음) はい　　輩出 배출(인재가 나옴)　　先輩 선배　　同輩 동년배

▪ 高校時代に私は部活の先輩に片思いしていた。
　고등학교 때 나는 동아리 선배를 짝사랑 했었다.

 절 배[拜]
N2 / 小6 / 8획

두 손[扌][手]을 모으고 절을 올림

- 음) はい　　拝見 삼가 봄　　拝啓 근계(편지 서두에 씀)　　崇拝 숭배
- 훈) おがむ　　拝む (합장) 배례하다 / 공손히 (손을 모아) 절하다

▪ 拝金主義者というのは比喩的表現であって、本当にお金を拝んでいるわけではない。
　배금주의자란 비유적 표현으로, 정말로 돈을 숭배하는 것은 아니다.

 오히려/숭상할 상[尚]
N1 / 中 / 8획

연기[丷]가 위로 향[向]하듯 숭상함

- 음) しょう　　時期尚早 시기상조　　高尚 고상함　　和尚 스님

▪ 現在の段階で彼が有罪であると決めつけるのは、時期尚早であると言わざるをえない。
　현 단계에서 그가 유죄라고 단정짓는 것은 시기상조라고 말하지 않을 수 없다.

무리 당 [黨]

N2 / 小6 / 10획

신을 숭상[尚]하기 위해 모인 사람[儿]의 무리

- 음 とう　　党派 당파　　与党 여당　　政党 정당
- 与党は、政権を構成し行政を担当する政党である。
  여당은 정권을 구성하고 행정을 담당하는 정당이다.

집 당

N3 / 小5 / 11획

흙[土]으로 높이[尚] 쌓은 집

- 음 どう　　堂々 당당　　講堂 강당　　食堂 식당
- 大学の構内食堂の中には、落ち着いた雰囲気のレストランもある。
  대학 구내 식당 중에는 차분한 분위기의 레스토랑도 있다.

항상 상

N2 / 小5 / 11획

신을 숭상[尚]하기 위해 항상 긴 천[巾]으로 만든 옷을 입음

- 음 じょう　　常識 상식　　常備 상비　　日常 일상
- 훈 つね　　常に 늘, 항상
　　 とこ　　常夏 늘 여름임
- 常識や価値観は、常に変化しつづけている。
  상식과 가치관은 항상 변화하고 있다.

손바닥 장

N1 / 中 / 12획

신을 숭상[尚]하기 위해 손[手]바닥을 맞대고 기도함

- 음 しょう　　掌握 장악　　合掌 합장　　車掌 차장 / 승무원
- 日本では、食事の前に合掌して「いただきます」と言う人が多い。
  일본에서는 식사 전에 합장하며 '잘 먹겠습니다'라고 말하는 사람이 많다.

상줄 상

N2 / 小5 / 15획

높은[尚] 성과에 보답해서 재물[貝]을 줌

- 음 しょう　　賞金 상금　　賞状 상장　　懸賞 현상
- その選手は、優勝して得た賞金を公益財団に寄付した。
  그 선수는 우승해서 얻은 상금을 공익 재단에 기부했다.

N1 / 中 / 17획

갚을 상

수고한 사람[亻]에게 상[賞]을 주어 갚음

- 음 しょう　　補償 보상　　弁償 변상　　賠償 배상
- 훈 つぐなう　　償う 갚다 / 보상하다 / 속죄하다

- 賠償金以外に、精神的な苦痛を金銭で償うという意味の慰謝料もある。
  배상금 이외에, 정신적 고통을 금전으로 보상한다는 의미의 위자료도 있다.

N1 / 中 / 9획

심할 심

짝[匹]이 된 부부의 정이 심하게 달다[甘]

- 음 じん　　甚大 심대함, 막대함　　激甚 격심함, 극심함
- 훈 はなはだ　　甚だ 매우
  　　はなはだしい　　甚だしい 매우 심하다

- 私が彼と結託して悪事をたくらんでいるなんて、誤解も甚だしい。
  내가 그와 결탁하여 악행을 꾸민다니, 오해도 너무 심하다.

N1 / 中 / 12획

견딜 감

땅[土]이 거칠어 극심한[甚] 흉작에도 견딤

- 음 かん　　堪忍 인내　　堪能 능란함(たんのう라고도 읽음)
- 훈 たえる　　堪える 견디다　비교 耐える p.250

- 彼の日本語は独学だが、通訳に堪えるほど堪能だ。
  그의 일본어는 독학이지만, 통역할 수 있을 정도로 능란하다.

N1 / 中 / 11획

헤아릴 감

공권력[力]으로 심한[甚] 고문을 가해 범죄 사실을 헤아림

- 음 かん　　勘定 셈, 계산　　勘弁 용서함　　勘案 감안

- お勘定お願いします。
  (손님이 점원에게) 계산해 주세요.

N1 / 中 / 7획

버금 아 [亞]

동굴 주택의 모양으로 일반 집에 버금됨을 의미함

- 음 あ　　亜寒帯 아한대　　亜熱帯 아열대　　亜流 아류

- 沖縄地方は、亜熱帯気候に属している。
  오키나와 지방은 아열대 기후에 속해 있다.

악할 악 / 미워할 오 [惡]

N3 / 小3 / 11획

인간의 마음속에 선에 버금[亜]가는 부분을 차지하는 마음[心]

- 음 あく　悪魔 악마　悪意 악의　悪化 악화
- 　　お　　悪寒 오한　嫌悪 혐오　憎悪 증오
- 훈 わるい　悪い 나쁘다　悪口 욕, 험담　悪者 악인, 나쁜 놈

- 悪口は人間関係を悪化させる。
  험담은 인간 관계를 악화시킨다.

같을 약 [若]

N2 / 小6 / 8획

화초[⺿] 재배는 일반적으로 오른손[右]을 한결같이 사용함

- 음 じゃく　若干 약간　若年 약년　若輩 젊은이
- 　　にゃく　老若男女 남녀노소
- 훈 わかい　若い 젊다　若者 젊은이　★若人 젊은이
- 　　　　　若々しい 아주 젊어 보이다
- 　　もしくは　若しくは 혹은 / 그렇지 않으면

- この若い作家の作品は、老若男女を問わず多くの人に読まれている。
  이 젊은 작가의 작품은 남녀노소를 막론하고 많은 사람이 읽고 있다.

숨길 닉 [匿]

N1 / 中 / 10획

기술을 모방하고자 똑같이[若] 만든 물건을 상재[匚]에 숨겨서 들여옴

- 음 とく　匿名 익명　隠匿 은닉

- 彼は匿名で放送局に手紙を出した。
  그는 익명으로 방송국에 편지를 보냈다.

허락할 낙 [諾]

N1 / 中 / 15획

허락의 답변[言]은 대개 허락을 요청하는 질문과 거의 같음[若]

- 음 だく　承諾 승낙　許諾 허락　受諾 수락

- 彼女の家へ、結婚の承諾をもらいに行った。
  그녀의 집에 결혼 승낙을 받으러 갔다.

易 쉬울 이/바꿀 역
N2 / 小5 / 8획

몸의 색을 쉽게 바꿀 수 있는 도마뱀의 모습

- 음 えき　易者 점쟁이　交易 교역　貿易 무역
  い　　容易 용이　難易度 난이도　安易 안이
- 훈 やさしい　易しい 쉽다

■ この協定によって、隣国との貿易が容易に行えるようになった。
이 협정에 따라 이웃 나라와의 무역이 용이하게 행해질 수 있게 되었다.

物 물건 물
N3 / 小3 / 8획

소[牛]는 소중한 물건이므로 함부로 다루지 말아야[勿] 함

- 음 ぶつ　物質 물질　物価 물가　植物 식물
  もつ　荷物 짐　禁物 금물
- 훈 もの　物 물건　物語 이야기　飲み物 음료, 마실 것

■ 物価がとても高いので、暑くても飲み物が買えなかった。
물가가 너무 높아서 더워도 음료를 살 수 없었다.

完 완전할 완
N2 / 小4 / 7획

집[宀] 안에 으뜸[元]인 손재, 즉 아버지는 완전한 존재

- 음 かん　完璧 완벽　完成 완성　未完 미완

■ 完璧というのは、傷のない玉の意味に由来している。
완벽이란, 상처가 없는 옥의 의미에서 유래한다.

院 집 원
N3 / 小3 / 10획

귀족이 사는 근사하고 완벽히[完] 잘 지은 집은 언덕[阝]에 있음

- 음 いん　寺院 사원　病院 병원　大学院 대학원

■ 大学院に進むか就職するかで悩んでいる。
대학원에 진학할까 취직할까 고민하고 있다.

冗 쓸데없을 용
N1 / 中 / 4획

은퇴하여 집[冖] 안의 안석[几]에 기대어 쉬고 있는 쓸데없어진 신하

- 음 じょう　冗談 농담　冗長 장황함　冗費 낭비

■ 彼女が言ったのは、冗談だったのか本気だったのか、分からない。
그녀가 말한 것은 농담이었는지 진심이었는지 알 수 없다.

N2 / 中 / 6획
肌
살가죽 기

몸[月]의 겉을 감싸고[几] 있는 피부

- 훈 はだ　　肌 피부 / 기질　　学者肌 학자 기질　　地肌 민낯

- 冬は空気がとても乾燥するので、肌の保湿には気を使わないといけない。
  겨울은 공기가 매우 건조하기 때문에 피부 보습에 신경쓰지 않으면 안 된다.

N1 / 中 / 10획
飢
굶주릴 기 [飢]

먹을[食] 것이 없어 안석[几]에 기대어 굶주림

- 음 き　　飢餓 기아
- 훈 うえる　　飢える 굶주리다　　飢え 굶주림, 기아

- 国際飢餓機構は、飢えに苦しむ人々を支援している。
  국제 기아 기구는 굶주림으로 괴로워하는 사람들을 지원하고 있다.

N2 / 小6 / 6획
机
책상 궤

공부할 수 있도록 탁재[几]처럼 나무[木]로 짠 틀

- 음 き　　机上 탁상　　机辺 책상 주변
- 훈 つくえ　　机 책상

- 机のサイズに合わせて机上用本棚を作った。
  책상 사이즈에 맞춰 탁상용 책장을 만들었다.

N3 / 小2 / 4획
元
으뜸 원

두 다리[儿] 위로 솟은 머리[二]가 몸의 으뜸

- 음 げん　　元気 건강함 / 기운　　元素 원소　　根元 근원
  がん　　元祖 원조　　元日 설날　　元来 원래
- 훈 もと　　元 이전, 원래　[비교] 基 p.164　本 p.260　下 p.277
  　　　　地元 그 지방 / 근거지　　身元 신원

- この町のおやきは、元気な顔をしたおばあさんの店が元祖で、地元ではとても有名だ。
  이 마을의 풀빵은, 건강한 얼굴을 한 할머니의 가게가 원조이고, 이 동네에서는 매우 유명하다.

外 / 中 / 8획
玩
희롱할 완

아이에게는 둥근 옥구슬[王]이 장난감으로서 으뜸[元]

- 음 がん　　玩具 완구, 장난감(おもちゃ라고도 읽음)　　愛玩 애완

- 玩具がこんなに高いということを、子どもを産んで初めて分かった。
  완구가 이렇게 비싸다는 것을 아이를 낳고 나서야 비로소 알았다.

N1 / 中 / 13획

완고할 완

자신의 머릿[頁]속 생각을 으뜸[元]으로 치고 남의 말을 잘 듣지 않음

- 음 がん　　頑固 완고　　頑強 완강　　頑張る 힘내다

- 職人の中には頑固な性格の人が多いそうだ。
  장인 중에는 완고한 성격인 사람이 많다고 한다.

N1 / 中 / 9획

갓 관

갓을 머리[元]에 쓰고[冖] 손[寸]으로 끈을 동여 맴

- 음 かん　　冠詞 관사　　王冠 왕관　　月桂冠 월계관
- 훈 かんむり　　冠 관

- 月桂冠というのは、古代ギリシャで競技で勝利した人に与えられた冠である。
  월계관이란, 고대 그리스에서 경기에서 승리한 사람에게 수여된 관이다.

N2 / 小6 / 6획

위태할 위

벼랑 위의 위태로운 사람[⺈]을 보고 아래에서 겁을 내며 웅크리고[㔾] 있음

- 음 き　　危険 위험　　危機 위기　　安危 안위
- 훈 あぶない　　危ない 위험하다 / 불안하다
  あやうい　　危うい 위태롭다 / 위험하다
  　　　　　　危うく 겨우 / 하마터면
  あやぶむ　　危ぶむ 걱정하다 / 의심하다

- 危険物を取り扱う工場は危ないので、資格を持った人だけが中へ入れる。
  위험물을 취급하는 공장은 위험하므로 자격을 가진 사람만 안으로 들어갈 수 있다.

N1 / 中 / 4획

액 액

재앙을 피하고자 벼랑[厂] 밑에서 웅크리고[㔾] 있음

- 음 やく　　厄年 액년(운수가 사나운 해 / 일생에서 재난을 만나는 해)
  　　　　　厄介 귀찮음, 성가심　　災厄 재액, 재난

- 厄年の中でも、特に男性の42歳と女性の33歳は、大厄と呼ばれる。
  액년 중에서도 특히 남성 42세와 여성 33세는 대액으로 불리운다.

N3 / 小3 / 6획
있을 유

고기[月]를 손[ナ]에 쥐고 있음

- 음 ゆう　有名 유명　有益 유익　特有 특유
- 　う　　有無 유무　有象無象 어중이떠중이
- 훈 ある　有る 있다 [비교] 在る p.441

- デパートには、全国各地の有名な物品が有ります。
  백화점에는 전국 각지의 유명한 물품이 있습니다.

N1 / 中 / 13획
뇌물 회

부정한 청탁 뒤에 항상 더러운 재물[貝]이 있음[有]

- 음 わい　賄賂 뇌물　収賄 수뢰(뇌물을 받음)
- 훈 まかなう　賄う 조달하다 / 공급하다 / 마련하다

- 賄賂は受け取ってもいけないし、渡してもいけない。
  뇌물은 받아서도 안 되고, 주어서도 안 됩니다.

N3 / 小4 / 5획
써 이

쟁기로써 밭을 가니 그 쟁기의 모양

- 음 い　以外 이외　以上 이상　以前 이전

- ドアに「関係者以外立ち入り禁止」と書かれている。
  문에 '관계자 이외 출입 금지'라고 써 있다.

N2 / 小5 / 7획
같을 사

사람[亻]이 쟁기[以]로 밭을 가는 방법은 모두 같음

- 음 じ　類似 유사　近似 근사　疑似 의사, 유사
- 훈 にる　似る 닮다　似合う 어울리다　似顔絵 사안화, 초상화

- 似顔絵と肖像画の違いは類似語辞典を見ればわかる。
  사안화와 초상화의 차이는 유사어 사전을 보면 알 수 있다.

N2 / 小5 / 14획
맞을 적

밭에 가서[辶] 알맞게 익은 채소의 밑동[啇]을 땀

- 음 てき　適切 적절　適応 적응　快適 쾌적
- 훈 かなう　適う 들어맞다

- 中古車は安いが、運転の快適さは新車に敵わない。
  중고차는 싸지만, 운전의 쾌적함은 신차에는 필적하지 못한다.

N1 / 小6 / 15획

적 적

밑동[商]을 치듯[攵] 섬멸해야 할 적의 무리

- 음: てき　敵視 적대시　無敵 무적　匹敵 필적
- 훈: かたき　敵 적　敵役 악역　敵討ち 복수
- かなう　敵う 필적하다

■ 友の敵を討つために、彼は一人で敵地へのりこんで行った。
친구의 원수를 갚기 위해 그는 혼자서 적지에 쳐들어갔다.

N1 / 中 / 14획

정실 적

왕실의 뿌리[商]인 후사를 잇는 여성[女]

- 음: ちゃく　嫡子 적자　嫡出 적출　嫡流 적통

■ 正妻が生んだ子のうち長男のことを、嫡子ともいう。
본처가 낳은 자식 중에서 장남을 적자라고도 한다.

N2 / 中 / 14획

물방울 적

채소의 밑동[商]에 떨어지는 물[氵]방울

- 음: てき　点滴 점적, 물방울, 링거　水滴 물방울
- 훈: しずく　滴 물방울
- したたる　滴る 물방울이 떨어지다

■ 建物に入るとストーブが点いていて、窓に付いた水滴がいくつも筋を描いて滴り落ちていた。
건물에 들어가니 난로가 켜져 있어 창문에 붙어 있던 물방울이 몇 개인가 선을 그리며 뚝뚝 떨어지고 있었다.

N1 / 中 / 14획

딸 적

채소의 밑동[商]을 손[扌]으로 땀

- 음: てき　摘出 적출, 빼냄　摘発 적발　指摘 지적
- 훈: つむ　摘む 따다

■ 詰込み型の教育が創造性の芽を摘んでしまうということは、昔から指摘されている。
주입식 교육이 창의력의 싹을 잘라 버린다는 것은 옛날부터 지적되고 있다.

N2 / 小3 / 11획

장사 상

성문[冂] 안에서 물건[口]을 진열해 놓고 팖

- 음 しょう　　商品 상품　　商売 상매, 장사　　商業 상업
- 훈 あきなう　　商う 장사하다

- 大阪は古くから商業が栄えていた。
  오사카는 예로부터 상업이 번성했다.

N1 / 小6 / 9획

갈래 파 [派]

물[氵]이 갈라진[乁] 줄기에 따라 흐름

- 음 は　　派遣 파견　　派生 파생　　立派 훌륭함

- 彼女は息子を立派な大人に育てあげた。
  그녀는 아들을 훌륭한 어른으로 키워냈다.

N1 / 小5 / 10획

줄기 맥 [脈]

몸[月]에 갈라진[乁] 혈관의 줄기

- 음 みゃく　　脈拍 맥박　　脈絡 맥락　　文脈 문맥

- 単語の意味は分からなくても、文脈からその意味が推測できることがある。
  단어의 의미는 몰라도 문맥에서 그 의미를 추측할 수 있을 수가 있다.

확인 문제

1 빈칸에 알맞은 한자를 a, b 중에 고르세요.

① ___斥   a. 排   b. 俳
② ___識   a. 常   b. 堂
③ ___定   a. 堪   b. 勘
④ ___名   a. 若   b. 匿
⑤ ___固   a. 頑   b. 玩

⑥ ___険   a. 危   b. 厄
⑦ ___賂   a. 有   b. 賄
⑧ 類___   a. 以   b. 似
⑨ ___応   a. 適   b. 敵
⑩ ___遣   a. 派   b. 脈

2 밑줄 친 부분에 해당되는 한자를 a, b, c 중에 고르세요.

① <u>おが</u>む   a. 拝   b. 排   c. 非
② <u>つぐな</u>う   a. 掌   b. 償   c. 賞
③ <u>た</u>える   a. 甚   b. 勘   c. 堪
④ <u>う</u>える   a. 飢   b. 机   c. 肌
⑤ <u>つ</u>む   a. 嫡   b. 摘   c. 滴

3 다음을 일본어 한자와 히라가나로 써 보세요.

① 혐오 ➡ _____ / _____

② 무역 ➡ _____ / _____

③ 완벽 ➡ _____ / _____

④ 기아 ➡ _____ / _____

⑤ 파견 ➡ _____ / _____

5부 행위

去 立 分 言

동작   지각   태도

合 見 交 定

동작 1

N2 / 小4 / 5획

加 더할 가

힘써[力] 일하는 사람에게 더 잘하라고 말함[口]

- 음 か　　加入 가입　参加 참가　追加 추가
- 훈 くわわる　加わる 가해지다 / 늘다 / 참가하다
  　くわえる　加える 가하다 / 넣다

▪ 夜になると新たな参加者が加わった。 저녁이 되자 새로운 참가자가 더해졌다.

N1 / 小4 / 12획

賀 하례할 하

재물[貝]을 더하여[加] 하례(축하)함

- 음 が　　年賀状 연하장　謹賀新年 근하신년　祝賀 축하

▪ 年賀状をいつまでに出せば、元旦に届きますか。
연하장을 언제까지 보내야 설날에 도착합니까?

N1 / 中 / 9획

架 시렁 가

나무[木] 위에 판자를 더하여[加] 시렁(선반)을 만듦

- 음 か　　架橋 가교(다리를 놓음)　書架 서가　担架 들것
- 훈 かける　架ける 설치하다, 가설하다
  　　　　　[비교] 賭ける p.60　懸ける p.73　掛ける p.353
  　かかる　架かる 연결되다, 가설되다　[비교] 懸かる p.73　掛かる p.353

▪ その書架は天井まであって、上にある本を取るために梯が架けてあった。
그 서가는 천장까지 있어서, 위에 있는 책을 집기 위해 사다리가 놓여 있었다.

N1 / 小6 / 9획

染 물들 염

나무[木]에서 추출한 즙[氵]에 여러 번[九] 담궈 물들임

- 음 せん　　染色 염색　汚染 오염　感染 감염
- 훈 そめる　染める 물들이다, 염색하다
  　そまる　染まる 물들다, 염색되다
  　しみる　染みる 베다, 번지다, 물들다
  　しみ　　染み 얼룩 / 검버섯

▪ 彼は染料が美しく染まる方法を研究した。
그는 염료가 아름답게 물드는 방법을 연구했다.

N2 / 小6 / 8획

새길 각

자시부터 해[亥]시까지 칼[刂]로 새겨 시간을 나타냄

| 음 | こく | 刻印 각인 | 時刻 시각 | 遅刻 지각 |
| 훈 | きざむ | 刻む 새기다, 조각하다 | | |

- 遅刻をしてはいけないということを心に刻んだ。
  지각을 해서는 안 된다는 것을 명심했다.

N1 / 中 / 8획

꾸짖을 핵

돼지[亥]를 잡듯[力] 죄인을 모질게 고문하며 꾸짖음

| 음 | がい | 弾劾 탄핵 |

- 国会には大統領の弾劾訴追権がある。
  국회에는 대통령의 탄핵 소추권이 있다.

N1 / 中 / 10획

씨 핵

나무[木] 열매를 돼지[亥]처럼 통통하게 자라게 하는 씨

| 음 | かく | 核心 핵심 | 核爆弾 핵폭탄 | 結核 결핵 |

- 彼は、核心を突いた質問に、全く答えられなかった。
  그는 핵심을 찌른 질문에 전혀 대답할 수 없었다.

外 / 中 / 16획

뼈 해

옛날 중국에서 돼지[亥]고기를 삶고 남은 뼈[骨]는 흔히 볼 수 있음

| 음 | がい | 骸骨 해골 | 死骸 시해, 시체 | 残骸 잔해 |

- そのモデルは骸骨のように痩せている。
  그 모델은 해골처럼 말랐다.

N1 / 中 / 13획

마땅/갖출 해

마땅히 돼지[亥]머리를 올려야 제단이 갖춰지고 제문을 말할[言] 수 있음

| 음 | がい | 該当 해당 | 該博 해박 |

- 該当する項目に丸を付けてください。
  해당하는 항목에 동그라미를 쳐 주세요.

N1 / 中 / 16획

개간할 간

풍작을 위해 간절한[豸] 마음으로 땅[土]을 개간함

- 음 こん　　開墾 개간
- 荒地を開墾して耕地を増やした。
  황무지를 개간해서 경작지를 늘렸다.

N1 / 中 / 17획

간절할 간

마음속[心] 깊이 간절함[豸]을 품음

- 음 こん　　懇談 간담　懇願 간원(간절히 바람)　懇親会 간친회, 친목회
- 훈 ねんごろ　懇ろ 공손함 / 친함
- シンポジウムが終わったあと、隣の部屋で懇談会が開かれた。
  심포지엄이 끝난 후 옆방에서 간담회가 열렸다.

外 / 中 / 14획

모양 모

해치[豸]는 선이 뚜렷한 얼굴 모양[皃]을 함

- 음 ぼう　　美貌 미모　変貌 변모　容貌 용모
- 明治維新で江戸は東京と名前を変えたのち、著しく変貌してきた。
  메이지 유신으로 에도는 도쿄로 이름을 바꾼 후, 현저하게 변모해 왔다.

N3 / 小3 / 5획

갈 거

내[ム]가 가기 위해 집 앞의 땅[土]을 밟음

- 음 きょ　　去年 작년　除去 제거　逝去 서거
  こ　　過去 과거
- 훈 さる　　去る 가다 / 지나가다 / 떠나가다
- 顔に残されていた過去の痕跡を除去したら、心の痛みも消え去った。
  얼굴에 남아 있던 과거의 흔적을 제거하자 마음의 아픔도 사라졌다.

N2 / 小4 / 8획

법 법

법은 흘러가는[去] 물[氵]처럼 안정된 사회를 위해 존재함

- 음 ほう　　法律 법률　方法 방법　文法 문법
  ほっ　　法主 법주, 불교 종파의 우두머리(ほうしゅ라고도 읽음)
  はっ　　法度 법도
- この文は文法的に合っていない。
  이 문장은 문법적으로 맞지 않다.

N1 / 中 / 7획

물리칠 각

몸을 구부리고[卩] 숨어 있다가 가서[去] 적을 물리침

- 음 きゃく　却下 각하, 기각　返却 반각, 반환, 반납　売却 매각
- 会社の一部が外国企業に売却された。
  회사의 일부가 외국 기업에 매각되었다.

N1 / 中 / 11획

다리 각

다리는 몸[月]에서 오고 가고[却]를 반복하는 부분

- 음 きゃく　脚本 각본　脚色 각색　立脚 입각
  きゃ　脚立 접사다리
- 훈 あし　脚 다리 [비교] 足 p.248
  雨脚 빗줄기
- その選手は脚を折る大けがをして、今シーズンは出場もできなかった。
  그 선수는 다리가 부러지는 큰 부상을 입어, 이번 시즌은 출장하지도 못했다.

外 / 中 / 13획

덮을 개 [蓋]

그릇[皿] 위에 뚜껑[去]을 덮고 풀[艹]을 또 덮음

- 음 がい　蓋然 개연　頭蓋骨 두개골　口蓋 구개
- 훈 ふた　蓋 뚜껑　鍋蓋 냄비 뚜껑
- 箱の蓋を開けたらヒトの頭蓋骨が入っていた。
  상자의 뚜껑을 열자 사람의 두개골이 들어 있었다.

N3 / 小4 / 9획

세울 건

붓[聿]을 세워 끌며[廴] 글을 쓰듯 나라나 집을 세움

- 음 けん　建設 건설　建築 건축　再建 재건
  こん　建立 건립
- 훈 たつ　建つ 건물이 서다 [비교] 立つ p.399
  たてる　建てる 건물을 짓다 / 세우다 [비교] 立てる p.399
- お寺や神社を建てることを、建立という。
  절이나 신사를 세우는 것을 건립이라고 한다.

健
굳셀 건

N1 / 小4 / 11획

몸을 꼿꼿이 세우고[建] 힘차게 걷는 사람[亻]은 굳셈

- 음 けん　　健康 건강　　健全 건전　　保健 보건
- 훈 すこやか　健やかだ 건강하다, 건전하다

- 親と子の健やかな生活のために、母子保健というものがある。
  부모와 아이의 건강한 생활을 위해, 모자 보건이라는 것이 있다.

鍵
열쇠 건

N1 / 中 / 17획

열쇠는 집을 세우고[建] 난 후 외부 침입에 대비하여 채우는 금속[金]

- 음 けん　　鍵盤 건반
- 훈 かぎ　　鍵 열쇠　　鍵穴 열쇠 구멍

- ピアノの鍵盤を修理するために、音楽室の鍵を持ってきた。
  피아노의 건반을 수리하기 위해 음악실 열쇠를 가져 왔다.

揭
높이 들 게 [揭]

N1 / 中 / 11획

코[匂]가 해[日] 뜬 하늘을 올려다보도록 손[扌]으로 높이 듦

- 음 けい　　揭載 게재　　揭示 게시　　揭揚 게양
- 훈 かかげる　揭げる 내걸다 / 게재하다

- この揭示板は、以下に挙げる目的のため運営しております。
  이 게시판은 아래에 게재한 목적을 위해 운영하고 있습니다.

渴
목마를 갈 [渴]

N1 / 中 / 11획

한여름 땡볕[日]을 올려다[匂]보니 목마름에 물[氵]을 찾음

- 음 かつ　　渴望 갈망　　枯渴 고갈
- 훈 かわく　渴く 목이 마르다, 갈증나다　비교 乾く p.230

- 枯渴してひび割れた湖を歩く野犬の姿は、いかにも喉が渴いているようだった。
  고갈되어 금이 간 호수를 걷는 들개의 모습은 매우 목이 마른 것 같았다.

喝
꾸짖을 갈 [喝]

N1 / 中 / 11획

어찌[曷] 그리 하지 않았는가를 말[口]로 꾸짖음

- 음 かつ　　喝采 갈채　　恐喝 공갈　　一喝 일갈(큰소리로 꾸짖음)

- 彼女はみごとな歌声で聴衆の喝采を浴びた。
  그녀는 훌륭한 노랫소리로 청중의 갈채를 받았다.

N1 / 中 / 13획

갈색 갈 [褐]

어찌[曷] 굵은 베의 천연색만으로 옷[衤]을 지었는가

- 음 **かつ**　　褐色 갈색　　褐炭 갈탄

- 褐色の肌に健康美を感じる人が多い。
  갈색 피부에 건강미를 느끼는 사람이 많다.

N1 / 中 / 15획

뵐 알 [謁]

어찌[曷] 뵙지 않고 문안[言]을 드릴 수 있는가

- 음 **えつ**　　謁する 뵈다　　謁見 알현

- ローマ法王の謁見式に参加した。
  로마 교황의 알현식에 참가했다.

外 / 中 / 12획

칡 갈 [葛]

어찌[曷] 이렇게 질긴 풀[艹]이 있는가

- 음 **かつ**　　葛藤 갈등
- 훈 **くず**　　葛 칡　　葛粉 칡가루　　葛湯 칡가루 죽

- 葛藤とは、葛と藤がもつれ合うように、2つの欲求または考えが相克することをいう。
  갈등이란, 칡과 등나무가 뒤엉켜 있듯 두 개의 욕구 또는 생각이 대립하는 것을 말한다.

N2 / 小5 / 7획

고할 고

제단에 소[牛→牛]를 바치고 입[口]으로 소원을 고함

- 음 **こく**　　告白 고백　　広告 광고　　報告 보고
- 훈 **つげる**　　告げる 알리다, 고하다

- 彼女に告白したら、衝撃の真実を告げられた。
  그녀에게 고백하자 충격적인 진실을 알려줬다.

N2 / 小5 / 10획

지을 조

중요한 건물을 지을 때 제단에 가서[辶] 알리고[告] 지음

- 음 **ぞう**　　造船 조선　　構造 구조　　木造 목조
- 훈 **つくる**　　造る 만들다, 제작하다　비교 創る p.107　作る p.262

- あの造船所では軍艦を造っている。
  저 조선소에서는 군함을 만들고 있다.

N1 / 中 / 14획

酷
심할 혹

흉작이 심할 때는 술[酉]을 빚을 때 관청에 알리고[告] 허락을 받음

- 음 **こく** 酷暑 혹서 残酷 잔혹 苛酷 가혹
- 労働省はその会社の苛酷な労働条件の改善を命じた。
  노동성은 그 회사의 가혹한 노동 조건의 개선을 명했다.

N2 / 中 / 12획

雇
품 팔 고

처마 밑의 새[隹]처럼 그 집[戶]에 드나들며 일을 함

- 음 **こ** 雇用 고용 解雇 해고
- 훈 **やとう** 雇う 고용하다 雇い主 고용주 雇い人 고용인
- 雇い主から一方的に解雇通知を渡された。
  고용주로부터 일방적으로 해고 통지를 받았다.

N1 / 中 / 21획

顧
돌아볼 고

직원[雇]이 잘 근무하는지 고개[頁]를 돌려 돌아봄

- 음 **こ** 顧客 고객 顧問 고문 回顧 회고
- 훈 **かえりみる** 顧みる 뒤돌아보다 / 회고하다 / 돌보다 비교 省みる p.328
- 私のこれまでの人生を顧みると、いつも顧客とともにあったことに気づかされた。
  나의 지금까지의 인생을 되돌아보니 언제나 고객과 함께 있었다는 것을 알았다.

N2 / 小3 / 6획

曲
굽을 곡

밭[田]에 난 싹[艹]이 엉켜 굽음

- 음 **きょく** 曲線 곡선 作曲 작곡 名曲 명곡
- 훈 **まがる** 曲がる 구부러지다 / 방향을 바꾸다
  まげる 曲げる 구부리다 / 기울이다
- 曲線の曲がり具合を表した数字を曲率という。
  곡선의 휜 정도를 나타낸 숫자를 곡률이라고 한다.

N1 / 小4 / 8획

典
법 전

책[冊]을 양손으로 받쳐[丌] 든 모습

- 음 **てん** 典型 전형 辞典 사전 古典 고전
- 聖書は古典中の古典といわれている。
  성서는 고전 중의 고전이라고 일컬어진다.

N2 / 小5 / 13획

풍년 풍

콩[豆] 줄기가 풍작을 이뤄 서로 마구 굽어져[曲] 엉킴

음 ほう　　豊富 풍부　　豊年 풍년　　豊作 풍작

훈 ゆたか　　豊かだ 풍부하다

- その国は資源が豊富で、国民の暮らしも豊かだ。
  그 나라는 자원이 풍부하여 국민들의 생활도 풍요롭다.

N2 / 小5 / 12획

지날 과

지나치는 것은 비뚤어진[咼] 길로 가는[辶] 것

음 か　　過去 과거　　過激 과격　　通過 통과

훈 すぎる　　過ぎる 지나가다
　　すごす　　過ごす 시간을 보내다
　　あやまつ　　過つ 잘못하다, 실수하다　　過ち 잘못, 실수

- 彼は、ゲームにはまって無駄に過ごした過去を、後悔していた。
  그는 게임에 빠져 헛되이 보낸 과거를 후회하고 있었다.

N1 / 中 / 12획

소용돌이 와

비뚤어져[咼] 굽이 진 물[氵]길에서 소용돌이가 자주 일어남

음 か　　渦中 와중

훈 うず　　渦 소용돌이　　渦巻き 소용돌이　　渦潮 소용돌이 치는 바닷물

- 渦中とは、渦巻きの中という意味で、いざこざに巻き込まれて大騒ぎになっていることをいう。
  와중이란 소용돌이라는 의미로, 분쟁에 휩쓸리게 되어 큰 소동이 되어 버린 것을 말한다.

N1 / 中 / 13획

재앙 화 [禍]

신[礻]이 말한 길이 아닌 비뚤어진[咼] 길을 가면 재앙을 입음

음 か　　禍福 화복　　禍根 화근　　惨禍 참화

- 私は人の吉凶禍福は天が決めることであると思う。
  나는 사람의 길흉화복은 하늘이 정하는 것이라고 생각한다.

N1 / 中 / 17획

노구솥 과

놋쇠[金]로 만들어 찌그러지기[咼] 쉬운 솥

훈 なべ　　鍋 냄비　　鍋料理 냄비 요리　　鍋敷き 냄비 받침

- 娘からお土産に鍋敷きをもらった。
  딸에게 선물로 냄비 받침을 받았다.

N1 / 中 / 16획

무너질 괴 [壞]

옷가지[衣]와 사람 눈[目→罒]만 보일[十] 정도로 크게 흙[土]이 무너짐

- 음 **かい**　壊滅 괴멸　破壊 파괴　崩壊 붕괴
- 훈 **こわす**　壊す 부수다 / 고장내다
  こわれる　壊れる 부서지다 / 고장 나다

- コンピューターを運んでいたとき、うっかり落として壊してしまった。
  컴퓨터를 옮길 때 실수로 떨어뜨려서 고장 나 버렸다.

N1 / 中 / 16획

품을 회 [懷]

큰 옷[衣]으로 눈[目→罒]만 보이게[十] 몸을 품듯 마음속[忄]에 생각을 품음

- 음 **かい**　懐古 회고(과거를 그림)　懐中 회중, 품안　述懐 술회
- 훈 **なつかしい**　懐かしい 그립다, 정답다
  なつかしむ　懐かしむ 그리워하다
  なつく　懐く 친해지다
  なつける　懐ける 따르게 하다, 길들이다
  ふところ　懐 품

- 懐中時計には懐かしい雰囲気がある。
  회중시계에는 그리운 분위기가 있다.

N2 / 小5 / 14획

構

얽을 구

나무[木]로 틀을 짜서[冓] 얽음

- 음 **こう**　構成 구성　構造 구조　機構 기구
- 훈 **かまえる**　構える 차리다, 꾸미다　心構え 마음의 준비, 각오
  かまう　構う 상관하다, 마음 쓰다

- 外国語を学ぶときの心構えは、なるべく使う機会を増やすよう努力することだ。
  외국어를 배울 때의 각오는 가능한 한 사용할 기회를 늘리려고 노력하는 것이다.

N2 / 小5 / 17획

외울 강

말[言]의 틀을 잘 짜면[冓] 외우기 쉬움

- 음 **こう**　講義 강의　講師 강사　休講 휴강

- 大学に入って、有名な教授の講義を受けた。
  대학에 들어가서 유명한 교수의 강의를 들었다.

N1 / 中 / 13획

도랑 구

잘 짜인[冓] 논밭에 물[氵]을 댈 수 있도록 옆에 난 작은 개울

- 음 こう　排水溝 배수구　下水溝 하수구　海溝 해구
- 훈 みぞ　溝 도랑

■ 排水溝へ水が流れるように溝を掘った。
　배수구로 물이 흘러가도록 도랑을 팠다.

N1 / 中 / 17획

살 구

잘 짜인[冓] 계획으로 돈[貝]을 지불하고 물건을 취하는 행위

- 음 こう　購買 구매　購入 구입　購読 구독

■ 消費者の購買心理を把握することが重要である。
　소비자의 구매 심리를 파악하는 것이 중요하다.

N2 / 小4 / 7획

구할 구

귀히 여겨 구하기 힘든 모피를 달아 맨 모양

- 음 きゅう　求人 구인　求職 구직　要求 요구
- 훈 もとめる　求める 구하다 / 요구하다 / 사다

■ この雑誌は、求職者が本当に求めている情報を提供している。
　이 잡지는 구직자가 진정 원하고 있는 정보를 제공하고 있다.

N1 / 小5 / 11획

구원할 구

막대기[攵]를 구해[求] 위험에 빠진 사람을 구원함

- 음 きゅう　救助 구조　救援 구원　救急 구급
- 훈 すくう　救う 구원하다 / 구제하다 / 구조하다

■ 市民の命を救う救急隊員になりたい。
　시민의 생명을 살리는 구급 대원이 되고 싶다.

N2 / 小3 / 11획

공 구

옥[王]처럼 둥근 모양을 구하여[求] 차거나 굴리고 놂

- 음 きゅう　球技 구기　球場 구장　野球 야구
- 훈 たま　球 공　비교 玉 p.13　弾 p.319

■ 球技とは、ボールを使う競技を指す。
　구기란, 공을 사용하는 경기를 가리킨다.

N3 / 小3 / 4획

구분할 구 [区]

상자[凵] 안의 물건을 표시[メ]하여 구분함

- 음 く 　区別 구별　区域 구역　区役所 구청
- 証明書を発行してもらうために区役所へ行った。
  증명서를 발행(발급)받기 위해 구청에 갔다.

N1 / 中 / 8획

지도리 추 [樞]

문에 달아 구분[区]할 수 있도록 나무[木]로 만든 축

- 음 すう 　枢軸 추축(권력의 중심)　中枢 중추
- 脊柱動物の場合、脳と脊柱が中枢神経となる。
  척추동물의 경우, 뇌와 척수가 중추 신경이 된다.

N1 / 中 / 14획

몰 구 [驅]

말[馬]을 타고 가서 우리 구역[区]에서 몰아냄

- 음 く 　駆使 구사　駆逐 구축　先駆 선구
- 훈 かける 　駆ける 달리다
- 　かる 　駆る 몰다, 쫓다　駆り立てる (가축 등을) 휘몰다
- 先駆者とは、他人に先駆けてその分野を開拓する者のことをいう。
  선구자란, 타인보다 앞서 그 분야를 개척하는 자를 말한다.

N2 / 中 / 8획

구라파 구 [歐]

국민이 하품[欠]을 자주 할 정도로 민생이 안정되어 있던 곳[区]

- 음 おう 　欧州 구주, 유럽　欧米 구미(유럽과 미국)　西欧 서유럽
- 明治時代に欧米の文化が入ってきた。
  메이지 시대에 구미 문화가 들어왔다.

N1 / 中 / 8획

때릴 구 [毆]

구역[区]을 침범한 자를 몽둥이[殳]로 때림

- 음 おう 　殴打 구타
- 훈 なぐる 　殴る 때리다
- 人を殴るのは、よくないことだ。
  사람을 때리는 것은 좋지 않은 일이다.

확인 문제

1 빈칸에 알맞은 한자를 a, b 중에 고르세요.

① ＿＿心　　a. 該　b. 核
② 開＿＿　　a. 懇　b. 墾
③ 返＿＿　　a. 脚　b. 却
④ ＿＿揚　　a. 掲　b. 渇
⑤ 報＿＿　　a. 造　b. 告

⑥ 解＿＿　　a. 顧　b. 雇
⑦ ＿＿去　　a. 過　b. 渦
⑧ ＿＿義　　a. 講　b. 構
⑨ ＿＿急　　a. 救　b. 求
⑩ ＿＿打　　a. 殴　b. 欧

2 밑줄 친 부분에 해당되는 한자를 a, b, c 중에 고르세요.

① <u>かか</u>げる　　　a. 褐　b. 葛　c. 掲
② <u>つ</u>げる　　　　a. 酷　b. 造　c. 告
③ <u>かま</u>える　　　a. 構　b. 講　c. 溝
④ <u>もと</u>める　　　a. 求　b. 救　c. 球
⑤ <u>か</u>ける　　　　a. 欧　b. 駆　c. 枢

3 다음을 일본어 한자와 히라가나로 써 보세요.

① 오염 ➡ ＿＿＿＿＿＿＿＿ / ＿＿＿＿＿＿＿＿

② 해당 ➡ ＿＿＿＿＿＿＿＿ / ＿＿＿＿＿＿＿＿

③ 건강 ➡ ＿＿＿＿＿＿＿＿ / ＿＿＿＿＿＿＿＿

④ 풍부 ➡ ＿＿＿＿＿＿＿＿ / ＿＿＿＿＿＿＿＿

⑤ 파괴 ➡ ＿＿＿＿＿＿＿＿ / ＿＿＿＿＿＿＿＿

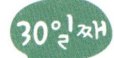
동작₂

N1 / 中 / 8획

굽힐 굴

밖으로 나갈 때[出] 몸[尸]을 굽힘

- 음 くつ　　屈辱 굴욕　　屈折 굴절　　退屈 지루함

• プールの底が実際よりも浅く見えるのは、光が水面で屈折するためである。
　수영장 바닥이 실제보다도 얕게 보이는 것은 빛이 수면에서 굴절하기 때문이다.

N2 / 中 / 11획

팔 굴

몸을 굽히고[屈] 손[扌]으로 땅을 팜

- 음 くつ　　掘削 굴착　　発掘 발굴　　採掘 채굴
- 훈 ほる　　掘る 파다

• トンネルを掘るのに今では岩盤掘削機が用いられている。
　터널을 파는 데에 지금은 암반 굴착기가 사용되고 있다.

N1 / 中 / 11획

굴 굴

땅[土]속에 굴을 파고 들어가 몸을 굽히고[屈] 숨음

- 훈 ほり　　堀 도랑　　外堀 해자(성을 둘러싼 연못)　　釣堀 낚시터

• 敵の城を攻めるためには、まず外堀を埋めなければいけない。
　적의 성을 공격하기 위해서는, 우선 해자를 메우지 않으면 안 된다.

外 / 中 / 13획

굴 굴

몸을 굽히고[屈] 숨을 수 있는 구멍[穴]

- 음 くつ　　洞窟 동굴　　巣窟 소굴　　石窟 석굴

• この洞窟には、人が住んでいた痕跡がある。
　이 동굴에는 사람이 살고 있었던 흔적이 있다.

N3 / 小2 / 10획

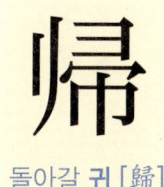

돌아갈 귀 [歸]

옛날에는 결혼 후 처가에서 일을 돕다가 아내[婦→帚]를 데리고 집으로 돌아감

- 음 き　　帰国 귀국　　帰還 귀환　　復帰 복귀
- 훈 かえる　　帰る 돌아가다
-    かえす　　帰す 돌려보내다, 돌아가게 하다 비교 返す p.499

- その野球選手は韓国に帰ってきたあと、元チームに復帰した。
  그 야구 선수는 한국에 돌아와서 원래 팀에 복귀했다.

N2 / 中 / 11획

쓸 소 [掃]

손[扌]에 빗자루[帚]를 들고 바닥을 쓺

- 음 そう　　掃除 청소　　清掃 청소　　一掃 일소(한번에 없앰)
- 훈 はく　　掃く 쓸다

- ほうきで掃くのと掃除機を使うのとでは、どちらがきれいになるだろうか。
  빗자루로 쓰는 것과 청소기를 사용하는 것 중에는 어느 쪽이 깨끗할까?

N1 / 中 / 9획

침노할 침 [侵]

사람[亻]이 빗자루[帚→⺕]를 손[又]에 들고 쓸다가 남의 땅에 침범함

- 음 しん　　侵略 침략　　侵入 침입　　侵攻 침공
- 훈 おかす　　侵す 침범하다 비교 犯す p.362　冒す p.498

- 侵略戦争は、現在でも世界のどこかで起こっている。
  침략 전쟁은 현재에도 세계 어딘가에서 일어나고 있다.

N1 / 中 / 10획

잠길 침 [浸]

물[氵]이 계속 침범[侵→㾼]하면 어느새 사방이 온통 잠김

- 음 しん　　浸透 침투　　浸水 침수　　浸食 침식
- 훈 ひたす　　浸す 담그다 / 적시다
-    ひたる　　浸る 잠기다 / 빠지다

- 社会的弱者を守ろうという考えが徐々に国民の間に浸透してきた。
  사회적 약자를 지키려는 생각이 서서히 국민들 사이에 침투해 왔다.

N2 / 中 / 13획

잘 침 [寝]

집[宀]에 와서 침상[爿]에 침범[侵→㕢]하여 잠

- 음 しん　　寝室 침실　　寝台 침대　　就寝 취침
- 훈 ねる　　寝る 자다　　寝坊 늦잠　　昼寝 낮잠
  　ねかす　寝かす 재우다

■ 北海道に行ったとき、寝台列車で寝たことがある。
　홋카이도에 갔을 때, 침대 열차에서 잔 적이 있다.

N1 / 中 / 12획

찾을 심 [尋]

손[ヨ]으로 좌우[左右→エロ]를 구석구석[寸] 더듬어 찾음

- 음 じん　　尋問 심문　　尋常 심상, 평범, 보통
- 훈 たずねる　尋ねる 찾다 / 묻다　비교 訪ねる p.274

■ まず、個人情報を尋ねることから、証人尋問は始まった。
　먼저, 개인 정보를 묻는 것으로 증인 심문은 시작되었다.

N2 / 中 / 6획

부르짖을 규

입[口]을 벌리고 얽힌[丩] 마음을 크게 부르짖어 해소함

- 음 きょう　　叫喚 규환(큰 소리로 부르짖음)　　絶叫 절규
- 훈 さけぶ　　叫ぶ 외치다　　叫び声 비명 소리

■ 遠くから、助けを求める叫び声が聞こえた。
　멀리서 도움을 요청하는 외침이 들렸다.

N1 / 中 / 9획

얽힐 규

실[糸]이 넝쿨처럼 얽힘[丩]

- 음 きゅう　　糾弾 규탄　　糾明 규명　　紛糾 분규

■ 会議で意見が紛糾し、結論は翌日に持ち越された。
　회의에서 의견이 분분하여 결론은 다음날로 미루었다.

N1 / 中 / 4획

진 칠 둔

싹[屮]이 겨우 땅[一] 위로 올라와 더 자라지 못하고 진을 침

- 음 とん　　駐屯 주둔

■ 世界の至る所に米軍が駐屯している。
　세계 여러 곳에 미군이 주둔해 있다.

N2 / 小6 / 10획

순수할 순

물들이지 않고 뽑은 상태에 머물러[屯] 있는 실[糸]은 순수함

- 음 じゅん　　純粋 순수　　単純 단순　　清純 청순

• 彼女は素直で純粋な人であった。
  그녀는 바르고 순수한 사람이었다.

N2 / 中 / 12획

둔할 둔

쇠[金]로 만든 칼날이 예리하지 못하고 둔하여 칼집에 머무름[屯]

- 음 どん　　鈍感 둔감　　鈍角 둔각　　愚鈍 우둔
- 훈 にぶい　　鈍い 둔하다
- 　　にぶる　　鈍る 둔해지다

• 鈍感な人だからといって、判断力まで鈍いわけではない。
  둔감한 사람이라고 해서 판단력까지 둔하지는 않다.

外 / 中 / 13획

조아릴 돈

머리[頁]가 땅에 머물도록[屯] 조아리고 절함

- 음 とん　　頓着 돈착, 개의, 신경 씀　　頓挫 돈좌, 좌절　　整頓 정돈

• 景気が悪くなったために、計画が頓挫した。
  경기가 안 좋아져서 계획이 좌절되었다.

N2 / 小3 / 12획

登

오를 등

제기[豆]에 음식을 담아 제단 위로 걸어[癶] 오름

- 음 とう　　登録 등록　　登校 등교　　登場 등장
- 　　と　　　登山 등산
- 훈 のぼる　　登る 오르다　비교 昇る p.101　上る p.276　山登り 등산

• 前もって登録していない人は、今回の山登りに参加できない。
  미리 등록하지 않은 사람은 이번 등산에 참가할 수 없다.

N1 / 中 / 15획

맑을 징

높은 산에 오르면[登] 맑은 계곡물[氵]이 나옴

- 음 ちょう　　清澄 청정(맑고 깨끗함)
- 훈 すむ　　　澄む 맑다
- 　　すます　　澄ます 맑게 하다 / 차분하게 주의를 기울이다

• 目を閉じて耳を澄ますと、自然の様々な音が聞こえてきた。
  눈을 감고 귀를 기울이자, 자연의 다양한 소리가 들려왔다.

騰

N1 / 中 / 20획

오를 등 [騰]

말[馬]의 등 위로 내[朕]가 오름

- 음 とう 　沸騰 비등　急騰 급등　暴騰 폭등
- 一ヶ月の間にガソリン代が急騰した。
  한 달 사이에 기름 값이 급등했다.

謄

N1 / 中 / 17획

베낄 등 [謄]

남의 말씀[言]을 내[朕]가 베껴서 인용함

- 음 とう 　謄本 등본　謄写 등사
- 戸籍謄本を取りに区役所へ行った。
  호적 등본을 떼러 구청에 갔다.

勝

N2 / 小3 / 12획

이길 승 [勝]

내[朕]가 힘[力]을 다해 상대를 이김

- 음 しょう 　勝負 승부　勝利 승리　優勝 우승
- 훈 かつ 　勝つ 이기다　勝手 제멋대로 함
- 　まさる 　勝る 낫다, 뛰어나다
- 1組が3組に勝って、決勝に進出した。 1조가 3조에 이겨서 결승에 진출했다.

藤

N1 / 中 / 18획

등나무 등 [藤]

물[氺]이 솟아 오르듯[朕] 위로 줄기[艹]가 자라는 등나무

- 음 とう 　葛藤 갈등
- 훈 ふじ 　藤 등나무　藤色 연보라
- 彼女は藤色の着物がほしかったが、値段がとても高いので買おうか買うまいか葛藤した。
  그녀는 연보라색 기모노가 갖고 싶었지만, 가격이 너무 비싸서 살까 말까 갈등했다.

量

N2 / 小4 / 12획

헤아릴 량

자루[里]에 됫박[旦]으로 곡식을 담아 헤아리는 모양

- 음 りょう 　大量 대량　質量 질량　分量 분량
- 훈 はかる 　量る (무게를) 달다, (길이를) 재다
- 비교 測るp.107　計るp.159　図るp.162　諮るp.350　謀るp.360
- もう一度質量を量って、総質量に変化がないことを実証した。
  다시 한번 질량을 재어, 총 질량에 변화가 없는 것을 실증했다.

糧 양식 량
N1 / 中 / 18획

쌀[米]을 헤아려[量] 담아 놓은 양식

- 음 りょう　　食糧 식량
  - ろう　　兵糧 군량
- 훈 かて　　糧 양식, 식량

- 食糧に困らなくなると、心の糧を求める人が増えてくる。
  식량에 부족함이 없게 되면, 마음의 양식을 찾는 사람이 늘어난다.

列 벌일 렬
N2 / 小3 / 6획

뼈[歹]에서 짐승의 고기를 칼[刂]로 발라 부위별로 벌여 둠

- 음 れつ　　列挙 열거　　列車 열차　　行列 행렬

- レジの前の長い列に並ぶのは、いつもいやなものだ。
  계산대 앞의 긴 줄로 늘어서는 것은 언제나 싫은 일이다.

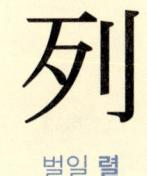
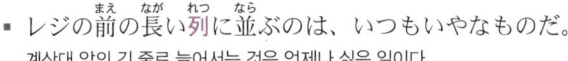

例 법식 례
N2 / 小4 / 8획

사람[亻]이 제단 앞에 법식에 맞게 줄지어[列] 서 있음

- 음 れい　　例年 예년　　例示 예시　　事例 사례
- 훈 たとえる　　例える 예를 들다, 비유하다　　例えば 예를 들면

- 例えば、例年と平年の使い分けなどがある。
  예를 들면, 예년과 평년의 구분 등이 있다.

烈 매울 렬
N1 / 中 / 10획

벌여[列] 놓은 고기를 불[灬]로 구우니 연기가 매움

- 음 れつ　　強烈 강렬　　激烈 격렬　　猛烈 맹렬

- あの二人はテレビ討論会で激烈な攻防戦を繰り広げた。
  그 두 사람은 TV 토론회에서 격렬한 공방전을 벌였다.

裂 찢을 렬
N1 / 中 / 12획

옷[衣]을 갈기갈기 찢어 벌여[列] 놓음

- 음 れつ　　裂傷 열상　　分裂 분열　　破裂 파열
- 훈 さく　　裂く 찢다　[비교] 割く p.468
  - さける　　裂ける 찢어지다

- 裂傷というのは、肌が裂けてできた傷である。
  열상이란, 피부가 찢어져서 생긴 상처이다.

하여금 령

N2 / 小4 / 5획

집[스]에 무릎 꿇고[㔾] 있는 종으로 하여금 일을 하도록 시킴

- 음 れい　　命令 명령　　法令 법령　　指令 지령
- 将軍は爆撃の命令を出した。
  장군은 폭격 명령을 내렸다.

찰 랭

N2 / 小4 / 7획

엄한 명령[令]은 얼음[冫]같이 차가움

- 음 れい　　冷凍 냉동　　冷蔵庫 냉장고　　冷却 냉각
- 훈 つめたい　冷たい 차갑다
- ひえる　　冷える 차가워지다
- ひや　　　冷や 찬 것　冷や汗 식은땀　冷ややかだ 차갑다, 냉담하다
- ひやす　　冷やす 차게 하다
- ひやかす　冷やかす 놀리다, 희롱하다
- さめる　　冷める 식다
- さます　　冷ます 식히다
- 麦茶は、外気に当てて冷ましたあと、冷蔵庫に入れて冷やします。
  보리차는 바깥 공기에 맞춰 식힌 후, 냉장고에 넣어 차게 합니다.

거느릴 령

N2 / 小5 / 14획

우두머리[頁]가 아랫사람을 명령[令]하여 거느림

- 음 りょう　　領土 영토　　領収書 영수증　　要領 요령
- 国家の三要素は、領土・国民・主権である。
  국가의 3요소는 영토·국민·주권이다.

방울 령

N1 / 中 / 13획

하인에게 명령[令]하기 위해 쇠[金]로 만든 방울을 흔들어 부름

- 음 れい　　銀鈴 은방울　　予鈴 예비종　　振鈴 진령(종을 흔듦)
- 　　りん　　風鈴 풍경　　呼び鈴 초인종, 벨
- 훈 すず　　鈴 방울
- 店の扉に鈴を付けて、来客があったときは厨房にいつもわかるようにした。
  가게 문에 방울을 달아, 내방객이 있을 때는 주방에서 언제나 알 수 있게 했다.

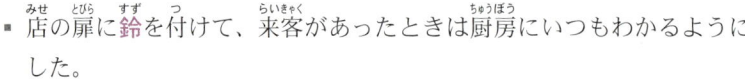

N2 / 中 / 17획

나이 령 [齢]

이[歯]로 하여금[令] 나이를 셈

- 음 れい　　年齢 연령　　高齢 고령　　樹齢 수령(나무의 나이)
- 年齢により基礎代謝量に違いがある。
  연령에 따라 기초 대사량에 차이가 있다.

N2 / 小4 / 7획

일할 로 [労]

등불[…]을 받쳐[冖] 놓고 밤늦게까지 힘[力]들게 일함

- 음 ろう　　労働 노동　　過労 과로　　苦労 수고
- 過労は万病の元である。
  과로는 만병의 근원이다.

N2 / 小4 / 9획

영화 영 [榮]

나무[木] 위에 받쳐[冖]든 등불[…]이 영화로움

- 음 えい　　栄光 영광　　栄養 영양　　繁栄 번영
- 훈 さかえる　　栄える 번영하다
- はえ　　栄え 영광　　見栄え 볼품이 좋음
- はえる　　栄える 훌륭하다, 두드러지다　[비교] 映える p.218
- この食べ物は、見栄えはいいけれど、おいしくないし、栄養もない。
  이 음식은 보기에는 좋지만, 맛도 없고 영양도 없다.

N5 / 小1 / 5획

설 립

사람이 땅 위에 바르게 선 모습

- 음 りつ　　立派 훌륭함　　国立 국립　　独立 독립
- りゅう　　建立 건립
- 훈 たつ　　立つ 서다　[비교] 建つ p.383　　立場 입장　　立ち入り 출입
- たてる　　立てる 세우다　[비교] 建てる p.383
- 5年後に独立するために、今から計画を立てている。
  5년 후에 독립하기 위해 지금부터 계획을 세우고 있다.

N2 / 小4 / 7획

자리 위

사람[亻]이 서[立] 있는 자리

- 음 い　　位置 위치　　単位 단위　　地位 지위
- 훈 くらい　　位 지위, 계급 / 자릿수
- 千の位で四捨五入して、1万円単位で表示してください。
  천의 자리에서 반올림하여 만 엔 단위로 표시해 주세요.

外 / 中 / 8획

拉
끌 랍

가만히 세[立] 있는 사람을 손[扌]으로 강제로 끌고 감

- 음 ら　　拉致 납치
- テロリストに拉致された人たちが、無事に生還した。
  테러리스트에게 납치된 사람들이 무사히 생환했다.

N1 / 小4 / 8획

泣
울 읍

서서[立] 눈물[氵]을 흘리며 욺

- 음 きゅう　　泣訴 읍소　感泣 감읍(감동하여 욺)　号泣 통곡
- 훈 なく　　泣く 울다　泣き声 우는 소리
- 赤ちゃんを抱いて街に出たが、人混みの中で泣き止まなくて困った。
  아이를 안고 거리에 나갔지만, 인파 속에서 울음을 그치지 않아 곤란했다.

N2 / 小5 / 11획

接
이을 접

첩[妾]이 손[扌]을 잡고 있듯 사이가 이어짐

- 음 せつ　　接続 접속　接待 접대　面接 면접
- 훈 つぐ　　接ぐ 잇다 / 이어 붙이다　비교 継ぐ p.93　次ぐ p.347
  接ぎ木 접붙이기　骨接ぎ 접골
- インターネットに常時接続しているなんて、昔は考えられなかったことだ。
  인터넷에 상시 접속하다니, 옛날에는 생각할 수 없는 일이다.

N2 / 中 / 11획

粒
낟알 립

쌀[米]밥의 낟알이 세워짐[立]

- 음 りゅう　　粒子 입자　微粒子 미립자　粒子状物質 미세 먼지
- 훈 つぶ　　粒 낟알　米粒 쌀톨　雨粒 빗방울
- 粒子状物質の大気中濃度を減らすために、各国で対策を立てている。
  미세 먼지의 대기 중 농도를 줄이기 위해 각국에서 대책을 세우고 있다.

N1 / 中 / 14획

端
끝 단

수염[而]처럼 내린 뿌리 위로 산[山]처럼 올라온 새싹 끝이 세[立] 있음

- 음 たん　　端緒 단서　尖端 첨단　末端 말단
- 훈 はし　　端 끝 / 가장자리
  　　　　　中途半端 어중간함, 엉거주춤
- 훈 はた　　川端 강가　道端 길가
- 道端に落ちていた木の切れ端が、事件解決の端緒になった。
  길가에 떨어져 있던 나무토막이 사건 해결의 단서가 되었다.

N1 / 中 / 14획

흩어질 **만**

물[氵]이 제멋대로[曼] 흩어져 퍼짐

- 음 **まん**　漫画 만화　浪漫 낭만　散漫 산만
- 私の趣味は漫画を読むことで、週に1冊は漫画本を買っている。
  내 취미는 만화를 읽는 것으로, 주에 한 권은 만화책을 사고 있다.

N1 / 中 / 14획

거만할 **만**

마음[忄]이 제멋대로[曼] 행동하니 게으르고 거만함

- 음 **まん**　我慢 참음　自慢 자랑　傲慢 오만
- 彼の軽々しい発言には我慢できなくなった。
  그의 경솔한 발언에는 참을 수 없게 되었다.

N2 / 小6 / 3획

망할 **망**

망해서 돼지우리[亠] 안으로[乚] 도망쳐 숨음

- 음 **ぼう**　亡命 망명　死亡 사망　滅亡 멸망
- 　**もう**　亡者 망자, 죽은 사람
- 훈 **ない**　亡い 죽고 없다
- ローマ帝国は15世紀に滅亡した。
  로마 제국은 15세기에 멸망했다.

N2 / 小6 / 7획

잊을 **망**

마음속[心]에 있던 기억이 없어짐[亡]

- 음 **ぼう**　忘却 망각　忘年会 망년회, 송년회　備忘録 비망록
- 훈 **わすれる**　忘れる 잊다, 깜빡 두고 오다　忘れ物 잊을 물건, 깜빡 두고 옴
- 忘年会の会場にかばんを忘れてしまった。
  송년회 장소에 가방을 깜빡 두고 왔다.

N2 / 小4 / 11획

바랄 **망**

사람이 없어진[亡] 달[月]을 보고 보름달에 뜨기를 바람

- 음 **ぼう**　望遠鏡 망원경　希望 희망　展望 전망
- 　**もう**　所望 소망　大望 대망(たいぼう라고도 읽음)　本望 본망, 숙원
- 훈 **のぞむ**　望む 바라다 / 바라보다　비교 臨む p.15
- 私の望みは大きな天体望遠鏡を買うことです。
  나의 소망은 큰 천체 망원경을 사는 것입니다.

外 / 中 / 6획

망령될 망

늙어서 정신을 잃어[亡] 망령이 든 여자[女]

- 음 もう　　妄想 망상　　妄信 맹신(함부로 믿음)

- 彼は妄想と幻覚で苦しんでいる。
  그는 망상과 환각으로 고통스러워 하고 있다.

N2 / 中 / 6획

바쁠 망

마음[忄]이 여러 곳에 쓰이니 정신 없이[亡] 바쁨

- 음 ぼう　　忙殺 망쇄(일에 쫓김)　　多忙 다망　　繁忙 번망, 다망
- 훈 いそがしい　　忙しい 바쁘다

- 最近は忙しくて猫の手も借りたいほどだ。
  최근에는 바빠서 고양이 손이라도 빌리고 싶을 정도이다.

N / 中 / 14획

그물 망

실[糸]로 짜서 덮는[冂] 그물[亡]

- 음 もう　　網羅 망라　　網膜 망막　　連絡網 연락망
- 훈 あみ　　網 그물　　投網 투망　　金網 철망

- このショッピングサイトでは、あらゆる種類の金網を網羅している。
  이 쇼핑 사이트에서는 모든 종류의 철망을 망라하고 있다.

N3 / 小2 / 7획

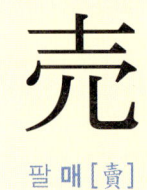

팔 매 [賣]

물건을 이고[冖] 다니며[儿] 내다[出→士] 팖

- 음 ばい　　売買 매매　　発売 발매　　商売 장사
- 훈 うる　　売る 팔다　　売り場 매장　　売り上げ 매상
  　 うれる　　売れる 팔리다

- 発売から半年で、10億円の売り上げを達成した。
  발매로부터 반 년 만에 10억 엔의 매상을 달성했다.

N2 / 小4 / 13획

이을 속 [續]

장사[売]꾼들은 실[糸]처럼 인맥이 이어져 있음

- 음 ぞく　　続々 속속, 잇따라　　連続 연속　　接続 접속
- 훈 つづく　　続く 계속되다　　手続き 절차, 수속
  　 つづける　　続ける 계속하다

- オンライン手続きを利用してインターネットへ接続した。
  온라인 절차를 이용하여 인터넷에 접속했다.

N5 / 小2 / 14획

읽을 독 [讀]

말씀[言]을 장사[売]꾼들 목소리처럼 크게 소리 내어 읽음

음 どく　　読書 독서　　読者 독자　　朗読 낭독
　 とく　　読本 독본 / 국어 교과서 / 입문서
　 とう　　句読点 구두점
훈 よむ　　読む 읽다 [비교] 詠む p.216　　訓読み 훈독　　音読み 음독

- 今年多くの読者に読まれた記事を、集めてみた。
  올해 많은 독자로부터 읽힌 기사를 모아 봤다.

확인 문제

1 빈칸에 알맞은 한자를 a, b 중에 고르세요.

① 退___　a. 掘　b. 屈　　⑤ ___土　a. 鈴　b. 領
② ___明　a. 糾　b. 叫　　⑥ 自___　a. 慢　b. 漫
③ ___本　a. 騰　b. 謄　　⑦ ___却　a. 忙　b. 忘
④ 激___　a. 烈　b. 裂　　⑧ 連___　a. 続　b. 読

2 밑줄 친 부분에 해당되는 한자를 a, b, c 중에 고르세요.

① <u>おか</u>す　　a. 侵　b. 浸　c. 掃
② <u>にぶ</u>い　　a. 純　b. 鈍　c. 屯
③ <u>さ</u>く　　　a. 列　b. 烈　c. 裂

3 다음을 일본어 한자와 히라가나로 써 보세요.

① 등록 ➡ _____ / _____
② 식량 ➡ _____ / _____
③ 영양 ➡ _____ / _____

동작₃

N2 / 中 / 12획

모을 모 [募]

세력[力]이 없을[莫] 때 사람을 모음

- 음 **ぼ**　　募金 모금　　募集 모집　　応募 응모
- 훈 **つのる**　　募る 점점 심해지다 / 모으다, 모집하다

- 福祉財団では、募金額を増やすためのアイディアを募っている。
  복지 재단에서는 모금액을 늘리기 위한 아이디어를 모으고 있다.

N1 / 小6 / 13획

장막 막 [幕]

무대 앞을 가려 일시적으로 없애는[莫] 천[巾]

- 음 **まく**　　開幕 개막　　閉幕 폐막　　序幕 서막
- **ばく**　　幕府 막부

- 明治維新によって江戸幕府が倒れ、近代社会への幕を開いた。
  메이지 유신에 의해 에도 막부가 무너지고, 근대 사회로의 막을 열었다.

N1 / 中 / 14획

그릴 모 [慕]

머릿속에 아무도 없고[莫] 마음[心]으로 그리워하는 사람만 있음

- 음 **ぼ**　　慕情 모정(사모하는 마음)　　恋慕 연모　　思慕 사모
- 훈 **したう**　　慕う 사모하다　　慕わしい 그립다

- 恋慕とは、特定の異性を恋い慕うことをいう。
  연모란, 특정의 이성을 그리워하는 것을 말한다.

N1 / 小5 / 13획

무덤 묘 [墓]

시체가 안 보이도록[莫] 땅[土]에 묻음

- 음 **ぼ**　　墓地 묘지　　墓碑 묘비　　墳墓 분묘
- 훈 **はか**　　墓 묘　　墓参り 성묘

- この村の共同墓地に、私の先祖のお墓がある。
  이 마을의 공동묘지에 내 선조의 묘지가 있다.

暮

N2 / 小6 / 14획

저물 모 [暮]

해[日]가 없어짐[莫]

- 음 ぼ　　暮春 늦은 봄　　歳暮 세모, 연말
- 훈 くれる　　暮れる 해가 지다　　夕暮れ 해 질 녘
-   くらす　　暮らす 살다 / 지내다

■ 知り合いに電話をかけて、お歳暮のお礼を言ったのは、日が暮れるころだった。
지인에게 전화를 걸어 연말 인사를 한 것은, 해가 질 때쯤이었다.

漠

N1 / 中 / 13획

넓을/사막 막 [漠]

엄청 넓고 물[氵]이 없는[莫] 곳

- 음 ばく　　漠然 막연　　砂漠 사막

■ 地球温暖化は、砂漠化の主な原因の一つである。
지구 온난화는 사막화의 주된 원인 중 하나이다.

模

N1 / 小6 / 14획

본뜰 모 [模]

실체는 없고[莫] 나무[木] 모형만 있음

- 음 も　　模範 모범　　模様 도안 / 모양 / 기미　　模擬 모의
-   ぼ　　規模 규모

■ 津波の模擬実験から過去の地震の規模が推定できる。
해일의 모의 실험을 통해 과거 지진의 규모를 추정할 수 있다.

膜

N1 / 中 / 14획

꺼풀 막 [膜]

유해 물질의 침입을 막고자[莫] 몸[月]속에 만들어진 막

- 음 まく　　膜 막　　網膜 망막　　鼓膜 고막

■ 鼓膜の厚さは0.1ミリメートルである。
고막의 두께는 0.1밀리미터이다.

寡

N1 / 中 / 14획

적을 과

더운 여름[夏]날엔 집[宀] 안에 사람이 적음

- 음 か　　寡黙 과묵　　寡占 과점

■ 彼は寡黙な人で、人と会っても大抵は話を聞いているだけだ。
그는 과묵한 사람으로, 사람과 만나도 대개는 이야기를 듣고 있을 뿐이다.

N2 / 小5 / 12획

貿 무역할 **무**

토끼[卯→㓁] 귀처럼 생긴 문을 여닫으며 거래하여 돈[貝]을 벎

- 음: ぼう — 貿易 무역
- 彼は貿易会社に勤めている。
  그는 무역 회사에 근무하고 있다.

N2 / 小5 / 10획

留 머무를 **류**

토끼[卯→㓁]가 밭[田]에 머물러 농작물을 파헤침

- 음: りゅう — 留学 유학 / 保留 보류 / 残留 잔류
- る — 留守 부재중
- 훈: とまる — 留まる 머물다 / 멎다 [비교] 泊まる p.288 止まる p.446
- とめる — 留める 만류하다 / 멈추다 / 세우다 [비교] 泊める p.288 止める p.446
- とどまる — 留まる 머무르다 / 멈추다 / 인상에 남다
- 留学中、教授の目に留まって、研究チームの一員になった。
  유학 중, 교수의 눈에 띄어 연구팀의 일원이 되었다.

N3 / 小3 / 9획

発 필 **발** [發]

양발[癶]을 딛고 문을 열[开] 듯 일이 일어남

- 음: はつ — 発明 발명 / 発見 발견 / 出発 출발
- ほつ — 発足 발족 / 発作 발작
- 日本人3名が青色LEDを発明してノーベル賞を受賞した。
  일본인 3명이 청색 LED를 발명하여 노벨상을 수상했다.

N1 / 中 / 12획

廃 폐할 **폐** [廢]

일어난[発] 어떤 일을 덮어[广] 없앰

- 음: はい — 廃止 폐지 / 廃棄 폐기 / 撤廃 철폐
- 훈: すたれる — 廃れる 쇠퇴하다 / 한물가다
- すたる — 廃る 쇠퇴하다 / 손상되다
- この町では、観光産業が廃れ、ほとんどの店が廃業に追いやられた。
  이 마을에서는 관광 산업이 쇠퇴하여, 대부분의 가게가 폐업으로 내몰렸다.

変
변할 변 [變]

N2 / 小4 / 9획

어리석은 자를 때리고 또[亦] 때려서[夂] 훌륭한 인물로 변화시킴

- 음 へん　　変化 변화　　変更 변경　　大変 매우 / 대단함 / 힘듦
- 훈 かえる　　変える 바꾸다 / 옮기다
  　　　　　　비교 替える p.451　換える p.471　代える p.495
  　かわる　　変わる 변하다, 바뀌다
  　　　　　　비교 替わる p.451　換わる p.471　代わる p.495

- 時代の変化とともに、教育方法も変えていく必要がある。
  시대의 변화와 함께 교육 방법도 바꿔 갈 필요가 있다.

恋
그리워할 련 [戀]

N2 / 中 / 10획

보고 싶고 또[亦] 보고 싶어서 마음[心]으로 그리워함

- 음 れん　　恋愛 연애　　失恋 실연　　悲恋 비련
- 훈 こう　　恋う 그리워하다
  　こい　　恋 사랑　　恋人 연인　　初恋 첫사랑
  　こいしい　恋しい 그립다

- 失恋から１年が経っても、別れた恋人のことが忘れられない。
  실연으로부터 1년이 지나도 헤어진 연인이 잊히지 않는다.

湾
물굽이 만 [灣]

N2 / 中 / 12획

강[氵]이 굽어 흐르다가 또[亦] 굽어 활[弓]처럼 흐름

- 음 わん　　湾内 만의 안쪽　　台湾 대만　　港湾 항만

- 台湾は沖縄県の西南西に位置している。
  대만은 오키나와현의 서남서에 위치하고 있다.

蛮
오랑캐 만 [蠻]

N1 / 中 / 12획

벌레[虫]처럼 퇴치해도 또[亦] 쳐들어 오는 무리

- 음 ばん　　蛮行 만행　　野蛮 야만

- モンテーニュは、自分の習慣にないものを私たちは野蛮と呼ぶと指摘している。
  몽테뉴는 자신의 관습에 없는 것을 우리들은 야만이라고 부른다고 지적하고 있다.

N3 / 小2 / 8획

걸음 보 [歩]

그치지[止] 않고 조금씩[少] 걸음

- 음 ほ　　　歩道 보도　　散歩 산책　　進歩 진보
- ぶ　　　歩合 비율 / 수수료
- ふ　　　歩 (일본 장기의) 졸
- 훈 あるく　歩く 걷다
- あゆむ　歩む 걷다

- 運動効果を高めるために、歩幅を大きくして歩いている。
  운동 효과를 높이기 위해 보폭을 크게 해서 걷고 있다.

外 / 中 / 10획

칠 척

걸어가서[歩] 손[扌]으로 침

- 음 ちょく　進捗 진척
- 훈 はかどる　捗る 진척되다

- やることが多くて、勉強がなかなか捗らない。
  할 일이 많아서 공부가 좀처럼 진척되지 않는다.

N1 / 中 / 11획

건널 섭 [涉]

작은 개울[氵]을 걸어서[歩] 건너감

- 음 しょう　渉外 섭외　　交渉 교섭　　干渉 간섭

- 内政干渉は、他国の主権を侵害する行為である。
  내정 간섭은 다른 나라의 주권을 침해하는 행위이다.

N1 / 中 / 11획

떫을 삽 [澁]

과즙[氵]이 떫어 더 이상[止] 씹지 못하고 얼굴을 찌푸림[><]

- 음 じゅう　渋滞 정체　　苦渋 쓰고 떫음 / (일이 안되어) 괴로워함
- 훈 しぶ　　渋柿 떫은 감
- しぶい　渋い 떫다
- しぶる　渋る 일이 원활히 진행되지 않다

- 渋滞緩和の方法を都市政策課で提案したが、市長の反応は渋かった。
  정체 완화 방법을 도시정책과에서 제안했지만, 시장의 반응은 떨떠름했다.

N1 / 中 / 17획

자주 **빈** [頻]

걸어가며[步] 자주 얼굴[頁]을 돌아보면서 주위를 살핌

- 음 ひん　　頻繁 빈번　　頻度 빈도　　頻出 빈출
- 赤ちゃんが夜中に頻繁に目を覚ます原因は何か。
  아기가 한밤중에 빈번하게 잠에서 깨는 원인은 무엇인가?

N2 / 小4 / 5획

줄 **부**

다른 사람[亻]에게 손[寸]으로 물건을 줌

- 음 ふ　　付近 부근　　交付 교부　　寄付 기부
- 훈 つく　　付く 붙다　비교　就く p.461　着く p.531
- 　つける　　付ける 붙이다　비교　就ける p.461　着ける p.531
- 　　　　　　受付 접수
- 新宿付近で駐車場の付いているホテルを探している。
  신주쿠 부근에서 주차장이 붙어 있는 호텔을 찾고 있다.

N1 / 中 / 8획

붙을 **부**

사람[亻]이 손[寸]을 써서 사지를 이용하여 땅에 붙어 언덕[阝]에 오름

- 음 ふ　　附録 부록　　附属 부속　　添附 첨부
- 友人が病気になり、大学附属病院に入院した。
  친구가 아파서 대학 부속 병원에 입원했다.

N2 / 中 / 11획

부호 **부**

부호가 적힌 대나무[竹→⺮] 조각을 건네서[付] 신분을 증명함

- 음 ふ　　符号 부호　　符合 부합　　終止符 종지부
- 両首脳の会談は、冷戦に終止符を打った。
  양 수뇌부의 회담은 냉전에 종지부를 찍었다.

N2 / 小4 / 8획

마을/관청 **부**

마을 사람들에게 여러 행정적 편의를 제공[付]하는 집[广]

- 음 ふ　　政府 정부　　京都府 교토부　　都道府県 도도부현
- 大統領は政府の組織を改編した。
  대통령은 정부의 조직을 개편했다.

N1 / 中 / 14획

썩을 부

관리[府]들이 뇌물로 받은 고기[肉]가 너무 많아 썩음

- 음 ふ　　　腐敗 부패　豆腐 두부　陳腐 진부
- 훈 くさる　　腐る 썩다, 상하다
  - くされる　腐れる 썩다
  - くさらす　腐らす 썩게 하다

- 彼は、自分の意見を仲間から「陳腐だ」と言われ、気を腐らせている。
  그는 친구에게 자신의 의견이 '진부하다'고 들어 속 끓이고 있다.

N1 / 中 / 15획

펼 부

채소밭[甫→尃]을 사방[方]으로 넓게 펴서 일굼[攵]

- 음 ふ　　　敷設 (철도 등의) 부설
- 훈 しく　　敷く 깔다, 펴다　敷地 부지　屋敷 대지 / 저택

- 鉄道敷設計画の条件に合った敷地を選定した。
  철도 부설 계획의 조건에 맞는 부지를 선정했다.

N1 / 小6 / 16획

격할 격

계곡물[氵]이 흰[白] 거품을 내며 사방[方]을 치는[攵] 모습이 격함

- 음 げき　　激励 격려　感激 감격　過激 과격
- 훈 はげしい　激しい 심하다

- 激しい暑さの中で過激な運動をするのは危険である。
  심한 더위 속에서 과격한 운동을 하는 것은 위험하다.

N2 / 中 / 10획

뜰 부

약간 떠오른 아기[子]를 손[爫]으로 받치고 욕조에서 물[氵]로 씻김

- 음 ふ　　　浮標 부표　浮上 부상　浮力 부력
- 훈 うく　　浮く 뜨다
  - うかれる　浮かれる 들뜨다
  - うかぶ　　浮かぶ 뜨다
  - うかべる　浮かべる 띄우다
  - ★ 浮気 바람을 핌　浮つく 기분이 들뜨다

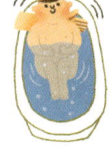

- 模型の船を作ったが、浮力が足りなくて浮かばない。
  모형배를 만들었지만, 부력이 부족해서 뜨지 않는다.

젖 유

N2 / 小6 / 8획

아기[子]가 손[爫]으로 엄마의 가슴[乚]을 부여잡고 젖을 먹음

- 음 にゅう　　乳児 유아　　牛乳 우유　　母乳 모유
- 훈 ちち　　　乳 젖
　　 ち　　　　乳首 젖꼭지　　乳飲み子 젖먹이
　　　　　　　★乳母 유모

■ うちの子には牛乳アレルギーがあるので、代わりに山羊の乳を飲ませている。
　우리 아이에게는 우유 알러지가 있어서, 대신에 산양유를 먹이고 있다.

부고 부

外 / 中 / 9획

부고를 할 때, 점괘[卜]를 내는 사람의 말씀[言]을 통함

- 음 ふ　　訃報 부보, 부음　　訃音 부음, 부고　　訃告 부고

■ 知り合いから訃報のメールが届いた。
　지인으로부터 부고 메일이 도착했다.

성씨/소박할 박

N1 / 中 / 6획

나무[木]껍질로 점치는[卜] 것은 소박한 방법

- 음 ぼく　　素朴 소박　　純朴 순박

■ 素朴な人は言葉を飾らない。
　소박한 사람은 말을 꾸미지 않는다.

나눌 분

N5 / 小2 / 4획

칼[刀]로 반[八]을 잘라 나눔

- 음 ぶん　　分配 분배　　充分 충분　　身分 신분
　　 ふん　　分別 분별(지각)　★分別 분별(구분)　分銅 분동(추)
　　 ぶ　　　大分 제법, 꽤　　五分五分 반반　　一割三分 1할 3푼
- 훈 わける　　分ける 나누다 / 분배하다　　引き分け 무승부
　　 わかれる　分かれる 갈라지다 / 구별되다　비교 別れる p.426
　　　　　　　分かれ道 갈림길
　　 わかる　　分かる 알다, 이해하다
　　 わかつ　　分かつ 나누다 / 구별하다

■ 申請者の身分と渡航目的により、ビザの種類が分かれている。
　신청자의 신분과 도항 목적에 따라 비자의 종류가 나누어져 있다.

粉
가루 **분**

N2 / 小5 / 10획

쌀[米]을 나누고[分] 부숴 가루를 만듦

- 음 ふん　　粉末 분말　粉砕 분쇄　花粉 꽃가루
- 훈 こ　　　小麦粉 밀가루　そば粉 메밀가루
-    こな　　粉 가루, 분말　粉雪 가루눈

▪ 粉ミルクには、粉末状のものと顆粒状のものとがある。
　분유에는 분말 형태의 것과 과립 형태의 것이 있다.

紛
어지러울 **분**

N1 / 中 / 10획

실[糸]이 이리저리 나뉘어[分] 흩어져 있어 어지러움

- 음 ふん　　　　紛争 분쟁　紛失 분실　内紛 내분
- 훈 まぎれる　　紛れる 혼동되다 / 정신이 팔리다
-    まぎらす　　紛らす 혼동시키다 / 마음을 달래다
-    まぎらわす　紛らわす 혼동시키다
-    まぎらわしい 紛らわしい 혼동하기 쉽다

▪ 漢字には、「持つ」と「待つ」のように、紛らわしいものがたくさんある。
　한자에는 「持つ」와 「待つ」처럼 혼동하기 쉬운 것이 많이 있다.

貧
가난할 **빈**

N2 / 小5 / 11획

재물[貝]을 이리저리 나누니[分] 가난함

- 음 ひん　　　貧困 빈곤　貧血 빈혈　貧弱 빈약
-    びん　　　貧乏 가난
- 훈 まずしい　貧しい 가난하다

▪ 経済的な貧困は、心までも貧しくさせる。
　경제적인 빈곤은 마음마저도 가난하게 한다.

盆
동이 **분**

外 / 中 / 9획

음식을 나누어[分] 담는 그릇[皿]

- 음 ぼん　　お盆 쟁반 / 백중　盆栽 분재　盆地 분지

▪ 盆地は平地にくらべ、夏は暑くて冬は寒い。
　분지는 평지에 비해 여름은 덥고 겨울은 춥다.

N1 / 中 / 13획

나눌 반

여러 사람[頁]이 갖거나 알 수 있게 널리 나눔[分]

- 음 はん　　頒布 반포
- ハングルは、1446年に世宗大王の命令によって頒布された。
  한글은 1446년에 세종대왕의 명령에 의해 반포되었다.

N1 / 中 / 11획

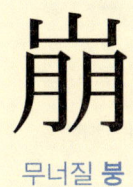
무너질 붕

산[山]이 벗[朋]하는 계곡이 무너짐

- 음 ほう　　崩壊 붕괴　崩落 폭락　★雪崩 눈사태
- 훈 くずれる　崩れる 무너지다
- 　　くずす　　崩す 무너뜨리다
- 増築のため壁面を崩す作業をしていたとき、誤って建物全体を崩壊させてしまった。
  증축을 위해 벽면을 무너뜨리는 작업을 하고 있을 때, 실수로 건물 전체를 붕괴시켜 버렸다.

N1 / 中 / 12획

사다리 붕

나무[木] 한 쌍을 벗[朋]하여 나란히 연결한 것

- 훈 たな　　棚 선반　本棚 책장　大陸棚 대륙붕
- 大陸棚は、プランクトンが豊富なので、いい漁場になる。
  대륙붕은 플랑크톤이 풍부하므로 좋은 어장이 된다.

N1 / 中 / 16획

부풀 팽

치렁치렁[彡] 장식이 붙은 큰 북[鼓→壴]처럼 크게 몸[月]이 부풂

- 음 ぼう　　膨張 팽창　膨大 팽대, 방대
- 훈 ふくらむ　膨らむ 부풀다
- 　　ふくれる　膨れる 부풀다 / 뾰로통해지다
- バッテリーは膨張すると爆発の恐れがあるので、少しでも膨らんできたら使うのをやめるべきである。
  배터리는 팽창하면 폭발의 우려가 있어서 조금이라도 부풀어 오면 사용하는 것을 그만두어야 한다.

N3 / 小3 / 6획

死 죽을 사

비수[匕]를 맞고 죽은 사람[歹]

- 음 し — 死亡 사망, 死体 사체, 시체, 病死 병사
- 훈 しぬ — 死ぬ 죽다

■ 若年層では、病死する人より交通事故で死ぬ人の方が多い。
젊은 연령층에서는 병사하는 사람보다 교통사고로 죽는 사람이 많다.

N1 / 中 / 12획

葬 장사 지낼 장[葬]

꽃[艹]으로 장식한 상여[廾] 위에 죽은 사람[死]을 싣고 장지로 감

- 음 そう — 葬式 장식, 장례식, 火葬 화장, 土葬 (화장하지 않는) 매장
- 훈 ほうむる — 葬る 묻다, 매장하다 / 감추다

■ 死者の葬り方にはいろいろあるが、土葬と火葬が一般的である。
망자의 매장법에는 여러 가지가 있지만, 매장과 화장이 일반적이다.

N1 / 中 / 9획

卸 풀 사

말에서 발을 내리고 멍에를 푸는 모습

- 훈 おろす — 卸す 도매하다 / 강판에 갈다 [비교] 降ろす p.212 下ろす p.277
- 　おろし — 卸し 도매 / 강판에 간 것, 棚卸し 재고 조사
- 　おろしうり — 卸売 도매

■ 卸売市場で食材を大量に仕入れてきた。
도매 시장에서 식재료를 대량으로 구입해 왔다.

N2 / 中 / 12획

御 거느릴 어

왕이 군사를 가게[彳] 하거나 짐을 풀게[卸] 하여 거느림

- 음 ぎょ — 御璽 어새, 옥새, 制御 제어, 防御 방어
- 　ご — 御用 볼일(용건의 높임말), 御覧 보심
- 훈 おん — 御社 귀사, 御中 귀중, 御礼 사례

■ 制御機器に関して御用がございましたら、芳名録に御社名をお残しください。
제어 기기에 관해 용건이 있으시면 방명록에 귀사명을 남겨 주세요.

N2 / 小2 / 14획

算 셈 산

양손[廾]에 나무판[目]을 놓고 대나무[竹→⺮]를 꽂아 셈함

- 음 さん　　精算 정산　　清算 청산　　予算 예산
- 老人や子どものための福祉予算を削減してはいけない。
  노인이나 아이를 위한 복지 예산을 삭감해서는 안 된다.

N2 / 小3 / 14획

鼻 코 비

스스로[自] 숨을 주고[畀] 받는 곳

- 음 び　　鼻炎 비염　　鼻音 비음　　耳鼻科 이비인후과
- 훈 はな　　鼻 코　　鼻血 코피　　鼻歌 콧노래

- 鼻血がよく出るので耳鼻科に行きました。
  코피가 자주 나서 이비인후과에 갔습니다.

N2 / 小5 / 10획

殺 죽일 살 / 덜 쇄[殺]

몽둥이[殳]로 때려 죽임[杀]

- 음 さつ　　殺人 살인　　殺菌 살균　　自殺 자살
- 　 さい　　相殺 상쇄
- 　 せつ　　殺生 살생
- 훈 ころす　　殺す 죽이다
- 有害な細菌だけを殺して体に有益な成分は壊さないようにするため、低温殺菌が行われている。
  유해한 세균만을 죽이고 몸에 유익한 성분은 파괴하지 않도록 위해 저온 살균이 행해진다.

外 / 中 / 8획

刹 절 찰

칼[刂]로 죽이고자[杀] 하는 마음을 수양을 통해서 바꾸는 곳

- 음 さつ　　古刹 고찰(오래된 절)　　名刹 명찰(유명한 절)
- 　 せつ　　刹那 찰나
- その建物に入った刹那、自分が古刹の境内にたたずんでいるような思いがした。
  그 건물에 들어선 순간, 자신이 고찰의 경내에 서 있는 듯한 느낌이 들었다.

N1 / 中 / 10획

찾을 색

빛나는[孛→十] 실[糸]을 찾음

음 さく 　索引 색인　検索 검색　模索 모색

- 検索をはかって、巻末に索引を置いた。
  검색을 위해 권말에 색인을 두었다.

外 / 中 / 9획

노할 발

안색이 변하며[孛] 무력[力]을 쓰고자 할 정도로 노함

음 ぼつ 　勃発 발발　勃興 발흥

- この事件が引き金となって、戦争が勃発した。
  이 사건이 계기가 되어 전쟁이 발발했다.

확인 문제

1 빈칸에 알맞은 한자를 a, b 중에 고르세요.

① ___集   a. 慕   b. 募
② ___守   a. 留   b. 貿
③ ___止   a. 廃   b. 発
④ 野___   a. 蛮   b. 湾
⑤ 干___   a. 歩   b. 渉
⑥ ___号   a. 符   b. 付
⑦ ___失   a. 紛   b. 粉
⑧ ___式   a. 葬   b. 死
⑨ 制___   a. 卸   b. 御
⑩ ___引   a. 勃   b. 索

2 밑줄 친 부분에 해당되는 한자를 a, b, c 중에 고르세요.

① <u>した</u>う   a. 慕   b. 幕   c. 募
② <u>く</u>れる   a. 墓   b. 暮   c. 漠
③ <u>か</u>わる   a. 恋   b. 変   c. 奮
④ <u>はかど</u>る   a. 捗   b. 渉   c. 渋
⑤ <u>まぎ</u>れる   a. 粉   b. 頒   c. 紛

3 다음을 일본어 한자와 히라가나로 써 보세요.

① 격려 ➡ _____ / _____
② 우유 ➡ _____ / _____
③ 소박 ➡ _____ / _____
④ 붕괴 ➡ _____ / _____
⑤ 예산 ➡ _____ / _____

동작 4

N5 / 小1 / 5획

生
날 생

땅속에서 작은 싹이 트는 모양

음	せい	生活 생활　先生 선생　人生 인생
	しょう	一生 일생　誕生 탄생
훈	いきる	生きる 살다
	いかす	生かす 살리다　[비교] 活かす p.241
	いける	生ける 살리다　生け花 꽃꽂이
	うむ	生む 낳다　[비교] 産む p.419
	うまれる	生まれる 태어나다 / 새로 생기다　[비교] 産まれる p.419
	おう	生い立ち 성장　生い茂る 무성하다
	はえる	生える 자라다
	はやす	生やす 기르다
	き	生糸 생사　生地 본연의 성질, 본바탕　生一本 순수
	なま	生ビール 생맥주　生水 생수　★芝生 잔디밭　弥生 야요이

- 子どもが生まれた日、今後の人生をどう生きようかと考えた。
  아이가 태어난 날, 앞으로의 인생을 어떻게 살지 생각했다.

N2 / 小5 / 8획

性
성품 성

날[生] 때 지닌 성품[忄]

| 음 | せい | 性格 성격　性質 성질　異性 이성 |
| | しょう | 相性 궁합이 맞음　根性 근성 |

- 私と相性のいい異性はどのようなタイプですか。
  나와 궁합이 맞는 이성은 어떤 타입입니까?

N1 / 中 / 9획

牲
희생 생

소[牛]를 희생시켜 제단에 바치고 새로운 생명[生]을 얻고자 함

| 음 | せい | 犠牲 희생 |

- この事故でさいわい犠牲者は出なかった。
  이 사고에서 다행히 희생자는 나오지 않았다.

姓
성씨 성 — N2 / 中 / 8획

옛날 모계 사회에서 자식을 낳으면[生] 어머니[女]의 성씨를 붙여 줌

- 음 せい 　姓 성　姓名 성명　同姓 동성
- しょう　百姓 농민, 농사를 지음

■ 同姓同名の学生が同じクラスに2人いるので、指名するとき困る。
동성동명의 학생이 같은 반에 2명 있어서 지명할 때 곤란하다.

産
낳을 산 — N3 / 小4 / 11획

산실[产]을 만들어 아이를 낳음[生]

- 음 さん　産業 산업　産地 산지　生産 생산
- 훈 うむ　産む 낳다　[비교] 生む p.418
- うまれる　産まれる 태어나다　[비교] 生まれる p.418
- うぶ　産声 아기의 첫 울음소리　産着 배내옷
- ★お土産 토산품 / 선물

■ 蒸気機関の発明は、産業革命を産んだ。
증기 기관의 발명은 산업 혁명을 낳았다.

星
별 성 — N2 / 小2 / 9획

밤에 해[日]가 지면 생기는[生] 반짝이는 별

- 음 せい　星座 별자리　火星 화성
- しょう　明星 금성 / 인기가 많은 사람
- 훈 ほし　星 별　星空 별이 빛나는 밤하늘　流れ星 유성, 별똥별

■ 金星は明け方か夕方にだけ観測できる星だ。
금성은 새벽녘이나 해 질 녘에만 관측할 수 있는 별이다.

醒
깰 성 — 外 / 中 / 16획

술[酉]이 깰 때에는 아침에도 별[星]이 보임

- 음 せい　覚醒 각성

■ カフェインには覚醒作用があるので、夜には飲まない方がいい。
카페인에는 각성 작용이 있기 때문에, 밤에는 마시지 않는 편이 좋다.

말씀 설 / 달랠 세 [説]
N3 / 小4 / 14획

사람들이 기뻐하는[兌] 말씀[言]

- 음 せつ　説明 설명　説得 설득　小説 소설
  　　ぜい　遊説 유세
- 훈 とく　説く 설명하다, 설득하다　口説く 설득하다, 호소하다, 부탁하다

- その小説家は平和の大切さを説いた。
  그 소설가는 평화의 중요성을 설명했다.

기쁠 열 [悦]
N1 / 中 / 10획

마음[忄]이 즐거워 기뻐함[兌]

- 음 えつ　悦楽 열락(기뻐하고 즐거워 함)　喜悦 희열

- ゴールの瞬間、観衆が喜悦の声を上げた。
  골을 넣는 순간, 관중들이 희열에 찬 소리를 질렀다.

벗을 탈 [脱]
N1 / 中 / 11획

몸[月]을 바꾸기[兌] 위해 허물을 벗음

- 음 だつ　脱落 탈락　脱出 탈출　逸脱 일탈
- 훈 ぬぐ　脱ぐ 벗다
  　　ぬげる　脱げる 벗겨지다

- 彼らは監獄を脱出したあと囚人服を脱ぎ、一般人の服に着替えた。
  그들은 감옥을 탈출한 후 죄수복을 벗고, 일반인의 옷으로 갈아입었다.

세금 세 [税]
N2 / 小5 / 12획

수확한 벼[禾]를 세금으로 바꿈[兌]

- 음 ぜい　税金 세금　関税 관세　消費税 소비세

- 消費税が上がるそうだ。
  소비세가 오른다고 한다.

날카로울 예 [鋭]
N2 / 中 / 15획

쇠붙이[金]를 잘 갈아서 예리한 칼로 바꿈[兌]

- 음 えい　鋭利 예리　精鋭 정예　新鋭 신예
- 훈 するどい　鋭い 날카롭다 / 예민하다

- 敵の本拠地に対する精鋭部隊の攻撃は、恐ろしいほど鋭かった。
  적의 본거지에 대한 정예 부대의 공격은 무서울 정도로 날카로웠다.

N1 / 中 / 15획

볼 열 [閲]

문[門] 안에서 들리는 기쁨[兌]에 찬 소리에 들여다 봄

- 음 えつ　　閲覧 열람　　閲歴 열력, 이력　　検閲 검열

■ 部外者による個人情報の閲覧は禁じられている。
　외부인에 의한 개인 정보의 열람은 금지되어 있다.

N2 / 小4 / 6획

이룰 성

장정[丁]이 무기[戊]를 들고 영토 확장을 이룸

- 음 せい　　成功 성공　　成立 성립　　作成 작성
　　じょう　　成就 성취
- 훈 なる　　成る 이루어지다 / 구성되다　　成り行き 경과, 과정
　　なす　　成す 이루다, 달성하다

■ このビジネスが成功するかどうかは、今後の成り行きにかかっている。
　이 사업이 성공할지 어떨지는 앞으로의 경과에 달려 있다.

N2 / 小4 / 9획

성 성

적의 침입을 막기 위해 흙[土]으로 쌓아 이뤄[成] 놓은 성

- 음 じょう　　城壁 성벽　　城門 성문
- 훈 しろ　　城 성　　城跡 성터

■ この城は、城壁に石灰岩を用いている。
　이 성은 성벽에 석회암을 사용하고 있다.

N1 / 小6 / 11획

성할 성

그릇[皿] 위에 음식을 올려 제단을 풍성히 이룸[成]

- 음 せい　　盛大 성대　　全盛 전성　　隆盛 융성
　　じょう　　繁盛 번성
- 훈 もる　　盛る 쌓아 올리다 / 담아서 채우다
　　さかる　　盛る 번창하다 / 유행하다
　　さかん　　盛ん 번성함 / 한창임

■ うちの会社は毎年盛大なパーティーを開くが、今年はいつになく大いに盛り上がった。
　우리 회사는 매년 성대한 파티를 여는데, 올해는 전에 없이 크게 고조되었다.

N1 / 小6 / 13획
정성 성

남에게 말한[言] 것을 이루려고[成] 정성을 다해 노력함

- 음 せい　　誠実 성실　　誠意 성의　　忠誠 충성
- 훈 まこと　　誠 진실 / 진심　　誠に 정말로, 대단히

- つね日ごろ誠実なご対応をいただき、誠にありがとうございます。
  언제나 성실한 대응을 해 주셔서 진심으로 감사드립니다.

N2 / 中 / 5획
부를 소

칼[刀]을 찬 관리가 입[口]으로 부름

- 음 しょう　　召集 소집　　召喚 소환
- 훈 めす　　召す 부르시다　　召し上がる 잡수시다

- この料理を召し上がるときは、これをお召しになってください。
  이 요리를 드실 때는 이것을 입으십시오.

N2 / 小5 / 8획
부를 초

손짓[扌]하여 부름[召]

- 음 しょう　　招待 초대　　招請 초청　　招来 초래
- 훈 まねく　　招く 부르다 / 초대하다 / 초래하다

- 招待状に返事がないと、招く側は人数の把握が難しくなる。
  초대장에 답신이 없으면 부르는 쪽은 인원수의 파악이 어려워진다.

N1 / 中 / 8획
못 소

마치 작은 지류들을 불러 모은[召] 듯한 물[氵]웅덩이

- 음 しょう　　沼沢 늪과 연못　　湖沼 호수와 늪
- 훈 ぬま　　沼 늪　　沼地 늪지대　　泥沼 수렁

- 高原には沼が広がっていた。
  고원에는 늪이 펼쳐져 있었다.

外 / 小3 / 9획
밝을 소

해[日]를 부른[召] 듯 주위가 매우 밝음

- 음 しょう　　昭和 쇼와(1926년~1989년까지 일본의 연호)

- 1989年の1月6日までは昭和64年で、1月7日から平成元年になった。
  1989년 1월 6일까지는 쇼와 64년이고, 1월 7일부터 헤이세이 원년이 되었다.

 비칠 조

N2 / 小4 / 13획

불[灬]이 밝게[昭] 비침

- 음 しょう　照明 조명　照会 조회　対照 대조
- 훈 てる　照る 비치다 / (날씨가) 개다　日照り 가뭄
-     てらす　照らす 비추다
-     てれる　照れる 수줍어하다　照れくさい 겸연쩍다, 멋적다

■ 光を壁や天井などに反射させて部屋を照らすことを、間接照明という。
빛을 벽이나 천장 등에 반사시켜 방을 비추는 것을 간접 조명이라고 한다.

 이을 소

N2 / 中 / 11획

불러서[召] 실[糸]로 잇듯이 관계를 이음

- 음 しょう　紹介 소개

■ 彼女を両親に紹介した。
여자 친구를 부모님께 소개했다.

 조서 조

N1 / 中 / 12획

왕이 말씀[言]으로 인재나 죄인을 부름[召]

- 음 しょう　詔書 조서　詔勅 조칙
- 훈 みことのり　詔 조칙

■ 国王の命令を伝える公文書を、詔書という。
국왕의 명령을 전하는 공문서를 조서라고 한다.

 뛰어넘을 초

N2 / 中 / 12획

달려가다[走]가 나를 부른[召] 사람을 지나쳐 넘어감

- 음 ちょう　超過 초과　超越 초월
- 훈 こえる　超える 넘다　[비교] 越える p.443
-     こす　超す 넘다, 넘기다　[비교] 越す p.443

■ 就業時間を超えて勤務した場合、超過手当を請求してください。
노동 시간을 초과하여 근무한 경우, 초과 수당을 청구해 주세요.

束

묶을 속 — N2 / 小4 / 7획

땔감으로 쓸 나무[木]를 끈으로 감아 묶음[口]

- 음 そく — 束縛 속박 拘束 구속 約束 약속
- 훈 たば — 束 다발 札束 돈다발 花束 꽃다발
- たばねる — 束ねる 묶다

- 札束を畑に埋めた容疑者が拘束された。
  돈다발을 밭에 묻은 용의자가 구속되었다.

速

빠를 속 — N2 / 小3 / 10획

빨리 가기[辶] 위해 옷소매를 묶어[束] 맴

- 음 そく — 速度 속도 速力 속력 早速 곧, 즉시
- 훈 はやい — 速い 빠르다 비교 早い p.308
- はやまる — 速まる 빨라지다 비교 早まる p.308
- はやめる — 速める 서두르다 비교 早める p.308
- すみやか — 速やかだ 신속하다, 빠르다

- 小さい車を運転すると、同じ速度でも大きい車を運転するときより速く感じられる。
  작은 차를 운전하면 같은 속도라도 큰 차를 운전할 때보다 빠르게 느껴진다.

疎

성길 소 — N1 / 中 / 12획

짝[疋]을 이뤄 묶은[束] 땔감의 사이가 성김(공간이 많음)

- 음 そ — 疎遠 소원, 멀어짐 疎通 소통
- 훈 うとい — 疎い 친하지 않다 / 소원하다
- うとむ — 疎む 싫어하다 / 멀리하다

- 私は人情の機微に疎いので、人との意思疎通は苦手だ。
  나는 정을 주고받는 것에 둔감해서 사람들과의 의사소통이 서투르다.

辣

매울 랄 — 外 / 中 / 14획

매운[辛] 양념이 고루 펴지지 않고 묶여[束] 있어 매우 매움

- 음 らつ — 辣腕 수완이 매우 좋음 辛辣 신랄 悪辣 악랄

- 山田教授は、その理論を辛辣に批判した。
  야마다 교수는 그 이론을 신랄하게 비판했다.

N1 / 中 / 9획

칙서 **칙**

한마디에 묶어서[束] 가둘 수 있는 권력[力]을 지닌 황제의 명령

- 음 **ちょく**　　勅使 칙사　　勅令 칙령　　勅書 칙서, 조서
- 彼は国王の勅書を携えて海を渡った。
  그는 국왕의 칙서를 들고 바다를 건너갔다.

N2 / 中 / 16획

의뢰할 **뢰**[頼]

머리[頁]를 단정히 묶고[束] 예의를 갖춰 부탁을 청함

- 음 **らい**　　依頼 의뢰　　信頼 신뢰
- 훈 **たのむ**　　頼む 부탁하다
  　　たのもしい　　頼もしい 믿음직하다
  　　たよる　　頼る 의지하다
- 彼は、生徒には頼られ、保護者には信頼されている教師である。
  그는 학생에게는 의지가 되고 학부형에게는 신뢰받는 교사이다.

N1 / 中 / 19획

여울 **뢰**[瀬]

의뢰[頼]하러 가기 위해 얕지만 물[氵]살이 센 여울을 지남

- 훈 **せ**　　浅瀬 얕은 여울　　瀬戸際 운명의 갈림길　　年の瀬 연말
- 私たちは川の向こう岸まで浅瀬を歩いて渡った。
  우리들은 강 건너편 물가까지 얕은 여울을 걸어서 건너갔다.

N1 / 小3 / 16획

가지런할 **정**

흩어진 것을 묶고[束] 삐친 부분을 쳐서[攵] 바르게[正] 만들어 가지런히 함

- 음 **せい**　　整理 정리　　整備 정비　　調整 조정
- 훈 **ととのう**　　整う 정돈되다 / 구비되다　비교 調う p.281
  　　ととのえる　　整える 정돈하다 / 구비하다　비교 調える p.281
- 机の上をいつも整理整頓された状態にするのは難しいことだ。
  책상 위를 언제나 정리정돈 된 상태로 두는 것은 어려운 일이다.

N3 / 小3 / 9획

보낼 **송**[送]

떠나 보내는 사람의 갈[辶] 길을 웃으며[关] 배웅함

- 음 **そう**　　送信 송신　　発送 발송　　配送 배송
- 훈 **おくる**　　送る 보내다　비교 贈る p.309
- メールは確かに送られているはずなのに、送信失敗メッセージが届いていた。
  메일은 확실히 보냈는데, 송신 실패 메세지가 왔다.

N2 / 中 / 9획

꽃 필 소 [咲]

꽃이 피면 모두 입[口]을 크게 벌리고 환히 웃게[关] 됨

[훈] さく　　咲く 꽃 피다

- 春になると、桜やモクレンの花が咲く。
  봄이 되면 벚꽃이나 목련이 핀다.

N1 / 中 / 10획

나 짐 [朕]

웃으면[关] 나의 몸[月]이 건강해짐

[음] ちん　　朕 짐(임금이 스스로를 일컫던 말)

- 「朕は国家なり」というのは、ルイ14世の有名な言葉である。
  '짐이 곧 국가다'란, 루이 14세의 유명한 말이다.

N2 / 小4 / 8획

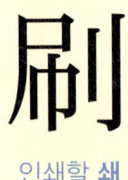
인쇄할 쇄

칼[刂]로 새긴 나무판을 몸[尸]을 구부려 천[巾]에 눌러 인쇄함

[음] さつ　　刷新 쇄신　　印刷 인쇄　　増刷 증쇄
[훈] する　　刷る 인쇄하다　비교 擦る p.69

- この印刷機は、大量のチラシを高速で刷ることができる。
  이 인쇄기는 대량의 전단지를 고속으로 찍을 수 있다.

N3 / 小4 / 7획

別
나눌 별

뼈와 살을 칼[刂]로 발라내어[丹→另] 나눔

[음] べつ　　別に 따로 / 별로　　特別 특별　　区別 구별
[훈] わかれる　　別れる 헤어지다　비교 分かれる p.411

- 彼は付き合っていた女性と別れたあと、すぐに別の女性と付き合い始めた。
  그는 사귀던 여성과 헤어진 후, 바로 다른 여성과 사귀기 시작했다.

N1 / 中 / 4획

벨 예

칼[刂]로 벰[乂]

[훈] かる　　刈る 베다 / 깎다　　刈り入れ 추수　　稲刈り 벼 베기

- 20世紀の後半まで、鎌を用いた稲刈りが行われていた。
  20세기 후반까지 낫을 이용한 벼 베기가 행해졌다.

N2 / 小3 / 8획

受 받을 수

손[爫]을 내밀어서 주는 물건[冖]을 손[又]으로 받음

- 음 じゅ　　受験 수험　受信 수신　受講 수강
- 훈 うける　　受ける 받다　비교 請ける p.294
- 　うかる　　受かる 합격하다

- 大学を受験するために、数学の補習を受けている。
  대학 수험을 위해 수학 보충 수업을 받고 있다.

N1 / 小5 / 11획

授 줄 수

상대가 받을[受] 수 있도록 손[扌]으로 건네 줌

- 음 じゅ　　授業 수업　授受 수수, 주고받음　教授 교수
- 훈 さずける　　授ける 수여하다, 하사하다 / 전수하다
- 　さずかる　　授かる (내려)주시다

- 私は週に5時間日本語の授業を受けている。
  나는 주에 5시간 일어 수업을 받고 있다.

N1 / 小4 / 13획

愛 사랑 애

손[爫]을 잡고 아기의 마음[心]을 헤아리며 길어가는[夊] 엄마의 사랑

- 음 あい　　愛 사랑　愛着 애착　恋愛 연애

- 彼は自分で集めたフィギュアのキャラクターに、強い愛着を持っている。
  그는 스스로 모은 피규어 캐릭터에 강한 애착을 갖고 있다.

外 / 中 / 17획

曖 희미할 애

사랑[愛]에 빠지면 밝은 대낮[日]에도 시야가 희미함

- 음 あい　　曖昧 애매, 분명하지 않음

- どこの社会でも、曖昧な表現は存在するはずだ。
  어떠한 사회라도 애매한 표현은 존재할 것이다.

N1 / 中 / 9획

捜 찾을 수 [捜]

손[扌]과 손[又]으로 거듭[由] 찾음

- 음 そう　　捜査 수사　捜索 수색
- 훈 さがす　　捜す 찾다　비교 探す p.278

- 捜査課で全力をあげて犯人を捜したが、ついに居場所を突き止められなかった。　수사과에서 전력을 다해 범인을 찾았지만, 결국 거처를 밝혀내지 못했다.

外 / 中 / 12획

여월 수 [瘦]

병상[疒]에 병들어 수척해진 늙은이[叟]가 누워 있음

- 음 そう　　　瘦身 여윈 몸
- 훈 やせる　　瘦せる 살이 빠지다, 몸이 마르다

■ 瘦せるためにいろいろな瘦身術を試みたが、やめるとすぐ元に戻ってしまう。
살을 빼기 위해 여러 가지 다이어트를 시도해 봤지만, 그만두면 바로 예전으로 돌아와 버린다.

N2 / 小2 / 13획

셀 수 [數]

여자[女]가 쌀[米]가마니를 막대기로 치면서[攵] 셈

- 음 すう　　　数学 수학　　数字 숫자　　点数 점수
  　す　　　　人数 인원수 (にんずう라고도 읽음)
- 훈 かず　　　数 수
  　かぞえる　数える 세다

■ この子はまだ二歳なのに、もう数字を1から10まで数えられる。
이 아이는 아직 두 살인데 벌써 숫자를 1부터 10까지 셀 수 있다.

N2 / 小4 / 18획

무리 류 [類]

쌀[米]알처럼 많은 무리의 사람[大]들의 머리[頁]

- 음 るい　　種類 종류　　人類 인류　　分類 분류

■ 電気の発明は、人類の歴史にとって意味深い出来事であった。
전기의 발명은 인류 역사에 있어서 깊은 의미를 지닌 사건이었다.

N2 / 小3 / 11획

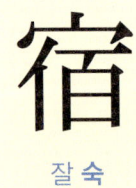

잘 숙

밤이 되면 많은[百] 사람[亻]이 집[宀]에서 잠

- 음 しゅく　　宿題 숙제　　宿泊 숙박　　下宿 하숙
- 훈 やど　　　宿 숙소
  　やどる　　宿る 숙박하다 / 잉태하다
  　やどす　　宿す 묵게 하다 / 품다

■ 毎回宿題が出る授業は、大変だけれど力が付く。
매번 숙제가 있는 수업은 힘들지만 실력이 붙는다.

N4 / 小6 / 17획

縮 줄일 축

실[糸]을 더운 물에 오래 재워[宿] 두면 줄어듦

- 음 しゅく　縮小 축소　圧縮 압축　短縮 단축
- 훈 ちぢむ　縮む 줄어들다, 오그라들다
　　ちぢまる　縮まる 줄어들다, 오그라들다
　　ちぢめる　縮める 줄이다
　　ちぢれる　縮れる 주름지다, 곱슬곱슬해지다
　　ちぢらす　縮らす 주름지게 하다, 곱슬곱슬하게 지지다

■ 経営が上向きにならなければ人員を縮小するしかないと社長が言うので、社員たちは縮み上がった。
경영이 좋아지지 않으면 인원을 축소할 수 밖에 없다고 사장이 말해서 사원들은 풀이 죽었다.

N1 / 中 / 6획

巡 돌 순

여러 지역을 물[巛] 흐르듯 돌아다님[辶]

- 음 じゅん　巡回 순회　巡査 순사, 순경　巡礼 순례
- 훈 めぐる　巡る 돌다, 회전하다 / 둘러싸다　★お巡りさん 순경

■ 泥棒は、店を出てきたところを巡回中の警察官に取り押さえられた。
도둑은 막 가게를 나왔을 때 순찰 중인 경찰관에게 붙잡혔다.

N2 / 中 / 5획

込 담을 입

먼 길을 갈[辶] 때 음식을 담아[入] 감

- 훈 こむ　込む 몰리다 / 붐비다　비교 混む p.236
　　こめる　込める 채우다 / 집중시키다 / (마음을) 담다

■ 先生は教え子一人一人に心を込めて手紙を書いた。
선생님은 가르치는 제자 한 명 한 명에게 마음을 담아 편지를 썼다.

N2 / 小5 / 8획

述 펼 술

차조[朮] 줄기가 뻗어가듯[辶] 말씀을 펼침

- 음 じゅつ　論述 논술　陳述 진술　詳述 상술
- 훈 のべる　述べる 진술하다 / 기술하다

■ 彼の陳述も、共犯者が述べたものと同じだった。
그의 진술도 공범자가 말한 것과 같았다.

N2 / 小5 / 11획

재주 **술**

찰기 있는 차조[朮]처럼 길[行]에 달라붙어서 얻은 재주

[음] **じゅつ**　技術 기술　芸術 예술　手術 수술

- 彼には芸術を理解する心がある。
  그에게는 예술을 이해하는 마음이 있다.

확인 문제

1 빈칸에 알맞은 한자를 a, b 중에 고르세요.

① 犠＿＿ a. 牲 b. 性   ⑥ ＿＿信 a. 咲 b. 送
② ＿＿出 a. 脱 b. 悦   ⑦ 区＿＿ a. 刷 b. 別
③ 繁＿＿ a. 盛 b. 誠   ⑧ ＿＿業 a. 受 b. 授
④ ＿＿集 a. 招 b. 召   ⑨ ＿＿査 a. 捜 b. 痩
⑤ ＿＿通 a. 疎 b. 勅   ⑩ ＿＿学 a. 類 b. 数

2 밑줄 친 부분에 해당되는 한자를 a, b, c 중에 고르세요.

① <u>はや</u>す   a. 姓   b. 産   c. 生
② <u>するど</u>い   a. 悦   b. 税   c. 鋭
③ <u>も</u>る   a. 盛   b. 城   c. 成
④ <u>まね</u>く   a. 招   b. 昭   c. 紹
⑤ <u>た</u>よる   a. 頼   b. 辣   c. 瀬

3 다음을 일본어 한자와 히라가나로 써 보세요.

① 잔디 ➡ ＿＿＿＿＿＿ / ＿＿＿＿＿＿

② 초월 ➡ ＿＿＿＿＿＿ / ＿＿＿＿＿＿

③ 숙제 ➡ ＿＿＿＿＿＿ / ＿＿＿＿＿＿

④ 순회 ➡ ＿＿＿＿＿＿ / ＿＿＿＿＿＿

⑤ 예술 ➡ ＿＿＿＿＿＿ / ＿＿＿＿＿＿

동작 5

N3 / 小3 / 9획

탈 승 [乗]

볏[禾]단을 실은 수레에 올라서서[立] 타고 이동함

- 음 じょう　　乗車 승차　　乗客 승객　　搭乗 탑승
- 훈 のる　　乗る 타다　[비교] 載る p.438
  　　　　　　乗り物 탈것　　乗り換え 환승
- 　のせる　　乗せる 태우다　[비교] 載せる p.438

- 乗務員が乗り換えの案内をアナウンスした。
  승무원이 환승 안내를 방송했다.

N1 / 中 / 11획

남을 잉 [剰]

승리하면 전리품으로 칼[刂]이 많이 남아 전차에 태워[乗] 보냄

- 음 じょう　　余剰 잉여　　過剰 과잉

- 余剰人員をカットするのではなく、新たな人材の需要を作り出すべきだ。
  잉여 인원을 자를 것이 아니라, 새로운 인재의 수요를 만들어 내야 한다.

外 / 中 / 10획

밀칠 애

내[厶]가 화살[矢]을 쏘듯 손[扌]으로 상대를 밀침

- 음 あい　　挨拶 인사

- 我々は挨拶を交わしたのち、互いに自己紹介をした。
  우리는 인사를 나누고 나서 서로 자기소개를 했다.

外 / 中 / 9획

핍박할 찰

밤[夕]에 냇가[巛]에서 손[扌]으로 짓눌러 물고문하며 핍박함

- 음 さつ　　挨拶 인사

- 人に会ったら、明るく挨拶をすべきだ。
  사람을 만나면 밝게 인사해야 한다.

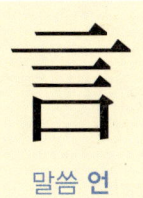

N4 / 小2 / 7획

言 말씀 언

입에서 혀가 움직이는 모습

- 음 げん　　言語 언어　　言論 언론　　方言 방언
　　　ごん　　過言 과언　　遺言 유언
- 훈 いう　　言う 말하다　　言い訳 변명
　　　こと　　言葉 말　　一言 한마디　　独り言 혼잣말

■ 一言で言えば、言語と社会とは切っても切れない関係にある。
한마디로 말해, 언어와 사회는 뗄 수 없는 관계에 있다.

N2 / 小4 / 9획

信 믿을 신

그 지식에 대한 확신과 믿음이 있는 사람[イ]이 말[言]할 수 있음

- 음 しん　　信じる 믿다　　信号 신호　　通信 통신

■ 自分の可能性を信じて頑張ってください。
자신의 가능성을 믿고 분발해 주세요.

N1 / 中 / 13획

誉 기릴 예 [譽]

말씀[言]을 떠받들어[﹏] 기림

- 음 よ　　名誉 명예　　栄誉 영예
- 훈 ほまれ　　誉れ 명예, 자랑, 좋은 평판

■ 私の文章が教科書に載ったことは、名誉なことだ。
내 문장이 교과서에 실린 것은 명예로운 일이다.

N2 / 中 / 3획

与 더불/줄 여 [與]

꼬인 새끼줄처럼 더불어 함께 함

- 음 よ　　与党 여당　　給与 급여　　付与 부여
- 훈 あたえる　　与える 주다

■ 与党には、ほぼ半数の議席が与えられた。 여당에는 거의 반수의 의석이 주어졌다.

N3 / 小3 / 5획

写 베낄 사 [寫]

책을 덮어서[冖] 베껴 찍어 내어 더불어[与] 나눔

- 음 しゃ　　写真 사진　　描写 묘사　　映写 영사
- 훈 うつす　　写す 베끼다 / 그리다 / 찍다　비교 映す p.278
　　　うつる　　写る 찍히다　비교 映る p.278

■ 彼の撮った写真には、美しい森や草花が写っていた。
그가 찍은 사진에는 아름다운 숲과 화초가 찍혀 있었다.

揺

흔들 요 [搖]

N1 / 中 / 12획

양손[扌][爫]으로 술병[缶]의 탁주가 잘 섞이도록 흔듦

- 음 よう　　動揺 동요
- 훈 ゆる / ゆれる　　揺る 흔들다　揺れる 흔들리다
  ゆらぐ / ゆるぐ　　揺らぐ 흔들리다　揺るぐ 흔들리다
  ゆする　　揺する 흔들다 / 공갈해서 빼앗다
  ゆさぶる / ゆすぶる　　揺さぶる 흔들다　揺すぶる 흔들다

- 船の激しい揺れによって、乗客たちは動揺した。
  배의 심한 요동에 승객들은 동요했다.

謡
노래 요 [謠]

N1 / 中 / 16획

술병을 잘 흔들어[揺→䍃] 마시니 기분이 좋아 흥얼거리는 말[言]

- 음 よう　　歌謡曲 가요　童謡 동요　民謡 민요
- 훈 うたい　　謡 (일본 고전 예능인 能의) 가사
  うたう　　謡う (能의 가사를) 부르다 비교 歌う p.348

- 私は世界各地の民謡を聞くのが好きだ。
  나는 세계 각지의 민요를 듣는 것을 좋아한다.

援

도울 원

N1 / 中 / 12획

어려움에 빠진 사람을 손[扌]으로 끌어당겨[爰] 도움

- 음 えん　　援助 원조　応援 응원　救援 구원

- あのチームの戦い振りを見ていると、思わず応援したくなる。
  저 팀의 대전 모습을 보고 있으면 나도 모르게 응원하고 싶어진다.

暖

따뜻할 난

N1 / 小6 / 13획

따뜻한 봄은 해[日]를 끌어당긴[爰] 듯함

- 음 だん　　暖房 난방　暖炉 난로　温暖化 온난화
- 훈 あたたか　　暖かだ 따뜻하다 / 여유가 있다 비교 温かだ p.106
  あたたかい　　暖かい 따뜻하다 / 다정하다 비교 温かい p.106
  あたたまる　　暖まる 따뜻해지다 비교 温まる p.106
  あたためる　　暖める 따뜻하게 하다 비교 温める p.106

- 部屋がなかなか暖かくならないと思ったら、暖房が点いていなかった。
  방이 좀처럼 따뜻해지지 않는다고 생각했더니 난방이 켜져 있지 않았다.

外 / 小4 / 12획

媛
여자 원

여자[女]는 남자를 끌어당기는[爰] 힘이 있음

- 음 えん　才媛 재원　★愛媛県 에히메현
- 彼女は名門女子大学を出た才媛である。
  그녀는 명문 여자 대학을 나온 재원이다.

N1 / 中 / 15획

緩
느릴 완

줄[糸]이 안 끊기게 천천히 당겨[爰] 사람을 구함

- 음 かん　緩和 완화　緩慢 완만　緩急 완급
- 훈 ゆるい　緩い 느슨하다, 헐겁다
  ゆるやか　緩やかだ 완만하다 / 느릿하다
  ゆるむ　緩む 느슨해지다 / 완화되다
  ゆるめる　緩める 느슨하게 하다 / 늦추다
- 彼の緩慢な口調を聞いていたら、緊張が緩むどころか、焦りが募ってきた。
  그의 느릿느릿한 어조를 듣고 있자니, 긴장이 풀리기는커녕 마음이 급해졌다.

N1 / 中 / 9획

為
할 위 [爲]

원숭이가 손을 들고 무엇인가를 하려고 하는 모습

- 음 い　行為 행위　人為 인위　★為替 (외)환
- 君は学生なのだから、軽はずみな行為は慎んでもらいたい。
  너는 학생이니까 경솔한 행위는 삼갔으면 좋겠다.

N1 / 中 / 11획

偽
거짓 위 [僞]

사람[亻]이 하는[為] 일은 인위적이며 거짓임

- 음 ぎ　偽造 위조　偽装 위장　虚偽 허위
- 훈 にせ　偽物 가짜　偽札 위조지폐
  いつわる　偽る 속이다, 거짓말하다
- 偽札を見つけるためには、偽造紙幣鑑別機にかけるだけでなく、肉眼でも確かめる必要がある。
  위조지폐를 찾아내기 위해서는 위조지폐 감별기에만 의존하지 말고, 육안으로도 확인할 필요가 있다.

育 기를 육
N2 / 小3 / 8획

아기[子→ㄊ]의 몸[月]을 건강하게 기름

- 음 いく
  - 育児 육아
  - 教育 교육
  - 体育 체육
- 훈 そだつ 育つ 자라다
  - そだてる 育てる 키우다 / 양성하다
  - はぐくむ 育む 품어 기르다 / 소중히 기르다

■ この学校では自立心を育てる教育を実践している。
이 학교에서는 자립심을 키우는 교육을 실천하고 있다.

盲 소경 맹
N1 / 中 / 8획

눈[目]의 시력을 잃음[亡]

- 음 もう
  - 盲目 맹목
  - 盲腸 맹장
  - 文盲 문맹

■ 恋は盲目という。
사랑은 맹목적이라고 한다.

査 조사할 사
N2 / 小5 / 9획

목재를 고를 때 나무[木]를 보고 또[且] 보며 조사함

- 음 さ
  - 調査 조사
  - 検査 검사
  - 審査 심사

■ 最近、心臓が痛くて、病院で検査を受けた。
최근에 심장이 아파서 병원에서 검사를 받았다.

益 더할 익 [益]
N1 / 小5 / 10획

물[水→氺]을 그릇[皿]에 더함

- 음 えき
  - 利益 이익
  - 有益 유익
  - 収益 수익

■ 税金は公共の利益のために使われるべきだ。
세금은 공공의 이익을 위해 사용되어야 한다.

塩 소금 염 [鹽]
N2 / 小4 / 13획

땅[土]에서 얻은 소금을 그릇[皿]에 담아 사람[-]의 입[口]으로 맛봄

- 음 えん
  - 塩分 염분
  - 塩田 염전
  - 食塩 식염
- 훈 しお
  - 塩 소금
  - 塩水 소금물
  - 塩辛い 짜다

■ ここの塩田では、良質の塩を生産している。
여기 염전에서는 양질의 소금을 생산하고 있다.

才 재주 재
N2 / 小2 / 3획

새싹이 땅을 뚫고 올라온 모양

- 음 さい　才能 재능　天才 천재　秀才 수재

- そのテニスプレーヤーは天賦の才能に恵まれている。
  그 테니스 선수는 천부적인 재능을 타고났다.

財 재물 재
N2 / 小5 / 10획

돈[貝]을 굴리는 재주[才]가 있는 자가 재물을 얻음

- 음 ざい　財産 재산　財力 재정　文化財 문화재
- 　 さい　財布 지갑

- 若いころ私は貧乏で、財布の中に入っていた千円が全財産だったこともある。
  젊었을 때 나는 가난해서 지갑 안에 있던 천 엔이 전 재산이었던 적도 있다.

材 재목 재
N2 / 小4 / 7획

쓸 만한[才] 나무[木]

- 음 ざい　材料 재료　教材 교재　木材 목재

- 来客をもてなすために、魚市場へ行って新鮮な材料を買ってきた。
  손님을 대접하기 위해 어시장에 가서 신선한 재료를 사 왔다.

裁 마름질 재
N1 / 小6 / 12획

흙[土]을 창[戈]으로 파헤쳐 길을 끊듯 옷감[衣]을 끊어 마름질함

- 음 さい　裁判 재판　裁断 재단　決裁 결재
- 훈 たつ　裁つ 재단하다　[비교] 断つ p.133　絶つ p.199
- 　 さばく　裁く 재판하다, 심판하다

- 裁判は人を正しく裁けるかどうかはともかく、事件を落着させるには必要な手段だ。
  재판은 사람을 바르게 심판할 수 있는가를 떠나, 사건을 매듭 짓는 데는 필요한 수단이다.

栽 심을 재
N1 / 中 / 10획

나무[木]의 일부를 끊어[戈] 새로 심음

- 음 さい　栽培 재배　盆栽 분재

- 私たちが一年中野菜や果物を食べられるのは、ハウス栽培の技術による。
  우리들이 일 년 내내 야채나 과일을 먹을 수 있는 것은 하우스 재배 기술 때문이다.

N1 / 中 / 13획

실을 재

수레[車]의 공간을 알맞게 구별하여[戈] 물건을 나누어 실음

- 음 さい　　掲載 게재　　搭載 탑재　　記載 기재
- 훈 のる　　載る 실리다, 게재되다　비교 乗る p.432
- 　　のせる　載せる 싣다, 게재하다　비교 乗せる p.432

- このサイトは掲載料を払わないで自分の店の情報を載せることができる。
  이 사이트는 게재료를 지불하지 않고 자신의 가게 정보를 올릴 수 있다.

N1 / 中 / 17획

일 대

손에 든 것과 다른[異] 것은 구별하여[戈] 머리에 임

- 음 たい　　戴冠式 대관식　　頂戴 받음, 얻음의 겸양어
- 훈 いただく　戴く 얻다(もらう의 겸양어)

- この曲は、戴冠式のとき演奏するように作曲されたものだ。
  이 곡은 대관식 때 연주하도록 작곡된 것이다.

N1 / 中 / 17획

가늘 섬 [繊]

끊어지기[戈] 쉬운 가는 실[糸]이 나란히[並] 늘어져 있음

- 음 せん　　繊維 섬유　　繊細 섬세

- 腸の健康を保つためには、食物繊維を多く摂取する必要がある。
  장 건강을 지키기 위해서는 식이섬유를 많이 섭취할 필요가 있다.

N2 / 小4 / 6획

다툴 쟁 [争]

물건을 양쪽에서 갖기 위해 다투는 모습

- 음 そう　　争奪 쟁탈　　戦争 전쟁　　競争 경쟁
- 훈 あらそう　争う 다투다, 경쟁하다

- 派閥争いは、公正な競争の妨げになる。
  파벌 싸움은 공정한 경쟁의 방해가 된다.

N1 / 中 / 9획

깨끗할 정 [浄]

물[氵]은 다툼[争]이 없어 깨끗함

- 음 じょう　　浄化 정화　　清浄 청정　　洗浄 세정

- 炭酸ソーダは洗浄剤として用いることができる。
  탄산 소다는 세제로 사용할 수 있다.

N2 / 小4 / 14획

静
고요할 정 [靜]

깨끗이[青] 다툼[争]이 정리되어 고요함

- 음 **せい** 　静寂 정적　冷静 냉정　安静 안정
- 　**じょう**　静脈 정맥
- 훈 **しずか**　静かだ 고요하다
- 　**しずめる**　静める 조용하게 하다, 진정시키다 [비교] 鎮めるp.144 沈めるp.342
- 　**しずまる**　静まる 조용해지다 [비교] 鎮まるp.144

■ 静まった部屋で冷静に考えてみた。
조용해진 방에서 냉정하게 생각해 보았다.

N2 / 小4 / 6획

伝
전할 전 [傳]

사람[亻]이 일컬어[云] 전함

- 음 **でん**　伝達 전달　伝統 전통　遺伝 유전
- 훈 **つたえる**　伝える 전하다
- 　**つたわる**　伝わる 전해지다
- 　**つたう**　伝う 어떤 것을 따라서 옮겨 가다, 타고 가다　★手伝う 돕다, 거들다

■ 彼は、日本の各地に伝わる昔話や伝説を研究している。
그는 일본 각지에 전해지는 옛날 이야기와 전설을 연구하고 있다.

N3 / 小3 / 11획

転
구를 전 [轉]

수레[車]가 구름[云]이 이동하듯 천천히 굴러감

- 음 **てん**　転勤 전근　自転車 자전거　運転 운전
- 훈 **ころがる**　転がる 구르다, 넘어지다
- 　**ころげる**　転げる 구르다, 넘어지다
- 　**ころがす**　転がす 굴리다, 넘어뜨리다
- 　**ころぶ**　転ぶ 구르다, 넘어지다

■ 自転車に乗っていたとき、転んで肘を擦りむいた。
자전거를 탔을 때 넘어져서 팔꿈치가 까졌다.

N2 / 小4 / 7획

芸
재주 예 [藝]

바람따라 구름[云]따라 다니며 풀밭[艹]에서 춤과 노래를 보임

- 음 **げい**　芸術 예술　芸能 예능　工芸 공예

■ この店では、全国各地の伝統工芸品を取り扱っている。
이 가게에서는 전국 각지의 전통 공예품을 취급하고 있다.

N2 / 小4 / 7획

꺾을 절

손[扌]에 도끼[斤]를 들고 나무를 찍어 꺾음

- 음 せつ　　折衷 절충　　挫折 좌절　　屈折 굴절
- 훈 おる　　折る 접다, 구부리다, 꺾다　　折り紙 종이접기
  　　おれる　折れる 접히다, 꺾이다

■ 折り紙をするとき、最初から難しい物を作ろうとすると、挫折する可能性が高い。
　종이접기를 할 때, 처음부터 어려운 것을 만들려고 하면 좌절할 가능성이 높다.

N1 / 中 / 10획

갈 서

운명이 꺾여서[折] 저세상으로 감[辶]

- 음 せい　　逝去 서거　　急逝 급서(갑자기 죽음)
- 훈 ゆく　　逝く 죽다　[비교] 行く p.468

■ 彼は父親が急逝したため勉学の道を諦め、帰郷して家業を継いだ。
　그는 부친이 급서해서 면학의 길을 포기하고 귀향하여 가업을 이었다.

N1 / 中 / 10획

밝을 철

이치에 밝은 자가 상대의 잘못된 말[口]을 꺾음[折]

- 음 てつ　　哲学 철학　　哲人 철인　　先哲 선현

■ 歴史は、それを記述する時代の思想と哲学を表している。
　역사는 그것을 기술하는 시대의 사상과 철학을 나타내고 있다.

N1 / 中 / 14획

맹세할 서

소신을 굽히지[折] 않겠다고 분명하게 말하여[言] 맹세함

- 음 せい　　誓約 서약　　宣誓 선서
- 훈 ちかう　　誓う 맹세하다

■ 嘘をよくつく人ほど、誓いをよく立てるし、人にもよく誓わせる。
　거짓말을 잘 하는 사람일수록 맹세를 잘하고 다른 사람에게도 다짐을 잘 받는다.

N1 / 小6 / 16획

잡을 조

나무[木] 위에서 입[品]을 벌리고 우는 새들을 손[扌]으로 잡음

- 음 そう　　操作 조작　　操縦 조종　　体操 체조
- 훈 みさお　　操 지조, 절개
  　　あやつる　操る (인형 등을) 놀리다 / 조종하다　　操り人形 꼭두각시

■ 彼女は5つの言語を操るばかりか、飛行機の操縦もできる。
　그녀는 5개 국어를 구사할 뿐만 아니라, 비행기 조종도 할 수 있다.

N2 / 中 / 17획

마를 조

불[火]이 시끄럽게[喿] 타오르니 사방의 물기가 마름

- 음 そう　　乾燥 건조　　焦燥 초조

- ソウルでは、冬は空気が乾燥している。
  서울에서는 겨울은 공기가 건조하다.

N1 / 中 / 19획

통견 조

실[糸]로 비단을 뽑는 공정이 시끄러움[喿]

- 훈 くる　　繰る (줄·실 등을) 감다　　繰り返す 반복하다

- 私たちは同じ過ちを繰り返さないために歴史を学んでいる。
  우리들은 같은 실수를 반복하지 않기 위해 역사를 배우고 있다.

N1 / 中 / 19획

마름 조 [藻]

바닷가[氵]의 시끄러운[喿] 파도 소리에 휩쓸려 자라는 풀[艹]

- 음 そう　　藻類 조류　　海藻 해조, 바닷말
- 훈 も　　藻 말(해조류의 총칭)

- 海藻にはミネラルや食物繊維が豊富に含まれている。
  해조에는 미네랄이나 식이섬유가 풍부하게 함유되어 있다.

N2 / 小6 / 6획

있을 존

모든 아이[子]에게 각각의 재능[才→ナ]이 있음

- 음 そん　　存在 존재　　存続 존속　　依存 의존(いぞん이라고도 함)
　　ぞん　　存分 마음껏　　存ずる 알고 있다　　保存 보존

- 僕たちは、その歴史的人物が本当に存在したかどうかについて、思う存分意見を言い合った。
  우리들은 그 역사적 인물이 정말로 존재했는지에 대해 마음껏 의견을 나누었다.

N2 / 小5 / 6획

있을 재

흙[土]은 만물을 틔우게 하는 재능[才→ナ]이 있음

- 음 ざい　　在庫 재고　　現在 현재　　存在 존재
- 훈 ある　　在る 있다　비교 有る p.374

- このモデルは、新宿店に在庫が在ります。
  이 모델은 신주쿠점에 재고가 있습니다.

卒

N2 / 小4 / 8획

마칠 졸

같은 옷을 입은 병사의 무리

- 음 そつ　　卒業 졸업　　脳卒中 뇌졸중　　兵卒 병졸, 군사

- 彼女は大学を卒業してすぐ学校の先生になった。
  그녀는 대학을 졸업하고 바로 학교 선생님이 되었다.

率

N1 / 小5 / 11획

비율 률 / 거느릴 솔

검은 줄[玄]을 여러[十] 겹 꼬아서 양쪽에서 당기면[><] 대칭의 비율을 이룸

- 음 りつ　　比率 비율　　確率 확률　　能率 능률
  　　そつ　　率直 솔직　　引率 인솔　　軽率 경솔
- 훈 ひきいる　　率いる 이끌다, 통솔하다

- 率直に言って、彼の率いるチームが優勝する確率はあまり高くない。
  솔직히 말해, 그가 이끄는 팀이 우승할 확률은 그다지 높지 않다.

走

N3 / 小2 / 7획

달릴 주

사람이 달리는 모습

- 음 そう　　走行 주행　　逃走 도주　　競走 경주
- 훈 はしる　　走る 달리다

- 高速道路では、追い越すとき以外は走行車線を走らなければならない。
  고속도로에서는 추월할 때 이외는 주행 차선을 달려야만 한다.

徒

N2 / 小4 / 10획

무리 도

걷거나[彳] 달려와서[走] 모인 무리

- 음 と　　徒歩 도보　　徒労 헛수고　　生徒 중·고교 학생

- 彼は地下鉄の駅から徒歩で5分のところに家を買った。
  그는 지하철 역에서 도보로 5분인 곳에 집을 샀다.

赴

N1 / 中 / 9획

다다를 부

점괘[卜]에 나온 곳으로 달려가서[走] 다다름

- 음 ふ　　赴任 부임
- 훈 おもむく　　赴く 향하여 가다

- 彼は国からの命令でその地方へ赴任した。
  그는 나라의 명령으로 그 지방에 부임했다.

N2 / 中 / 12획 — 넘을 월

병사가 무기[戉]를 들고 달려가서[走] 국경을 넘어 침략함

- 음 えつ　　超越 초월　優越 우월
- 훈 こえる　越える 넘다　[비교] 超えるp.423
- 　こす　　越す 넘다, 넘기다　[비교] 超すp.423

▪ 鳥たちは、山を越え海を越えて、越冬の地へと渡って行った。
　새들은 산을 넘고 바다를 넘어 월동지로 건너 갔다.

外 / 中 / 15획 — 뜻 취

달려가서[走] 취하려는[取] 마음

- 음 しゅ　　趣味 취미, 취향　趣旨 취지
- 훈 おもむき　趣 멋, 풍취, 분위기

▪ 私は子どもが遊べる庭が好きだ。鑑賞用の趣のある庭は、私の趣味ではない。
　나는 아이들이 놀 수 있는 정원이 좋다. 감상용의 정취 있는 정원은 내 취미는 아니다.

N1 / 中 / 15획 — 통할 철

자식을 기를[育] 때 매[攵]를 들어야 바른 길[彳]로 통함

- 음 てつ　　徹夜 철야　徹底 철저　冷徹 냉철

▪ 音楽の能力は、よほど徹底した練習をしないと身につかない。
　음악적인 능력은 상당히 철저한 연습을 하지 않으면 몸에 익혀지지 않는다.

N1 / 中 / 15획 — 거둘 철

자식을 기를[育] 때 매[攵]를 든 손[扌]을 거두어야 할 때도 있음

- 음 てつ　　撤去 철거　撤回 철회　撤退 철수

▪ 政府は、紛争地域から軍隊を撤退させた。
　정부는 분쟁 지역에서 군대를 철수시켰다.

N2 / 小6 / 13획 — 찔 증[蒸]

약초[艹]가 담긴 솥을 받들고[丞] 있는 불[灬]의 모양

- 음 じょう　蒸気 증기　蒸発 증발　蒸留 증류
- 훈 むす　　蒸す 찌다 / 무덥다
- 　むれる　蒸れる 뜸 들다
- 　むらす　蒸らす 뜸 들이다

▪ 旅行先で、温泉の蒸気で蒸した鶏肉料理を食べた。
　여행지에서 온천의 증기로 찐 닭고기 요리를 먹었다.

N2 / 小6 / 8획

이을 승

윗사람의 뜻을 손[手]으로 받들어[丞] 이음

- 음 しょう　　承認 승인　　承諾 승낙　　承知 알고 있음
- 훈 うけたまわる　　承る 받다(겸양어) / 듣다(겸양어)

- 会員の皆様から、協定の承認に関するご意見を承りました。
  회원 모두로부터 협정의 승인에 관한 의견을 들었습니다.

확인 문제

1 빈칸에 알맞은 한자를 a, b 중에 고르세요.

① 童___   a. 謠   b. 搖   ⑥ ___学   a. 哲   b. 誓

② ___助   a. 媛   b. 援   ⑦ ___作   a. 燥   b. 操

③ 行___   a. 偽   b. 為   ⑧ 確___   a. 卒   b. 率

④ 教___   a. 育   b. 盲   ⑨ 生___   a. 徒   b. 走

⑤ 記___   a. 戴   b. 載   ⑩ ___去   a. 撤   b. 徹

2 밑줄 친 부분에 해당되는 한자를 a, b, c 중에 고르세요.

① <u>ゆるめる</u>   a. 援   b. 緩   c. 媛

② <u>そだつ</u>   a. 盲   b. 育   c. 査

③ <u>さばく</u>   a. 栽   b. 載   c. 裁

④ <u>おる</u>   a. 逝   b. 折   c. 哲

⑤ <u>あやつる</u>   a. 藻   b. 繰   c. 操

3 다음을 일본어 한자와 히라가나로 써 보세요.

① 과잉 ➡ _____ / _____

② 사진 ➡ _____ / _____

③ 재산 ➡ _____ / _____

④ 냉정 ➡ _____ / _____

⑤ 재고 ➡ _____ / _____

동작 6

N4 / 小2 / 4획

그칠 지

사람의 발자국을 그려 멈춤을 나타냄

- 음 し
  - 禁止 금지　停止 정지　中止 중지
- 훈 とまる
  - 止まる 멈추다 / 끊어지다　[비교] 泊まる p.288　留まる p.406
  - 行き止まり 막다름 / 종말
- とめる
  - 止める 멈추다 / 끊다　[비교] 泊める p.288　留める p.406
  - 歯止め 브레이크

■ 車掌は、非常停止ボタンを押して電車を止めた。
　차장은 비상 정지 버튼을 눌러서 전철을 세웠다.

N1 / 中 / 8획

복 지 [祉]

신[礻]은 한도를 넘지 않고 그치는[止] 것이 곧 복임을 알게 하심

- 음 し
  - 福祉 복지

■ 政治が福祉に注目しはじめたのは現代になってからである。
　정치가 복지에 주목하기 시작한 것은 현대에 이르러서부터이다.

外 / 中 / 6획

꾀할 기

사람[人]이 그칠[止] 것인지 계속할 것인지 꾀함

- 음 き
  - 企業 기업　企画 기획
- 훈 くわだてる
  - 企てる 꾀하다, 기도하다 / 시도하다　企て 기도, 기획

■ 会長は、ライバル企業を潰す陰謀を企てていた。
　회장은 경쟁 기업을 도산시킬 음모를 꾸미고 있었다.

N2 / 小3 / 12획

이 치 [齒]

입을 벌리면[凵] 이가 쌀알[米]처럼 위아래로 박혀 머물러[止] 있음

- 음 し
  - 歯科 치과　知歯 사랑니　抜歯 발치
- 훈 は
  - 歯磨き 양치 / 치약　虫歯 충치

■ 歯科医たちは歯磨きの重要性を強調している。
　치과 의사들은 양치질의 중요성을 강조하고 있다.

N2 / 中 / 8획

즐길 긍

뼈에 머물러[止] 있는 고기[肉→月]를 먹으며 즐김

- 음 こう　　肯定 긍정　　首肯 수긍
- 私の質問に、彼女は肯定も否定もしなかった。
  내 질문에 그녀는 긍정도 부정도 하지 않았다.

N1 / 小6 / 6획

이를 지

화살이 땅에 이르러 꽂힌 모양

- 음 し　　至当 지당　　至極 지극　　夏至 하지
- 훈 いたる　　至る 이르다, 도달하다 / 되다　　至る所 도처에
- 天文学上、春は春分から夏至に至るまでの期間をいう。
  천문학상, 봄은 춘분부터 하지에 이르기까지의 기간을 말한다.

N1 / 中 / 10획

이를 치

채찍질[攵]하며 강제로 이름[至]

- 음 ち　　致命 치명　　一致 일치　　拉致 납치
- 훈 いたす　　致す 가져오다 / 하다(する의 겸양어)
- 部下が致命的な過ちを犯しましたのは、上司である私の不徳の致すところでございます。
  부하가 치명적인 실수를 저지른 것은 상사인 저의 부덕의 소치입니다.

外 / 中 / 16획

빽빽할 치

실[糸]이 촘촘히 짜여진 상태에 이름[致]

- 음 ち　　緻密 치밀
- 作戦を成功させるために緻密な計画を立てた。
  작전을 성공시키기 위해 치밀한 계획을 세웠다.

N2 / 中 / 8획

이를 도

칼[刂]로 끊듯 정확히 목적지에 이름[至]

- 음 とう　　到着 도착　　到達 도달　　到底 도저히
- 훈 いたる　　到る 이르다, 도착하다
- 取引価格をめぐって相手方と何度も談判したが、到底合意には到らなかった。
  거래 가격을 둘러싸고 상대방과 몇 번이나 담판을 지었지만, 도저히 합의에는 이르지 못했다.

N2 / 中 / 10획

넘어질 도

사람[亻]이 목적지에 이르러[到] 넘어짐

- 음 とう　　倒産 도산　　圧倒 압도　　面倒 귀찮음
- 훈 たおれる　倒れる 넘어지다
  　　たおす　　倒す 넘어뜨리다

■ その選手は、圧倒的な力で相手の選手を倒した。
그 선수는 압도적인 힘으로 상대 선수를 쓰러뜨렸다.

N3 / 小2 / 9획

집 실

지붕[宀] 아래에 사람이 이르러[至] 사는 곳이 집

- 음 しつ　　室内 실내　　教室 교실　　温室 온실
- 훈 むろ　　室町時代 무로마치 시대　　室咲き 온실 개화

■ 教室で飲食することは控えてください。
교실에서 음식 섭취는 삼가 주세요.

N1 / 中 / 11획

막힐 질

구멍[穴]은 오랜 시간에 이르면[至] 자연스레 막힘

- 음 ちつ　　窒息 질식　　窒素 질소

■ 突然、窒息しそうなほど息が苦しくなった。
갑자기 질식할 것 처럼 숨쉬기가 힘들어졌다.

N3 / 小3 / 9획

집 옥

지붕[尸] 아래 이르러[至] 쉬는 곳

- 음 おく　　屋外 옥외　　屋上 옥상　　家屋 가옥
- 훈 や　　　屋根 지붕　　屋台 포장마차　　本屋 서점

■ 平らな屋根を利用して、屋上庭園を造った。
평평한 지붕을 이용해서 옥상 정원을 만들었다.

N1 / 中 / 12획

쥘 악

집문서[屋]는 너무 소중하여 손[扌]에 꼭 쥠

- 음 あく　　握手 악수　　握力 악력　　把握 파악
- 훈 にぎる　握る 잡다, 쥐다　　握り 쥠 / 손잡이

■ 握力テストでは、握力計を使って握る力を測定する。
악력 테스트에서는 악력계를 사용하여 쥐는 힘을 측정한다.

N1 / 中 / 10획

떨칠 진

별[辰]을 손[扌]에 쥘 정도의 막강한 권력을 떨침

- [음] しん　　振動 진동　　振興 진흥　　不振 부진
- [훈] ふる　　振る 흔들다　　振替 대체
  - ふるう　振るう 휘두르다 / 털다 / 발휘하다　[비교] 震うp.449　奮うp.457
  - ふれる　振れる 흔들리다 / 치우치다

■ 振り子は、振幅は変化しても、揺れの周期は変化しない。
　진자는 진폭은 변화해도 흔들림의 주기는 변화하지 않는다.

N1 / 中 / 10획

아이 밸 신

여자[女]가 별[辰]을 품음

- [음] しん　　妊娠 임신

■ 人間は、妊娠して出産するまで10ヶ月がかかる。
　인간은 임신해서 출산하기까지 10개월이 걸린다.

N2 / 小3 / 13획

농사 농

예로부터 천문학[辰]과 밭에 자란 싹[曲]의 관계는 매우 밀접함

- [음] のう　　農業 농업　　農村 농촌　　農民 농민

■ 彼のお祖父さんは農業の研究機関で働いていた。
　그의 할아버지는 농업 연구 기관에서 일했다.

N2 / 中 / 16획

짙을 농

물[氵] 대기 좋아 농사[農]가 잘 된 밭은 푸름이 짙음

- [음] のう　　濃厚 농후　　濃度 농도　　濃縮 농축
- [훈] こい　　濃い 짙다 / 진하다

■ この店のオレンジジュースは濃縮されて色が濃い。
　이 가게의 오렌지 주스는 농축되어 색이 진하다.

N2 / 中 / 15획

우레 진

비[雨]가 올 때 하늘에서 별[辰]이 떨어짐

- [음] しん　　震度 진도　　震源地 진원지　　地震 지진
- [훈] ふるう　震う 흔들리다, 떨리다　[비교] 振るうp.449　奮うp.457
  - ふるえる　震える 흔들리다, 떨리다

■ 私たちは地震の映像を見て、その恐ろしさに震えた。
　우리는 지진 영상을 보고 두려움에 몸을 떨었다.

N1 / 中 / 10획

욕될 욕

옛날에는 천문학[辰]에 함부로 손[寸]대면 벌 받고 욕됨

- 음 じょく　　屈辱 굴욕　　侮辱 모욕　　雪辱 설욕
- 훈 はずかしめる　辱める 모욕하다　　辱め 창피, 모욕

- 彼に負けたのは、私にとって最大の屈辱だった。
  그에게 진 것은 나에게 있어 최대의 굴욕이었다.

N1 / 中 / 10획

입술 순 [脣]

입[口]에서 우주[辰]와 가장 가까운 부분

- 음 しん　　唇音 순음, 입술소리　　口唇 구순, 입술
- 훈 くちびる　唇 입술

- 唇音とは、唇を用いて調音される音をいう。
  순음이란, 입술을 이용하여 조음되는 소리를 말한다.

N1 / 中 / 11획

잡을 집

범인을 잡아 둥글게[丸] 묶어 놓으니 다행임[幸]

- 음 しつ　　執行 집행　　執筆 집필　　固執 고집
  　　しゅう　執念 집념　　執着 집착
- 훈 とる　　執る 집행하다, 집무하다　비교 取る p.247　採る p.334　捕る p.464

- 彼は小説の執筆に執念を燃やしていた。
  그는 소설의 집필에 집념을 불태웠다.

外 / 中 / 15획

잡을 지

잡은[執] 범인을 손[手]으로 잡고 호송함

- 음 し　　真摯 진지(진지하고 흔들리지 아니함)

- この問題について、私たちは真摯に議論する必要がある。
  이 문제에 대해 우리는 진지하게 의논할 필요가 있다.

N2 / 小5 / 12획

알릴/갚을 보

다행히[幸] 범인이 복종[服→㔾]하며 자신의 죄상을 알림

- 음 ほう　　報告 보고　　報酬 보수　　情報 정보
- 훈 むくいる　報いる 갚다, 보답하다 / 보복하다

- 彼は、私の命懸けで得た情報に対し、冷笑で報いた。
  그는 내가 목숨을 걸고 얻은 정보에 대해 냉소로 보답했다.

外 / 中 / 11획
벨 참

수레바퀴[車]가 달린 단두대[斤]를 형장에 끌고 와 죄인의 목을 벰

- 음 **ざん**　　斬新 참신　　斬首 참수
- 훈 **きる**　　斬る (사람을) 베다　비교 切る p.158

▪ そのコピーライターは、斬新な広告で一世を風靡した。
  그 카피라이터는 참신한 광고로 일세를 풍미했다.

N1 / 中 / 14획
점점 점

목이 베일[斬] 시간이 점점 다가올수록 진땀[氵]이 남

- 음 **ぜん**　　漸次 점차　　漸進 점진

▪ 世界の富は漸次一極に集中していく傾向にある。
  세계의 부는 점차 한편으로 집중해 가는 경향이 있다.

N1 / 中 / 15획
잠깐 잠

목이 베이기[斬] 전 죄인이 하늘을 향해 해[日]를 잠깐 봄

- 음 **ざん**　　暫定 잠정　　暫時 잠시

▪ これは、概念がまだ確立されていないので、暫定的な分類に過ぎない。
  이것은 개념이 아직 확립되어 있지 않기 때문에, 잠정적인 분류에 지나지 않는다.

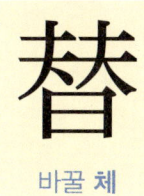
N2 / 中 / 12획
바꿀 체

사내[夫]가 다른 사내[夫]에게 말하여[曰] 자리를 바꿈

- 음 **たい**　　交替 교체　　代替 대체
- 훈 **かえる**　　替える (서로) 바꾸다 / (새것으로) 교체하다
  　　　　　　비교 変える p.407　換える p.471　代える p.495
  かわる　　替わる 바뀌다 / 교체되다
  　　　　　　비교 変わる p.407　換わる p.471　代わる p.495
  　　　　　★ 為替 (외)환

▪ タイヤが古くなったので、新しいものと取り替えた。
  타이어가 낡아서 새것으로 교체했다.

N1 / 中 / 15획

잠길 잠 [潜]

범람하여 물[氵]에 잠기면 땅과 강의 위치가 바뀜[替]

- 음 せん　潜在 잠재　潜水 잠수　潜伏 잠복
- 훈 ひそむ　潜む 숨다 / 잠재하다
  もぐる　潜る 잠수하다 / 잠입하다

- ゲリラが潜む島を潜水艇で偵察した。
  게릴라가 숨어 있는 섬을 잠수함으로 정찰했다.

N2 / 小5 / 15획

도울 찬 [贊]

사내[夫]가 다른 사내[夫]의 일을 돕고 돈[貝]을 받음

- 음 さん　賛成 찬성　賛否 찬성과 반대　協賛 협찬

- 私は、あなたの意見に賛成することはできない。
  나는 당신의 의견에 찬성할 수 없다.

N1 / 小6 / 11획

밀 추

새[隹]가 날개를 손[扌]처럼 뻗어 서로 밂

- 음 すい　推薦 추천　推測 추측　類推 유추
- 훈 おす　推す 밀다 / 추천하다 / 헤아리다　비교 押す p.88

- 部長が彼を推したことは、二人の関係から類推できる。
  부장이 그를 추천한 것은 둘의 관계로부터 유추할 수 있다.

N1 / 中 / 10획

준할 준

새[隹]가 언[氵] 강을 물에 준하여 착지하여 내려옴

- 음 じゅん　批准 비준

- 条約が批准されるには、議会の5分の3の賛成が必要である。
  조약이 비준되려면 의회의 5분의 3의 찬성이 필요하다.

外 / 中 / 11획

쌓을 퇴

새[隹]가 굽이진 강가에 쌓인 흙[土] 속의 벌레를 잡음

- 음 たい　堆積 퇴적　堆肥 퇴비
- 훈 うずたかい　堆い 쌓여서 높다, 산더미같다

- 堆く積もった落ち葉を掻き集め、堆肥を作った。
  수북이 쌓인 낙엽을 긁어 모아 퇴비를 만들었다.

N1 / 中 / 11획

唯 오직 유

새[隹]는 오직 입[口]으로 낸 소리로 교류함

- 음 ゆい　　唯一 유일　　唯我独尊 유아독존(혼자만이 잘난 체함)
-     い　　唯々諾々 유유낙낙(고분고분 따름)
- 훈 ただ　　唯 오직 / 다만　　唯でさえ 그렇지 않아도

■ 彼の唯一の楽しみは、ゲームだ。
그의 유일한 낙은 게임이다.

N3 / 小3 / 11획

進 나아갈 진

새[隹]가 날갯짓을 하며 앞으로 나아감[辶]

- 음 しん　　進化 진화　　進学 진학　　先進国 선진국
- 훈 すすむ　　進む 나아가다, 전진하다
-     すすめる　　進める 진행하다, 전진시키다　비교 薦める p.228　勧める p.456

■ 先進国を中心に、環境政策に関する国家間の協力を推し進めた。
선진국을 중심으로 환경 정책에 관한 국가간의 협력을 추진했다.

外 / 中 / 12획

椎 등골 추

새[隹]의 등골뼈는 나뭇가지[木]처럼 딱딱함

- 음 つい　　椎間板 추간판　　脊椎 척추

■ 脊椎は、身体の中軸となる骨格である。
척추는 신체의 주축이 되는 골격이다.

N1 / 中 / 13획

稚 어릴 치

새[隹]는 어린 벼[禾] 이삭을 좋아함

- 음 ち　　稚拙 치졸　　稚魚 치어　　幼稚園 유치원

■ それは幼稚園の子どもでも理解できることだ。
그것은 유치원생이라도 이해할 수 있는 것이다.

N1 / 中 / 14획

維 벼리 유

새[隹]를 잡을 때 벼릿줄[糸]을 당김

- 음 い　　維持 유지　　繊維 섬유

■ 国の平和を維持するために、隣国と同盟を結んだ。
나라의 평화를 유지하기 위해서 이웃 나라와 동맹을 맺었다.

羅
벌일 라 — N1 / 中 / 19획

그물[罒]의 벼리[維]를 벌려 놓고 짐승을 잡음

- 음 ら　　羅列 られつ 나열　　羅針盤 らしんばん 나침반　　網羅 もうら 망라
- 私(わたし)にとって、英語(えいご)は無意味(むいみ)な文字(もじ)の羅列(られつ)でしかない。
  나에게 있어서 영어는 무의미한 문자의 나열에 지나지 않는다.

誰
누구 수 — N1 / 中 / 15획

나무 위에서 새[隹]가 지저귀니[言] 누군가가 집을 향해 옴

- 훈 だれ　　誰 だれ 누구
- 文句(もんく)を言(い)うことは誰(だれ)にでもできる。
  불평을 말하는 것은 누구라도 할 수 있다.

雑
섞일 잡 [雜] — N2 / 小5 / 14획

나무[木] 위에서 여러[九] 마리의 새[隹]들이 섞여 둥지를 차지함

- 음 ざつ　　雑誌 ざっし 잡지　　雑談 ざつだん 잡담　　複雑 ふくざつ 복잡
  　　★雑魚 ざこ 잡어 / 송사리 / 소인배
- 훈 ぞう　　雑巾 ぞうきん 걸레　　雑木林 ぞうきばやし 잡목림
- 雑誌(ざっし)の表紙(ひょうし)に付(つ)いていた汚(よご)れを雑巾(ぞうきん)で拭(ふ)き取(と)った。
  잡지의 표지에 붙어 있는 오물을 걸레로 닦았다.

雄
수컷 웅 — N1 / 中 / 12획

팔뚝[厷] 힘이 센 수컷 새[隹]

- 음 ゆう　　雄大 ゆうだい 웅대　　英雄 えいゆう 영웅　　雌雄 しゆう 자웅
- 훈 おす　　雄 おす 수컷　　雄犬 おすいぬ 수캐
- 　　お　　雄牛 おうし 황소, 수소　　雄々しい おおしい 용감하다, 씩씩하다
- 雌雄同体(しゆうどうたい)とは、一匹(いっぴき)の体(からだ)に雄(おす)と雌(めす)の両方(りょうほう)の生殖器官(せいしょくきかん)がある動物(どうぶつ)をいう。
  자웅 동체란 한 마리의 몸에 수컷과 암컷 양쪽의 생식 기관이 있는 동물을 말한다.

雌
암컷 자 — N1 / 中 / 14획

저 새는 수컷이고 이[此] 새[隹]는 암컷

- 음 し　　雌雄 しゆう 자웅
- 훈 めす　　雌 めす 암컷　　雌犬 めすいぬ 암캐
- 　　め　　雌花 めばな 암꽃　　雌牛 めうし 암소
- 生物(せいぶつ)がなぜ雄(おす)と雌(めす)に枝分(えだわ)かれしたのかは謎(なぞ)とされている。
  생물이 왜 수컷과 암컷으로 갈라진 것인가는 수수께끼로 되어 있다.

N1 / 中 / 19획

떠날 리

새[隹]가 먹이를 찾아 자리를 떠남[离]

- 음 り　　離陸 리륙　　距離 거리　　分離 분리
- 훈 はなす　　離す 떼다, 놓다 / 사이를 띄우다　비교 放す p.274
  はなれる　　離れる 떨어지다, 멀어지다 / 떠나다　비교 放れる p.274

- レーダー照射をすれば、離れた場所から対象までの距離を測定することができる。
  레이더 방사를 하면 떨어진 장소로부터 대상까지의 거리를 측정할 수 있다.

N2 / 中 / 10획

외짝 척

무리 지은 새[隹] 중에서 손[又]으로 한 마리를 잡음

- 음 せき　　隻眼 외눈　　一隻眼 일가견　　一隻 (배) 한 척

- その日、海には一隻の船も見えなかった。
  그날, 바다에는 한 척의 배도 보이지 않았다.

N3 / 小3 / 12획

모을 집

새[隹]가 나무[木] 위에 모임

- 음 しゅう　　集中 집중　　集合 집합　　募集 모집
- 훈 あつまる　　集まる 모이다, 모여들다
  あつめる　　集める 모으다, 집중시키다
  つどう　　集う 모이다, 회합하다

- 今日のテニス同好会の集まりで、新入会員を募集することに決めた。
  오늘 테니스 동호회 모임에서 신입 회원을 모집하기로 결정했다.

N2 / 小5 / 13획

준할 준

송골매[隼]가 물[氵]위를 수평으로 기준[十]을 잘 유지하며 날아감

- 음 じゅん　　準備 준비　　基準 기준　　水準 수준

- 家に帰ったら、食事の準備ができていた。
  집에 돌아오니 식사 준비가 되어 있었다.

焦
탈 초
N1 / 中 / 12획

새[隹]는 기름이 많아 불[灬]에 구우면 잘 탐

- 음 **しょう**　　焦点 초점　　焦燥 초조
- 훈 **こげる**　　焦げる 타다, 눋다
- **こがす**　　焦がす 눌리다, 태우다 / 애태우다
- **こがれる**　焦がれる 몹시 동경하다 / 연모하다, 애태우다
- **あせる**　　焦る 초조해하다

- 虫眼鏡で太陽光に焦点を合わせると、紙が焦げてくる。
  돋보기로 태양광에 초점을 맞추면 종이가 타들어 간다.

礁
암초 초
N1 / 中 / 17획

배가 부딪히면 불타며[焦] 좌초되는 바위[石]

- 음 **しょう**　　暗礁 암초　　座礁 좌초　　サンゴ礁 산호초

- 島に近付いてきたとき、船が暗礁に乗り上げてしまった。
  섬에 다가갔을 때 배가 암초에 걸려 버렸다.

歓
기쁠 환 [歡]
N1 / 中 / 15획

큰 새[䧺]가 하품[欠]하듯 입을 크게 벌리고 기뻐함

- 음 **かん**　　歓迎 환영　　歓喜 환희　　歓声 환성

- 今日、学校前のビアホールで新入生歓迎パーティーがある。
  오늘 학교 앞 생맥줏집에서 신입생 환영 파티가 있다.

勧
권할 권 [勸]
N1 / 中 / 13획

큰 새[䧺]가 힘차게[力] 날갯짓 하듯 남에게 권함

- 음 **かん**　　勧誘 권유　　勧告 권고
- 훈 **すすめる**　勧める 권하다　비교 薦める p.228　進める p.453

- 先生の勧めに従って、大学へ行くことにした。
  선생님의 권유에 따라 대학에 가기로 했다.

観
볼 관 [觀]
N2 / 小4 / 18획

큰 새[䧺]가 먹이를 살피듯 주의 깊게 봄[見]

- 음 **かん**　　観客 관객　　観光 관광　　楽観 낙관

- 長官は、今後の景気をかなり楽観していた。
  장관은 앞으로의 경기를 꽤 낙관하고 있었다.

N2 / 小6 / 15획

권세 권 [權]

좋은 나무[木]는 큰 새[雚]가 차지함

- 음 けん   けんり 権利 권리   けんげん 権限 권한   じんけん 人権 인권
  ごん   ごんげ 権化 화신

■ 子どもの人権を無視してはならない。
  아이들의 인권을 무시해서는 안 된다.

N1 / 中 / 14획

빼앗을 탈

큰[大] 날갯짓으로 날아오르려는 새[隹]를 손[寸]으로 붙잡아 자유를 빼앗음

- 음 だつ   だっかん 奪還 탈환   そうだつ 争奪 쟁탈
- 훈 うばう   うば 奪う 빼앗다 / (마음을) 사로잡다

■ 敵に奪われた領土を奪還した。
  적에게 빼앗긴 영토를 탈환했다.

N1 / 小6 / 16획

떨칠 분

새[隹]가 큰[大] 날갯짓을 하며 날아오르기 위해 땅[田]을 떨침

- 음 ふん   ふんとう 奮闘 분투   ふんぱつ 奮発 분발   こうふん 興奮 흥분
- 훈 ふるう   ふる 奮う 떨치다 / 용기내다   비교 振るう p.449 震う p.449
  ふる 奮って 적극적으로, 분발하여

■ 社長は業績回復にむけて奮闘したが、結果はなかなか奮わなかった。
  사장은 업적 회복을 위해 분투했지만, 결과는 좀처럼 좋지 못했다.

N1 / 中 / 13획

재촉할 최

사람[亻]이 높은[崔] 지위에 오르기 위해 발걸음을 재촉함

- 음 さい   さいそく 催促 재촉   かいさい 開催 개최   しゅさい 主催 주최
- 훈 もよおす   もよお 催す 개최하다 / 불러일으키다   もよお 催し 회합, 모임

■ 大規模な催しを開催する場合は、消防署にお知らせください。
  대규모 모임을 개최하는 경우는 소방서에 알려 주십시오.

外 / 中 / 13획

携
이끌 휴

살찐[乃] 새[隹]를 잡아 손[扌]에 이끌고 옴

- 음 **けい** 　携帯 휴대　提携 제휴
- 훈 **たずさえる**　携える 휴대하다, 지니다 / 제휴하다
- 　**たずさわる**　携わる 관계하다, 종사하다

- 彼は携帯電話の開発に携わっている。
  그는 휴대 전화 개발에 종사하고 있다.

N1 / 中 / 16획

擁
낄 옹

화합[雍]을 위해 양손[扌]을 끼고 안음

- 음 **よう**　擁護 옹호　擁立 옹립　抱擁 포옹

- 彼は著書の中でその学説を擁護した。
  그는 저서 안에서 그 학설을 옹호했다.

확인 문제

1 빈칸에 알맞은 한자를 a, b 중에 고르세요.

① 福___   a. 止   b. 祉   ⑥ ___行   a. 執   b. 摯
② 一___   a. 到   b. 致   ⑦ ___進   a. 斬   b. 漸
③ ___手   a. 握   b. 屋   ⑧ ___在   a. 替   b. 潜
④ ___動   a. 娠   b. 振   ⑨ ___持   a. 維   b. 稚
⑤ 屈___   a. 唇   b. 辱   ⑩ 興___   a. 奮   b. 奪

2 밑줄 친 부분에 해당되는 한자를 a, b, c 중에 고르세요.

① <u>たお</u>れる   a. 倒   b. 到   c. 致
② <u>お</u>す   a. 推   b. 堆   c. 准
③ <u>あせ</u>る   a. 隻   b. 礁   c. 焦
④ <u>すす</u>める   a. 観   b. 勧   c. 歓
⑤ <u>もよお</u>す   a. 催   b. 携   c. 権

3 다음을 일본어 한자와 히라가나로 써 보세요.

① 긍정 ➡ _____ / _____

② 농민 ➡ _____ / _____

③ 정보 ➡ _____ / _____

④ 유일 ➡ _____ / _____

⑤ 제휴 ➡ _____ / _____

동작 7

N2 / 小5 / 16획

쌓을 축

집은 무릇[凡] 연장[工]을 들고 나무[木]와 대나무[竹→⺮]를 엮어 쌓아서 만듦

- 음 ちく　　築造 축조　　建築 건축　　新築 신축
- 훈 きずく　　築く 쌓다, 축조하다, 구축하다

▪ 彼は建築事業で財産を築いた。
　그는 건축 사업으로 재산을 모았다.

N2 / 中 / 10획

두려울 공

무릇[凡] 두려운 마음[心]이 생기면 연장[工]을 집음

- 음 きょう　　恐怖 공포　　恐慌 공황　　恐縮 공축(죄송스럽게 여김)
- 훈 おそれる　　恐れる 무서워하다 / 걱정하다　비교 畏れる p.204
　　　　　　恐れ 공포, 두려움
　　おそろしい　恐ろしい 무섭다 / 걱정(염려)스럽다

▪ 不況にもかかわらず、株価が上がっていることから、世界恐慌の恐れが指摘されている。
　불황에도 불구하고 주식이 오르고 있는 것에서, 세계 공황의 우려가 지적되고 있다.

N1 / 中 / 6획

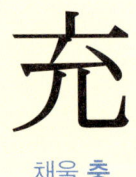

채울 충

두 다리[儿]로 잘 걸을 수 있게 영양을 채워 기름[育→䒑]

- 음 じゅう　　充実 충실　　充分 충분　　補充 보충
- 훈 あてる　　充てる 할당하다 / 충당하다　비교 当てる p.357　宛てる p.515

▪ 彼は無事大学に受かり、充実した学生生活を送っている。
　그는 무사히 대학에 합격하여 충실한 학교 생활을 보내고 있다.

N1 / 中 / 14획

총 총

쇠[金]로 만든 탄환을 채워서[充] 쏘는 금속

- 음 じゅう　　銃 총　　銃弾 총탄, 총알　　拳銃 권총

▪ ジェームズ・ボンドは、背広の下に拳銃を隠していた。
　제임스 본드는 양복 아래에 권총을 숨기고 있었다.

N1 / 小5 / 12획

거느릴 통

여러 색의 실[糸]을 한 통에 채워서[充] 관리하듯 거느림

- 음 **とう**　統一 통일　統計 통계　伝統 전통
- 훈 **すべる**　統べる 통합하다 / 통치하다

- その国は、念願がかなって統一を果たした。
  그 나라는 염원이 이루어져 통일을 달성했다.

N1 / 小6 / 12획

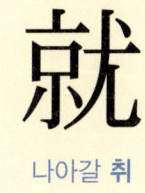
나아갈 취

더욱[尤] 출세하기 위해 도읍[京]으로 나아감

- 음 **しゅう**　就職 취직　就業 취업　去就 거취
- **じゅ**　成就 성취
- 훈 **つく**　就く 취임하다, 종사하다 / 지위에 오르다 [비교] 付く p.409　着く p.531
- **つける**　就ける 종사시키다 / 자리에 앉히다 [비교] 付ける p.409　着ける p.531

- 教職に就こうと思い、私立学校の就職情報を探してみた。
  교직에 종사하려고 생각해, 사립 학교의 취업 정보를 찾아봤다.

外 / 中 / 19획

찰 축

발[足]로 공을 멀리 나아가게[就] 참

- 음 **しゅう**　一蹴 일축(단번에 거절함 / 단번에 물리침)
- 훈 **ける**　蹴る 차다 / 일축하다

- そんないいオファーを蹴るなんて、彼はどうかしている。
  그렇게 좋은 제안을 일축하다니, 그는 좀 이상하다.

N1 / 中 / 10획

일컬을 칭[稱]

농부가 벼[禾]에 대한 애착이 강해 너[尔]로 일컬음

- 음 **しょう**　称賛 칭찬　名称 명칭　呼称 호칭
- 훈 **たたえる**　称える 칭찬하다, 기리다
- **となえる**　称える 칭하다, 일컫다

- 元理事長の功績を称えるために、学校の名称を変更した。
  전 이사장의 공적을 기리기 위해 학교의 명칭을 변경했다.

弥

미륵 미 [彌]

N1 / 中 / 8획

몸을 구부려[弓] 자세를 낮추고 남[尓]을 생각하는 자가 미륵

- [음] み　　　弥勒(みろく) 미륵
- [훈] や　　　弥生時代(やよいじだい) 야요이 시대

■ この弥勒菩薩像が作られたころ、日本はまだ弥生時代だった。
　이 미륵보살상이 만들어진 쯤, 일본은 아직 야요이 시대였다.

通

통할 통

N3 / 小2 / 10획

막힘이 없이 골목길[甬]로 나아갈[辶] 수 있도록 길이 통함

- [음] つう　　通学(つうがく) 통학　　通過(つうか) 통과　　交通(こうつう) 교통
- 　　 つ　　 通夜(つや) 장례식에서 밤샘
- [훈] とおる　通(とお)る 다니다, 지나다　　大通(おおどお)り 대로
- 　　 とおす　通(とお)す 통하게 하다/통과시키다
- 　　 かよう　通(かよ)う 다니다 / 마음이 통하다

■ 私の通っていた学校は、特に交通量の多い大通りに面していた。
　내가 다니던 학교는 특히 교통량이 많은 큰 길에 접해 있었다.

痛

아플 통

N2 / 小6 / 12획

병든[疒] 사람이 골목길[甬]의 의원을 찾아감

- [음] つう　　頭痛(ずつう) 두통　　鎮痛(ちんつう) 진통
- [훈] いたい　痛(いた)い 아프다
- 　　 いたむ　痛(いた)む 아프다 / 고통스럽다 / 고장나다　[비교] 傷む p.188　悼む p.283
- 　　 いためる 痛(いた)める 아프게 하다 / 고통을 주다　[비교] 傷める p.188

■ 痛みがひどいときは、我慢しないで鎮痛剤を飲んだ方がいい。
　통증이 심할 때는 참지 말고 진통제를 먹는 것이 좋다.

踊

뛸 용

N2 / 中 / 14획

골목길[甬]에서 발[足]로 뜀

- [음] よう　　舞踊(ぶよう) 무용
- [훈] おどる　踊(おど)る 춤추다　[비교] 躍る p.291　　踊(おど)り 춤

■ 古典舞踊というと、扇子を使って踊っているイメージがある。
　고전 무용이라고 하면, 부채를 사용하여 춤추고 있는 이미지가 있다.

N2 / 小4 / 5획

쌀 포 [包]

사람[己]을 감쌈[勹]

- 음 ほう　包装 포장　包囲 포위　内包 내포
- 훈 つつむ　包む 싸다　小包 소포

■ 私たちは、敵に包囲されたいきさつを、包み隠さず報告した。
우리는 적에게 포위된 경위를 숨김없이 보고했다.

N2 / 中 / 8획

안을 포 [抱]

사람[己]을 손[扌]으로 감싸[勹] 안음

- 음 ほう　抱負 포부　抱擁 포옹　辛抱 참고 견딤
- 훈 だく　抱く 안다
- いだく　抱く (껴)안다 / (마음에) 품다
- かかえる　抱える (껴)안다 / (옆구리에) 끼다

■ 抱負とは、心の中に抱いている決意や志のことをいう。
포부란, 마음 속에 품고 있는 결의나 뜻을 말한다.

N1 / 中 / 8획

거품 포 [泡]

거품이 위에 떠서 물[氵]을 감쌈[包]

- 음 ほう　水泡 수포　気泡 기포　発泡 발포
- 훈 あわ　泡 거품

■ 消泡剤は、液体の表面にできる泡を消すことができる。
소포제는 액체의 표면에 생기는 거품을 지울 수 있다.

N1 / 中 / 9획

세포 포 [胞]

몸[月]은 세포로 감싸져[包] 있음

- 음 ほう　胞子 포자　細胞 세포

■ 人体は多様な細胞で構成されている。
인체는 다양한 세포로 구성되어 있다.

N1 / 中 / 10획

대포 포 [砲]

대포가 터지면 하늘이 돌[石] 파편에 감싸짐[包]

- 음 ほう　砲撃 포격　鉄砲 총, 소총　大砲 대포

■ 行軍していたとき、いきなり敵から砲撃を受けた。
행군하고 있을 때 느닷없이 적으로부터 포격을 받았다.

N1 / 中 / 13획

배부를 포 [飽]

많이 먹어서[食] 배부르면 뱃가죽이 늘어나 몸을 감쌈[包]

- 음 ほう　　飽和 포화　飽食 포식　飽満 포만
- 훈 あきる　　飽きる 질리다, 싫증나다
- 　　 あかす　　飽かす 질리게 하다, 싫증나게 하다 / 실컷 ~하다

■ その子は、水蒸気の飽和点が温度によって変わる実験を、飽きもせずにやっていた。
그 아이는 수증기의 포화점이 온도에 의해 변하는 실험을 싫증도 내지 않고 하고 있다.

N2 / 中 / 10획

잡을 포

손[扌]으로 채소밭[甫]의 채소를 잡음

- 음 ほ　　捕獲 포획　捕捉 포착　逮捕 체포
- 훈 とる　　捕る 잡다, 포획하다 [비교] 取る p.247 採る p.334 執る p.450
- 　　 とらえる　　捕らえる 붙잡다 / 포착하다 [비교] 捉える p.249
- 　　 とらわれる　　捕らわれる 붙들리다 / 사로잡히다
- 　　 つかまえる　　捕まえる 잡다, 붙잡다
- 　　 つかまる　　捕まる 잡히다, 붙잡히다

■ その政治家は収賄容疑で逮捕された。
그 정치가는 뇌물 수수 혐의로 체포되었다.

N1 / 中 / 10획

개 포

채소밭[甫] 옆에 흐르는 개울[氵]

- 훈 うら　　浦 포구 / 해변　津々浦々 방방곡곡

■ 神社は、日本の津々浦々どこに行っても見られる。
신사는 일본 방방곡곡 어디에 가도 볼 수 있다.

外 / 中 / 10획

먹일 포

채소밭[甫]에서 키운 작물을 먹임[口]

- 음 ほ　　哺乳類 포유류

■ 初期の哺乳類は主に夜行性であった。
초기의 포유류는 주로 야행성이었다.

補
N2 / 小6 / 12획
기울 보

큰[甫] 천을 덧대 옷[衤]을 기움

- 음 ほ　　　補助 보조　　補足 보족　　候補 후보
- 훈 おぎなう　補う 보충하다 / 변상하다

■ サプリメントで栄養を補わなければならないほど、食物の栄養価が落ちてきている。
영양제로 영양을 보충하지 않으면 안 될 정도로 음식의 영양가가 떨어지고 있다.

舗
N1 / 中 / 15획
펼/가게 포 [鋪]

큰[甫] 천을 펼쳐 놓고 옷감 등을 파는 집[舎]

- 음 ほ　　　舗装 (도로) 포장　　店舗 점포　　★老舗 전통 있는 점포

■ その町には舗装された道路がほとんどなかった。
그 마을에는 포장된 도로가 거의 없었다.

合
N3 / 小2 / 6획
합할 합

사람들의 말[口]이 모여[亼] 합해짐

- 음 ごう　　合計 합계　　合格 합격　　集合 집합
-   がっ　　合宿 합숙　　合併 합병
-   かっ　　合羽 비옷　　合戦 전투
- 훈 あう　　合う 맞다　비교 遭う p.45　会う p.471　試合 시합
-   あわす　合わす 맞추다
-   あわせる　合わせる 맞추다　비교 併せる p.501
-   問い合わせる 문의하다

■ 企業が合併する場合、資産の合計に合わせて合併の比率を決める。
기업이 합병하는 경우, 자산 합계에 맞춰서 합병의 비율을 정한다.

答
N3 / 小2 / 12획
대답할 답

대나무[竹→⺮]에 적힌 질문에 맞게[合] 대답함

- 음 とう　　　答案 답안　　答弁 답변　　解答 해답
- 훈 こたえる　答える 대답하다　비교 応える p.237　答え 대답

■ 記者団は答弁を要請したが、総理は何も答えなかった。
기자단은 답변을 요청했지만, 총리는 아무 것도 대답하지 않았다.

N2 / 小4 / 12획

줄 급

실[糸]의 끝을 계속 합[合]하여 잇듯 계속해서 줌

- 음 きゅう　給料 급료, 봉급　給食 급식　供給 공급
- 毎月給料から税金や社会保険料などが引かれる。
  매달 급여에서 세금이나 사회 보험료 등이 제해진다.

N2 / 小3 / 9획

주울 습 / 열 십

손[扌]으로 물건을 주워서 모음[合]

- 음 しゅう　拾得 습득　収拾 수습
- 훈 ひろう　拾う 줍다　拾い物 습득물 / 뜻밖의 횡재
- 落とし物を拾ったら、交番に届け出なければならない。
  분실물을 주우면 경찰서에 신고하지 않으면 안 된다.

N2 / 中 / 12획

탑 탑 [塔]

흙[土]을 합쳐서[合] 쌓은 탑에 이끼[艹]가 자람

- 음 とう　塔 탑　石塔 석탑　管制塔 관제탑
- 飛行機は管制塔からの着陸許可を待っていた。
  비행기는 관제탑으로부터의 착륙 허가를 기다리고 있었다.

N1 / 中 / 12획

탈 탑 [搭]

탑을 손[扌]으로 수리하기 위해 탑[塔→荅]에 올라탐

- 음 とう　搭乗 탑승　搭載 탑재
- 搭乗客の名簿に彼女の名前はない。
  탑승객 명부에 그녀의 이름은 없다.

N2 / 小3 / 8획

목숨 명

목숨은 하늘의 명령[令→스]을 전하는[口] 것

- 음 めい　命令 명령　命じる 명령하다　生命 생명
  　みょう　寿命 수명
- 훈 いのち　命 목숨, 생명　命拾い 구사일생으로 살아남
- 死刑執行の直前に釈放命令が出て、彼は命拾いをした。
  사형 집행 직전에 석방 명령이 떨어져, 그는 구사일생으로 살아났다.

N1 / 中 / 7획

抗 겨룰 항

손[扌]을 높이[亢] 쳐들고 거부 의사를 밝힘

음 こう　　抗議 항의　　対抗 대항　　反抗 반항

- 彼は中学生のころ、親や先生の言うことにことごとく反抗した。
  그는 중학생 때 부모님이나 선생님이 하는 말에 모조리 반항했다.

N1 / 中 / 7획

坑 구덩이 갱

땅[土]에 패인 구덩이에서는 고개를 높이[亢] 쳐들어야 바깥이 보임

음 こう　　坑道 갱도　　炭坑 탄갱, 탄광　　廃坑 폐갱, 폐광

- 鉱山では鉱床に沿って長く複雑な坑道が掘られていた。
  광산에서는 광상을 따라 길고 복잡한 갱도가 파여 있었다.

N2 / 小5 / 10획

航 배 항

높은[亢] 돛을 단 배[舟]

음 こう　　航空 항공　　運航 운항　　欠航 결항

- 台風のせいで、飛行機が欠航になった。
  태풍 탓에 비행기가 결항되었다.

N2 / 小4 / 10획

害 해할 해

집[宀] 안에만 틀어박혀 남을 헐뜯는[丯] 말[口]은 모두를 해함

음 がい　　害虫 해충　　被害 피해　　妨害 방해

- 雨がほとんど降らないため、水不足の被害が深刻になってきている。
  비가 거의 오지 않아서, 물 부족에 의한 피해가 심각해지고 있다.

N1 / 小6 / 16획

憲 법 헌

해[害]하는 자를 눈[目→罒]과 마음[心]으로 감시할 수 있도록 하는 법

음 けん　　憲法 헌법　　改憲 개헌　　違憲 위헌

- 憲法第一条に、大韓民国は民主共和国であると記されている。
  헌법 제1조에 대한민국은 민주공화국이라고 쓰여 있다.

割

N2 / 小6 / 12획

벨 할

상대를 해[害]치기 위해 칼[刂]로 벰

- 음 かつ　　割愛 할애　　分割 분할
- 훈 わる　　割る 깨다
- わり　　割合 비율　　割に 비교적　　五割 5할
- われる　割れる 깨지다
- さく　　割く 찢다 / 쪼개다 / 나누다　비교 裂く p.397

▪ 分割払いの金額の割合は法律で定められている。
할부 금액의 비율은 법률에 정해져 있다.

轄

N1 / 中 / 17획

다스릴 할

해[害]하는 자를 수레[車]에 실어 옥에 가두며 다스림

- 음 かつ　　管轄 관할　　直轄 직할　　所轄 소할, 관할

▪ 彼は東アジアを管轄する部署に移動された。
그는 동아시아를 관할하는 부서로 이동되었다.

行

N5 / 小2 / 6획

다닐 행

사거리의 모양

- 음 こう　　行動 행동　　旅行 여행　　銀行 은행
- ぎょう　行事 행사　　行政 행정　　行列 행렬
- あん　　行燈 초롱불
- 훈 いく　　行く 가다
- ゆく　　行く 가다　비교 逝く p.440　行方 행방　行き先 행선지
- おこなう　行う 행하다

▪ 午前中にローンの審査が行われるので、早めに銀行に行った。
오전 중에 대출 심사가 행해져서, 서둘러 은행에 갔다.

桁

外 / 中 / 10획

도리 형

다닐[行] 수 있게 다리의 횡목[木]을 설치함

- 훈 けた　　桁 자릿수　　桁違い 현격한 차이

▪ 彼女は私たちとは桁違いのお金持ちだった。
그녀는 우리와는 급이 다른 부자였다.

N1 / 中 / 16획

얻을 획 [獲]

사냥개[犭]와 함께 풀숲[⺾] 속의 새[隹]를 손[又]으로 잡아 얻음

- 음 **かく**　　獲得 획득　　捕獲 포획　　漁獲 어획
- 훈 **える**　　獲る 사냥하다　[비교] 得る p.129　　獲物 사냥감

■ 彼は長年の努力が報われ、晴れて金メダルを獲得した。
　그는 오랜 시간의 노력을 보상받아 정식으로 금메달을 획득했다.

N1 / 小5 / 20획

도울 호 [護]

얻을[獲→蒦] 수 있게 말[言]로 도움

- 음 **ご**　　護衛 호위　　弁護士 변호사　　保護 보호

■ 彼は一所懸命勉強して、弁護士の資格を取った。
　그는 열심히 공부해서 변호사 자격을 땄다.

N1 / 中 / 18획

거둘 확 [穫]

논에서 벼[禾] 이삭을 탐하는 새를 잡는[蒦] 시기는 거두어야 할 때

- 음 **かく**　　収穫 수확

■ 学会で有名な学者と知り合いになれたのは、思いがけない収穫だった。
　학회에서 유명한 학자와 아는 사이가 될 수 있었던 것은 뜻하지 않은 수확이었다.

N2 / 中 / 11획

혼인할 혼

옛날엔 해가 질 무렵[昏] 남자가 처가에 가서 신부[女]를 맞음

- 음 **こん**　　婚姻 혼인　　結婚 결혼　　離婚 이혼

■ 彼は同じ大学に通っていた女性と10年前に結婚した。
　그는 같은 대학에 다니고 있던 여성과 10년 전에 결혼했다.

N1 / 中 / 9획

혼인 인

여자[女]가 남자와 인연[因]을 맺음

- 음 **いん**　　姻戚 인척　　婚姻 혼인

■ 結婚したら、役所に行って婚姻届けをしなければならない。
　결혼하면 구청에 가서 혼인 신고를 해야 한다.

469

婿 사위 서
N1 / 中 / 12획

딸[女]의 짝[疋]이 되는 몸[月]

- 음: せい　　女婿 사위
- 훈: むこ　　婿 사위, 신랑　　娘婿 사위　　花婿 신랑

■ 「私のお婿さんになって」というのは、私と結婚して、という意味だ。
'나의 신랑이 되어 줘'라는 말은 나와 결혼해 줘, 라는 의미이다.

婦 며느리 부 [婦]
N2 / 小5 / 11획

빗자루[帚]를 들고 살림하는 여자[女]

- 음: ふ　　婦人 부인　　夫婦 부부　　主婦 주부

■ 彼女は結婚したのち、仕事を辞めて専業主婦になった。
그녀는 결혼한 후 일을 그만두고 전업주부가 되었다.

化 될 화
N2 / 小3 / 4획

사람[亻]이 거꾸로 서면[匕] 변화됨

- 음: か　　化学 화학　　文化 문화　　変化 변화
       け　　化粧 화장
- 훈: ばける　　化ける 둔갑하다 / 변장하다　　化け物 도깨비
       ばかす　　化かす 속이다 / 호리다

■ 私たちには化け物のように見える化粧をするのも、その国の文化の一つである。
우리에게는 도깨비처럼 보이는 화장을 하는 것도 그 나라 문화의 하나이다.

花 꽃 화 [花]
N5 / 小1 / 7획

풀[艹]이 자라면 꽃으로 변화됨[化]

- 음: か　　花瓶 화병, 꽃병　　花粉 화분, 꽃가루　　開花 개화
- 훈: はな　　花 꽃　　花見 꽃구경　　花火 불꽃놀이

■ 花を花瓶から出して水を取りかえた。
꽃을 꽃병에서 꺼내서 물을 갈았다.

貨 재물 화
N2 / 小4 / 11획

재물은 돈[貝]으로 바꿀[化] 수 있는 것

- 음: か　　貨幣 화폐　　貨物 화물　　財貨 재화

■ インフレによって貨幣の価値が下がった。
인플레이션으로 인해 화폐의 가치가 떨어졌다.

叱 꾸짖을 질
N1 / 中 / 5획

많이[七→匕] 말하며[口] 꾸짖음

- 음: しつ — 叱咤 질타, 叱責 질책
- 훈: しかる — 叱る 꾸짖다, 야단치다

- 彼は部長に叱られて、しょげかえっていた。
  그는 부장에게 혼나서 풀이 죽어 있었다.

換 바꿀 환
N2 / 中 / 12획

빛나는[奐] 보석을 손[扌]에 들고 가서 돈으로 바꿈

- 음: かん — 換金 환금, 交換 교환, 転換 전환
- 훈: かえる — 換える 바꾸다, 교환하다
  - [비교] 変える p.407 替える p.451 代える p.495
- かわる — 換わる 바뀌다, 교환되다
  - [비교] 変わる p.407 替わる p.451 代わる p.495

- 換金性というのは、どのくらい現金に換えやすいかということである。
  환금성이란, 얼마나 현금으로 바꾸기 쉬운가 하는 것이다.

喚 부를 환
N1 / 中 / 12획

빛나는[奐] 보석을 살 사람을 입[口]으로 불러 모음

- 음: かん — 喚起 환기, 召喚 소환, 叫喚 규환(큰소리로 부르짖음)

- 最高裁判所は元長官を召喚した。
  최고재판소는 전 장관을 소환했다.

会 모일 회 [會]
N5 / 小2 / 6획

사람들이 지붕[人] 아래 모여 이렇다 저렇다 운운[云]함

- 음: かい — 会議 회의, 会社 회사, 会計 회계
- え — 会釈 가벼운 인사, 会得 터득
  - 一期一会 일생에 한번뿐인 만남
- 훈: あう — 会う 만나다 [비교] 遭う p.45 合う p.465

- 製品の問題点について話し合うため、会社の担当者と会った。
  제품의 문제점에 대해 의논하기 위해 회사의 담당자와 만났다.

N2 / 小2 / 12획

그림 회 [繪]

그림은 여러 색의 실[糸]이 모여[会] 이루어진 듯함

- 음 え　　　絵 그림　　絵葉書 그림엽서　　絵の具 그림물감
  かい　　　絵画 회화

- 息子が幼稚園で絵葉書を作った。
  아들이 유치원에서 그림엽서를 만들었다.

확인 문제

1 빈칸에 알맞은 한자를 a, b 중에 고르세요.

① 呼___   a. 弥   b. 称   ⑥ ___議   a. 抗   b. 坑

② 鎮___   a. 通   b. 痛   ⑦ ___合   a. 割   b. 害

③ ___擁   a. 抱   b. 包   ⑧ ___得   a. 獲   b. 穫

④ 逮___   a. 浦   b. 捕   ⑨ 交___   a. 喚   b. 換

⑤ ___乗   a. 搭   b. 塔   ⑩ ___釈   a. 会   b. 絵

2 밑줄 친 부분에 해당되는 한자를 a, b, c 중에 고르세요.

① <u>あ</u>てる   a. 銃   b. 充   c. 統

② <u>あ</u>きる   a. 飽   b. 砲   c. 胞

③ <u>おぎな</u>う   a. 哺   b. 補   c. 舗

④ <u>ひろ</u>う   a. 給   b. 合   c. 拾

⑤ <u>え</u>る   a. 護   b. 獲   c. 穫

3 다음을 일본어 한자와 히라가나로 써 보세요.

① 건축 ➡ _____ / _____

② 전통 ➡ _____ / _____

③ 취직 ➡ _____ / _____

④ 여행 ➡ _____ / _____

⑤ 결혼 ➡ _____ / _____

지각

外 / 中 / 15획

監
볼 감

누운 사람[臥→臣]의 상처에서 피[血→皿]가 나는지 살펴봄

- 음 かん　　監督 감독　　監視 감시　　監獄 감옥
- この映画は、有名な監督の手になるものだ。
  이 영화는 유명한 감독의 손에 의해 만들어진 것이다.

N1 / 中 / 18획

濫
넘칠 람

물[氵]을 틀어 놓고 딴 곳을 보면[監] 넘침

- 음 らん　　濫用 남용　　氾濫 범람
- 彼は、国家権力の濫用から人権を守った弁護士だ。
  그는 국가 권력의 남용으로부터 인권을 지킨 변호사이다.

N1 / 中 / 18획

藍
쪽 람 [藍]

어린 새싹[艹]이 나오면 계속 보게[監] 됨

- 음 らん　　出藍 청출어람　　青藍 청람
- 훈 あい　　藍色 남색　　藍染め 쪽염색
- 彼女は鮮やかな藍色のワンピースを着ていた。
  그녀는 선명한 남색 원피스를 입고 있었다.

N1 / 中 / 21획

艦
큰 배 함

주변의 지형과 다른 배를 잘 보고[監] 항해해야 하는 큰 배[舟]

- 음 かん　　艦隊 함대　　艦船 함선　　潜水艦 잠수함
- 我が艦隊が敵の潜水艦を撃沈した。
  우리 함대가 적의 잠수함을 격침했다.

N1 / 中 / 23획

鑑
거울 감

잘 볼[監] 수 있게 쇠붙이[金]로 만든 거울

- 음 かん　　鑑賞 감상　　鑑定 감정　　図鑑 도감
- 훈 かんがみる　　鑑みる 감안하다 / 전례에 비춰 판단하다
- 筆跡を鑑定した結果、被害者本人のものだということがわかった。
  필적을 감정한 결과, 피해자 본인의 것이라는 것을 알았다.

N1 / 小6 / 17획

볼 람 [覧]

보고[監] 또 봄[見]

- 음 らん　　閲覧 열람　　博覧会 박람회　　観覧 관람
- 大阪で万国博覧会が開催された。
  오사카에서 만국 박람회가 개최되었다.

N5 / 小1 / 7획

볼 견

사람 다리[儿] 위에 눈[目]만 강조함

- 음 けん　　見学 견학　　意見 의견　　発見 발견
- 훈 みる　　見る 보다　비교 診る p.208　　見事 훌륭함, 멋짐
　　　　　下見 예비 조사 / 미리 봄
- 　みえる　　見える 보이다
- 　みせる　　見せる 보이다 / 남에게 보도록 하다
- 見学のために訪問した工場の入り口で、身分証を見せた。
  견학을 위해 방문한 공장의 입구에서 신분증을 보였다.

N2 / 小5 / 11획

나타날 현

옥[王]처럼 빛나는 것이 보이며[見] 나타남

- 음 げん　　現在 현재　　現代 현대　　表現 표현
- 훈 あらわす　　現す 나타내다　비교 著す p.60　表す p.283
- 　あらわれる　　現れる 나타나다　비교 表れる p.283
- 現在の考えが現れたものが未来なのだから、考え方を変えれば運命も変えられる。 현재의 생각이 나타난 것이 미래이므로, 사고방식을 바꾸면 운명도 바꿀 수 있다.

N2 / 小5 / 11획

법 규

일반 사내[夫]의 눈으로 볼[見] 때 인정할 수 있는 기준

- 음 き　　規則 규칙　　規模 규모　　定規 자
- 健康のためには、規則正しい生活が必要だ。
  건강을 위해서는 규칙적인 생활이 필요하다.

N1 / 小6 / 11획

볼 시 [視]

제단[示]에 음식이 잘 차려졌는지 봄[見]

- 음 し　　視力 시력　　重視 중시　　注視 주시
- 財務部長官は、為替の動きを注視していた。
  재무부 장관은 환율의 움직임을 주시하고 있었다.

親

N3 / 小2 / 16획

친할 친

자주 나무[木] 옆에 서서[立] 들여다 보고[見] 가꾸며 친해짐

- 음 **しん** 　親切 친절　親戚 친척　両親 부모
- 훈 **おや**　　親 부모　親子 부모자식
  - **したしい**　親しい 친하다, 사이좋다
  - **したしむ**　親しむ 친하게 지내다 / 즐기다

■ 親しい親戚の家に遊びに行ったとき、親子丼を食べた。
　친한 친척집에 놀러 갔을 때 닭고기 계란덮밥을 먹었다.

覚

N2 / 小4 / 12획

깨달을 각 [覺]

보고[見] 머리[冖]에 등불[⋯]이 켜지듯 깨달음

- 음 **かく**　　覚悟 각오　覚醒 각성　感覚 감각
- 훈 **おぼえる**　覚える 기억하다 / 외우다 / 익히다　覚え 기억 / 배움
  - **さます**　　覚ます 깨우다 / 깨다　目覚まし時計 자명종
  - **さめる**　　覚める 잠이 깨다

■ 目は覚めたが、体の感覚も戻ってこないし、ゆうべのことも全く覚えていなかった。
　정신은 들었지만, 몸의 감각도 돌아오지 않고, 어젯밤 일도 전혀 생각나지 않았다.

寛

N1 / 中 / 13획

너그러울 관 [寬]

아이가 더러운 풀잎[艹]을 집[宀] 안에 들인 것을 봐도[見] 너그러이 이해함

- 음 **かん**　　寛大 관대　寛容 관용
- 훈 **くつろぐ**　寛ぐ 느긋하게 쉬다

■ 寛大な心を持つためには、自分でも寛ぐ時間が必要だ。
　관대한 마음을 지니기 위해서는 스스로도 느긋하게 쉬는 시간이 필요하다.

更

N2 / 中 / 7획

고칠 경 / 다시 갱

해[日]가 뜰 때까지 밤새 여러 번 쳐서[攵→丈] 모양을 다시 고침

- 음 **こう**　　更新 갱신　変更 변경
- 훈 **さら**　　更に 더욱 더　今更 이제 와서
  - **ふける**　更ける (밤·계절 등이) 깊어지다　夜更け 밤이 깊어짐
  - **ふかす**　更かす 밤 늦도록 깨어 있다　夜更かし 밤을 샘

■ 勤務時間が変更されたせいで、夜更かしをする頻度が増えた。
　근무 시간이 변경된 탓에 밤샘을 하는 빈도가 늘었다.

N3 / 小4 / 9획

편할 **편** /
똥오줌 **변**

사람[亻]이 물건을 고쳐서[更] 편하게 사용함

- 음 **べん**　便利 편리　不便 불편　簡便 간편
  びん　郵便 우편　船便 배편　宅配便 택배편
- 훈 **たより**　便り 소식 / 편지　初便り 첫 소식

■ 海外へ荷物を送るときは、船便が安くて便利です。
　해외로 짐을 보낼 때는, 배편이 싸고 편리합니다.

外 / 中 / 11획

줄기 **경**

나무[木]에서 다시 고쳐서[更] 잘 자라도록 쳐 주는 부분

- 음 **こう**　脳梗塞 뇌경색　心筋梗塞 심근경색

■ 喫煙は脳梗塞や心筋梗塞の主な原因である。
　흡연은 뇌경색이나 심근 경색의 주된 원인이다.

N2 / 中 / 12획

굳을 **경**

돌[石]은 오랜 세월 동안 단단히 고쳐지면서[更] 굳음

- 음 **こう**　硬度 경도　硬貨 동전　硬直 경직
- 훈 **かたい**　硬い 딱딱하다　비교 堅い p.313　固い p.315

■ 銅器より硬い鉄器の出現は、人類の文明に一大変化をもたらした。
　청동기보다 딱딱한 철기의 출현은 인류 문명에 일대 변화를 가져왔다.

N1 / 中 / 5획

공교할 **교**

도구[工]로 아름다운[丂] 물건을 만드는 장인의 공교함

- 음 **こう**　巧妙 교묘　技巧 기교　精巧 정교
- 훈 **たくみ**　巧み 교묘함, 능숙함

■ 彼は精巧な機械を巧みに組み立てていた。
　그는 정교한 기계를 능숙하게 조립하고 있었다.

N2 / 小3 / 5획

이름 **호** [號]

입[口]에서 나오는 아름다운[丂] 목소리로 이름을 부름

- 음 **ごう**　番号 번호　信号 신호　記号 기호

■ 横断歩道の前で、歩行者用信号が青になるのを待った。
　횡단보도 앞에서 보행자용 신호가 파랑이 되는 것을 기다렸다.

朽 썩을 후
N1 / 中 / 6획

썩어 비틀어진 나무[木]가 아름다운[丂] 형상이 됨

- 음 きゅう　不朽 불후　老朽 노후
- 훈 くちる　朽ちる 썩다

■ 都市が全体的に老朽化し、所々朽ちて倒壊した家屋が目についた。
도시가 전체적으로 노후화되어, 도처에 쓰러져 허물어진 가옥이 눈에 띄었다.

極 다할 극
N2 / 小4 / 12획

물에 빠져 절박한[亟] 상황에서 나무[木]를 잡고 사력을 다해 빠져나옴

- 음 きょく　極限 극한　積極的 적극적　北極 북극
-   ごく　極秘 극비　極上 극상, 최상　至極 지극, 더할 나위 없음
- 훈 きわめる　極める 극히 ~하다 / 한도에 이르다　비교 究めるp.303 窮めるp.303
-   　　　　極めて 극히
-   きわまる　極まる 극히 ~하다 / ~하기 짝이 없다　비교 窮まるp.303
-   きわみ　　極み 극한, 끝

■ その大国は、小国の内乱に極めて積極的に介入した。
그 대국은 소국의 내란에 매우 적극적으로 개입했다.

能 능할 능
N2 / 小5 / 10획

재주에 능한 곰의 모습

- 음 のう　能力 능력　能率 능률　才能 재능

■ 新しいアプリを使い始めてから、仕事の能率が上がった。
새로운 앱을 사용하기 시작하고 나서 일의 능률이 올랐다.

態 모습 태
N1 / 小5 / 14획

능[能]히 할 수 있는 마음[心]이 밖으로 드러난 모습

- 음 たい　態度 태도　状態 상태　実態 실태

■ その店は、お客が減って厳しい状態に追いこまれた。
그 가게는 손님이 줄어서 안 좋은 상태에 빠졌다.

熊 곰 웅
N1 / 小4 / 14획

불[灬]을 두려워하지 않는 큰 곰[能]

- 훈 くま　熊 곰　熊手 갈퀴

■ 熊の走る速度は意外と速い。
곰이 달리는 속도는 의외로 빠르다.

外 / 中 / 15획

마칠 **파**

곰[能]을 그물[罒]로 잡았으니 오늘 사냥을 마침

- 음 ひ　　罷免 파면　罷業 파업
- 市長は、事件の責任を問うて、助役を罷免した。
  시장은 사건의 책임을 물어, 부시장을 파면했다.

N2 / 小4 / 10획

웃을 **소**

대나무[竹→⺮]가 부딪히듯 사람[夭]이 깔깔대고 웃음

- 음 しょう　微笑 미소　苦笑 쓴웃음　冷笑 냉소
- 훈 わらう　笑う 웃다　大笑い 큰 소리로 웃음
-   えむ　　笑む 미소 짓다　微笑み 미소　★笑顔 웃는 얼굴
- 彼が苦笑する表情を見て、観客は大笑いした。
  그가 쓴웃음을 짓는 표정을 보고 관객은 큰 소리로 웃었다.

外 / 中 / 7획

기름질 **옥**

사람[夭]이 물[氵]을 대니 땅이 기름짐

- 음 よく　　沃地 옥토　肥沃 비옥
- その地域は土地が肥沃なため、農業が盛んである。
  그 지역은 토지가 비옥해서 농업이 성하다.

N1 / 中 / 11획

더할 **첨**

물을 대서 기름진[沃] 땅에 농부의 마음[小]을 더함

- 음 てん　　添加 첨가　添付 첨부　添削 첨삭
- 훈 そえる　添える 첨부하다 / 더하다　添え手紙 첨부하는 편지
-   そう　　添う 따르다　비교 沿う p.198　付き添う 시중들다, 수발들다
- 部下の企画書を添削して会社の意向に添う内容に直した。
  부하의 기획서를 첨삭해서 회사의 의향에 부합하는 내용으로 고쳤다.

外 / 中 / 7획

요사할 **요**

옛날 사람들은 여자[女] 사람[夭]을 요사하다고 여김

- 음 よう　　妖怪 요괴　妖艶 요염　妖術 요술
- 훈 あやしい　妖しい 신비스럽다 / 매혹적이다　비교 怪しい p.314
- その妖怪は、妖しい魅力で人を湖の中へおびき寄せたと伝えられている。
  그 요괴는 신비스러운 매력으로 사람을 호수 속으로 유인했다고 전해지고 있다.

N2 / 小5 / 5획

示
보일 시

신에게 제사를 차려 보이는 제단의 모양

[음] じ　　表示 표시　　指示 지시　　暗示 암시
　　し　　示唆 시사
[훈] しめす　　示す 보이다 / 가리키다

- スマホの地図アプリでは、方角を示す矢印が表示される。
  스마트폰 지도 앱에서는 방위를 가리키는 화살표가 표시된다.

N1 / 小6 / 8획

宗
마루 종

집[宀] 안에 제단[示]을 차리는 자는 맏이(마루)

[음] しゅう　　宗教 종교　　改宗 개종
　　そう　　宗家 종가, 큰집, 본가

- 自分と違う宗教を信じている人たちを悪く言うべきではない。
  자신과 다른 종교를 믿고 있는 사람들을 나쁘게 말해서는 안 된다.

N1 / 中 / 11획

崇
높을 숭

조상을 모시는 맏이[宗]의 역할과 위치가 높은 산[山]과 같음

[음] すう　　崇拝 숭배　　崇高 숭고

- キリスト教では偶像崇拝を禁じている。
  기독교에서는 우상 숭배를 금지하고 있다.

N1 / 小4 / 8획

奈
어찌 나

어찌해야 크게[大] 잘 보일[示] 수 있는가

[음] な　　奈良県 나라현　　奈落 나락

- 奈落の底へ落ちる夢を見た。
  나락의 끝에 빠지는 꿈을 꿨다.

外 / 中 / 13획

誇
자랑할 과

사람[大]이 큰 소리[亏]로 말하며[言] 자랑함

[음] こ　　誇張 과장　　誇大 과대　　誇示 과시
[훈] ほこる　　誇る 자랑하다, 뽐내다　　誇り 자랑
　　ほこらしい　　誇らしい 자랑스럽다

- 弟は自分のしたことを誇らしげに語っていたが、そこにはかなり誇張が含まれていた。
  남동생은 자신이 한 일을 자랑하듯이 말하고 있었지만 거기에는 과장이 꽤 포함되어 있었다.

N3 / 小2 / 13획

즐길 **락** / 노래 **악** [樂]

나무[木]로 만든 악기[白]에 줄[X]을 걸어 연주하며 노래하는 것을 즐김

- 음 **らく** 　楽天的 낙천적　楽園 낙원　快楽 쾌락
- 　　**がく** 　楽器 악기　楽隊 악대　音楽 음악
- 훈 **たのしい** 　楽しい 즐겁다　楽しさ 즐거움
- 　　**たのしむ** 　楽しむ 즐기다　楽しみ 즐거움

■ 安楽椅子で寛ぎながら音楽を聴くのは、楽しいことだ。
안락 의자에서 편히 쉬면서 음악을 듣는 것은 즐거운 일이다.

N3 / 小3 / 16획

약 **약** [藥]

통증에서 벗어나는 즐거움[楽]을 주는 풀[艹]

- 음 **やく** 　薬品 약품　火薬 화약
- 훈 **くすり** 　薬 약　薬屋 약국　目薬 안약

■ この薬品は、普通の薬屋では手に入らないものだ。
이 약품은 일반 약국에서는 손에 넣지 못하는 것이다.

N1 / 中 / 12획

즐거울 **유** [愉]

마음[忄]에 드는 대답[兪]을 들으면 즐거움

- 음 **ゆ** 　愉快 유쾌　愉悦 유열(즐거워하고 기뻐함)

■ 彼の話を聞きながら、みんな愉快そうに笑っていた。
그의 이야기를 들으면서 모두 유쾌한 듯 웃고 있었다.

外 / 中 / 12획

깨우칠 **유**

스승이 제자의 입[口]에서 정답[兪]이 나오면 깨우쳤음을 인정함

- 음 **ゆ** 　比喩 비유　直喩 직유　隠喩 은유

■ 彼の文章には比喩的な表現が多い。
그의 문장에는 비유적인 표현이 많다.

N1 / 中 / 16획

타이를 **유** [諭]

바른 대답[兪]을 하도록 말씀[言]으로 타이름

- 음 **ゆ** 　諭告 유고, 타이름
- 　　　　　教諭 교유(가르치고 타이름) / 유치원·초등·중등교사
- 훈 **さとす** 　諭す 타이르다

■ 教諭は少年たちに、そのような行動をするものではないと諭した。
교사는 소년들에게 그런 행동을 해서는 안 된다고 타일렀다.

N2 / 小5 / 16획

보낼 수 [輸]

대답[兪]한 물량을 수레[車]에 실어 보냄

- 음 ゆ　　輸入 수입　　輸出 수출　　運輸 운수
- 輸入額が輸出額を上回る状況を、貿易赤字という。
  수입액이 수출액을 상회하는 상황을 무역 적자라고 한다.

N1 / 中 / 18획

병 나을 유 [癒]

병상[疒]에서 치유되었다는 대답[兪]을 간절히[心] 바람

- 음 ゆ　　癒着 유착　　治癒 치유　　快癒 쾌유
- 훈 いえる　　癒える 낫다, 치유되다
  いやす　　癒す 치료하다
- この神社で病気治癒祈願をすると病が癒えると言い伝えられている。
  이 신사에서 병 치유 기원을 하면 병이 치유된다고 전해지고 있다.

N2 / 小6 / 14획

의심할 의

비수[匕]와 화살[矢]을 들고 가는 자[子→マ]를 뒤따르며[疋] 의심함

- 음 ぎ　　疑問 의문　　疑惑 의혹　　容疑 용의
- 훈 うたがう　　疑う 의심하다　　疑い 혐의, 의심
- 犯罪の疑いをかけられた人を、容疑者という。
  범죄 혐의를 받고 있는 사람을 용의자라고 한다.

N1 / 中 / 16획

엉길 응

의심[疑]을 품은 자들이 얼음[冫]처럼 잘 뭉쳐 엉김

- 음 ぎょう　　凝視 응시　　凝固 응고　　凝縮 응축
- 훈 こる　　凝る 엉기다
  こらす　　凝らす 엉기게 하다 / 눈을 부릅뜨다
- ストレスが溜まると、血液が凝固して、肩が凝りやすくなる。
  스트레스가 쌓이면 혈액이 응고하여 어깨가 쉽게 결린다.

N1 / 中 / 17획

비길 의

너무 비슷하여 손[扌]으로 의심[疑]하며 만져 봄

- 음 ぎ　　擬声語 의성어　　擬人法 의인법　　模擬 모의
- 高校3年生になると、模擬テストが頻繁に行われる。
  고등학교 3학년이 되면 모의고사가 빈번하게 치러진다.

N2 / 小4 / 10획

잔인할/남을 잔
[殘]

창[戋]을 맞대고 뼈[歹]가 보일 정도로 잔인하게 싸움

음 ざん　　残念(ざんねん) 유감스러움, 아쉬움　　残業(ざんぎょう) 잔업　　残高(ざんだか) 잔고, 잔액

훈 のこる　　残(のこ)る 남다　　★名残(なごり) 자취, 흔적 / 추억
　　のこす　　残(のこ)す 남기다

- 残念(ざんねん)ながら、残(のこ)っている資本(しほん)はこれだけだ。
  유감스럽게도 남아 있는 자본은 이것 뿐이다.

N2 / 小4 / 9획

얕을 천 [淺]

물[氵]의 깊이를 창[戋]으로 가능할 정도로 얕음

음 せん　　浅薄(せんぱく) 천박　　浅学(せんがく) 학식이 얕음　　深浅(しんせん) 심천, 깊고 얕음

훈 あさい　　浅(あさ)い 얕다　　浅瀬(あさせ) 얕은 여울　　遠浅(とおあさ) 물가에서 멀리까지 얕음

- 浅薄(せんぱく)とは、知識(ちしき)や考(かんが)えが浅(あさ)いことをいう。
  천박이란, 지식이나 생각이 얕은 것을 말한다.

N1 / 中 / 10획

사다리 잔 [棧]

성곽에 오를 때 긴 창[戋]에 나무[木]를 엮어 사다리를 만들어 씀

음 さん　　桟橋(さんばし) 부두 / 선창 / 잔교

- ボートが桟橋(さんばし)の横(よこ)を通(とお)っていた。
  보트가 부두 옆을 지나가고 있었다.

N1 / 小6 / 14획

돈 전 [錢]

창[戋] 끝의 쇠[金]를 녹여 돈을 만듦

음 せん　　銭湯(せんとう) 목욕탕　　金銭(きんせん) 금전

훈 ぜに　　銭(ぜに) 돈　　小銭(こぜに) 잔돈

- その人(ひと)の金銭(きんせん)感覚(かんかく)は、小銭(こぜに)の扱(あつか)い方(かた)にも表(あらわ)れている。
  그 사람의 금전 감각은 동전의 취급 방법에서도 나타나고 있다.

N1 / 中 / 13획

밟을 천 [踐]

창[戋]을 옆에 들고 튼튼한 발[足]로 여기 저기를 누빔

음 せん　　実践(じっせん) 실천

- まず、実践(じっせん)できる計画(けいかく)から立(た)てよう。
  우선, 실천할 수 있는 계획부터 세우자.

外 / 中 / 14획

기록할 전

전장에서 대나무[竹→⺮]에 뾰족한 창[戔]끝으로 기록함

- 음 せん　処方箋 처방전　便箋 편지지
- お医者さんが処方箋を書いてくれた。
  의사 선생님이 처방전을 써 주었다.

N1 / 小6 / 12획

꾀 책

말을 길들이기 위해 대나무[竹→⺮] 채찍에 가시[朿]를 붙일 꾀를 냄

- 음 さく　策略 책략, 계략　対策 대책　政策 정책
- その事件をきっかけにして、政府の政策に変化が現れ始めた。
  그 사건을 계기로 해서, 정부의 정책에 변화가 나타나기 시작했다.

N2 / 中 / 8획

찌를 자

따가운 가시[朿] 모양을 한 칼[刂]로 찌름

- 음 し　刺激 자극　刺繍 자수　名刺 명함
- 훈 さす　刺す 찌르다, 쏘다　[비교] 挿す p.88　指す p.142　差す p.530
  　　　刺身 회
  　　ささる　刺さる 찔리다
- 蜂の巣を刺激したら、蜂に刺された。 벌집을 자극했더니 벌에 쏘였다.

N1 / 中 / 10획

은혜 혜 [恵]

오로지[専→叀] 마음속[心]에 은혜를 갚고자 함

- 음 けい　恩恵 은혜
  　　え　知恵 지혜
- 훈 めぐむ　恵む 은혜를 베풀다　恵み 은혜
  　　めぐまれる　恵まれる 혜택받다 / 풍족하다, 모자람이 없다
- 彼は、自分の受けてきた恩恵を恵まれない人たちに還元しようと思い立った。 그는 자신이 받아 온 은혜를 혜택받지 못한 사람들에게 환원하려고 결심했다.

N1 / 中 / 15획

이삭 수 [穗]

자연이 베푼 은혜[恵]의 산물이 벼[禾]에 이삭으로 달림

- 음 すい　出穂期 출수기(이삭이 나오는 시기)
- 훈 ほ　穂 이삭　稲穂 벼 이삭
- 田園では、豊かに実った稲穂が金色に輝いて風に波打っていた。
  시골에서는 풍성히 여문 벼 이삭이 금빛으로 빛나며 바람에 물결치고 있었다.

확인 문제

1 빈칸에 알맞은 한자를 a, b 중에 고르세요.

① ＿＿視　　a. 濫　b. 監　　　⑥ 肥＿＿　　a. 妖　b. 沃

② ＿＿則　　a. 現　b. 規　　　⑦ ＿＿張　　a. 誇　b. 奈

③ 変＿＿　　a. 更　b. 便　　　⑧ 音＿＿　　a. 薬　b. 楽

④ ＿＿妙　　a. 朽　b. 巧　　　⑨ ＿＿快　　a. 愉　b. 喩

⑤ ＿＿度　　a. 熊　b. 態　　　⑩ ＿＿念　　a. 銭　b. 残

2 밑줄 친 부분에 해당되는 한자를 a, b, c 중에 고르세요.

① <u>かんが</u>みる　　a. 覧　　b. 監　　c. 鑑

② <u>おぼ</u>える　　　a. 見　　b. 覚　　c. 視

③ <u>そ</u>える　　　　a. 沃　　b. 妖　　c. 添

④ <u>いや</u>す　　　　a. 愉　　b. 癒　　c. 喩

⑤ <u>こ</u>る　　　　　a. 凝　　b. 疑　　c. 擬

3 다음을 일본어 한자와 히라가나로 써 보세요.

① 극한 ➡　　　　　　／

② 종교 ➡　　　　　　／

③ 실천 ➡　　　　　　／

④ 정책 ➡　　　　　　／

⑤ 은혜 ➡　　　　　　／

태도 ₁

N1 / 中 / 12획

감히 **감**

귀[耳] 옆에 연장[工]을 놓고 치며[攵] 과감히 작업에 임함

- 음 **かん**　敢行 감행　勇敢 용감　果敢 과감
- 훈 **あえて**　敢えて 억지로, 굳이

▪ 上司をかばった彼の態度は勇敢ではあったが、敢えてそれをする必要があったかどうかは疑問だ。
　상사를 감싼 그의 태도는 용감했지만, 굳이 그렇게 할 필요가 있었는지는 의문이다.

外 / 小6 / 17획

엄할 **엄** [嚴]

높고 거친 언덕[厂] 위에 감히[敢] 오르기 무서울 만큼 엄함

- 음 **げん**　厳重 엄중　厳密 엄밀　威厳 위엄
　ごん　荘厳 장엄
- 훈 **おごそか**　厳かだ 엄숙하다
　きびしい　厳しい 엄격하다 / 심하다

▪ 先生の学問はたいへん厳密だが、その分、指導はとても厳しい。
　선생님의 학문은 상당히 엄밀하며 그만큼 지도는 매우 엄하다.

N2 / 中 / 4획

끼일 **개**

사람[人]이 양쪽[丿ㅣ] 사이에 끼임

- 음 **かい**　介入 개입　介護 간호　紹介 소개

▪ 政府が介入してくれたおかげで、交渉が円満に妥結した。
　정부가 개입해 준 덕분에 교섭이 원만히 타결되었다.

N3 / 小3 / 9획

지경 **계**

밭[田] 사이에 끼인[介] 경계

- 음 **かい**　世界 세계　業界 업계　限界 한계

▪ 君たちは国内に留まらないで、どんどん世界に出て行くべきだ。
　너희들은 국내에 머무르지 말고, 점점 세계로 나아가야 한다.

살 거

N2 / 小5 / 8획

몸[尸]이 한곳에 오래[古] 머무르며 살게 됨

- 음 きょ　居住 거주　同居 동거
- 훈 いる　居る 있다　居間 거실　芝居 연극

- この居間の間取りは、居住者のニーズに合わせて設計されたものだ。
  이 거실의 배치는 거주자의 요구에 맞춰 설계된 것이다.

거치할 거

N1 / 中 / 11획

어떤 사물이 머물러 있도록[居] 손[扌]으로 고정함

- 훈 すえる　据える 설치하다　据え付ける 설치하다, 고정시키다
- 　 すわる　据わる 안정되다, 끄떡없다 비교 座る p.121

- 工場の一角に新しい機械を据え付けた。
  공장 한 귀퉁이에 새 기계를 설치했다.

옷자락 거

外 / 中 / 13획

옷[衤]의 형태가 잘 유지되도록[居] 신경 써서 만드는 부분

- 훈 すそ　裾 옷자락　お裾分け 얻은 것의 일부를 나눔

- 和服は裾が長いので、歩きにくい。
  기모노는 옷자락이 길어서 걷기 힘들다.

검소할 검 [倹]

N1 / 中 / 10획

사람[亻]이 검소하게 물건을 끝까지 다[僉] 씀

- 음 けん　倹約 검약

- このお金は、昔から少しずつ倹約して貯金してきたものだ。
  이 돈은 옛날부터 조금씩 절약해서 저금해 온 것이다.

험할 험 [険]

N2 / 小5 / 11획

사방 모든[僉] 곳이 가파른 언덕[阝]이라 길이 험함

- 음 けん　険悪 험악　保険 보험　危険 위험
- 훈 けわしい　険しい 험하다 / 험상궂다

- 保険会社の担当者は、険しい表情で事故の経緯を聞いてきた。
  보험 회사 담당자는 험악한 표정으로 사고의 경위를 물어 왔다.

N1 / 小5 / 12획

검사할 검 [檢]

자재로 쓸 나무[木]를 꼼꼼히 모두[僉] 검사함

- 음 **けん**　　檢査 검사　　点検 점검　　探検 탐험
- 入隊するために、身体検査を受けた。
  입대하기 위해 신체 검사를 받았다.

N3 / 小4 / 18획

시험 험 [驗]

모든[僉] 말[馬]의 상태를 시험해 봄

- 음 **けん**　　経験 경험　　試験 시험　　実験 실험
- 　**げん**　　霊験 영험
- 旅先で不思議な体験をした。 여행지에서 이상한 체험을 했다.

N1 / 中 / 10획

칼 검 [劍]

모든[僉] 사내가 지니고 다닌 칼[刂]

- 음 **けん**　　剣道 검도　　真剣 진검(진짜 칼 / 진지함)
- 훈 **つるぎ**　　剣 양날 검
- 真剣とは、本物の剣を使うときのように真面目であるという意味だ。
  신켄이란, 진짜 칼을 사용할 때처럼 진지하다는 의미이다.

N2 / 小3 / 7획

결단할 결

둑이 터져서[夬] 물[氵]길을 어떻게 잡을 것인가 결단함

- 음 **けつ**　　決定 결정　　決して 결코　　解決 해결
- 훈 **きまる**　　決まる 결정되다　　決まり 규정 / 결말
- 　**きめる**　　決める 결정하다
- 彼は大変まじめで、決まりを破るようなことは決してしない。
  그는 매우 성실해서 규칙을 깨는 일 같은 건 결코 하지 않는다.

N2 / 小5 / 7획

쾌할 쾌

마음속[忄]이 탁 트임[夬]

- 음 **かい**　　快速 쾌속　　快適 쾌적　　愉快 유쾌
- 훈 **こころよい**　　快い 상쾌하다 / 기분 좋다 / 즐겁다

- 私の努力を快く思ってくれない人がいるというのは、不愉快なことだ。
  나의 노력을 기분 좋게 생각해 주지 않는 사람이 있다는 것은, 불쾌한 일이다.

겸할 겸 [兼] — N1 / 中 / 10획

여러 단의 벼[禾禾]를 손[크]에 쥐듯 여러 일을 겸함

- 음 けん　　兼用 겸용　　兼任 겸임　　兼備 겸비
- 훈 かねる　　兼ねる 겸하다 / ～하기 어렵다

- 作業場と住居を兼用したらどうかと言われたが、それは実現し兼ねる。
  '사업장과 주거를 겸용하면 어떨까?'라고 들었지만, 그것은 실현되기 어렵다.

싫어할 혐 [嫌] — N1 / 中 / 13획

남자는 여자[女]가 여러 일을 겸하는[兼] 것을 싫어함

- 음 けん　　嫌疑 혐의, 용의　　嫌悪 혐오
  　　げん　　機嫌 기분 / 안부　　不機嫌 기분이 언짢음
- 훈 きらう　　嫌う 싫어하다　　好き嫌い 좋고 싫음
  　　いや　　嫌 싫음

- 私は身に覚えのない嫌疑をかけられるのは嫌だった。
  나는 엉뚱한 혐의를 받는 것은 싫었다.

겸손할 겸 [謙] — N1 / 中 / 17획

말할[言] 때 상대의 입상노 겸해서[兼] 생각하니 겸손함

- 음 けん　　謙虚 겸허　　謙遜 겸손　　謙譲 겸양

- 日本語は、尊敬語と謙譲語がかなり複雑だ。
  일본어는 존경어와 겸양어가 꽤 복잡하다.

낫 겸 [鎌] — N1 / 中 / 18획

낫은 단단한 쇠[金]로 만들어 풀만 베지 않고 여러 일을 겸함[兼]

- 훈 かま　　鎌 낫　　鎌倉時代 가마쿠라 시대

- 鎌のような三日月の横で、金星が輝いている。
  낫처럼 생긴 초승달 옆에서 금성이 빛나고 있다.

청렴할 렴 [廉] — N1 / 中 / 13획

청렴한 벼슬아치가 집[广]에서는 농사일을 겸함[兼]

- 음 れん　　廉価 염가　　破廉恥 파렴치　　清廉 청렴

- その将軍は清廉な人物であった。
  그 장군은 청렴한 인물이었다.

편안할 강

N1 / 小4 / 11획

집에서 절구질[庚]할 쌀[米]이 있으니 먹고 살기 편안함

- 음 こう 健康 건강 小康 소강(상태가 잠시 가라앉음)
- 激しかった戦争は、休戦によって小康状態に入った。
  격렬했던 전쟁은 휴전으로 인해 소강 상태가 되었다.

공경할 경 [敬]

N2 / 小6 / 12획

오로지[苟] 지팡이[攵]에 의지하시는 노인층을 공경해야 함

- 음 けい 敬語 경어 敬礼 경례 尊敬 존경
- 훈 うやまう 敬う 존경하다
- 敬語というのは、相手を敬う気持ちを表現する言葉である。
  경어란, 상대를 존경하는 마음을 표현하는 말이다.

경계할 경 [警]

N2 / 小6 / 19획

노인[敬]들은 삶에서 경계해야 할 것을 잘 말씀[言]해 주심

- 음 けい 警察 경찰 警告 경고 警報 경보
- このシステムでは、侵入者を感知すると警報ベルが鳴るようになっている。
  이 시스템에서는 침입자를 감지하면 경보벨이 울리게 되어 있다.

놀랄 경 [驚]

N1 / 中 / 22획

노인[敬]께서 말[馬]을 탔다가 말의 움직임에 깜짝 놀라심

- 음 きょう 驚異 경이 驚嘆 경탄
- 훈 おどろく 驚く 놀라다
  おどろかす 驚かす 놀라게 하다
- そのIT会社は、驚異的な成長率を記録して世界を驚かせた。
  그 IT회사는 경이적인 성장률을 기록하여 세계를 놀라게 했다.

맺을 계 [契]

N1 / 中 / 9획

나무판에 칼[刀]로 큰[大] 금을 그어[丰] 약속을 맺음

- 음 けい 契約 계약 契機 계기
- 훈 ちぎる 契る 약속하다 / 부부의 연을 맺다 契り 약속
- 見知らぬ会社に飛び込んでいって、契約を取るのは、本当に大変なことだ。
  낯선 회사에 뛰어들어가 계약을 따 온 것은 정말로 대단한 일이다.

N2 / 中 / 12획

喫 먹을 끽 [喫]

제공하기로 약속을 맺은[契] 음식을 입[口]으로 가져가서 먹음

- 음 **きつ**　　喫煙 끽연, 흡연　　喫茶店 찻집　　満喫 만끽

- 私たちは、前に会った喫茶店で待ち合わせることにした。
  우리는 전에 만났던 찻집에서 만나기로 했다.

N1 / 小5 / 15획

潔 깨끗할 결 [潔]

실[糸]로 묶고[契→圭] 물[氵]로 씻으니 깨끗함

- 음 **けつ**　　潔白 결백　　清潔 청결　　簡潔 간결
- 훈 **いさぎよい**　　潔い 맑고 깨끗하다 / 결백하다

- 刑事は、潔く罪を認めろと迫ったが、彼は潔白を主張した。
  형사는 깨끗이 죄를 인정하라고 강요했지만, 그는 결백을 주장했다.

N1 / 中 / 7획

戒 경계할 계

병사가 양손[廾]에 창[戈]을 들고 적의 침입을 경계함

- 음 **かい**　　戒律 계율　　警戒 경계　　懲戒 징계
- 훈 **いましめる**　　戒める 훈계하다 / 징계하다　　戒め 훈계 / 주의

- 甘い誘いを警戒するようにという親の戒めを、彼は守ってきた。
  달콤한 유혹을 경계하라는 부모님의 가르침을 그는 지켜 왔다.

N2 / 小4 / 11획

械 기계 계

죄인의 도망을 경계[戒]하기 위해 나무[木]로 만든 형틀

- 음 **かい**　　機械 기계

- 彼は大学で機械工学を専攻した。
  그는 대학에서 기계 공학을 전공했다.

N1 / 中 / 11획

貫 꿸 관

돈[貝]에 구멍을 뚫어[毌] 휴대가 편하도록 줄로 꿰

- 음 **かん**　　貫通 관통　　貫徹 관철　　一貫 일관
- 훈 **つらぬく**　　貫く 관통하다, 꿰뚫다 / 관철하다

- 彼の一生は、民主主義を守るという意志で貫かれていた。
  그의 일생은 민주주의를 지킨다는 의지로 일관되었다.

N2 / 小5 / 14획

慣 익숙할 관

마음속[忄]에 이미 꿰어져[貫] 있으니 익숙함

- **음** かん　　慣例 관례　慣用句 관용구　習慣 습관
- **훈** なれる　慣れる 익숙해지다, 숙달되다 / 습관이 되다
- 　　ならす　慣らす 순응시키다 / 익숙하게 하다

- 外国語の慣用句に慣れるには、自分で使ってみることだ。
  외국어의 관용구에 익숙해지려면 스스로 써 봐야 한다.

N2 / 小2 / 6획

交 사귈 교

양다리를 교차하여 꼰 모습처럼 친구와 뒤섞여 사귐

- **음** こう　　交流 교류　交代 교대　外交 외교
- **훈** まじわる　交わる 사귀다 / 교차하다
- 　　まじえる　交える 섞다 / 교차시키다
- 　　まじる　　交じる 섞이다　비교 混じる p.236
- 　　まざる　　交ざる 섞이다　비교 混ざる p.236
- 　　まぜる　　交ぜる 섞다, 혼합하다
- 　　かわす　　交わす 주고받다 / (정을) 통하다

- 国際交流プログラムに参加して、日本人と交わった。
  국제 교류 프로그램에 참가하여 일본인과 사귀었다.

N1 / 小5 / 8획

効 본받을 효 [效]

친구[交]의 좋은 점을 힘껏[力] 본받음

- **음** こう　　効果 효과　効率 효율　有効 유효
- **훈** きく　　効く 효과가 있다, 듣다　비교 利く p.359　効き目 효력, 효과

- 効く成分を含まない偽の薬を投与して症状が改善されてしまうことを、プラシーボ効果という。
  효과 있는 성분이 들어 있지 않은 가짜 약을 투여해서 증상이 개선되어 버리는 것을 플라세보 효과라고 한다.

N5 / 小1 / 10획

校 학교 교

나무[木] 책상이 있고 친구·사제간의 교류[交]가 있는 곳

- **음** こう　　校長 교장　学校 학교　高校 고등학교

- 私は高校で日本語を教えている。
  나는 고등학교에서 일본어를 가르치고 있다.

N2 / 中 / 9획

들 교

들판은 마을[阝]과 외부가 교차[交]하는 곳에 자리함

- 음 こう　　郊外 교외　　近郊 근교

■ 彼女の家は東京の郊外にある。
　그녀의 집은 도쿄의 교외에 있다.

N2 / 中 / 13획

비교할 교

수레[車]는 비싸므로 여러 대를 번갈아[交] 보며 비교함

- 음 かく　　比較 비교

■ 私は若いころから古典と呼ばれる本を比較的よく読んできた。
　나는 어렸을 때부터 고전이라 불리는 책을 비교적 자주 읽어 왔다.

N1 / 中 / 12획

목맬 교

줄[糸]을 교차[交]하여 목에 걺

- 음 こう　　絞殺 교살　　絞首刑 교수형
- 훈 しぼる　　絞る 짜다, 쥐어짜다　비교 搾る p.316
- しまる　　絞まる 단단하게 죄이다　비교 締まる p.12　閉まる p.118
- しめる　　絞める 조르다　비교 締める p.12　閉める p.118

■ 日本の死刑は韓国と同じく絞首刑である。
　일본의 사형은 한국과 마찬가지로 교수형이다.

N2 / 小5 / 13획

금할 금

숲[林] 안에 있는 제단[示]에는 출입을 금함

- 음 きん　　禁止 금지　　禁煙 금연　　禁じる 금하다

■ このレストランは喫煙席と禁煙席に分かれている。
　이 레스토랑은 흡연석과 금연석으로 나뉘어져 있다.

N1 / 中 / 18획

옷깃 금

예법상 풀어헤치는 것이 금지된[禁] 옷[衤]의 부분

- 음 きん　　胸襟 흉금, 품은 생각
- 훈 えり　　襟 옷깃　　襟巻き 목도리　　襟元 옷깃 언저리

■ その男は襟巻きを首に巻いてオーバーコートを着ていた。
　그 남자는 목도리를 목에 두르고 오버 코트를 입고 있었다.

N1 / 中 / 3획

미칠 **급**

앞 사람[人]을 따라잡는 손[又→乃]이 그에게 미침

- 음 **きゅう**　普及 보급　波及 파급　言及 언급
- 훈 **およぶ**　及ぶ 미치다, 이르다
  - **および**　及び 및
  - **およぼす**　及ぼす 미치게 하다, 끼치다

- その会社は代替エネルギーによる発電機の開発及び普及事業に携わっている。
  그 회사는 대체 에너지에 의한 발전기 개발 및 보급 사업에 종사하고 있다.

N1 / 中 / 6획

다룰 **급**

손[扌]끝이 물건에 미쳐서[及] 다룸

- 훈 **あつかう**　扱う 다루다, 취급하다　取り扱い 취급

- この店は輸入食品を扱っている。
  이 가게는 수입 식품을 취급하고 있다.

N2 / 小6 / 6획

마실 **흡**

공기나 물이 입[口]을 통해 몸속에 미치도록[及] 마심

- 음 **きゅう**　吸収 흡수　吸入 흡입　呼吸 호흡
- 훈 **すう**　吸う 들이마시다　吸い殻 담배꽁초

- 家の中でタバコを吸うと、子どもが呼吸器疾患にかかりやすくなる。
  집 안에서 담배를 피우면 아이가 호흡기 질환에 걸리기 쉬워진다.

N1 / 小3 / 9획

등급 **급**

실[糸]의 품질이 등급에 맞게 미침[及]

- 음 **きゅう**　上級 상급　高級 고급　階級 계급

- この地域には、初級から上級までのコースを備えたスキー場がある。
  이 지역에는 초급부터 상급까지의 코스를 갖춘 스키장이 있다.

代 대신할 대
N3 / 小3 / 5획

사람[イ]이 주살[弋]을 들고 경계 근무를 돌아가면서 대신함

- 음 **だい** 代表 대표　代理 대리　時代 시대
  たい 代謝 (신진, 기초) 대사　交代 교대
- 훈 **かえる** 代える 바꾸다 / 대신하다
  - 비교 変えるp.407　替えるp.451　換えるp.471

  かわる 代わる 대신하다 / 바뀌다
  - 비교 変わるp.407　替わるp.451　換わるp.471

  よ 代 ~시대　明治の代 메이지 시대

  しろ 代 재료 / 대금　身の代 몸값　苗代 못자리

- 役員交代により、代表理事に代わって彼が社長の座に就いた。
  임원 교대로 인해, 대표 이사를 대신해 그가 사장 자리에 앉았다.

伐 칠 벌
N1 / 中 / 6획

창[戈]으로 사람[イ]을 침

- 음 **ばつ** 伐木 벌목　征伐 정벌　討伐 토벌

- 将軍は、領地を度々犯す敵を討伐した。
  장군은 영지를 자주 침범하는 적을 토벌했다.

貸 빌릴 대
N3 / 小5 / 12획

돈[貝]을 빌리고 그것을 대신할[代] 물건을 맡김

- 음 **たい** 貸与 대여　賃貸 임대
- 훈 **かす** 貸す 빌려주다　貸し切り 대절

- 使用料をもらって物を貸すことを、賃貸という。
  사용료를 받고 물건을 빌려주는 것을 임대라고 한다.

袋 자루 대
N2 / 中 / 11획

전쟁 때 자루를 옷[衣]을 대신해[代] 입음

- 음 **たい** 郵袋 우편물 주머니
  ★ 足袋 일본식 버선
- 훈 **ふくろ** 袋 주머니, 봉지　手袋 장갑　紙袋 종이 봉지

- 買ったものを詰め込みすぎて、袋が破れてしまった。
  산 것을 너무 많이 집어 넣어서 봉지가 찢어져 버렸다.

N1 / 中 / 8획

면할 면 [免]

토끼[免]가 꼬리[ヽ]만 잘리고 도망가 죽음을 면함

- 음 めん　　免除 면제　免許 면허　減免 감면
- 훈 まぬかれる　免れる 면하다, 피하다 (まぬがれる라고도 읽음)

- 彼は、免責規定により全ての責任を免れていた。
  그는 면책 규정에 의해 모든 책임을 면했다.

N3 / 小3 / 10획

힘쓸 면 [勉]

고통을 면하기[免] 위해 부지런히 힘씀[力]

- 음 べん　　勉強 공부　勉学 면학　勤勉 근면

- 3年生になってから、受験勉強に専念するようになった。
  3학년이 되고부터 수험 공부에 전념하게 되었다.

N2 / 小6 / 12획

늦을 만 [晩]

밝은 해[日]를 면하는[免] 늦은 때

- 음 ばん　　晩年 만년　今晩 오늘 밤　毎晩 매일 밤

- この家は、作家が晩年を過ごした別荘だ。
  이 집은 작가가 만년을 보낸 별장이다.

N1 / 中 / 11획

편안할 일 [逸]

전쟁터에 가는[辶] 것을 면하니[免] 편안함

- 음 いつ　　逸話 일화　逸品 걸작　逸する 잃다 / 벗어나다
- 훈 そらす　逸らす 놓치다 / (딴 데로) 돌리다
　　それる　逸れる 빗나가다, 벗어나다

- 先輩の逸話を聞いて、みんな大笑いした。
  선배의 일화를 듣고 모두 웃음보가 터졌다.

확인 문제

1 빈칸에 알맞은 한자를 a, b 중에 고르세요.

① ___住   a. 据   b. 居   ⑥ 習___   a. 慣   b. 貫
② ___約   a. 検   b. 倹   ⑦ ___果   a. 効   b. 郊
③ 解___   a. 快   b. 決   ⑧ 普___   a. 及   b. 吸
④ ___遜   a. 廉   b. 謙   ⑨ 手___   a. 袋   b. 貸
⑤ ___煙   a. 潔   b. 喫   ⑩ ___許   a. 免   b. 逸

2 밑줄 친 부분에 해당되는 한자를 a, b, c 중에 고르세요.

① け<u>わ</u>しい   a. 険   b. 剣   c. 験
② き<u>ら</u>う   a. 嫌   b. 謙   c. 鎌
③ い<u>さぎよ</u>い   a. 契   b. 喫   c. 潔
④ <u>し</u>める   a. 較   b. 絞   c. 校
⑤ <u>あつか</u>う   a. 及   b. 級   c. 扱

3 다음을 일본어 한자와 히라가나로 써 보세요.

① 세계 ➡ _____ / _____

② 경찰 ➡ _____ / _____

③ 징계 ➡ _____ / _____

④ 금지 ➡ _____ / _____

⑤ 임대 ➡ _____ / _____

태도₂

N1 / 中 / 9획

무릎쓸 모 [冒]

목이 잘릴 것을 무릅쓰고 윗사람에게 눈[目]을 부릅뜨고 말함[曰]

- 음 ぼう　　冒険 모험　　冒頭 모두, 첫머리, 서두
- 훈 おかす　　冒す 무릅쓰다　비교 犯す p.362　侵す p.393

▪ 冒険とは、危険を冒して行動することをいう。
　모험이란, 위험을 무릅쓰고 행동하는 것을 말한다.

N2 / 中 / 12획

모자 모

머리에 두건[巾]을 한 병사가 죽음을 무릅쓰고[冒] 싸움

- 음 ぼう　　帽子 모자　　脱帽 탈모

▪ 日本の小学生は通学するとき、交通事故予防のために黄色い帽子をかぶる。
　일본의 초등학생은 통학할 때 교통사고 예방을 위해 노란 모자를 쓴다.

N1 / 中 / 15획

잠잠할 묵 [默]

어두운[黒] 밤이 되면 개[犬]들도 조용함

- 음 もく　　黙認 묵인　　黙契 묵계　　沈黙 침묵
- 훈 だまる　　黙る 잠자코 있다, 입을 다물다

▪ 先生の沈黙が続いたので、生徒たちも黙っていた。
　선생님의 침묵이 계속되어 학생들도 입을 다물고 있었다.

N1 / 中 / 16획

짐승 수 [獸]

개처럼 생긴 짐승의 얼굴 모양

- 음 じゅう　　獣医 수의사　　怪獣 괴수　　猛獣 맹수
- 훈 けもの　　獣 짐승

▪ 飼い犬が病気になったので、獣医に診てもらった。
　기르던 개가 병에 걸려, 수의사에게 진찰받았다.

N2 / 小3 / 4획

反 돌이킬 반

손[又]으로 오르는 언덕[厂]은 일반적인 길을 돌이켜 가는 반대 방향

- 음 はん   反対 반대   反射 반사   違反 위반
-       ほん   謀反 모반
-       たん   反物 옷감
- 훈 そる   反る 뒤로 젖혀지다 / 휘다
-       そらす   反らす 뒤로 젖히다 / 휘게 하다

■ ボールがこちらへ飛んできたので、反射的に身を反らした。
  공이 이쪽으로 날아와서 반사적으로 몸을 뒤로 젖혔다.

N2 / 小3 / 7획

坂 언덕 판

일반적인 길을 돌이켜[反] 가야 흙[土]이 높이 쌓인 언덕에 오름

- 음 はん   急坂 가파른 비탈
- 훈 さか   坂 비탈, 언덕   坂道 비탈길   下り坂 내리막길 / 쇠퇴기

■ 済州島には、下り坂なのに上り坂に見える道路がある。
  제주도에는 내리막길인데 오르막길로 보이는 도로가 있다.

N2 / 小3 / 7획

返 돌이킬 반

돌이킨[反] 방향으로 감[辶]

- 음 へん   返事 대답 / 답장   返品 반품   返却 반환
- 훈 かえる   返る (원상태로) 돌아가다 비교 帰る p.393
-       かえす   返す 돌려주다, 반납하다 비교 帰す p.393

■ 借りた本を図書館の返却カウンターに返した。
  빌린 책을 도서관의 반납 카운터에 반납했다.

N1 / 小4 / 7획

阪 언덕 판

일반적인 길을 돌이켜[反] 언덕[阝]에 오름

- 음 はん   阪神 오사카와 고베   京阪神 교토·오사카·고베
- 훈 さか   大阪 오사카

■ 大阪から神戸までの地域を阪神と呼ぶことがある。
  오사카부터 고베까지의 지역을 한신이라고 부르기도 한다.

N2 / 小3 / 8획

널빤지 **판**

뒤집기[反] 편하게 나무[木]를 얇고 넓게 가공한 판

- 음 はん　　板木 판목(인쇄를 위한 목판)　　鉄板 철판
  　ばん　　看板 간판　　黒板 칠판　　掲示板 게시판
- 훈 いた　　板 판자　　板前 (일본 요리의) 요리사　　まな板 도마

　■ 寿司屋の看板に板前さんの写真が出ていた。
　　스시집 간판에 요리사의 사진이 걸려 있었다.

N2 / 中 / 11획

販

팔 **판**

매입한 물건을 돈[貝]을 받고 반대로[反] 팖

- 음 はん　　販売 판매　　販路 판로　　通販 통신 판매

　■ 休憩室に自動販売機が置かれている。
　　휴게실에 자동 판매기가 설치되어 있다.

N1 / 小5 / 6획

거짓 **가 [假]**

사람[亻]이 반대로[反] 말하는 것은 거짓

- 음 か　　仮定 가정　　仮説 가설　　仮面 가면
  　け　　仮病 꾀병
- 훈 かり　　仮契約 가계약　　仮払い 가불　　仮に 만약

　■ 仮に彼が仮病を使っていると仮定したら、彼の話したことは全て嘘だということになる。
　　만약 그가 꾀병을 부렸다고 가정한다면, 그가 말한 것은 전부 거짓이 된다.

N1 / 中 / 13획

겨를 **가**

해[日]가 한창일 때 시간을 빌려[叚] 쉬는 겨를

- 음 か　　休暇 휴가　　余暇 여가
- 훈 ひま　　暇 짬 / 한가함　　暇つぶし 심심풀이

　■ 仕事が暇なときに、休暇をもらって、ハワイに行った。
　　일이 한가할 때, 휴가를 받아서 하와이에 갔다.

N1 / 中 / 8획

아우를 병 [併]

방패를 든[幷] 사람[亻]이 나란히 서서 진지를 아우름

- 음 **へい**　併設 병설　併合 병합　合併 합병
- 훈 **あわせる**　併せる 합치다　[비교] 合わせる p.465　併せて 아울러, 겸해서

■ ２つの市が合併して１つの大きな市になった。
두 개의 시가 합병하여 하나의 거대한 시가 되었다.

外 / 中 / 15획

떡 병 [餅]

떡은 여러 사람을 아울러[幷] 나누어 먹는[食→飠] 것

- 음 **へい**　煎餅 전병
- 훈 **もち**　餅 떡　餅屋 떡집　鏡餅 설에 제단에 올리는 떡

■ お土産に煎餅と餅をもらった。
선물로 전병과 떡을 받았다.

N2 / 中 / 11획

병 병 [瓶]

질그릇을 만드는 곳에서 병과 기와[瓦]를 아울러[幷] 생산함

- 음 **びん**　瓶 병　花瓶 화병, 꽃병　空き瓶 공병

■ 花屋で買ってきた切り花を花瓶に生けた。
꽃집에서 사 온 꽃꽂이 꽃을 화병에 꽂았다.

N1 / 中 / 12획

담 병 [塀]

흙[土]과 돌을 아울러[幷] 사람[尸] 키만 하게 쌓은 것

- 음 **へい**　塀 담

■ 別荘には、塀に囲まれた中庭があった。
별장에는 담으로 둘러싸인 안뜰이 있었다.

N1 / 中 / 8획

받들 봉

제단에 놓기 위해 양손[廾]에 음식[丯]을 받듦

- 음 **ほう**　奉仕 봉사　奉納 봉납　信奉 신봉
  ぶ　供奉 수행
- 훈 **たてまつる**　奉る 바치다 / 받들다

■ 奉納とは、神に供え物を奉ることをいう。
봉납이란, 신에게 제물을 바치는 것을 말한다.

N1 / 中 / 10획

녹 봉

신하[亻]가 왕을 받들어[奉] 일하면 그 대가로 받는 돈

음 ほう　　年俸 연봉　　減俸 감봉

- 部長は、懲戒委員会にかけられ、減俸処分を受けた。
  부장은 징계 위원회에 회부되어 감봉 처분을 받았다.

N2 / 小6 / 12획

막대 봉

제사장이 신을 받들어[奉] 예를 올릴 때 쓰는 나무[木] 막대

음 ぼう　　棒 봉, 막대기　　泥棒 도둑　　鉄棒 철봉

- 運動場で子どもたちが鉄棒を練習していた。
  운동장에서 아이들이 철봉을 연습하고 있었다.

N1 / 中 / 10획

클 태

양손[廾]으로 가려지지 않는 큰 바닷물[氺]

음 たい　　泰平 태평　　泰斗 태두, 권위자　　安泰 편안함

- 彼は医学界の泰斗であった。
  그는 의학계의 권위자였다.

N1 / 小6 / 9획

아뢸 주

양손[廾]으로 하늘[天]의 신께 제사를 아룀

음 そう　　演奏 연주　　合奏 합주　　伴奏 반주
훈 かなでる　　奏でる 연주하다

- 学校の合奏団が交響曲を奏でた。
  학교 합주단이 교향곡을 연주했다.

N3 / 小2 / 9획

봄 춘

양손[廾]으로 가릴 수 없을 정도로 햇살[日]이 세고 밝은 때

음 しゅん　　春分 춘분　　立春 입춘　　青春 청춘
훈 はる　　春 봄　　春雨 봄비　　春風 봄바람

- 春は、立春から立夏の前日までである。
  봄은 입춘부터 입하 전일까지이다.

외 / 小4 / 5획

맡을 사

몸을 굽히고[ㄱ] 입[口]을 크게[一] 벌려 제사 올리는 일을 맡음

- 음 し　　司会 사회　司法 사법　上司 상사
- 훈 つかさどる　司る 취급하다, 담당하다

- 彼の結婚式で、披露宴の司会は友人が務めた。
  그의 결혼식에서 피로연의 사회는 친구가 맡았다.

N2 / 中 / 7획

엿볼 사

사람[亻]이 제사장이 맡은[司] 권력의 지위를 엿봄

- 음 し　　伺候 사후(웃어른께 문안 드림)
- 훈 うかがう　伺う 말씀을 듣다 / 여쭈다 / 찾아뵙다

- いくつか伺いたいことがあります。
  조금 여쭙고 싶은 게 있습니다.

N2 / 小6 / 12획

말 사

제사를 맡은[司] 자가 뱉는 말[言]

- 음 し　　歌詞 가사　動詞 동사　品詞 품사

- 用言とは、動詞・形容詞・形容動詞をいう。
  용언이란, 동사・형용사・형용동사를 말한다.

N1 / 小5 / 13획

기를 사 [飼]

잘 기르기 위해 맡아서[司] 먹임[食]

- 음 し　　飼育 사육　飼料 사료
- 훈 かう　　飼う 기르다, 사육하다

- 飼料費が上がって牛肉の値段が下がったため、牛を飼い続けることが困難になった。
  사료비가 오르고 소고기 값이 내려서 소를 계속 키우기 어려워졌다.

N1 / 中 / 13획

이을 사

왕이 말[口]과 문서[冊]로 나라를 이어서 맡으라고[司] 명함

- 음 し　　嗣子 사자(대를 잇는 아들)　継嗣 계사, 후계자

- 将軍には継嗣がなかったため、弟が養子となって跡を継いだ。
  장군에게는 후계가 없었기 때문에, 동생이 양자가 되어 뒤를 이었다.

N2 / 小3 / 6획

지킬 수

집[宀] 안에서 빗장을 손[寸]으로 막아 적으로부터 지킴

- 음 **しゅ** 　守備 수비　保守 보수　厳守 엄수
  　す 　留守 부재중
- 훈 **まもる** 　守る 지키다　お守り 부적
  　もり 　子守り 아기 돌보기

- この地域は国境守備隊によって守られている。
  이 지역은 국경 수비대에 의해 지켜지고 있다.

N1 / 中 / 9획

사냥할 수

사냥개[犭]와 사냥하여 얻은 고기로 가족의 건강을 지킴[守]

- 음 **しゅ** 　狩猟 수렵
- 훈 **かる** 　狩る 사냥하다　狩り 사냥　狩り込み 일제검거

- 兎狩りができるのは、狩猟期間に限られている。
  토끼 사냥이 가능한 것은 수렵 기간에 한한다.

N1 / 中 / 14획

쓰일 수

받아 둔[而] 빗[雨]물은 유용하게 쓰임

- 음 **じゅ** 　需要 수요　必需品 필수품　軍需 군수

- 猛暑のために、電力の需要が大幅に増加した。
  폭염 때문에 전력 수요가 큰 폭으로 증가했다.

N1 / 中 / 16획

선비 유

선비는 왕에게 이롭게 쓰일[需] 사람[亻]

- 음 **じゅ** 　儒教 유교　儒学 유학

- 儒教は朝鮮王朝の建国理念であった。
  유교는 조선 왕조의 건국 이념이었다.

外 / 中 / 11획

엄숙할 숙 [肅]

연못[淵→𣶒]은 위험하여 손[ヨ]에 지팡이 [ㅣ]를 들고 엄숙히 일함

- 음 しゅく　　　しゅくせい 粛清 숙청　　げんしゅく 厳粛 엄숙　　せいしゅく 静粛 정숙

- その儀式は厳粛な雰囲気の中で行われた。
  그 의식은 엄숙한 분위기 속에서 행해졌다.

N1 / 中 / 11획

잡을 체

범인을 뒤따라가서[辶] 손이 미치게[隶] 하여 잡음

- 음 たい　　　たいほ 逮捕 체포

- 真犯人が逮捕され、彼は濡れ衣を晴らすことができた。
  진범이 체포되어, 그는 누명을 벗을 수 있었다.

N1 / 中 / 16획

종 례

어찌어찌[奈→柰] 하여 남에게 잡혀[隶] 일하게 된 종

- 음 れい　　　れいぞく 隷属 예속　　どれい 奴隷 노예

- アメリカでは1865年に奴隷制度を廃止した。
  미국에서는 1865년에 노예 제도를 폐지했다.

N1 / 中 / 11획

떳떳할 용

절구[庚]를 사용하여[用] 찧어 먹을 곡식이 있으니 떳떳함

- 음 よう　　　ぼんよう 凡庸 범용, 평범함　　ちゅうよう 中庸 중용(치우침 없이 중도를 지킴)

- その小説家の作品は凡庸なものが多い。
  그 소설가의 작품은 평범한 것이 많다.

N2 / 小3 / 5획

알릴 신

번쩍이며 내리꽂는 번갯불의 모양으로 천둥이 울림을 미리 알림

- 음 しん　　　しんこく 申告 신고　　しんせい 申請 신청　　とうしん 答申 답신
- 훈 もうす　　　もう 申す 아뢰다　　もう わけ 申し訳 변명, 해명
  　　　　　　もう こ 申し込む 신청하다

- 今回の申告漏れでまわりに迷惑をかけてしまい、申し訳なく思っている。
  이번 신고 누락으로 주위에 폐를 끼쳐 버려, 죄송스럽게 생각하고 있다.

N2 / 中 / 7획

펼 신

사람[亻]이 자기 생각을 펴서 알림[申]

- 음 しん　　伸縮 신축　　追伸 추신　　★欠伸 하품
- 훈 のびる　　伸びる 늘다 / 자라다　[비교] 延びる p.71　　背伸び 발돋움
-    のべる　　伸べる 펴다 / 늦추다　[비교] 延べる p.71
-    のばす　　伸ばす 늘이다 / 자라게 하다　[비교] 延ばす p.71

- 伸縮性のある素材で作った背広の売り上げが伸びた。
  신축성이 있는 소재로 만든 양복의 매상이 늘었다.

N1 / 中 / 11획

큰 띠 신

실[糸]의 색으로 관직의 등급을 알리는[申] 큰 띠

- 음 しん　　紳士 신사

- テニスは紳士のスポーツと言われている。
  테니스는 신사의 스포츠라고 일컬어진다.

N4 / 小3 / 9획

귀신 신 [神]

인간의 염원을 알리는[申] 제단[礻]과 관련된 존재

- 음 しん　　神経 신경　　神話 신화　　精神 정신
-    じん　　神社 신사　　神宮 신궁(격이 높은 신사)
- 훈 かみ　　神 신　　神様 신
  　　　　★お神酒 제단에 올리는 술

- この神社には、日本の神話に登場する神が祀られているそうだ。
  이 신사에는 일본 신화에 등장하는 신이 모셔져 있다고 한다.

N1 / 中 / 6획

우러를 앙

고개를 들어[卬] 서 있는 사람[亻]을 우러러 봄

- 음 ぎょう　　仰天 매우 놀람　　仰々しい 야단스럽다
-    こう　　信仰 신앙
- 훈 あおぐ　　仰ぐ 우러러보다 / 모시다 / 청하다
-    あおむく　　仰向く 위를 쳐다보다
-    おおせ　　仰せ 분부

- ちょっとアドバイスをもらっただけで師と仰ぐなんて、仰々しい。
  조언 좀 받았다고 스승으로 모시다니, 대우가 지나치다.

N1 / 中 / 7획

누를 **억**

손[扌]으로 고개를 들지[卬] 못하게 누름

- 음 **よく**　抑制 억제　抑揚 억양　抑圧 억압
- 훈 **おさえる**　抑える 억제하다 / 진정시키다 　비교 押さえる p.88

■ 食欲が抑えられないので、食欲抑制剤を処方してもらった。
식욕을 참을 수 없어서 식욕 억제제를 처방받았다.

N2 / 中 / 7획

맞을 **영**

고개를 들어[卬] 멀리 내다보고 마중 나감[辶]

- 음 **げい**　迎合 영합　歓迎 환영　送迎 송영(보내고 맞이함)
- 훈 **むかえる**　迎える 맞이하다

■ 今日は父が地方から帰ってくるので、駅まで迎えに行った。
오늘은 아버지가 지방에서 돌아오기 때문에 역까지 마중 갔다.

N2 / 小4 / 9획

맺을 **약**

물건을 자루에 싸서[勹] 끝부분을 줄[糸]로 매듭[丶] 지음

- 음 **やく**　約束 약속　予約 예약　契約 계약

■ 私たちは、一ヶ月後に同じ場所で会う約束をした。
우리들은 1개월 후에 같은 장소에서 만날 약속을 했다.

N2 / 小4 / 8획

과녁 **적**

흰[白] 판에 둘레를 싼[勹] 원을 그린 과녁[丶]

- 음 **てき**　的確 정확함　的中 적중　目的 목적
- 훈 **まと**　的 과녁, 목표　的外れ 빗나감

■ 矢が的の赤い部分に的中した。
화살이 과녁의 붉은 부분에 적중했다.

N2 / 小5 / 7획

고를 **균**

울퉁불퉁한 흙[土]을 흩어서[勻] 고르게 함

- 음 **きん**　均衡 균형　均一 균일　平均 평균

■ 医学の発展によって、人間の平均寿命が延びている。
의학 발전에 따라 인간의 평균 수명이 늘어나고 있다.

N1 / 中 / 10획

술 따를 작

술[酉]을 술 국자[勺]로 떠서 잔에 따름

- 음 しゃく　　酌量 사정을 참작함　　晩酌 저녁 반주
- 훈 くむ　　酌む 술을 따르다 / 헤아리다　　酌み交わす 술잔을 주고받다

- 私は友人と酒を酌み交わすのも好きだが、一人で晩酌するのも嫌いではない。
  나는 친구와 술을 마시는 것도 좋아하지만, 혼자서 반주하는 것도 싫어하지는 않는다.

N1 / 中 / 11획

낚시 조

쇠붙이[金]로 된 낚싯바늘[丶]에 물고기가 걸림[勹]

- 음 ちょう　　釣魚 조어, 낚시질
- 훈 つる　　釣る 낚다　　釣り 낚시　　釣り合い 균형, 조화

- 防波堤で大魚を釣った。
  방파제에서 대어를 낚았다.

N2 / 小5 / 7획

남을 여 [餘]

먹고 남은 곡식을 보관하는 기둥을 받친 창고의 모양

- 음 よ　　余裕 여유　　余白 여백　　残余 잔여
- 훈 あまる　　余る 남다
  あます　　余す 남기다

- 今まで会社に尽くしてきた人たちを余剰人員だといって切り捨てるのは、余りといえば、余りな仕打ちだ。
  지금까지 회사에 전력을 다해 온 사람들을 잉여 인원이라고 잘라버리는 것은 너무하다면 너무한 처사다.

N1 / 中 / 10획

천천히 할 서

길을 여유롭게[余] 천천히 걸음[彳]

- 음 じょ　　徐行 서행　　徐々に 서서히

- 児童保護区域では、車は徐行しなければならない。
  어린이 보호 구역에서는 차는 서행하지 않으면 안 된다.

N2 / 中 / 10획

길 도

여유롭게[余] 걸어가는[辶] 길

- 음 と　　途中 도중　　別途 별도　　用途 용도

- 学業を途中でやめたら、それまでかけてきた時間とお金が無駄になる。
  학업을 도중에 그만두면 그때까지 걸린 시간과 돈이 헛되게 된다.

N2 / 小6 / 10획

덜 제

추수 후 언덕[ß]의 제단에 올릴 곡식을 덜어서 남겨 놓음[余]

- 음 じょ　　除去 제거　　削除 삭제　　解除 해제
- 　　じ　　　掃除 청소
- 훈 のぞく　　除く 없애다 / 제외하다

■ 一部の例外を除けば、壁に広がったかびを普通の掃除で除去するのは難しい。
　일부 예외를 제외하면, 벽에 퍼진 곰팡이를 일반적인 청소로 제거하는 것은 어렵다.

N1 / 中 / 9획

펼 서 [敍]

남은[余] 곡식을 손[又]으로 펼쳐 놓음

- 음 じょ　　叙述 서술　　叙事詩 서사시　　叙勲 서훈(훈장을 수여함)

■ 歴史は、過去の出来事を叙述するものである。
　역사는 과거의 사건을 서술하는 것이다.

N1 / 中 / 11획

비낄 사

항아리의 남은[余] 곡식을 말[斗]통에 비스듬히 쏟아 부음

- 음 しゃ　　斜面 경사면　　斜陽 사양, 쇠퇴　　傾斜 경사
- 훈 ななめ　　斜め 비스듬함

■ 斜面を斜めに切った立体の体積を求める。
　경사면을 비스듬히 자른 입체의 부피를 구한다.

N3 / 小2 / 9획

차 다/차 [茶]

풀잎[艹]이나 나무[木] 열매를 따서 사람[人]들이 달여 마심

- 음 ちゃ　　お茶 차　　茶色 갈색　　紅茶 홍차
- 　　さ　　　茶道 다도　　喫茶店 찻집, 커피숍

■ クラシックな雰囲気の喫茶店でおいしい紅茶を飲んだ。
　클래식한 분위기의 커피숍에서 맛있는 홍차를 마셨다.

N2 / 中 / 13획

칠할 도

물[氵]과 흙[土]을 섞어 벽을 여유롭게[余] 칠함

- 음 と　　塗料 도료　　塗装 도장　　塗布 도포
- 훈 ぬる　　塗る 바르다　　塗り薬 바르는 약

- その店は、コンクリートの壁に塗料が乱雑に塗りたくってあった。
  그 가게는 콘크리트 벽에 도료가 난잡하게 마구 칠해져 있었다.

확인 문제

1 빈칸에 알맞은 한자를 a, b 중에 고르세요.

① ___事   a. 返   b. 反
② ___合   a. 併   b. 餠
③ 年___   a. 棒   b. 俸
④ 上___   a. 司   b. 伺
⑤ ___要   a. 需   b. 儒
⑥ 厳___   a. 粛   b. 庸
⑦ ___縮   a. 伸   b. 申
⑧ 歓___   a. 抑   b. 迎
⑨ ___束   a. 約   b. 的
⑩ ___述   a. 叙   b. 徐

2 밑줄 친 부분에 해당되는 한자를 a, b, c 중에 고르세요.

① <u>かなでる</u>   a. 泰   b. 奉   c. 奏
② <u>かう</u>   a. 詞   b. 嗣   c. 飼
③ <u>もうす</u>   a. 紳   b. 申   c. 神
④ <u>おさえる</u>   a. 仰   b. 抑   c. 迎
⑤ <u>のぞく</u>   a. 除   b. 斜   c. 塗

3 다음을 일본어 한자와 히라가나로 써 보세요.

① 모험 ➡ _____ / _____

② 침묵 ➡ _____ / _____

③ 휴가 ➡ _____ / _____

④ 수비 ➡ _____ / _____

⑤ 별도 ➡ _____ / _____

태도₃

N2 / 小3 / 7획

役
부릴 역

길을 다니며[彳] 몽둥이[殳]를 들고 사람들이 일하도록 부림

음 **やく**　役割 역할　役に立つ 도움이 되다　市役所 시청
　 えき　懲役 징역　使役 사역　兵役 병역

- 彼に与えられた役割は、ほとんど苦役といってもいいほど大変なものだった。
  그에게 주어진 역할은 거의 고역이라고 해도 좋을 정도로 힘든 것이었다.

N2 / 小3 / 7획

投
던질 투

적을 향해 손[扌]에 든 몽둥이[殳]를 던짐

음 **とう**　投票 투표　投手 투수　投資 투자
　　　　　★投網 투망

훈 **なげる**　投げる 던지다

- あの投手は変わったフォームで球を投げるのが特徴だ。
  그 투수는 특이한 폼으로 공을 던지는 것이 특징이다.

N1 / 中 / 7획

没
빠질 몰 [沒]

물[氵]에 빠진 사람을 막대기[殳]를 던져 구함

음 **ぼつ**　没頭 몰두　出没 출몰　沈没 침몰

- 授業以外の時間は、研究や著述に没頭した。
  수업 이외의 시간은 연구나 저술에 몰두했다.

外 / 中 / 8획

股
넓적다리 고

튼튼한 몽둥이[殳]처럼 생긴 몸[月]의 부분은 넓적다리

음 **こ**　　股間 사타구니　股関節 고관절
훈 **また**　股 가랑이　二股 두 갈래 / 양다리　小股 보폭이 좁음

- 股関節が痛いので、小股で歩いた。
  고관절이 아파서 종종걸음으로 걸었다.

N2 / 小5 / 11획

베풀 설

도구[殳]로 일을 하라고 말[言]로 베풂

- 음 せつ　　設備 설비　設計 설계　施設 시설
- 훈 もうける　設ける 마련하다, 설치하다

■ 道路にしっかりした排水設備を設けた。
　도로에 제대로 된 배수 설비를 마련했다.

N1 / 中 / 11획

껍질 각 [殼]

몽둥이[殳]로 거북이 등껍질[壳→㱿]을 쳐서 잡음

- 음 かく　甲殻類 갑각류　地殻 지각
- 훈 から　殻 껍데기　貝殻 조개껍데기　吸い殻 담배꽁초

■ カニやエビなどの甲殻類の殻には、キトサンが含まれている。
　게나 새우 등의 갑각류의 껍데기에는 키토산이 함유되어 있다.

N1 / 小6 / 14획

곡식 곡 [穀]

껍질[殼→㱿]에 둘러싸인 벼[禾]와 같은 종류의 곡물

- 음 こく　穀物 곡물　雑穀 잡곡　五穀 오곡

■ 穀物生産がいちばん多い国は中国で、その量は日本の約50倍にもなる。
　곡물 생산이 가장 많은 나라는 중국으로, 그 양은 일본의 약 50배나 된다.

外 / 中 / 13획

헐 훼 [毀]

절구[臼]에 곡식을 넣고 몽둥이[殳]로 빻아 모양을 헒

- 음 き　毀損 훼손

■ その作家は名誉毀損で訴えられた。
　그 작가는 명예 훼손으로 고소당했다.

N2 / 中 / 13획

殿

전각 전

방이 많이 펼쳐져[展] 있어 몽둥이[殳]처럼 큰 나무기둥으로 받쳐야 하는 큰 집

- 음 でん　殿堂 전당　神殿 신전　宮殿 궁전
　　 てん　御殿 호화 주택
- 훈 との　殿様 영주, 주군　殿方 남자분

■ 外国旅行をしたとき、宮殿を見に行った。
　외국 여행을 했을 때, 궁전을 보러 갔다.

N1 / 中 / 15획

칠 격 [擊]

전차[車]에 올라 몽둥이[殳]를 손[手]에 들고 적을 침

- 음 げき　　衝撃 충격　　攻撃 공격　　反撃 반격
- 훈 うつ　　撃つ 총으로 쏘다　비교 打つ p.34　討つ p.261

- 大砲で撃たれた衝撃で、軍艦は激しく揺れた。
  대포에 맞은 충격으로 군함은 격하게 흔들렸다.

N1 / 中 / 9획

전염병 역

무당이 역병이 들어 누운[疒] 환자를 귀신이 씌었다며 몽둥이[殳]로 때림

- 음 えき　　疫病 역병, 전염병　　免疫 면역　　検疫 검역
- やく　　疫病神 역귀(역병을 퍼뜨리는 귀신)

- 精神的なストレスは免疫力を低下させる。
  정신적인 스트레스는 면역력을 저하시킨다.

N2 / 小6 / 9획

거스를 역

거꾸로[屰] 서서 걸어감[辶]

- 음 ぎゃく　　逆転 역전　　逆流 역류　　逆効果 역효과
- 훈 さか　　逆立ち 물구나무서기　　逆さま 거꾸로 됨
- さからう　　逆らう 거스르다, 반항하다

- 彼は親切を逆恨みされたと知った瞬間、逆上した。
  그는 친절이 원망을 샀다고 알게 된 순간, 욱했다.

N1 / 中 / 13획

흙 빚을 소

거스른[屰] 모양의 달[月]이 뜬 초하루에 흙[土]그릇을 빚기 시작함

- 음 そ　　塑造 소조　　可塑性 가소성　　彫塑 조소

- その粘土の塑像は生きた人間のように生々しかった。
  그 점토 소조상은 살아있는 인간처럼 생생했다.

外 / 中 / 14획

거스를 소

초하루의 달[朔]의 모양처럼 이치에 거스른 길을 걸어감[辶]

- 음 そ　　遡及 소급
- 훈 さかのぼる　　遡る 거슬러 올라가다

- 遡及とは、ある法律が施行される前に遡ってその法律を適用することをいう。
  소급이란, 어떤 법률이 시행되기 전에 거슬러 올라가서 그 법률을 적용하는 것을 말한다.

怨 원망할 원
外 / 中 / 9획

원망은 꼬이고[㔾] 어두운[夕] 마음[心]

- 음 えん　怨恨 원한
- おん　怨念 원한　怨霊 원한을 품은 영혼

■ 容疑者は、個人的な怨恨によって彼を殺したと見られている。
그 용의자는 개인적인 원한에 의해 그를 죽였다고 보여지고 있다.

宛 완연할 완
N1 / 中 / 8획

집[宀] 안에서 저녁[夕]까지 몸을 뒹굴고[㔾] 있음이 분명함

- 훈 あてる　宛てる 편지를 보내다　[비교] 当てる p.357　充てる p.460
- あて　宛て ~앞　宛名 수신인명　宛先 수신인(처)

■ 彼女に手紙を送ったが、宛先不明で送り返されてきた。
그녀에게 편지를 보냈지만, 수취인 불명으로 반송되어 왔다.

腕 팔 완
N2 / 中 / 12획

팔뚝은 재주를 분명히[宛] 표현해 주는 몸[月]의 부분

- 음 わん　腕力 완력　腕白 장난꾸러기　手腕 수완
- 훈 うで　腕 팔　腕前 솜씨　腕時計 손목시계

■ その選手は、腕力は並外れて強いが、格闘技の腕前自体はそれほど優れているわけではない。
그 선수는 완력은 월등히 강하지만, 격투기 기량 자체는 그렇게 뛰어나지는 않다.

委 맡길 위
N2 / 小3 / 8획

추수한 벼[禾]를 집안의 여자[女]에게 맡김

- 음 い　委員会 위원회　委託 위탁　委任 위임
- 훈 ゆだねる　委ねる 위임하다

■ 今回の問題に関しては、委員会を作って判断を委ねることにした。
이번 문제에 관해서는 위원회를 만들어 판단을 위임하기로 했다.

萎 시들 위 [萎]
外 / 中 / 11획

뽑은 풀[艹]을 맡게[委] 두니 금방 시들어 버림

- 음 い　萎縮 위축
- 훈 なえる　萎える 시들다 / 쇠약해지다

■ 教材の量を見て萎縮してしまい、勉強する気が萎えた。
교재의 양을 보고 위축되어 버려, 공부할 마음이 시들해졌다.

위엄 위 N1 / 中 / 9획

여자[女] 앞에 무기[戌]를 든 군인의 위엄

- 음 い　　威厳 위엄　　脅威 협위, 위협　　権威 권위
- ライバル企業の成長は、我々にとって大きな脅威となった。
  경쟁 기업의 성장은 우리에게 있어서 큰 위협이 되었다.

친척 척 外 / 中 / 11획

콩[尗]처럼 무성하게[戌] 뻗어 나간 가족

- 음 せき　　親戚 친척　　姻戚 인척
- 親戚の家へ遊びに行った。
  친척 집에 놀러 갔다.

멸할 멸 N1 / 中 / 13획

전쟁[戌]과 화재[火]와 홍수[氵]에 모든 것이 멸함

- 음 めつ　　滅亡 멸망　　滅菌 멸균　　消滅 소멸
- 훈 ほろびる　　滅びる 멸망하다
  ほろぼす　　滅ぼす 멸망시키다
- 地球の生命は、自然消滅より、人類によって滅びる可能性が高い。
  지구의 생명은 자연 소멸보다, 인류에 의해 멸망할 가능성이 높다.

무성할 무 [茂] N1 / 中 / 8획

풀[艹]이 창[戌]처럼 삐죽삐죽 솟아 무성함

- 음 も　　繁茂 번무(초목이 무성함)
- 훈 しげる　　茂る 우거지다
- 公園の隣に雑草が生い茂っている廃屋がある。
  공원 옆에 잡초가 무성한 폐가가 있다.

업신여길 멸 [蔑] 外 / 中 / 14획

뿔난[艹] 모자에 무기[戌]를 든 군인이 눈[目→罒]을 치켜뜨며 포로를 업신여김

- 음 べつ　　蔑視 멸시　　軽蔑 경멸　　侮蔑 모멸
- 훈 さげすむ　　蔑む 깔보다, 얕보다
- 彼はお金を軽蔑していた。
  그는 돈을 경멸하고 있었다.

N2 / 中 / 13획

해 세

농부가 걸음[步→止]을 옮기며 낫[戌]으로 수확하는 데 한 해가 걸림

- 음 **さい**　　歳月 세월　　万歳 만세　　〜歳 〜세, 〜살　★ 二十歳 스무 살
- 　　 **せい**　　歳暮 세모, 연말(さいぼ라고도 읽음)

- 歳月が夢のように過ぎていった。
  세월이 꿈처럼 흘렀다.

N2 / 小3 / 5획

말미암을 유

밭[田]에서 싹[丨]이 올라오듯 어떤 일의 근원이 됨

- 음 **ゆ**　　由来 유래　　経由 경유
- 　　 **ゆい**　　由緒 유서, 유래, 내력
- 　　 **ゆう**　　自由 자유　　理由 이유　　事由 사유
- 훈 **よし**　　由 까닭, 원인 / 유래, 사정

- 由緒ある一族の由来を調べると、そうなった理由のあることが分かる。
  유서 깊은 일족의 유래를 조사하면, 그렇게 된 이유가 있음을 알 수 있다.

N1 / 中 / 8획

뽑을 추

손[扌]으로 밭에 난 잡초니 싹[由]을 뽑음

- 음 **ちゅう**　　抽出 추출　　抽象 추상　　抽選 추선, 추첨

- この化粧品は、動物の組織から抽出したコラーゲンを使用している。
  이 화장품은 동물 조직에서 추출한 콜라겐을 사용하고 있다.

N2 / 小3 / 8획

기름 유

기름은 밭에서 말미암은[由] 작물에서 짠 진액[氵]

- 음 **ゆ**　　油田 유전　　石油 석유　　醤油 간장
- 훈 **あぶら**　　油 기름　비교 脂 p.143　　ごま油 참기름　　油絵 유화

- 醤油とごま油を使ってドレッシングを作った。
  간장과 참기름을 사용하여 드레싱을 만들었다.

N1 / 中 / 10획

소매 수

소매로부터 말미암아[由] 다양한 종류의 옷[衤]이 완성됨

- 음 **しゅう**　　袖珍本 수진본, 포켓판　　領袖 영수, 우두머리
- 훈 **そで**　　袖 소매　　袖なし 민소매　　半袖 반소매

- 彼はワイシャツの袖にカフスを付けていた。
  그는 와이셔츠 소매에 커프스를 달고 있었다.

 굴대 축

N1 / 中 / 12획

굴대로부터 말미암아[由] 수레[車]가 완성됨

- 음 じく 　　　縦軸 종축, 세로축　　横軸 횡축, 가로축　　車軸 차축

■ この表では、横軸は距離、縦軸は速度を表している。
이 표에서는 가로축은 거리, 세로축은 속도를 나타내고 있다.

 이를 계 [届]

N2 / 小6 / 8획

관청에 신고하기 위해 밭의 작물[由]이 얼마만큼인지 세는 모습[尸]

- 훈 とどける　　届ける 보내다 / 신고하다　　届け 신고(서)
  　 とどく　　　届く 도착하다 / (소원 등이) 이루어지다

■ 注文した商品と全く違うものが届いた。
주문한 상품과 전혀 다른 것이 도착했다.

 피리 적

N1 / 小3 / 11획

피리는 대나무[竹→⺮]로부터 말미암아[由] 시작된 악기

- 음 てき　　鼓笛 고적(북과 피리)　　汽笛 기적, 고동　　警笛 경적
- 훈 ふえ　　笛 피리　　口笛 휘파람

■ 子どもたちは、鼓笛隊の演奏に合わせて口笛を吹いた。
아이들은 고적대의 연주에 맞춰 휘파람을 불었다.

 집 주

N1 / 小6 / 8획

우주는 모든 것을 말미암는[由] 거대한 집[宀]

- 음 ちゅう　　宙返り 공중제비　　宇宙 우주

■ NASAというのは、アメリカ航空宇宙局の略称である。
나사란, 미항공우주국의 약칭이다.

 인할 인

N2 / 小5 / 6획

이런저런 이유로 인해 방 안[口]에 사람[大]이 있음

- 음 いん　　因果 인과　　原因 원인　　要因 요인
- 훈 よる　　因る 인하다 / 의거하다

■ 原因と結果のサイクルは、永久に繰り返す。
원인과 결과의 사이클은 영구히 반복된다.

外 / 小6 / 10획

은혜 은

은혜는 인연[因]을 맺은 분께 감사하는 마음[心]

- 음 **おん**　恩恵 은혜　恩人 은인　謝恩 사은
- 人間は自然からたくさんの恩恵を受けている。
  인간은 자연에게 많은 은혜를 입고 있다.

外 / 中 / 9획

목구멍 인

입[口]과 위장의 인연[因]을 맺어 주는 중간 부분은 목구멍

- 음 **いん**　咽喉 인후, 목구멍　耳鼻咽喉科 이비인후과
- 鼻血がよく出るので、耳鼻咽喉科に行った。
  코피가 자주 나서 이비인후과에 갔다.

N1 / 中 / 5획

가둘 수

사람[人]을 방 안[口]에 가둠

- 음 **しゅう**　囚人 수인, 죄수　死刑囚 사형수
- ここの刑務所には死刑囚が収監されている。
  이 형무소에는 사형수가 수감되어 있다.

N2 / 小6 / 7획

곤할 곤

사방이 막힌 곳[口]에서 나무[木]가 더 자라지 못해 곤란함

- 음 **こん**　困難 곤란　困惑 곤혹　貧困 빈곤
- 훈 **こまる**　困る 곤란하다, 난처해지다
- 貧困層がこれ以上拡大すると困るから、早めに抜本的な対策を講じる必要がある。
  빈곤층이 이 이상 확대되면 곤란하니까, 빨리 근본적인 대책을 강구할 필요가 있다.

N2 / 小5 / 6획

맡길 임

북방[壬]으로 가는 사람[亻]에게 물건을 맡겨 전쟁터의 아들에게 보냄

- 음 **にん**　任務 임무　責任 책임　担任 담임
- 훈 **まかせる**　任せる 맡기다
　　まかす　任す 맡기다
- 彼に責任の重い仕事を任せた。
  그에게 책임이 무거운 일을 맡겼다.

N1 / 小6 / 13획

賃
품삯 **임**

맡은 임무[任]를 다하고 받는 돈[貝]

- 음 **ちん**　　賃貸 임대　　運賃 운임　　家賃 가임, 집세
- 駅の周辺は一般に家賃が高い。
  역 주변은 일반적으로 집세가 비싸다.

N1 / 中 / 7획

妊
아이 밸 **임**

여자[女]가 맡은[任→壬] 중요한 일

- 음 **にん**　　妊娠 임신　　妊婦 임부　　不妊 불임
- 不妊の原因を知るために、検査を受けた。
  불임의 원인을 알기 위해 검사를 받았다.

N1 / 中 / 7획

呈
드릴 정 [呈]

왕[王]의 입[口]에 들어갈 곡식을 지고 가서 드림

- 음 **てい**　　贈呈 증정　　進呈 진정, 드림
- このコンクールでは、参加者にささやかな記念品を贈呈している。
  이 콩쿠르에서 참가자에게 소소한 기념품을 증정하고 있다.

N2 / 小5 / 12획

程
한도/과정 정 [程]

부모님께 드리기[呈] 위해 벼[禾]농사를 짓는 과정

- 음 **てい**　　程度 정도　　日程 일정　　過程 과정
- 훈 **ほど**　　程 한도, 정도 / 쯤　　程々 적당히
- 三日程前に会議の具体的な日程が決まった。
  3일 전쯤에 회의의 구체적인 일정이 결정되었다.

外 / 中 / 11획

淫
음란할 **음**

더러운 물[氵]처럼 남녀가 가까이[㸒]하여 음란함

- 음 **いん**　　淫乱 음란　　淫蕩 음탕　　淫行 음행(음탕한 행동)
- 훈 **みだら**　　淫らだ 음란하다
- 彼らは聞くに堪えない淫らな話に興じていた。
  그들은 차마 들을 수 없는 음란한 이야기를 즐기고 있었다.

N1 / 小6 / 13획

성인 성 [聖]

귀[耳]가 총명하신 분께 음식을 드리며[呈] 말씀을 받고자 함

- 음 せい　　聖地 성지　　聖書 성서　　神聖 신성

- 聖書は、旧約と新約の２部に分かれている。
  성서는 구약과 신약의 2부로 나뉘어져 있다.

N1 / 中 / 6획

씩씩할 장 [壯]

나뭇조각[爿]으로 만든 무기를 든 선비[士]의 모습이 씩씩함

- 음 そう　　壯大 장대, 웅대, 웅장　　壯絶 장절, 장렬　　壯快 장쾌, 통쾌

- 監督は、さらに壯大なスケールの作品を構想している。
  감독은 더 장대한 스케일의 작품을 구상하고 있다.

N1 / 中 / 9획

씩씩할/별장 장 [莊]

풀[艹]이 씩씩하고 훌륭하게[壯] 잘 자라도록 가꾼 집

- 음 そう　　莊厳 장엄　　別莊 별장

- 彼は海外に高級別莊を持っている。
  그는 해외에 고급 별장을 가지고 있다

N2 / 小6 / 12획

꾸밀 장 [裝]

훌륭한[壯] 모습을 뽐내기 위해 옷[衣]을 잘 차려 입고 꾸밈

- 음 そう　　装飾 장식　　装備 장비　　服装 복장
  しょう　　装束 장속, 옷차림　　衣装 의상
- 훈 よそおう　　装う 치장하다 / 그런 체하다

- 男は警備員を装って店に侵入し、登山装備を盗んだ。
  남자는 경비원을 가장해 가게에 침입하여 등산 장비를 훔쳤다.

N2 / 小6 / 10획

장수 장 [將]

양손[爫][寸]에 나뭇조각[爿]으로 만든 무기를 들고 싸우는 장수

- 음 しょう　　将来 장래　　将軍 장군　　主将 주장

- 子どもたちの将来を考え、環境問題に気を配ることが必要である。
  아이들의 장래를 생각해, 환경 문제에 신경을 쓰는 것이 필요하다.

N1 / 中 / 13획

장려할 장 [奬]

장수[将]가 용감히 싸워 이기도록 큰[大] 목소리로 장려함

- 음 しょう　　奨学金 장학금　　奨励 장려　　勧奨 권장

- 彼は大学を卒業するまで奨学金をもらいながら勉強した。
  그는 대학을 졸업할 때까지 장학금을 받으면서 공부했다.

N2 / 小5 / 7획

형상 상 / 문서 장 [狀]

나뭇조각[爿]을 개[犬] 모양으로 깎아 만든 형상

- 음 じょう　　状況 상황　　状態 상태　　症状 증상

- 私たちは困窮に立たされていたが、彼女が来てくれたことで状況は一変した。
  우리는 곤경에 처해있었지만, 그녀가 와 줌으로써 상황은 일변했다.

N2 / 小6 / 15획

감출 장 [蔵]

지략이 뛰어난 신하[臣]를 풀숲[艹] 아래 무기[戊] 창고에 감춤

- 음 ぞう　　蔵書 장서　　冷蔵庫 냉장고　　貯蔵 저장
- 훈 くら　　蔵 창고　　비교 倉 p.107
  　　　　　酒蔵 술 창고

- 日本酒を低温貯蔵する酒蔵を見学した。
  일본 술을 저온 저장하는 술 창고를 견학했다.

N2 / 小6 / 19획

오장 장 [臟]

겉에서 보기에는 감춰져[蔵] 있는 몸[月]속의 내장

- 음 ぞう　　臓器 장기　　心臓 심장　　内臓 내장

- 病院に行って胎児の心臓の音を聞いた。
  병원에 가서 태아의 심장 소리를 들었다.

확인 문제

1 빈칸에 알맞은 한자를 a, b 중에 고르세요.

① ___割   a. 没   b. 役
② ___転   a. 逆   b. 遡
③ 手___   a. 腕   b. 宛
④ ___任   a. 萎   b. 委
⑤ 権___   a. 戚   b. 威
⑥ ___来   a. 由   b. 油
⑦ 原___   a. 因   b. 困
⑧ ___度   a. 呈   b. 程
⑨ ___励   a. 奨   b. 将
⑩ 貯___   a. 蔵   b. 臓

2 밑줄 친 부분에 해당되는 한자를 a, b, c 중에 고르세요.

① なげる   a. 設   b. 投   c. 股
② うつ   a. 疫   b. 撃   c. 穀
③ さかのぼる a. 逆   b. 遡   c. 塑
④ ほろぼす   a. 茂   b. 滅   c. 蔑
⑤ よそおう   a. 将   b. 装   c. 奨

3 다음을 일본어 한자와 히라가나로 써 보세요.

① 몰두 ➡ _____ / _____

② 우주 ➡ _____ / _____

③ 곤란 ➡ _____ / _____

④ 과정 ➡ _____ / _____

⑤ 장래 ➡ _____ / _____

태도 4

外 / 中 / 8획

엿볼 저

놓친 짐승[犭]을 또[且] 다시 잡기 위해 기회를 엿봄

- 음 そ
- 훈 ねらう

狙撃 저격
狙う 노리다

- 警察の狙撃手は、犯人の胸を狙って銃を撃った。
  경찰 저격수는 범인의 가슴을 노리고 총을 쐈다.

N1 / 中 / 8획

막힐 조

또[且] 다시 큰 언덕[阝]이 나와서 가던 길을 막음

- 음 そ
- 훈 はばむ

阻止 조지, 저지   阻害 조해, 저해
阻む 막다, 저지하다

- 城で敵の攻撃を阻止して、これ以上の犠牲を阻んだ。
  성에서 적의 공격을 저지하여 더 이상의 희생을 막았다.

N2 / 小5 / 9획

할아버지 조 [祖]

할아버지는 아버지의 또[且] 아버지인 조상[示]

- 음 そ

祖父 조부   祖国 조국   元祖 원조

- 兵士たちは、祖国の平和のために戦った。
  병사들은 조국의 평화를 위해 싸웠다.

N1 / 中 / 10획

조세 조

탐관오리가 세금이라며 벼[禾]를 거두어 가고 또[且] 거두어 감

- 음 そ

租税 조세

- その島は、租税回避地として世界的に知られている。
  그 섬은 조세 회피처로서 세계적으로 알려져 있다.

組

N2 / 小2 / 11획

짤 조

실[糸]을 가로로 하고 또[且] 세로로 하여 짬

- 음 そ　　組織 조직　組成 조성　改組 개조, 조직 개편
- 훈 くむ　　組む 엮다, 짜다　組み立て 조립 / 구조
　　くみ　　組 쌍, 세트 / 학급, 반 / 패　番組 프로그램

■ この会社では、プロジェクト単位で組織が組まれている。
　이 회사에서는 프로젝트 단위로 조직이 짜여 있다.

粗

N1 / 中 / 11획

거칠 조

쌀[米]이 거칠어 도정을 하고 또[且] 하여야만 함

- 음 そ　　粗悪 조악　粗末 조말(허술하고 나쁨 / 소홀히 함)
- 훈 あらい　粗い 거칠다 / 조잡하다　비교 荒い p.212
　　あらすじ　粗筋 줄거리, 개요

■ 彼は目の粗い布で作った粗末な服を着ていた。
　그는 눈이 성긴 천으로 만든 허술한 옷을 입고 있었다.

助

N2 / 小3 / 7획

도울 조

힘[力]에 부쳐 힘[力]을 또[且] 필요로 하니 도움

- 음 じょ　　助手 조수　援助 원조　補助 보조
- 훈 たすける　助ける 구조하다 / 돕다
　　たすかる　助かる 구제되다 / 도움이 되다
　　すけ　　助っ人 조력자　助太刀 조력자

■ 彼は冬山で遭難したが、岩陰にいたところを救助隊に助け出された。
　그는 겨울산에서 조난하였는데, 바위 뒤에 있었을 때 구조대에게 구출되었다.

占

N2 / 中 / 5획

점칠/점령할 점

점괘[卜]의 결과를 입[口]으로 말함

- 음 せん　　占拠 점거　占有 점유　独占 독점
- 훈 しめる　占める 점하다, 차지하다
　　うらなう　占う 점치다　占い 점

■ 国営企業は、市場で大きいシェアを占めるが、独占禁止法の例外となっている。
　국영 기업은 시장에서 큰 점유율을 점하지만, 독점 금지법의 예외가 되고 있다.

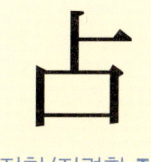

N2 / 小2 / 9획

점 点 [點]

얼굴에 검게[灬] 차지하고[占] 있는 부분

- 음 てん　　点数 점수　　重点 중점　　欠点 결점
- 終点より先へ行く場合は、終点駅で乗り換える。
  종점보다 더 가는 경우는, 종점역에서 환승한다.

N5 / 小2 / 8획

가게 店

물건이 차지하고[占] 있으면서 그것을 파는 집[广]

- 음 てん　　店長 점장　　店員 점원　　商店 상점
- 훈 みせ　　店 가게　　夜店 밤거리 노점
- この店の店長は、とても優しい人だ。 이 가게의 점장은 매우 상냥한 사람이다.

外 / 中 / 12획

붙일 첩

점괘[占]가 잘 나오도록 제단에 돈[貝]을 붙임

- 음 ちょう　　貼付 첩부, 첨부(てんぷ라고도 읽음)
- 훈 はる　　貼る 붙이다　[비교] 張る p.334
- 湿布のように、肌に貼る薬を、貼付剤という。
  파스처럼 피부에 붙이는 약을 첩부제라고 한다.

N1 / 中 / 11획

붙을 점

쌀[米]알이 얼마만큼 붙었나를 통해 점침[占]

- 음 ねん　　粘土 점토　　粘液 점액　　粘着 점착
- 훈 ねばる　　粘る 끈적이다　　粘り 끈적임, 끈기
- この粘液は、粘りの強さによって色が変わるという特徴がある。
  이 점액은 끈적임의 세기에 따라 색이 바뀌는 특징이 있다.

N2 / 小3 / 8획

정할 정

제도를 잘 정해서 집[宀]안을 바르게[正→疋] 다스림

- 음 てい　　定価 정가　　定員 정원　　決定 결정
  　じょう　　定規 자　　案の定 아니나 다를까
- 훈 さだめる　　定める 정하다
  　さだまる　　定まる 정해지다
  　さだか　　定かだ 확실하다, 분명하다
- 購買層が定まらなければ販売戦略を決定することはできない。
  구매층이 정해지지 않으면 판매 전략을 결정할 수 없다.

外 / 中 / 14획

터질 탄

실[糸]을 잘 정해서[定] 쓰지 않으면 옷감이 터짐

- 음 たん　　破綻 파탄
- 훈 ほころびる　綻びる 풀리다
- 　ほころぶ　綻ぶ 풀리다

■ 彼の意見は論理的に破綻していて、話の前後関係が不明瞭だ。
그의 의견은 논리적으로 파괴되어 있어, 말의 전후 관계가 불분명하다.

N1 / 中 / 16획

덩이 정

화폐로 쓰기 위해 쇠[金]를 일정한[定] 덩이로 만듦

- 음 じょう　錠 정, 자물쇠　錠剤 정제, 알약　手錠 수정, 수갑

■ 最近は大抵の薬が錠剤になり、粉薬は少なくなった。
최근에는 대부분의 약이 알약이고, 가루약은 적어졌다.

N2 / 小5 / 8획

절제할 제

나뭇가지[朱]를 칼[刂]로 쳐내듯 지나친 마음을 절제함

- 음 せい　制度 제도　制服 제복, 교복　規制 규제

■ 自然環境が悪化するにつれ、排気ガス規制も少しずつ厳しくなってきた。
자연 환경이 악화됨에 따라, 배기 가스 규제도 조금씩 엄격해져 왔다.

N1 / 小5 / 14획

지을 제

옷감[衣]을 잘 마름질[制]하여 지음

- 음 せい　製品 제품　製造 제조　製鉄 제철

■ この製品は、製造会社と販売会社が分かれている。
이 제품은 제조 회사와 판매 회사가 나뉘어져 있다.

N1 / 中 / 8획

가지런할 제 [齊]

가지런히 정리된 문장의 모양

- 음 せい　斉唱 제창　一斉 일제

■ 私が咳をすると、生徒たちは一斉にこちらへ顔を向けた。
내가 기침을 하자 학생들은 일제히 이쪽으로 얼굴을 돌렸다.

N2 / 小6 / 11획

건널 제 [濟]

물[氵]이 세차지 않고 가지런할[斉] 때 강을 건넘

- **음** さい　経済 경제　返済 변제(빚을 갚음)　救済 구제
- **훈** すむ　済む 끝나다, 해결되다
　　　すます　済ます 끝내다, 해결하다
- 返済猶予の手続きを済ませた。 변제 유예 절차를 마쳤다.

N1 / 中 / 10획

약 지을 제 [劑]

칼[刂]로 약초를 썰어 알맞게 가지런히[斉] 늘어 놓음

- **음** ざい　錠剤 정제, 알약　液剤 물약　解熱剤 해열제
- 赤ちゃんが熱を出したので、解熱剤を飲ませた。
　아기가 열이 나서 해열제를 먹였다.

N1 / 中 / 11획

집 재 [齋]

제단[示]을 가지런히[斉] 모셔 놓는 곳

- **음** さい　斎場 재장, 장례식장　書斎 서재, 서재
- 父に手紙が来たので、書斎の机の上に載せておいた。
　아버지에게 편지가 와서 서재 책상 위에 놓아 두었다.

N1 / 小6 / 10획

좇을 종 [從]

앞 사람이 간 길[彳]을 사람[人]이 발[足]로 좇아 감

- **음** じゅう　従業員 종업원　従来 종래, 종전　服従 복종
　　　しょう　従容 종용(태연하고 침착함)
- **훈** したがう　従う 따르다, 좇다
　　　したがえる　従える 따르게 하다, 거느리다
- 従業員と使用者は、就業規則に従って労働契約を結んでいる。
　종업원과 사용자는 취업 규칙에 따라 노동 계약을 맺고 있다.

N1 / 小6 / 16획

세로 종 [縱]

베틀은 가로로 놓인 실[糸]을 세로로 좇으며[從] 천을 짬

- **음** じゅう　縦横 종횡　縦断 종단　操縦 조종
- **훈** たて　縦 세로　縦書き 세로쓰기
- 操縦士は飛行機の縦揺れを抑えるために全力を尽した。
　조종사는 비행기가 위아래로 흔들리는 것을 제어하기 위해 전력을 다했다.

支 지탱할 지
N2 / 小5 / 4획

나뭇가지[十]를 손[又]으로 잡고 지탱함

- 음 し　　支持 지지　支援 지원　支出 지출
- 훈 ささえる　支える 받치다 / 유지하다　★差し支える 지장이 있다

- ボランティア活動を支えるための支援金を募った。
  자원 봉사 활동을 지원하기 위한 지원금을 모집했다.

伎 재간 기
外 / 中 / 6획

사람[亻]을 지탱[支]하며 곡예를 부리는 재간

- 음 き　　歌舞伎 가부키

- 歌舞伎は日本の伝統芸能の一つである。
  가부키는 일본의 전통 예능의 하나이다.

技 재주 기
N2 / 小5 / 7획

양손[扌][又]에 나뭇가지[十]를 들고 물건을 만드는 재주

- 음 ぎ　　技術 기술　演技 연기　競技 경기
- 훈 わざ　技 기술　비교 業 p.132

- 体操競技は、技の難易度と美しさを基準に採点される。
  체조 경기는 기술의 난이도와 아름다움을 기준으로 채점된다.

岐 갈림길 기
N1 / 小4 / 7획

산[山]을 지탱하고[支] 있는 골짜기로 난 길

- 음 き　　岐路 기로, 갈림길　分岐点 분기점
  　　　多岐 다기(여러 갈래로 복잡함)

- 彼女は人生の岐路に立っていた。
  그녀는 인생의 기로에 서있었다.

枝 가지 지
N2 / 小5 / 8획

나무[木]를 지탱하는[支] 가지

- 음 し　　楊枝 요지, 이쑤시개
- 훈 えだ　枝 가지　枝葉 지엽, 중요하지 않은 부분(しよう라고도 읽음)

- 楊枝は江戸時代には川柳の枝で作られていた。
  요지는 에도 시대에 갯버들 가지로 만들어졌다.

N1 / 中 / 8획

팔다리 지

몸[月]을 지탱하는[支] 팔다리

- 음 し   肢体 지체(팔다리와 몸)   四肢 사지, 팔다리   選択肢 선택지

■ 四肢選択問題とは、4つの選択肢から1つを選ばせる問題のことである。
사지선다형 문제란, 네 개의 선택지에서 한 개를 고르게 하는 문제이다.

N1 / 中 / 13획

북 고

받침대[豆] 위에 놓인 북[士]과 북채[支]의 모양

- 음 こ   鼓舞 고무, 북돋움   鼓動 고동   太鼓 태고, 북
- 훈 つづみ   鼓 북   大鼓 대고, 큰북   小鼓 소고, 작은북

■ 先生の話は学生たちの向学心を大いに鼓舞した。
선생님의 이야기는 학생들의 향학심을 크게 고무시켰다.

N2 / 小4 / 10획

다를 차

벼 이삭[𦍌]의 모양이 각각 다름[左]

- 음 さ   差別 차별   時差 시차   誤差 오차
- 훈 さす   差す 비치다 / 나타나다 / (우산 등을) 쓰다
  - 비교 挿す p.88 指す p.142 刺す p.484

■ 生徒の個人差を否定する教師に講演を依頼するのは差し障りがある。
학생의 개인차를 부정하는 교사에게 강연을 의뢰하는 것은 지장이 있다.

N2 / 小2 / 9획

아름다울 미

크고[大] 살찐 양[羊]이 아름다움

- 음 び   美人 미인   美術 미술   美容 미용
- 훈 うつくしい   美しい 아름답다

■ 美人大会で入賞した女性より、娘のほうがずっと美しい。
미인 대회에서 입상한 여성보다 딸이 훨씬 아름답다.

外 / 中 / 13획

부러워할 선

잘 키워 살찐 남의 양[羊]을 보고 침[次]을 흘리며 부러워함

- 음 せん   羨望 선망
- 훈 うらやむ   羨む 부러워하다
  うらやましい   羨ましい 부럽다, 샘이 나다

■ 他人を羨む人ではなく、自分が羨望の的になるような人になろう。
타인을 부러워하는 사람이 아니라, 자신이 선망의 대상이 되는 사람이 되자.

羞 — 부끄러울 수
外 / 中 / 11획

남의 양[羊]에 손끝[丑]을 뻗어 탐하니 부끄러움

- 음 しゅう　　羞恥(しゅうち) 수치

- 彼女は、その光景を見て羞恥心を感じた。
  그녀는 그 광경을 보고 수치심을 느꼈다.

着 — 붙을 착
N3 / 小3 / 12획

좋은 양[羊]은 눈[目]에 착 붙음

- 음 ちゃく　　着実(ちゃくじつ) 착실　　到着(とうちゃく) 도착　　執着(しゅうちゃく) 집착
- 　じゃく　　愛着(あいじゃく) 애착(あいちゃく라고도 읽음)
- 훈 きる　　着(き)る 입다　　着物(きもの) 옷, 특히 일본 전통 의상
- 　　　　　着替(きが)え 옷을 갈아 입음, 여벌 옷
- 　きせる　　着(き)せる 입히다
- 　つく　　着(つ)く 닿다, 도착하다　비교 付く p.409　就く p.461
- 　つける　　着(つ)ける 몸에 쓰다 / 끼다 / 매다　비교 付ける p.409　就ける p.461

- 私はこの着物に愛着があるので、古くなったからといって捨てられない。
  나는 이 기모노에 애착이 있어서 오래되었다고 해서 버릴 수는 없다.

看 — 볼 간
N1 / 小6 / 9획

손[手]을 눈[目] 위로 올려 눈부신 태양을 가리고 자세히 봄

- 음 かん　　看板(かんばん) 간판　　看護(かんご) 간호　　看病(かんびょう) 간병

- 子どもが熱を出したので、彼は寝ないで看病した。
  아이가 열이 나서 그는 자지 않고 간병했다.

参 — 참여할 참 / 석 삼 [參]
N2 / 小4 / 8획

전쟁에 참여하기 위해 많이[大] 모인 사람[厶]들의 머리털[彡]

- 음 さん　　参加(さんか) 참가　　参考(さんこう) 참고　　持参(じさん) 지참
- 훈 まいる　　参(まい)る 가다, 오다의 겸양어

- 墓参(はかまい)りに来たついでに近くの寺にも参詣(さんけい)した。
  성묘 온 김에 근처의 절에도 참배했다.

N1 / 中 / 11획

참혹할 참 [惨]

전쟁에 참여한[参] 사람들의 마음[忄]이 참혹하기 이를 데 없음

- 음 さん 惨劇(さんげき) 참극　悲惨(ひさん) 비참
  ざん 惨殺(ざんさつ) 참살　惨死(ざんし) 참사　無惨(むざん) 무참
- 훈 みじめ 惨(みじ)めだ 비참하다, 참담하다
  むごい 惨(むご)い 비참하다 / 잔인하다

- 祖父(そふ)が悲惨(ひさん)な最後(さいご)を遂(と)げたために自分(じぶん)の家(いえ)が没落(ぼつらく)したことを知(し)り、彼(かれ)は惨(みじ)めな気分(きぶん)になった。
  할아버지가 비참한 최후를 마쳤기 때문에 자신의 집이 몰락한 것을 알고, 그는 참담한 기분이 들었다.

N1 / 中 / 11획

치우칠 편

사람[亻]의 생각이나 행동이 납작하게[扁] 치우침

- 음 へん 偏見(へんけん) 편견　偏食(へんしょく) 편식　偏向(へんこう) 편향
- 훈 かたよる 偏(かたよ)る 기울다 / 치우치다

- 子(こ)どもが偏食(へんしょく)すると栄養(えいよう)が偏(かたよ)り、成長(せいちょう)に悪(わる)い影響(えいきょう)が及(およ)ぼされる。
  아이가 편식하면 영양이 치우쳐, 성장에 나쁜 영향을 미치게 된다.

N1 / 中 / 12획

두루 편

납작하게[扁] 둘러 친 울타리를 두루 살피며 다님[辶]

- 음 へん 遍歴(へんれき) 편력　普遍(ふへん) 보편　一遍(いっぺん) 일편, 일회, 단번에

- 普遍的(ふへんてき)な価値(かち)というのは、いつの時代(じだい)の誰(だれ)にとっても大事(だいじ)なことをいう。
  보편적인 가치란, 어느 시대의 누구에게 있어서도 소중한 것을 말한다.

N2 / 小5 / 15획

엮을 편

납작한[扁] 나무 조각에 글을 써서 줄[糸]로 엮음

- 음 へん 編集(へんしゅう) 편집　編曲(へんきょく) 편곡　短編(たんぺん) 단편
- 훈 あむ 編(あ)む 엮다　編(あ)み物(もの) 뜨개질

- 編(あ)み物(もの)の本(ほん)を執筆(しっぴつ)するために、編集部(へんしゅうぶ)の人(ひと)と会(あ)った。
  뜨개질 책을 집필하기 위해 편집부 사람을 만났다.

N2 / 小5 / 15획

사나울 폭

사나운 더위[日]에 함께[共] 쌀[米→氺]농사를 지음

- 음 **ぼう** 　暴力 폭력　　暴行 폭행　　乱暴 난폭
- 　**ばく**　　暴露 폭로
- 훈 **あばく**　暴く 폭로하다, 들춰내다
- 　**あばれる**　暴れる 날뛰다, 난폭하게 굴다

■ 彼女の暴露をきっかけに他の暴力事件も暴き出された。
　그녀의 폭로를 계기로 다른 폭력 사건도 들춰졌다.

N2 / 中 / 19획

불 터질 폭

불꽃[火]이 사납게[暴] 퍼지며 터짐

- 음 **ばく**　爆弾 폭탄　　爆発 폭발　　自爆 자폭

■ 市街地に爆弾を投下するのは大量虐殺である。
　시가지에 폭탄을 투하하는 것은 대량 학살이다.

N1 / 中 / 8획

누릴 향

자손[子]이 복을 누리기 위해 높은[高→亠] 제단에 제사를 지냄

- 음 **きょう**　享年 향년　　享楽 향락　　享有 향유

■ ゴッホが死去したのは1890年のことで、享年37歳だった。
　고흐가 서거한 것은 1890년으로, 향년 37세였다.

N1 / 中 / 11획

둘레 곽

고을[阝]의 백성이 평화를 누리도록[享] 둘러쌓은 성곽

- 음 **かく**　輪郭 윤곽　　城郭 성곽　　外郭 외곽

■ 事件の輪郭が徐々に浮かび上がってきた。
　사건의 윤곽이 서서히 떠올랐다.

N1 / 中 / 14획

글방 숙

서민의 땅[土] 위에 지어 누구나[孰] 글을 배우도록 한 곳

- 음 **じゅく**　塾 학원　　学習塾 입시 학원

■ 彼は大学卒業後、しばらく塾の講師をしていた。
　그는 대학 졸업 후, 잠시 학원 강사를 했다.

N4 / 小6 / 15획

익힐 숙

누구나[孰] 먹기 좋게 음식을 불[灬]에 익혀서 먹음

음 じゅく　　熟練 숙련　　熟成 숙성　　成熟 성숙

훈 うれる　　熟れる 익다, 여물다

- 熟れたトマトを分別して収穫するには、ある程度の熟練が必要である。
  익은 토마토를 분별하여 수확하기에는 어느 정도 숙련이 필요하다.

확인 문제

1 빈칸에 알맞은 한자를 a, b 중에 고르세요.

① ___織　a. 組　b. 粗
② ___土　a. 粘　b. 貼
③ ___度　a. 制　b. 製
④ 経___　a. 剤　b. 済
⑤ 操___　a. 従　b. 縦
⑥ ___持　a. 技　b. 支
⑦ ___別　a. 差　b. 羞
⑧ ___集　a. 編　b. 偏
⑨ ___弾　a. 爆　b. 暴
⑩ ___成　a. 塾　b. 熟

2 밑줄 친 부분에 해당되는 한자를 a, b, c 중에 고르세요.

① <u>ねら</u>う　　　a. 祖　b. 阻　c. 狙
② <u>し</u>める　　　a. 店　b. 点　c. 占
③ <u>さだ</u>める　　a. 定　b. 綻　c. 錠
④ <u>うらやま</u>しい　a. 差　b. 羨　c. 看
⑤ <u>かたよ</u>る　　a. 遍　b. 編　c. 偏

3 다음을 일본어 한자와 히라가나로 써 보세요.

① 원조 ➡ _____ / _____
② 파탄 ➡ _____ / _____
③ 기로 ➡ _____ / _____
④ 비참 ➡ _____ / _____
⑤ 윤곽 ➡ _____ / _____

확인 문제 정답

1일째 백성1 — p.25
1. ① b ② a ③ a ④ a ⑤ b ⑥ b ⑦ b ⑧ a ⑨ a ⑩ a
2. ① a ② b ③ b ④ c ⑤ a
3. ① 候補 / こうほ ② 臨時 / りんじ ③ 旅館 / りょかん ④ 常識 / じょうしき ⑤ 睡眠 / すいみん

2일째 백성2 — p.39
1. ① b ② a ③ a ④ b ⑤ a ⑥ b ⑦ b ⑧ b ⑨ a ⑩ a
2. ① a ② a ③ c ④ b ⑤ b
3. ① 妥協 / だきょう ② 預託 / よたく ③ 克服 / こくふく ④ 歴史 / れきし ⑤ 貯蓄 / ちょちく

3일째 인륜1 — p.51
1. ① a ② a ③ a ④ a ⑤ b ⑥ b ⑦ b ⑧ b ⑨ b ⑩ a
2. ① a ② a ③ a ④ c ⑤ b
3. ① 論理 / ろんり ② 訴訟 / そしょう ③ 随筆 / ずいひつ ④ 庶民 / しょみん ⑤ 侵入 / しんにゅう

4일째 인륜2 — p.63
1. ① a ② a ③ b ④ b ⑤ b ⑥ b ⑦ b ⑧ a ⑨ a ⑩ a
2. ① b ② c ③ b ④ b ⑤ b
3. ① 金額 / きんがく ② 配慮 / はいりょ ③ 想像 / そうぞう ④ 賭博 / とばく ⑤ 遊覧 / ゆうらん

5일째 국가1 — p.77
1. ① a ② b ③ b ④ b ⑤ a ⑥ a ⑦ a ⑧ a ⑨ b ⑩ b
2. ① c ② b ③ a ④ c ⑤ b
3. ① 砂糖 / さとう ② 連邦 / れんぽう ③ 修了 / しゅうりょう ④ 法廷 / ほうてい ⑤ 競争 / きょうそう

6일째 국가2 — p.91
1. ① a ② a ③ a ④ a ⑤ a ⑥ a ⑦ b ⑧ b ⑨ b ⑩ b
2. ① b ② b ③ b ④ b ⑤ c
3. ① 最初 / さいしょ ② 義務 / ぎむ ③ 医療 / いりょう ④ 干渉 / かんしょう ⑤ 音韻 / おんいん

7일째 의식주1 — p.103
1. ① a ② b ③ b ④ b ⑤ a ⑥ b ⑦ b ⑧ a ⑨ a ⑩ b
2. ① c ② a ③ c ④ a ⑤ c
3. ① 継続 / けいぞく ② 依頼 / いらい ③ 喪失 / そうしつ ④ 解釈 / かいしゃく ⑤ 昇進 / しょうしん

8일째 의식주2 — p.115
1. ① b ② a ③ b ④ a ⑤ b ⑥ b ⑦ a ⑧ b ⑨ b ⑩ b
2. ① b ② a ③ c ④ b ⑤ a
3. ① 講演 / こうえん ② 薬局 / やっきょく ③ 温暖 / おんだん ④ 住宅 / じゅうたく ⑤ 手段 / しゅだん

9일째 의식주3 — p.127
1. ① b ② a ③ a ④ a ⑤ a ⑥ a ⑦ b ⑧ a ⑨ b ⑩ a
2. ① a ② a ③ a ④ c ⑤ c
3. ① 窓口 / まどぐち ② 簡単 / かんたん ③ 耕作 / こうさく ④ 影響 / えいきょう ⑤ 姉妹 / しまい

10일째 의식주4 — p.139
1. ① a ② a ③ a ④ b ⑤ b ⑥ b ⑦ b ⑧ b ⑨ a ⑩ a
2. ① c ② c ③ a ④ b ⑤ c
3. ① 橋脚 / きょうきゃく ② 範囲 / はんい ③ 業績 / ぎょうせき ④ 名札 / なふだ ⑤ 変遷 / へんせん

11일째 학문1 — p.151
1 ① a ② b ③ a ④ a ⑤ b ⑥ a
  ⑦ b ⑧ a
2 ① b ② b ③ b
3 ① 証拠 / しょうこ ② 波紋 / はもん
  ③ 拘束 / こうそく

12일째 학문2 — p.165
1 ① b ② b ③ b ④ b ⑤ b ⑥ a
  ⑦ a ⑧ a ⑨ a ⑩ a
2 ① c ② a ③ c ④ a ⑤ c
3 ① 覚悟 / かくご ② 親切 / しんせつ
  ③ 軌道 / きどう ④ 両替 / りょうがえ
  ⑤ 基礎 / きそ

13일째 대자연1 — p.181
1 ① b ② b ③ a ④ b ⑤ a ⑥ a
  ⑦ a ⑧ a ⑨ a ⑩ a
2 ① a ② b ③ c ④ b ⑤ a
3 ① 貢献 / こうけん ② 憂慮 / ゆうりょ
  ③ 終了 / しゅうりょう ④ 勢力 / せいりょく
  ⑤ 処罰 / しょばつ

14일째 대자연2 — p.193
1 ① b ② a ③ a ④ b ⑤ a ⑥ a
  ⑦ a ⑧ a ⑨ b ⑩ a
2 ① b ② a ③ a ④ b ⑤ c
3 ① 夢中 / むちゅう ② 血液 / けつえき
  ③ 陰陽 / いんよう ④ 拙劣 / せつれつ
  ⑤ 風車 / かざぐるま

15일째 대자연3 — p.207
1 ① a ② b ③ a ④ b ⑤ b ⑥ a
  ⑦ a ⑧ b ⑨ b ⑩ b
2 ① a ② c ③ c ④ b ⑤ b
3 ① 綿密 / めんみつ ② 沿革 / えんかく
  ③ 乗船 / じょうせん ④ 暗示 / あんじ
  ⑤ 重畳 / ちょうじょう

16일째 대자연4 — p.219
1 ① b ② b ③ a ④ b ⑤ a ⑥ a
  ⑦ b ⑧ a
2 ① c ② a ③ c
3 ① 診察 / しんさつ ② 着陸 / ちゃくりく
  ③ 火災 / かさい

17일째 동물1 — p.231
1 ① a ② b ③ a ④ a ⑤ b ⑥ b
  ⑦ a ⑧ b ⑨ a ⑩ b
2 ① a ② c ③ b ④ c ⑤ a
3 ① 条件 / じょうけん ② 潜伏 / せんぷく
  ③ 亀鑑 / きかん ④ 悲鳴 / ひめい
  ⑤ 乾杯 / かんぱい

18일째 동물2·신체1 — p.245
1 ① b ② b ③ a ④ a ⑤ b ⑥ b
  ⑦ b ⑧ a ⑨ a ⑩ a
2 ① b ② b ③ b ④ b ⑤ b
3 ① 蛍光 / けいこう ② 応援 / おうえん
  ③ 謝罪 / しゃざい ④ 面会 / めんかい
  ⑤ 発芽 / はつが

19일째 신체2 — p.257
1 ① b ② b ③ b ④ b ⑤ a ⑥ a
  ⑦ a ⑧ a
2 ① a ② a ③ a
3 ① 選挙 / せんきょ ② 皮膚 / ひふ
  ③ 円滑 / えんかつ

20일째 식물 — p.269
1 ① b ② b ③ a ④ a ⑤ b ⑥ a
  ⑦ a ⑧ b ⑨ b ⑩ a
2 ① a ② b ③ c ④ a ⑤ b
3 ① 温床 / おんしょう ② 実力 / じつりょく
  ③ 未来 / みらい ④ 中毒 / ちゅうどく
  ⑤ 頭痛 / ずつう

21일째 위치 p.285

1 ① a ② a ③ a ④ b ⑤ b ⑥ b
  ⑦ a ⑧ a ⑨ a ⑩ a
2 ① b ② c ③ b ④ c ⑤ a
3 ① 納得 / なっとく ② 卑屈 / ひくつ
  ③ 中央 / ちゅうおう ④ 仲介 / ちゅうかい
  ⑤ 酸素 / さんそ

22일째 오감 p.297

1 ① b ② b ③ b ④ a ⑤ b ⑥ a
  ⑦ a ⑧ a
2 ① b ② b ③ c
3 ① 告白 / こくはく ② 玄関 / げんかん
  ③ 横断 / おうだん

23일째 시간 p.311

1 ① a ② a ③ b ④ a ⑤ b ⑥ b
  ⑦ b ⑧ a ⑨ a ⑩ b
2 ① b ② a ③ b ④ c ⑤ c
3 ① 復旧 / ふっきゅう ② 窮極 / きゅうきょく
  ③ 傑作 / けっさく ④ 先輩 / せんぱい
  ⑤ 高層 / こうそう

24일째 물상1 p.323

1 ① b ② b ③ b ④ b ⑤ a ⑥ a
  ⑦ a ⑧ b ⑨ b ⑩ a
2 ① a ② a ③ a ④ a ⑤ c
3 ① 遠隔 / えんかく ② 軽率 / けいそつ
  ③ 機械 / きかい ④ 共同 / きょうどう
  ⑤ 厳密 / げんみつ

25일째 물상2 p.337

1 ① b ② b ③ a ④ a ⑤ a ⑥ b
  ⑦ a ⑧ a ⑨ b ⑩ a
2 ① c ③ c ③ c ④ b ⑤ c
3 ① 普通 / ふつう ② 把握 / はあく
  ③ 微妙 / びみょう ④ 勧誘 / かんゆう
  ⑤ 迅速 / じんそく

26일째 물상3 p.351

1 ① a ② b ③ a ④ b ⑤ b ⑥ b
  ⑦ b ⑧ a ⑨ a ⑩ a
2 ① a ② c ③ b ④ a ⑤ b
3 ① 均衡 / きんこう ② 調節 / ちょうせつ
  ③ 他人 / たにん ④ 確定 / かくてい
  ⑤ 姿勢 / しせい

27일째 가치1 p.365

1 ① a ② a ③ a ④ a ⑤ a ⑥ b
  ⑦ b ⑧ b ⑨ b ⑩ b
2 ① b ② b ③ b ④ b ⑤ c
3 ① 封筒 / ふうとう ② 詰責 / きっせき
  ③ 利益 / りえき ④ 拒否 / きょひ
  ⑤ 束縛 / そくばく

28일째 가치2 p.377

1 ① a ② a ③ b ④ a ⑤ a ⑥ a
  ⑦ b ⑧ b ⑨ a ⑩ a
2 ① a ② b ③ c ④ a ⑤ b
3 ① 嫌悪 / けんお ② 貿易 / ぼうえき
  ③ 完璧 / かんぺき ④ 飢餓 / きが
  ⑤ 派遣 / はけん

29일째 동작1 p.391

1 ① b ② b ③ b ④ a ⑤ b ⑥ b
  ⑦ a ⑧ a ⑨ a ⑩ a
2 ① c ② c ③ a ④ a ⑤ b
3 ① 汚染 / おせん ② 該当 / がいとう
  ③ 健康 / けんこう ④ 豊富 / ほうふ
  ⑤ 破壊 / はかい

30일째 동작2 p.403

1 ① b ② a ③ b ④ a ⑤ b ⑥ a
  ⑦ b ⑧ a
2 ① a ② b ③ c
3 ① 登録 / とうろく ② 食糧 / しょくりょう
  ③ 栄養 / えいよう

31일째 동작3　p.417

1 ① b　② a　③ a　④ a　⑤ b　⑥ a
　⑦ a　⑧ a　⑨ b　⑩ b

2 ① a　② b　③ b　④ a　⑤ c

3 ① 激励 / げきれい　② 牛乳 / ぎゅうにゅう
　③ 素朴 / そぼく　④ 崩壊 / ほうかい
　⑤ 予算 / よさん

32일째 동작4　p.431

1 ① a　② a　③ a　④ b　⑤ a　⑥ b
　⑦ b　⑧ b　⑨ a　⑩ b

2 ① c　② c　③ c　④ a　⑤ a

3 ① 芝生 / しばふ　② 超越 / ちょうえつ
　③ 宿題 / しゅくだい　④ 巡回 / じゅんかい
　⑤ 芸術 / げいじゅつ

33일째 동작5　p.445

1 ① a　② b　③ b　④ a　⑤ b　⑥ a
　⑦ b　⑧ b　⑨ a　⑩ a

2 ① b　② b　③ c　④ b　⑤ c

3 ① 過剰 / かじょう　② 写真 / しゃしん
　③ 財産 / ざいさん　④ 冷静 / れいせい
　⑤ 在庫 / ざいこ

34일째 동작6　p.459

1 ① b　② b　③ a　④ b　⑤ b　⑥ a
　⑦ b　⑧ b　⑨ a　⑩ a

2 ① a　② b　③ c　④ b　⑤ a

3 ① 肯定 / こうてい　② 農民 / のうみん
　③ 情報 / じょうほう　④ 唯一 / ゆいいつ
　⑤ 提携 / ていけい

35일째 동작7　p.473

1 ① b　② b　③ b　④ b　⑤ a　⑥ b
　⑦ a　⑧ a　⑨ b　⑩ a

2 ① b　② a　③ b　④ c　⑤ b

3 ① 建築 / けんちく　② 伝統 / でんとう
　③ 就職 / しゅうしょく　④ 旅行 / りょこう
　⑤ 結婚 / けっこん

36일째 지각　p.485

1 ① b　② b　③ a　④ b　⑤ b　⑥ b
　⑦ a　⑧ a　⑨ a　⑩ b

2 ① c　② b　③ c　④ b　⑤ a

3 ① 極限 / きょくげん　② 宗教 / しゅうきょう
　③ 実践 / じっせん　④ 政策 / せいさく
　⑤ 恩恵 / おんけい

37일째 태도1　p.497

1 ① b　② b　③ b　④ b　⑤ b　⑥ a
　⑦ a　⑧ a　⑨ a　⑩ a

2 ① b　② a　③ b　④ b　⑤ c

3 ① 世界 / せかい　② 警察 / けいさつ
　③ 懲戒 / ちょうかい　④ 禁止 / きんし
　⑤ 賃貸 / ちんたい

38일째 태도2　p.511

1 ① a　② b　③ b　④ b　⑤ a　⑥ a
　⑦ a　⑧ b　⑨ a　⑩ a

2 ① c　② c　③ b　④ b　⑤ a

3 ① 冒険 / ぼうけん　② 沈黙 / ちんもく
　③ 休暇 / きゅうか　④ 守備 / しゅび
　⑤ 別途 / べっと

39일째 태도3　p.523

1 ① b　② a　③ a　④ b　⑤ b　⑥ b
　⑦ a　⑧ a　⑨ a　⑩ a

2 ① b　② a　③ b　④ a　⑤ b

3 ① 没頭 / ぼっとう　② 宇宙 / うちゅう
　③ 困難 / こんなん　④ 過程 / かてい
　⑤ 将来 / しょうらい

40일째 태도4　p.535

1 ① a　② a　③ a　④ b　⑤ b　⑥ b
　⑦ a　⑧ a　⑨ b　⑩ b

2 ① c　② c　③ a　④ b　⑤ c

3 ① 援助 / えんじょ　② 破綻 / はたん
　③ 岐路 / きろ　④ 悲惨 / ひさん
　⑤ 輪郭 / りんかく

찾아보기

*형광 표시된 한자는 **표제어**를 나타냅니다.

ㄱ

가 價 값 가	152
家 집 가	108
嫁 시집갈 가	108
稼 심을 가	108
歌 노래 가	348
佳 아름다울 가	352
可 옳을 가	353
街 거리 가	353
苛 가혹할 가	354
加 더할 가	380
架 시렁 가	380
仮 거짓 가	500
暇 겨를 가	500
각 各 각각 각	52
閣 집 각	118
角 뿔 각	250
刻 새길 각	381
却 물리칠 각	383
脚 다리 각	383
覚 깨달을 각	476
殻 껍질 각	513
간 干 방패 간	85
肝 간 간	86
刊 새길 간	86
幹 줄기 간	86
間 사이 간	118
簡 대쪽/간략 간	118
墾 개간할 간	382
懇 간절할 간	382
看 볼 간	531
갈 渴 목마를 갈	384
喝 꾸짖을 갈	384
褐 갈색 갈	385
葛 칡 갈	385
감 感 느낄 감	76
憾 섭섭할 감	76
減 덜 감	76
甘 달 감	286
紺 감색 감	286
堪 견딜 감	369
勘 헤아릴 감	369
監 볼 감	474
鑑 거울 감	474
敢 감히 감	486
갑 甲 갑옷 갑	87
岬 곶 갑	88
강 江 강 강	78
強 강할 강	82
岡 산등성이 강	190
綱 벼리 강	190
鋼 강철 강	190
剛 굳셀 강	190
降 내릴 강	212
講 외울 강	388
康 편안할 강	490
개 皆 모두 개	48
改 고칠 개	69
開 열 개	119
慨 슬퍼할 개	302
概 대개 개	303
個 낱 개	315
箇 낱 개	315
蓋 덮을 개	383
介 끼일 개	486
객 客 손 객	53
갱 坑 구덩이 갱	467
거 拠 근거 거	74
挙 들 거	248
巨 클 거	312
拒 막을 거	312
距 떨어질 거	312
去 갈 거	382
居 살 거	487
据 거치할 거	487
裾 옷자락 거	487
건 巾 수건 건	94
件 물건 건	222
乾 하늘/마를 건	230
建 세울 건	383
健 굳셀 건	384
鍵 열쇠 건	384
걸 乞 빌 걸	230
傑 뛰어날 걸	304
검 倹 검소할 검	487
検 검사할 검	488
剣 칼 검	488
게 憩 쉴 게	242
掲 높이 들 게	384

격	格 격식 격	52		径 지름길 경	314		稿 볏짚/원고 고	272
	隔 사이 뜰 격	312		経 지날/글 경	314		古 옛 고	298
	激 격할 격	410		茎 줄기 경	315		故 연고 고	298
	撃 칠 격	514		更 고칠 경 / 다시 갱	476		苦 쓸 고	298
견	絹 비단 견	89		梗 줄기 경	477		枯 마를 고	299
	肩 어깨 견	109		硬 굳을 경	477		固 굳을 고	315
	犬 개 견	228		敬 공경할 경	490		錮 막을 고	315
	繭 고치 견	236		警 경계할 경	490		告 고할 고	385
	堅 굳을 견	313		驚 놀랄 경	490		雇 품 팔 고	386
	遣 보낼 견	355	계	季 계절 계	43		顧 돌아볼 고	386
	見 볼 견	475		階 섬돌 계	48		股 넓적다리 고	512
결	欠 이지러질 결	347		啓 열 계	70		鼓 북 고	530
	結 맺을 결	357		系 이을 계	92	곡	谷 골 곡	195
	決 결단할 결	488		係 맬 계	92		曲 굽을 곡	386
	潔 깨끗할 결	491		継 이을 계	93		穀 곡식 곡	513
겸	兼 겸할 겸	489		計 셀 계	159	곤	昆 벌레/맏 곤	236
	謙 겸손할 겸	489		渓 시내 계	195		困 곤할 곤	519
	鎌 낫 겸	489		鶏 닭 계	195	골	骨 뼈 골	255
경	京 서울 경	72		稽 상고할 계	265	공	公 공평할 공	42
	鯨 고래 경	72		界 지경 계	486		共 함께 공	47
	景 볕 경	72		契 맺을 계	490		供 이바지할 공	47
	憬 깨달을/동경할 경	73		戒 경계할 계	491		恭 공손할 공	48
	境 지경/경계 경	75		械 기계 계	491		工 장인 공	78
	鏡 거울 경	75		届 이를 계	518		攻 칠 공	78
	競 다툴 경	75	고	考 생각할 고	27		功 공 공	78
	頃 이랑/잠깐 경	101		拷 칠 고	28		孔 구멍 공	126
	傾 기울 경	102		尻 꽁무니 고	110		貢 바칠 공	233
	耕 밭 갈 경	122		庫 곳집 고	130		空 빌 공	316
	慶 경사 경	227		孤 외로울 고	256		控 당길 공	316
	軽 가벼울 경	314		高 높을 고	272		恐 두려울 공	460

과 科 과목 과	100	怪 기이할 괴	314	区 구분할 구	390
果 열매 과	264	壞 무너질 괴	388	駆 몰 구	390
課 공부할/과정 과	264	교 敎 가르칠 교	28	欧 구라파 구	390
菓 과자 과	264	橋 다리 교	130	殴 때릴 구	390
過 지날 과	387	矯 바로잡을 교	130	국 国 나라 국	14
鍋 노구솥 과	387	巧 공교할 교	477	局 판 국	111
寡 적을 과	405	交 사귈 교	492	菊 국화 국	267
誇 자랑할 과	480	校 학교 교	492	군 君 임금 군	14
곽 郭 둘레 곽	533	郊 들 교	493	郡 고을 군	14
관 官 벼슬 관	16	較 비교할 교	493	群 무리 군	14
棺 널 관	16	絞 목맬 교	493	軍 군사 군	131
館 집 관	16	구 具 갖출 구	98	굴 屈 굽힐 굴	392
管 대롱/관리 관	17	懼 두려워할 구	98	掘 팔 굴	392
缶 두레박/질그릇 관	105	句 글귀 구	146	堀 굴 굴	392
関 빗장 관	119	拘 잡을 구	146	窟 굴 굴	392
串 꿸 관	282	駒 망아지 구	146	궁 宮 집 궁	36
款 항목 관	348	勾 굽을 구	147	弓 활 궁	81
冠 갓 관	373	九 아홉 구	158	窮 궁할 궁	303
観 볼 관	456	丘 언덕 구	191	권 券 문서 권	149
寬 너그러울 관	476	口 입 구	239	拳 주먹 권	149
貫 꿸 관	491	久 오랠 구	299	巻 책 권	149
慣 익숙할 관	492	旧 옛 구	299	圏 우리 권	149
괄 括 묶을 괄	241	臼 절구 구	300	勧 권할 권	456
광 狂 미칠 광	13	究 연구할 구	303	権 권세 권	457
光 빛 광	308	構 얽을 구	388	궤 軌 바퀴 자국 궤	158
広 넓을 광	316	溝 도랑 구	389	潰 무너질 궤	355
鉱 쇳돌 광	317	購 살 구	389	机 책상 궤	372
괘 掛 걸 괘	353	求 구할 구	389	귀 鬼 귀신 귀	217
괴 拐 후릴 괴	80	救 구원할 구	389	龜 거북 귀 / 터질 균	228
塊 덩어리 괴	217	球 공 구	389	貴 귀할 귀	354

帰 돌아갈 귀	393	
규 叫 부르짖을 규	394	
糾 얽힐 규	394	
規 법 규	475	
균 菌 버섯 균	44	
均 고를 균	507	
극 克 이길 극	32	
劇 심할/연극 극	225	
隙 틈 극	342	
極 다할 극	478	
근 斤 도끼 근	133	
近 가까울 근	133	
筋 힘줄 근	200	
根 뿌리 근	210	
僅 겨우 근	355	
謹 삼갈 근	356	
勤 부지런할 근	356	
금 錦 비단 금	195	
今 이제 금	300	
琴 거문고 금	301	
金 쇠 금	336	
禁 금할 금	493	
襟 옷깃 금	493	
급 急 급할 급	357	
給 줄 급	466	
及 미칠 급	494	
扱 다룰 급	494	
級 등급 급	494	
긍 肯 즐길 긍	447	
기 己 몸 기	54	

紀 벼리 기	55	
記 기록할 기	55	
起 일어날 기	55	
忌 꺼릴 기	56	
祈 빌 기	133	
棋 바둑 기	163	
碁 바둑 기	163	
期 기약할 기	163	
旗 기 기	163	
基 터 기	164	
棄 버릴 기	164	
気 기운 기	218	
汽 증기 기	218	
器 그릇 기	240	
既 이미 기	302	
奇 기이할 기	317	
埼 갑 기	317	
崎 험할 기	317	
騎 말 탈 기	318	
寄 부칠 기	318	
幾 몇 기	318	
機 베틀 기	318	
畿 경기 기	318	
欺 속일 기	348	
肌 살가죽 기	372	
飢 굶주릴 기	372	
企 꾀할 기	446	
伎 재간 기	529	
技 재주 기	529	
岐 갈림길 기	529	

긴 緊 긴할 긴	313	
길 吉 길할 길	356	
끽 喫 먹을 끽	491	

ㄴ

나 那 어찌 나	68	
奈 어찌 나	480	
낙 諾 허락할 낙	370	
난 難 어려울 난	67	
暖 따뜻할 난	434	
남 男 사내 남	21	
南 남녘 남	172	
납 納 들일 납	273	
낭 娘 아가씨 낭	358	
내 匂 향내 내	147	
耐 견딜 내	250	
内 안 내	272	
녀 女 계집 녀	26	
년 年 해 년	222	
념 念 생각 념	302	
捻 비틀 념	302	
녕 寧 편안할 녕	35	
노 奴 종 노	20	
怒 성낼 노	20	
努 힘쓸 노	21	
농 農 농사 농	449	
濃 짙을 농	449	
뇌 悩 번뇌할 뇌	296	

脳 뇌 뇌	296	답 踏 밟을 답	249	図 그림 도	162
뇨 尿 오줌 뇨	110	答 대답할 답	465	島 섬 도	229
능 能 능할 능	478	당 唐 당나라 당	66	稲 벼 도	265
니 尼 여승 니	110	糖 엿 당	66	悼 슬퍼할 도	283
泥 진흙 니	110	当 마땅할 당	357	盗 훔칠 도	349
닉 溺 빠질 닉	332	党 무리 당	368	徒 무리 도	442
匿 숨길 닉	370	堂 집 당	368	到 이를 도	447
		대 隊 떼 대	45	倒 넘어질 도	448
		帯 띠 대	97	途 길 도	508
ㄷ		台 대 대	113	塗 칠할 도	510
		待 기다릴 대	128	독 督 감독할 독	33
다 多 많을 다	185	大 큰 대	156	篤 도타울 독	223
茶 차 다/차	509	対 대할 대	261	独 홀로 독	235
단 段 층계 단	114	戴 일 대	438	毒 독 독	267
鍛 쇠 불릴 단	114	代 대신할 대	495	読 읽을 독	403
断 끊을 단	133	貸 빌릴 대	495	돈 豚 돼지 돈	225
旦 아침 단	182	袋 자루 대	495	頓 조아릴 돈	395
但 다만 단	182	덕 德 덕 덕	40	돌 突 갑자기 돌	303
壇 제단 단	183	도 賭 내기 도	60	동 童 아이 동	28
団 둥글 단	261	都 도읍 도	60	憧 동경할 동	29
短 짧을 단	268	道 길 도	74	瞳 눈동자 동	29
丹 붉을 단	286	導 인도할 도	74	東 동녘 동	168
単 홀 단	319	刀 칼 도	79	凍 얼 동	168
端 끝 단	400	陶 질그릇 도	105	棟 마룻대 동	169
달 達 통달할 달	290	度 법도 도	121	冬 겨울 동	174
담 曇 흐릴 담	178	渡 건널 도	121	同 한가지 동	319
担 멜 담	182	挑 돋울 도	160	洞 골 동 / 밝을 통	320
胆 쓸개 담	182	逃 도망할 도	161	胴 몸통 동	320
淡 맑을 담	214	桃 복숭아 도	161	銅 구리 동	320
談 말씀 담	215	跳 뛸 도	161	動 움직일 동	339

働 일할 동		339
두 斗 말 두		100
豆 콩 두		267
頭 머리 두		268
痘 역질 두		268
둔 屯 진칠 둔		394
鈍 둔할 둔		395
득 得 얻을 득		129
등 灯 등불 등		34
等 무리 등		129
登 오를 등		395
騰 오를 등		396
謄 베낄 등		396
藤 능나무 등		396

ㄹ

라 裸 벗을 라		264
羅 벌일 라		454
락 絡 이을 락		53
酪 쇠젖 락		53
落 떨어질 락		53
楽 즐길 락 / 노래 악		481
란 欄 난간 란		120
乱 어지러울 란		242
卵 알 란		256
랄 辣 매울 랄		424
람 嵐 남기 람		192
濫 넘칠 람		474

藍 쪽 람		474
覧 볼 람		475
랍 拉 끌 랍		400
랑 滝 여울 랑		220
浪 물결 랑		358
朗 밝을 랑		359
郎 사내 랑		359
廊 사랑채 랑		359
래 来 올 래		266
랭 冷 찰 랭		398
략 略 간략할 략		52
량 涼 서늘할 량		72
両 두 량		162
良 좋을 량		358
量 헤아릴 량		396
糧 양식 량		397
려 呂 성씨 려		36
侶 짝 려		36
旅 나그네 려		61
戾 어그러질 려		109
励 힘쓸 려		160
慮 생각할 려		224
麗 고울 려		227
력 歷 지낼 력		150
暦 책력 력		150
力 힘 력		200
련 連 이을 련		131
練 익힐 련		169
錬 단련할 련		169
恋 그리워할 련		407

렬 劣 못할 렬		328
列 벌일 렬		397
烈 매울 렬		397
裂 찢을 렬		397
렴 廉 청렴할 렴		489
렵 猟 사냥 렵		251
령 零 떨어질 령		177
霊 신령 령		178
令 하여금 령		398
領 거느릴 령		398
鈴 방울 령		398
齢 나이 령		399
레 礼 예도 레		126
例 법식 레		397
隷 종 레		506
로 老 늙을 로		27
路 길 로		52
炉 화로 로		121
露 이슬 로		178
虜 사로잡을 로		224
労 일할 로		399
록 鹿 사슴 록		227
麓 산기슭 록		227
緑 푸를 록		287
録 기록할 록		287
론 論 논할 론		40
롱 弄 희롱할 롱		13
籠 대바구니 롱		221
뢰 賂 뇌물 뢰		53
雷 우레 뢰		177

賴 의뢰할 뢰	425	
瀨 여울 뢰	425	
료 了 마칠 료	36	
僚 동료 료	57	
寮 동관 료	57	
療 병 고칠 료	57	
瞭 밝을 료	57	
料 헤아릴 료	100	
룡 龍 용 룡	220	
루 淚 눈물 루	109	
漏 샐 루	112	
樓 다락 루	268	
累 여러 루	305	
壘 보루 루	305	
류 瑠 맑은 유리 류	209	
流 흐를 류	216	
硫 유황 류	216	
柳 버들 류	256	
留 머무를 류	406	
類 무리 류	428	
륙 陸 뭍 륙	211	
륜 倫 인륜 륜	40	
輪 바퀴 륜	40	
률 慄 떨릴 률	100	
律 법칙 률	150	
率 비율 률 / 거느릴 솔	442	
륭 隆 높을 륭	211	
릉 陵 언덕 릉	212	
리 吏 관리 리	33	
履 밟을 리	111	

里 마을 리	124	
理 다스릴 리	124	
厘 다스릴 리	124	
裏 속 리	125	
璃 맑은 유리 리	209	
利 날카로울/이로울 리	359	
梨 배 리	359	
痢 설사 리	360	
離 떠날 리	455	
린 隣 이웃 린	304	
림 臨 임할 림	15	
林 수풀 림	258	
립 立 설 립	399	
粒 낟알 립	400	

ㅁ

마 馬 말 마	222	
麻 삼 마	262	
摩 문지를 마	263	
磨 갈 마	263	
魔 마귀 마	263	
막 幕 장막 막	404	
漠 넓을/사막 막	405	
膜 꺼풀 막	405	
만 萬 일만 만	160	
滿 찰 만	162	
漫 흩어질 만	401	
慢 거만할 만	401	

湾 물굽이 만	407	
蠻 오랑캐 만	407	
晩 늦을 만	496	
말 末 끝 말	304	
抹 지울 말	304	
망 亡 망할 망	401	
忘 잊을 망	401	
望 바랄 망	401	
妄 망령될 망	402	
忙 바쁠 망	402	
網 그물 망	402	
매 每 매양 매	22	
梅 매화 매	23	
枚 낱 매	70	
埋 묻을 매	124	
魅 매혹할 매	217	
罵 꾸짖을 매	223	
買 살 매	232	
媒 중매 매	360	
妹 손아래 누이 매	361	
昧 어두울 매	361	
売 팔 매	402	
맥 麥 보리 맥	267	
脈 줄기 맥	376	
맹 猛 사나울 맹	31	
盟 맹세 맹	106	
盲 소경 맹	436	
면 眠 잘 면	18	
綿 솜 면	194	
面 낯 면	239	

麵 밀가루 면	239	
免 면할 면	496	
勉 힘쓸 면	496	
멸 滅 멸할 멸	516	
蔑 업신여길 멸	516	
명 冥 어두울 명	105	
皿 그릇 명	106	
名 이름 명	136	
銘 새길 명	136	
明 밝을 명	186	
鳴 울 명	229	
命 목숨 명	466	
모 母 어미 모	22	
侮 업신여길 모	22	
矛 창 모	80	
毛 털 모	252	
耗 소모할 모	252	
某 아무 모	360	
謀 꾀 모	360	
貌 모양 모	382	
募 모을 모	404	
慕 그릴 모	404	
暮 저물 모	405	
模 본뜰 모	405	
冒 무릅쓸 모	498	
帽 모자 모	498	
목 牧 칠 목	69	
睦 화목할 목	211	
目 눈 목	243	
木 나무 목	258	

몰 沒 빠질 몰	512	
몽 夢 꿈 몽	184	
묘 苗 모 묘	104	
描 그릴 묘	104	
猫 고양이 묘	104	
畝 이랑 묘	299	
妙 묘할 묘	327	
墓 무덤 묘	404	
무 務 힘쓸 무	81	
武 호반 무	142	
霧 안개 무	178	
無 없을 무	360	
舞 춤출 무	361	
貿 무역할 무	406	
茂 무성할 무	516	
묵 墨 먹 묵	125	
默 묵묵할 묵	498	
문 門 문 문	117	
問 물을 문	117	
聞 들을 문	119	
文 글월 문	146	
紋 무늬 문	146	
蚊 모기 문	234	
물 物 물건 물	371	
미 尾 꼬리 미	111	
眉 눈썹 미	244	
米 쌀 미	266	
迷 미혹할 미	266	
謎 수수께끼 미	266	
微 작을 미	321	

未 아닐 미	361	
味 맛 미	361	
彌 미륵 미	462	
美 아름다울 미	530	
민 民 백성 민	17	
敏 민첩할 민	23	
밀 密 빽빽할 밀	321	
蜜 꿀 밀	321	

ㅂ

박 撲 칠 박	132	
剝 벗길 박	287	
拍 칠 박	288	
泊 머무를 박	288	
迫 핍박할 박	289	
舶 배 박	289	
博 넓을 박	364	
縛 얽을 박	364	
薄 엷을 박	364	
朴 성씨/소박할 박	411	
반 班 나눌 반	89	
斑 얼룩 반	89	
飯 밥 반	102	
半 절반 반	322	
伴 짝 반	322	
畔 밭두둑 반	322	
般 일반 반	324	
盤 쟁반 반	324	

搬 옮길 반	324	排 밀칠 배	366	病 병 병	171
頒 나눌 반	413	輩 무리 배	367	兵 병사 병	191
反 돌이킬 반	499	拜 절 배	367	並 나란히 병	325
返 돌이킬 반	499	백 白 흰 백	288	倂 아우를 병	501
발 拔 뽑을 발	56	伯 맏 백	288	塀 담 병	501
髮 터럭 발	56	百 일백 백	289	餠 떡 병	501
鉢 바리때 발	260	번 繁 번성할 번	24	甁 병 병	501
發 필 발	406	煩 번거로울 번	152	보 宝 보배 보	265
勃 노할 발	416	翻 번역할 번	255	保 지킬 보	259
방 邦 나라 방	68	番 차례 번	305	普 넓을 보	326
房 방 방	109	藩 울타리 번	305	譜 족보 보	326
方 모 방	273	별 閥 문벌 벌	120	步 걸음 보	408
坊 동네 방	273	罰 벌할 벌	180	報 알릴/갚을 보	450
妨 방해할 방	273	伐 칠 벌	495	補 기울 보	465
肪 살찔 방	273	범 範 법 범	132	복 服 옷 복	96
防 막을 방	274	凡 무릇 범	362	腹 배 복	96
紡 길쌈 방	274	汎 넓을 범	362	複 겹칠 복	96
訪 찾을 방	274	氾 넘칠 범	362	復 회복할 복 / 다시 부	96
放 놓을 방	274	犯 범할 범	362	覆 뒤집힐 복 / 덮을 부	96
倣 본뜰 방	275	帆 돛 범	362	僕 종 복	132
傍 곁 방	275	법 法 법 법	382	福 복 복	135
芳 꽃다울 방	275	벽 壁 벽 벽	116	伏 엎드릴 복	228
배 配 짝/나눌 배	55	璧 구슬 벽	116	본 本 근본 본	260
背 등 배	172	癖 버릇 벽	117	봉 蜂 벌 봉	237
倍 곱 배	324	변 辺 가 변	79	縫 꿰맬 봉	237
培 북돋울 배	324	弁 말씀 변	101	峰 봉우리 봉	237
陪 모실 배	325	変 변할 변	407	封 봉할 봉	352
賠 물어줄 배	325	별 別 나눌 별	426	奉 받들 봉	501
杯 잔 배	363	병 丙 남녘 병	171	俸 녹 봉	502
俳 배우 배	366	柄 자루 병	171	棒 막대 봉	502

부	父 아비 부	22
	釜 가마 부	22
	賦 부세 부	89
	富 부유할 부	135
	副 버금 부	136
	阜 언덕 부	191
	夫 지아비 부	213
	扶 도울 부	213
	膚 살갗 부	224
	負 질 부	232
	剖 쪼갤 부	325
	部 떼 부	325
	否 아닐 부	363
	簿 장부 부	364
	付 줄 부	409
	附 붙을 부	409
	符 부호 부	409
	府 마을/관청 부	409
	腐 썩을 부	410
	敷 펼 부	410
	浮 뜰 부	410
	訃 부고 부	411
	赴 다다를 부	442
	婦 며느리 부	470
북	北 북녘 북 / 달아날 배	172
분	墳 무덤 분	136
	憤 분할 분	136
	噴 뿜을 분	137
	奔 달릴 분	137
	雰 눈 날릴 분	177
	分 나눌 분	411
	粉 가루 분	412
	紛 어지러울 분	412
	盆 동이 분	412
	奮 떨칠 분	457
불	仏 부처 불	41
	拂 떨칠 불	41
	不 아닐 불/부	363
붕	崩 무너질 붕	413
	棚 사다리 붕	413
비	沸 끓을 비	42
	費 쓸 비	42
	妃 왕비 비	54
	飛 날 비	101
	比 견줄 비	173
	批 비평할 비	173
	備 갖출 비	251
	卑 낮을 비	276
	碑 비석 비	276
	肥 살찔 비	326
	泌 분비할 비	345
	秘 숨길 비	345
	非 아닐 비	366
	悲 슬플 비	366
	扉 사립문 비	367
	鼻 코 비	415
빈	浜 물가 빈	191
	賓 손 빈	233
	頻 자주 빈	409
	貧 가난할 빈	412
빙	氷 얼음 빙	215

ㅅ

사	士 선비 사	18
	仕 섬길 사	18
	使 하여금 사	33
	史 사기 사	34
	私 사사로울 사	43
	赦 용서할 사	70
	糸 실 사	92
	師 스승 사	94
	舍 집 사	112
	捨 버릴 사	112
	寺 절 사	128
	事 일 사	132
	四 넉 사	156
	賜 줄 사	188
	社 모일 사	201
	思 생각 사	203
	蛇 뱀 사	235
	射 쏠 사	238
	謝 사례할 사	238
	辞 말씀 사	242
	邪 간사할 사	243
	詐 속일 사	262
	唆 부추길 사	284
	沙 모래 사	327
	砂 모래 사	327

	似 같을 사	374		象 코끼리 상	221	婿 사위 서	470
	死 죽을 사	414		像 모양 상	221	徐 천천히 할 서	508
	卸 풀 사	414		祥 상서로울 상	226	叙 펼 서	509
	写 베낄 사	433		詳 자세할 상	226	**석** 釈 풀 석	98
	査 조사할 사	436		床 평상 상	259	席 자리 석	120
	司 맡을 사	503		上 윗 상	276	析 쪼갤 석	133
	伺 엿볼 사	503		峠 고개 상	277	夕 저녁 석	184
	詞 말 사	503		爽 시원할 상	289	石 돌 석	204
	飼 기를 사	503		桑 뽕나무 상	332	潟 개펄 석	300
	嗣 이을 사	503		尚 오히려/숭상할 상	367	昔 옛 석	306
	斜 비낄 사	509		常 항상 상	368	惜 아낄/애석할 석	306
삭	削 깎을 삭	341		賞 상 줄 상	368	**선** 善 착할 선	41
산	傘 우산 산	50		償 갚을 상	369	繕 기울 선	41
	山 뫼 산	189		商 장사 상	376	膳 선물/반찬 선	41
	酸 실 산	284		状 형상 상 / 문서 장	522	選 고를 선	48
	散 흩을 산	307	**새**	璽 옥새 새	289	旋 돌 선	62
	算 셈 산	415	**색**	塞 막을 색 / 변방 새	175	扇 부채 선	110
	産 낳을 산	419		色 빛 색	198	宣 베풀 선	183
살	殺 죽일 살 / 덜 쇄	415		索 찾을 색	416	仙 신선 선	189
삼	三 석 삼	154	**생**	生 날 생	418	線 줄 선	194
	森 수풀 삼	258		牲 희생 생	418	腺 샘 선	194
	杉 삼나무 삼	259	**서**	序 차례 서	30	船 배 선	198
삽	挿 꽂을 삽	88		庶 여러 서	46	鮮 고울 선	226
	渋 떫을 삽	408		緒 실마리 서	59	先 먼저 선	307
상	相 서로 상	59		暑 더울 서	60	禅 좌선 선	319
	箱 상자 상	59		署 관청 서	61	羨 부러워할 선	530
	想 생각 상	59		書 글 서	151	**설** 雪 눈 설	176
	喪 잃을 상	95		西 서녘 서	170	舌 혀 설	241
	霜 서리 상	177		逝 갈 서	440	説 말씀 설 / 달랠 세	420
	傷 다칠 상	188		誓 맹세할 서	440	設 베풀 설	513

섬	纖 가늘 섬	438		掃 쓸 소	393		愁 근심 수	174
섭	攝 다스릴 섭	247		召 부를 소	422		粹 순수할 수	208
	涉 건널 섭	408		沼 못 소	422		水 물 수	215
성	声 소리 성	19		昭 밝을 소	422		寿 목숨 수	220
	省 살필 성/덜 생	328		紹 이을 소	423		遂 드디어 수	225
	醒 깰 성	419		疎 성길 소	424		須 모름지기 수	239
	星 별 성	419		咲 꽃 필 소	426		首 머리 수	244
	性 성품 성	418		笑 웃을 소	479		手 손 수	248
	姓 성씨 성	419		塑 흙 빚을 소	514		樹 나무 수	259
	成 이룰 성	421		遡 거스를 소	514		殊 다를 수	292
	盛 성할 성	421	속	属 무리 속	44		垂 드리울 수	328
	城 성 성	421		俗 풍속 속	195		睡 졸음 수	329
	誠 정성 성	422		続 이을 속	402		秀 빼어날 수	329
	聖 성인 성	521		束 묶을 속	424		収 거둘 수	332
세	世 세상 세	164		速 빠를 속	424		受 받을 수	427
	勢 형세 세	176	손	孫 손자 손	31		授 줄 수	427
	細 가늘 세	203		遜 겸손할 손	31		搜 찾을 수	427
	洗 씻을 세	307		損 덜 손	88		瘦 여윌 수	428
	税 세금 세	420	송	松 소나무 송	42		数 셀 수	428
	歳 해 세	517		訟 송사할 송	43		誰 누구 수	454
소	所 바 소	134		送 보낼 송	425		輸 보낼 수	482
	訴 호소할 소	135	쇄	砕 부술 쇄	209		穂 이삭 수	484
	焼 불사를 소	137		鎖 쇠사슬 쇄	342		獣 짐승 수	498
	騒 떠들 소	223		刷 인쇄할 쇄	426		守 지킬 수	504
	巣 새집 소	264	쇠	衰 쇠할 쇠	95		狩 사냥할 수	504
	素 본디/흴 소	267	수	随 따를 수	46		需 쓰일 수	504
	小 작을 소	326		髄 뼛골 수	46		袖 소매 수	517
	少 적을 소	327		修 닦을 수	70		囚 가둘 수	519
	消 사라질 소	341		酬 갚을 수	74		羞 부끄러울 수	531
	宵 밤 소	342		帥 장수 수	94	숙	叔 아저씨 숙	32

淑 맑을 숙	32	矢 화살 시	83	伸 펼 신	506
宿 잘 숙	428	試 시험 시	99	紳 큰 띠 신	506
肅 엄숙할 숙	505	始 비로소 시	114	神 귀신 신	506
塾 글방 숙	533	市 저자 시	125	실 失 잃을 실	83
熟 익힐 숙	534	柿 감나무 시	126	實 열매 실	265
순 盾 방패 순	87	侍 모실 시	128	室 집 실	448
循 돌 순	87	時 때 시	129	심 心 마음 심	237
旬 열흘 순	147	詩 시 시	129	芯 골풀 심	238
殉 따라 죽을 순	147	是 이/옳을 시	330	深 깊을 심	277
順 순할 순	179	視 볼 시	475	審 살필 심	305
瞬 눈 깜짝일 순	304	示 보일 시	480	甚 심할 심	369
純 순수할 순	395	식 識 알 식	17	尋 찾을 심	394
巡 돌 순	429	飾 꾸밀 식	93	십 十 열 십	159
唇 입술 순	450	式 법 식	99	쌍 雙 쌍 쌍	332
술 述 펼 술	429	拭 씻을 식	99	씨 氏 성씨 씨	37
術 재주 술	430	食 먹을 식	102		
숭 崇 높을 숭	480	植 심을 식	144	**ㅇ**	
슬 膝 무릎 슬	263	殖 불릴 식	145		
습 濕 젖을 습	216	息 숨 쉴 식	244	아 我 나 아	54
襲 엄습할 습	221	신 臣 신하 신	15	餓 주릴 아	54
習 익힐 습	255	新 새 신	134	牙 어금니 아	242
拾 주울 습 / 열 십	466	薪 섶 신	134	雅 맑을 아	243
승 升 되 승	101	愼 삼갈 신	143	芽 싹 아	243
昇 오를 승	101	身 몸 신	238	兒 아이 아	300
繩 줄 승	229	辛 매울 신	290	亞 버금 아	369
僧 중 승	309	腎 콩팥 신	313	악 顎 턱 악	152
勝 이길 승	396	迅 빠를 신	331	岳 큰 산 악	192
乘 탈 승	432	信 믿을 신	433	惡 악할 악 / 미워할 오	370
承 이을 승	444	娠 아이 밸 신	449	握 쥘 악	448
시 施 베풀 시	61	申 알릴 신	505		

안	安 편안 안	26		薬 약 약	481		役 부릴 역	512
	案 책상 안	27		約 맺을 약	507		疫 전염병 역	514
	岸 언덕 안	86	**양**	養 기를 양	102		逆 거스를 역	514
	眼 눈 안	210		陽 볕 양	187	**연**	延 늘일 연	71
	顔 얼굴 안	238		揚 날릴 양	188		宴 잔치 연	104
알	謁 뵐 알	385		瘍 헐 양	189		演 펼 연	105
암	闇 숨을 암	119		壤 흙덩이 양	202		煙 연기 연	122
	暗 어두울 암	199		孃 아가씨 양	202		然 그럴 연	168
	岩 바위 암	204		釀 술 빚을 양	202		燃 탈 연	168
	俺 나 암	229		讓 사양할 양	202		沿 물 따라갈 연	198
압	押 누를 압	88		羊 양 양	225		鉛 납 연	198
	圧 누를 압	201		洋 큰 바다 양	226		縁 인연 연	287
앙	央 가운데 앙	278		様 모양 양	226		研 갈 연	346
	仰 우러를 앙	506	**어**	語 말씀 어	155		軟 연할 연	348
애	哀 슬플 애	95		魚 물고기 어	233	**열**	熱 더울 열	175
	崖 언덕 애	352		漁 고기 잡을 어	234		悦 기쁠 열	420
	涯 물가 애	352		御 거느릴 어	414		閲 볼 열	421
	愛 사랑 애	427	**억**	億 억 억	140	**염**	艶 고울 염	199
	曖 희미할 애	427		憶 생각할 억	140		炎 불꽃 염	214
	挨 밀칠 애	432		臆 가슴 억	140		染 물들 염	380
액	額 이마 액	54		抑 누를 억	507		塩 소금 염	436
	液 진 액	185	**언**	言 말씀 언	433	**엽**	葉 잎 엽	164
	厄 액 액	373	**엄**	厳 엄할 엄	486	**영**	営 경영할 영	36
앵	桜 앵두 앵	268	**업**	業 일 업	132		影 그림자 영	73
야	冶 쇠 불릴 야	113	**여**	如 같을 여	27		永 길 영	215
	野 들 야	124		与 더불/줄 여	433		泳 헤엄칠 영	215
	夜 밤 야	185		余 남을 여	508		詠 읊을 영	216
약	躍 뛸 약	291	**역**	域 지경 역	75		英 꽃부리 영	278
	弱 약할 약	331		駅 역 역	98		映 비칠 영	278
	若 같을 약	370		訳 번역할 역	98		栄 영화 영	399

	迎 맞을 영	507		緩 느릴 완	435		遇 만날 우	58
예	予 미리 예	30		宛 완연할 완	515		愚 어리석을 우	58
	預 맡길 예	30		腕 팔 완	515		虞 염려할 우	67
	詣 이를 예	143	왕	王 임금 왕	12		宇 집 우	87
	銳 날카로울 예	420		旺 왕성할 왕	13		芋 토란 우	87
	刈 벨 예	426		往 갈 왕	20		憂 근심 우	173
	譽 기릴 예	433	외	外 바깥 외	184		優 뛰어날 우	174
	芸 재주 예	439		畏 두려워할 외	204		雨 비 우	176
오	吳 나라 이름 오	67	요	窯 기와 가마 요	116		牛 소 우	221
	娛 즐길 오	67		要 요긴할 요	153		羽 깃 우	254
	誤 그르칠 오	67		腰 허리 요	153		右 오른 우	280
	汚 더러울 오	85		曜 빛날 요	290		郵 우편 우	329
	五 다섯 오	155		凹 오목 요	341		又 또 우	332
	悟 깨달을 오	155		搖 흔들 요	434	운	運 옮길 운	131
	午 낮 오	222		謠 노래 요	434		韻 운 운	89
	奧 깊을 오	266		妖 요사할 요	479		雲 구름 운	176
	傲 거만할 오	275	욕	浴 목욕할 욕	196	울	鬱 막힐 울	105
옥	玉 구슬 옥	13		欲 하고자 할 욕	197	웅	雄 수컷 웅	454
	獄 옥 옥	228		辱 욕될 욕	450		熊 곰 웅	478
	屋 집 옥	448	용	勇 날랠 용	21	원	員 인원 원	88
	沃 기름질 옥	479		湧 물 솟을 용	21		垣 담 원	183
온	溫 따뜻할 온	106		容 얼굴 용	196		原 근원 원	218
	穩 편안할 온	358		溶 녹을 용	196		源 근원 원	218
옹	翁 늙은이 옹	255		用 쓸 용	251		願 원할 원	219
	擁 낄 옹	458		冗 쓸데없을 용	371		円 둥글 원	251
와	瓦 기와 와	58		踊 뛸 용	462		遠 멀 원	279
	渦 소용돌이 와	387		庸 떳떳할 용	505		猿 원숭이 원	279
완	完 완전할 완	371	우	友 벗 우	56		園 동산 원	279
	玩 희롱할 완	372		偶 짝 우	57		院 집 원	371
	頑 완고할 완	373		隅 구석 우	58		元 으뜸 원	372

援 도울 원	434
媛 여자 원	435
怨 원망할 원	515
월 月 달 월	186
越 넘을 월	443
위 尉 벼슬 위	16
慰 위로할 위	16
圍 에워쌀 위	163
胃 밥통 위	203
偉 클 위	333
違 어긋날 위	333
緯 씨줄 위	333
衛 지킬 위	333
危 위태할 위	373
位 자리 위	399
爲 할 위	435
僞 거짓 위	435
委 맡길 위	515
萎 시들 위	515
威 위엄 위	516
유 遊 놀 유	62
悠 멀 유	71
柔 부드러울 유	81
猶 오히려 유	170
幽 그윽할 유	190
裕 넉넉할 유	196
幼 어릴 유	295
誘 꾈 유	330
遺 남길 유	355
有 있을 유	374

乳 젖 유	411
唯 오직 유	453
維 벼리 유	453
愉 즐거울 유	481
喩 깨우칠 유	481
諭 타이를 유	481
癒 병 나을 유	482
儒 선비 유	504
由 말미암을 유	517
油 기름 유	517
육 六 여섯 육	156
肉 고기 육	272
育 기를 육	436
윤 潤 윤택할 윤	120
융 融 녹을 융	313
은 銀 은 은	209
隱 숨을 은	358
恩 은혜 은	519
을 乙 새 을	230
음 音 소리 음	199
吟 읊을 음	301
陰 그늘 음	302
飮 마실 음	348
淫 음란할 음	520
읍 泣 울 읍	400
응 應 응할 응	237
凝 엉길 응	482
의 醫 의원 의	83
衣 옷 의	94
依 의지할 의	94

意 뜻 의	140
義 옳을 의	140
儀 거동 의	141
議 의논할 의	141
宜 마땅 의	184
椅 의자 의	317
疑 의심할 의	482
擬 비길 의	482
이 異 다를 이	48
二 두 이	154
貳 두 이	155
移 옮길 이	185
耳 귀 이	246
餌 미끼 이	246
易 쉬울 이 / 바꿀 역	371
以 써 이	374
익 翼 날개 익	255
翌 다음날 익	254
益 더할 익	436
인 人 사람 인	49
刃 칼날 인	80
忍 참을 인	80
認 알 인	80
引 끌 인	81
仁 어질 인	154
印 도장 인	340
姻 혼인 인	469
因 인할 인	518
咽 목구멍 인	519
일 一 한 일	154

壱 한 **일**	155	
日 날 **일**	186	
逸 편안할 **일**	496	
임 任 맡길 **임**	519	
賃 품삯 **임**	520	
妊 아이 밸 **임**	520	
입 入 들 **입**	49	
込 담을 **입**	429	
잉 剩 남을 **잉**	432	

ㅈ

자 子 아들 **자**	29
字 글자 **자**	29
者 사람 **자**	59
煮 삶을 **자**	61
紫 자줏빛 **자**	92
姉 손윗누이 **자**	126
滋 불을 **자**	205
磁 자석 **자**	205
慈 사랑 **자**	206
自 스스로 **자**	243
資 재물 **자**	349
姿 모양 **자**	349
恣 마음대로 **자**	349
茨 지붕 일 **자**	349
諮 물을 **자**	350
雌 암컷 **자**	454
刺 찌를 **자**	484

작 爵 벼슬 **작**	261
作 지을 **작**	262
昨 어제 **작**	262
酌 술 따를 **작**	508
잔 殘 잔인할/남을 **잔**	483
棧 사다리 **잔**	483
잠 蠶 누에 **잠**	236
暫 잠깐 **잠**	451
潛 잠길 **잠**	452
잡 雜 섞일 **잡**	454
장 丈 어른 **장**	33
匠 장인 **장**	134
章 글 **장**	145
障 막을 **장**	145
場 마당 **장**	187
腸 창자 **장**	188
粧 단장할 **장**	201
長 길 **장**	334
帳 장막 **장**	334
張 베풀 **장**	334
掌 손바닥 **장**	368
葬 장사 지낼 **장**	414
壯 씩씩할 **장**	521
莊 씩씩할/별장 **장**	521
裝 꾸밀 **장**	521
將 장수 **장**	521
獎 장려할 **장**	522
藏 감출 **장**	522
臟 오장 **장**	522
재 災 재앙 **재**	214

再 두 **재**	251
宰 재상 **재**	290
才 재주 **재**	437
財 재물 **재**	437
材 재목 **재**	437
裁 마름질 **재**	437
栽 심을 **재**	437
載 실을 **재**	438
在 있을 **재**	441
齋 집 **재**	528
쟁 爭 다툴 **쟁**	438
저 貯 쌓을 **저**	35
低 낮을 **저**	37
底 밑 **저**	37
抵 막을 **저**	38
邸 집 **저**	38
著 나타날 **저**	60
箸 젓가락 **저**	61
狙 엿볼 **저**	524
적 寂 고요할 **적**	33
賊 도둑 **적**	90
積 쌓을 **적**	148
績 길쌈할 **적**	149
跡 자취 **적**	249
赤 붉을 **적**	291
籍 문서 **적**	307
適 맞을 **적**	374
敵 적 **적**	375
嫡 정실 **적**	375
滴 물방울 **적**	375

摘 딸 적	375	粘 붙을 점	526	祭 제사 제	68
的 과녁 적	507	접 接 이을 접	400	際 사이/즈음 제	68
笛 피리 적	518	정 丁 고무래/장정 정	34	弟 아우 제	82
전 展 펼 전	112	町 밭두둑 정	34	第 차례 제	82
填 메울 전	143	訂 바로잡을 정	35	堤 둑 제	330
電 번개 전	177	頂 정수리 정	35	提 끌 제	331
田 밭 전	202	政 정사 정	69	題 제목 제	331
畑 화전 전	203	廷 조정 정	71	除 덜 제	509
前 앞 전	279	庭 뜰 정	71	制 절제할 제	527
煎 달일 전	279	艇 배 정	71	製 지을 제	527
戰 싸움 전	319	井 우물 정	122	齊 가지런할 제	527
全 온전할 전	335	丼 우물 정	122	濟 건널 제	528
栓 마개 전	335	亭 정자 정	123	劑 약 지을 제	528
詮 설명할 전	335	停 머무를 정	123	조 曹 무리 조	44
專 오로지 전	363	正 바를 정	141	遭 만날 조	45
典 법 전	386	征 칠 정	141	槽 구유 조	45
伝 전할 전	439	晶 맑을 정	187	弔 조상할 조	82
転 구를 전	439	貞 곧을 정	283	兆 억조 조	160
錢 돈 전	483	偵 염탐할 정	283	眺 바라볼 조	161
箋 기록할 전	484	情 뜻 정	293	朝 아침 조	179
殿 전각 전	513	精 정할 정	293	潮 조수 조	179
절 切 끊을 절 / 모두 체	158	整 가지런할 정	425	嘲 비웃을 조	179
絶 끊을 절	199	浄 깨끗할 정	438	鳥 새 조	229
窃 훔칠 절	303	静 고요할 정	439	爪 손톱 조	256
節 마디 절	340	呈 드릴 정	520	条 가지 조	259
折 꺾을 절	440	程 한도/과정 정	520	調 고를 조	281
점 漸 점점 점	451	定 정할 정	526	彫 새길 조	281
占 점칠/점령할 점	525	錠 덩이 정	527	措 둘 조	306
点 점 점	526	제 帝 임금 제	12	早 이를 조	308
店 가게 점	526	諸 모두 제	60	造 지을 조	385

照 비칠 조	423	佐 도울 좌	280	仲 버금 중	281
詔 조서 조	423	罪 허물 죄	367	重 무거울 중	338
操 잡을 조	440	主 주인 주	19	即 곧 즉	340
燥 마를 조	441	住 살 주	19	汁 즙 즙	85
繰 통견 조	441	注 부을 주	19	証 증거 증	142
藻 마름 조	441	柱 기둥 주	20	症 증세 증	142
釣 낚시 조	508	駐 머무를 주	20	曾 일찍 증	308
阻 막힐 조	524	呪 빌 주	32	增 더할 증	309
祖 할아버지 조	524	州 고을 주	73	憎 미울 증	309
租 조세 조	524	晝 낮 주	111	贈 줄 증	309
組 짤 조	525	酒 술 주	170	蒸 찔 증	443
粗 거칠 조	525	鑄 쇠불릴 주	220	志 뜻 지	18
助 도울 조	525	肘 팔꿈치 주	250	誌 기록할 지	18
族 겨레 족	62	酎 전국술 주	250	紙 종이 지	37
足 발 족	248	周 두루 주	280	知 알 지	84
尊 높을 존	170	週 돌 주	280	持 가질 지	128
存 있을 존	441	舟 배 주	286	旨 뜻 지	142
拙 졸할 졸	189	朱 붉을 주	292	指 가리킬 지	142
卒 마칠 졸	442	株 그루 주	292	脂 기름 지	143
鐘 쇠북 종	29	珠 구슬 주	292	漬 담글 지	148
終 마칠 종	175	走 달릴 주	442	遲 더딜 지	227
踪 자취 종	249	奏 아뢸 주	502	地 땅 지	343
種 씨 종	338	宙 집 주	518	池 못 지	343
腫 종기 종	338	竹 대나무 죽	261	芝 지초 지	345
宗 마루 종	480	遵 좇을 준	171	止 그칠 지	446
從 좇을 종	528	俊 준걸 준	284	祉 복 지	446
縱 세로 종	528	准 준할 준	452	至 이를 지	447
座 자리 좌	121	準 준할 준	455	摯 잡을 지	450
挫 꺾을 좌	121	衆 무리 중	106	支 지탱할 지	529
左 왼 좌	280	中 가운데 중	281	枝 가지 지	529

肢 팔다리 지	530	

직 直 곧을 직	144
職 직분 직	17
織 짤 직	17
진 尽 다할 진	111
眞 참 진	143
鎭 진압할 진	144
津 나루 진	150
陳 베풀 진	169
陣 진칠 진	169
珍 보배 진	208
診 진찰할 진	208
振 떨칠 진	449
震 우레 진	449
進 나아갈 진	453
질 疾 병 질	83
嫉 미워할 질	83
迭 번갈아들 질	84
秩 차례 질	84
質 바탕 질	233
窒 막힐 질	448
叱 꾸짖을 질	471
짐 朕 나 짐	426
집 執 잡을 집	450
集 모을 집	455
징 徵 부를 징	321
懲 징계할 징	321
澄 맑을 징	395

ㅊ

차 遮 막을 차	46
車 수레 차 / 수레 거	130
且 또 차	183
借 빌릴 차	306
次 버금 차	347
差 다를 차	530
착 捉 잡을 착	249
錯 어긋날 착	306
搾 짤 착	316
着 붙을 착	531
찬 贊 도울 찬	452
찰 察 살필 찰	68
擦 문지를 찰	69
札 편지 찰	126
刹 절 찰	415
拶 핍박할 찰	432
참 斬 벨 참	451
參 참여할 참 / 석 삼	531
慘 참혹할 참	532
창 倉 곳집 창	107
創 비롯할 창	107
窓 창 창	116
彰 드러날 창	145
唱 부를 창	187
채 債 빚 채	148
采 풍채 채	334
採 캘 채	334
菜 나물 채	335

彩 채색 채	335
책 冊 책 책	147
柵 울타리 책	148
責 꾸짖을 책	148
策 꾀 책	484
처 妻 아내 처	24
凄 쓸쓸할 처	24
處 곳 처	74
척 尺 자 척	97
斥 물리칠 척	135
脊 등마루 척	173
拓 넓힐 척 / 박을 탁	205
抄 칠 척	408
隻 외짝 척	455
戚 친척 척	516
천 遷 옮길 천	138
千 일천 천	159
川 내 천	179
泉 샘 천	194
天 하늘 천	213
薦 천거할 천	228
浅 얕을 천	483
踐 밟을 천	483
철 鐵 쇠 철	84
凸 볼록 철	340
哲 밝을 철	440
徹 통할 철	443
撤 거둘 철	443
첨 添 더할 첨	479
첩 疊 거듭 첩	204

	貼 붙일 첩	526		村 마을 촌	260	充 채울 충	460
청	庁 관청 청	35	총	総 다 총	42	취	醉 술 취할 취	209
	聴 들을 청	40		塚 무덤 총	108	取 가질 취	247
	青 푸를 청	292		銃 총 총	460	臭 냄새 취	294
	清 맑을 청	293	촬	撮 사진 찍을 촬	247	吹 불 취	347
	晴 갤 청	293	최	最 가장 최	247	炊 불 땔 취	347
	請 청할 청	294		催 재촉할 최	457	趣 뜻 취	443
체	諦 살필 체	12	추	墜 떨어질 추	45	就 나아갈 취	461
	締 맺을 체	12		秋 가을 추	174	측	側 곁 측	107
	滞 막힐 체	97		追 쫓을 추	191	測 헤아릴 측	107
	体 몸 체	260		醜 추할 추	218	층	層 층 층	310
	逓 갈릴 체	331		枢 지도리 추	390	치	痴 어리석을 치	84
	替 바꿀 체	451		推 밀 추	452	治 다스릴 치	113
	逮 잡을 체	505		椎 등골 추	453	値 값 치	144
초	初 처음 초	79		抽 뽑을 추	517	置 둘 치	145
	礎 주춧돌 초	205	축	祝 빌 축	31	恥 부끄러울 치	246
	酢 식초 초	262		逐 쫓을 축	225	歯 이 치	446
	草 풀 초	308		畜 짐승 축	230	致 이를 치	447
	抄 뽑을 초	327		蓄 모을 축	230	緻 빽빽할 치	447
	秒 분초 초	328		縮 줄일 축	429	稚 어릴 치	453
	肖 닮을 초	341		築 쌓을 축	460	칙	則 법칙 칙	107
	硝 화약 초	341		蹴 찰 축	461	勅 칙서 칙	425
	招 부를 초	422		軸 굴대 축	518	친	親 친할 친	476
	超 뛰어넘을 초	423	춘	春 봄 춘	502	칠	七 일곱 칠	157
	焦 탈 초	456	출	出 날 출	189	漆 옻 칠	263
	礁 암초 초	456	충	衷 속마음 충	95	침	針 바늘 침	159
촉	嘱 부탁할 촉	44		虫 벌레 충	234	沈 잠길 침	342
	触 닿을 촉	235		沖 화할 충	282	枕 베개 침	342
	促 재촉할 촉	248		忠 충성 충	282	侵 침노할 침	393
촌	寸 마디 촌	260		衝 찌를 충	339	浸 잠길 침	393

寢 잘 침	394	
칭 稱 일컬을 칭	461	

ㅋ

쾌 快 쾌할 쾌	488	

ㅌ

타 妥 온당할 타	27	
打 칠 타	34	
墮 떨어질 타	45	
惰 게으를 타	46	
唾 침 타	329	
他 다를 타	343	
탁 託 부탁할 탁	113	
濁 흐릴 탁	235	
卓 높을 탁	282	
濯 씻을 탁	291	
탄 嘆 탄식할 탄	66	
誕 낳을/거짓 탄	72	
炭 숯 탄	214	
彈 탄알 탄	319	
綻 터질 탄	527	
탈 脫 벗을 탈	420	
奪 빼앗을 탈	457	
탐 探 찾을 탐	278	
貪 탐할 탐	301	
탑 塔 탑 탑	466	

搭 탈 탑	466	
탕 湯 끓을 탕	187	
태 怠 게으를 태	114	
胎 아이 밸 태	114	
太 클 태	157	
汰 일 태	157	
駄 실을 태	157	
態 모습 태	478	
泰 클 태	502	
택 擇 가릴 택	97	
澤 못 택	97	
宅 집 택	112	
토 土 흙 토	201	
吐 토할 토	201	
討 칠 토	261	
통 筒 대통 통	320	
統 거느릴 통	461	
通 통할 통	462	
痛 아플 통	462	
퇴 退 물러날 퇴	210	
堆 쌓을 퇴	452	
투 鬪 싸울 투	120	
妬 샘낼 투	205	
透 사무칠 투	330	
投 던질 투	512	
특 特 특별할 특	129	

ㅍ

파 波 물결 파	253	
破 깨뜨릴 파	253	
婆 할머니 파	253	
把 잡을 파	326	
派 갈래 파	376	
罷 마칠 파	479	
판 判 판단할 판	322	
版 판목 판	343	
坂 언덕 판	499	
阪 언덕 판	499	
板 널빤지 판	500	
販 팔 판	500	
팔 八 여덟 팔	50	
패 敗 패할 패	70	
貝 조개 패	232	
唄 염불 소리 패	232	
覇 으뜸 패	254	
팽 膨 부풀 팽	413	
편 片 조각 편	343	
便 편할 편 / 똥오줌 변	477	
偏 치우칠 편	532	
遍 두루 편	532	
編 엮을 편	532	
평 平 평평할 평	344	
坪 들 평	344	
評 평할 평	344	
폐 陛 대궐섬돌 폐	49	
閉 닫을 폐	118	

肺 허파 폐	125	
幣 화폐 폐	153	
蔽 덮을 폐	153	
弊 폐단 폐	153	
廢 폐할 폐	406	
포 布 베/펼 포	93	
怖 두려워할 포	93	
褒 기릴 포	95	
包 쌀 포	463	
抱 안을 포	463	
泡 거품 포	463	
胞 세포 포	463	
砲 대포 포	463	
飽 배부를 포	464	
捕 잡을 포	464	
浦 개 포	464	
哺 먹일 포	464	
舖 펼/가게 포	465	
폭 幅 폭 폭	135	
暴 사나울 폭	533	
爆 불 터질 폭	533	
표 票 표 표	99	
漂 떠다닐 표	99	
標 표할 표	100	
表 겉 표	283	
俵 나누어 줄 표	283	
품 品 물건 품	240	
풍 風 바람 풍	192	
豊 풍년 풍	387	
피 避 피할 피	117	

皮 가죽 피	252	
彼 저 피	252	
披 헤칠 피	252	
被 입을 피	253	
疲 피곤할 피	253	
필 筆 붓 필	150	
匹 짝 필	156	
必 반드시 필	344	
핍 乏 모자랄 핍	345	

ㅎ

하 夏 여름 하	173	
下 아래 하	277	
何 어찌 하	353	
荷 멜 하	354	
河 강 하	354	
賀 하례할 하	380	
학 虐 모질 학	223	
鶴 두루미 학	346	
学 배울 학	30	
한 漢 한나라 한	66	
汗 땀 한	85	
閑 한가할 한	117	
寒 찰 한	175	
限 막을 한	210	
恨 한 한	211	
韓 나라 한	333	
할 割 벨 할	468	

轄 다스릴 할	468	
함 陷 빠질 함	300	
含 머금을 함	301	
艦 큰 배 함	474	
합 合 합할 합	465	
항 港 항구 항	47	
項 항목 항	152	
恒 항상 항	183	
抗 겨룰 항	467	
航 배 항	467	
해 海 바다 해	23	
諧 화할 해	49	
楷 본보기 해	49	
解 풀 해	250	
骸 뼈 해	381	
該 마땅/갖출 해	381	
害 해할 해	467	
핵 劾 꾸짖을 핵	381	
核 씨 핵	381	
행 幸 다행 행	290	
行 다닐 행	468	
향 香 향기 향	44	
鄕 시골 향	123	
響 울릴 향	123	
向 향할 향	240	
享 누릴 향	533	
허 許 허락할 허	222	
虛 빌 허	224	
헌 軒 집 헌	86	
獻 드릴 헌	172	

憲 법 헌	467	
험 險 험할 험	487	
驗 시험 험	488	
혁 革 가죽 혁	254	
嚇 성낼 혁	291	
현 縣 고을 현	73	
懸 매달 현	73	
顯 나타날 현	217	
현 玄 검을 현	294	
舷 뱃전 현	295	
弦 시위 현	295	
賢 어질 현	313	
現 나타날 현	475	
혈 穴 구멍 혈	50	
血 피 혈	106	
혐 嫌 싫어할 혐	489	
협 狹 좁을 협	197	
挾 낄 협	197	
峽 골짜기 협	197	
頰 뺨 협	198	
協 화합할 협	200	
脇 겨드랑이 협	200	
脅 위협할 협	200	
형 兄 형 형	31	
螢 개똥벌레 형	234	
衡 저울 형	340	
형 形 모양 형	345	
刑 형벌 형	346	
型 모형 형	346	
桁 도리 형	468	

혜 惠 은혜 혜	484	
호 好 좋을 호	26	
互 서로 호	58	
戶 집 호	109	
豪 호걸 호	123	
虎 범 호	223	
弧 활 호	257	
湖 호수 호	299	
呼 부를 호	344	
護 도울 호	469	
号 이름 호	477	
혹 惑 미혹할 혹	76	
酷 심할 혹	386	
혼 魂 넋 혼	217	
混 섞일 혼	236	
婚 혼인할 혼	469	
홍 紅 붉을 홍	79	
洪 넓을 홍	47	
虹 무지개 홍	234	
화 和 화할 화	43	
画 그림 화 / 그을 획	162	
火 불 화	213	
話 말씀 화	241	
靴 신발 화	254	
華 빛날 화	329	
禍 재앙 화	387	
化 될 화	470	
花 꽃 화	470	
貨 재물 화	470	
확 擴 넓힐 확	317	

確 굳을 확	346	
穫 거둘 확	469	
환 環 고리 환	137	
還 돌아올 환	138	
丸 둥글 환	158	
患 근심 환	282	
幻 헛보일 환	295	
歡 기쁠 환	456	
換 바꿀 환	471	
喚 부를 환	471	
활 活 살 활	241	
滑 미끄러울 활	256	
황 皇 임금 황	13	
況 상황 황	32	
荒 거칠 황	212	
慌 어리둥절할 황	212	
黃 누를 황	296	
회 悔 뉘우칠 회	23	
栃 상수리나무 회	160	
灰 재 회	214	
回 돌아올 회	240	
賄 뇌물 회	374	
懷 품을 회	388	
会 모일 회	471	
絵 그림 회	472	
획 獲 얻을 획	469	
횡 橫 가로 횡	297	
효 孝 효도 효	28	
酵 삭힐 효	28	
曉 새벽 효	137	

效 본받을 효		492
후 侯 제후 후		14
候 기후 후		15
喉 목구멍 후		15
厚 두터울 후		30
后 뒤/왕후 후		134
後 뒤 후		284
嗅 맡을 후		294
朽 썩을 후		478
훈 訓 가르칠 훈		180
薰 향풀 훈		339
勳 공 훈		339
훼 毁 헐 훼		513
휘 揮 휘두를 휘		131
輝 빛날 휘		131
彙 무리 휘		265
휴 休 쉴 휴		258
携 이끌 휴		458
흉 凶 흉할 흉		295
胸 가슴 흉		296
흑 黑 검을 흑		125
흔 痕 흔적 흔		211
흡 吸 마실 흡		494
흥 興 일어날 흥		320
희 姬 아가씨 희		15
希 바랄 희		93
犧 희생 희		141
戱 희롱할/놀이 희		224
喜 기쁠 희		357
힐 詰 꾸짖을 힐		356

일본 한자

枠 일본 한자	208